Kommunales Vermögen richtig bewerten

Liebe Leserin, lieber Leser,

die beigelegte CD-ROM enthält folgende Elemente:

⇒ den kompletten Inhalt des Buches,

⇒ Musterformulare für eine effiziente Vermögenserfassung,

⇒ Berechnungsvorlagen für eine korrekte Vermögensbewertung,

⇒ ein Pflichtenheft zur Auswahl einer Finanzbuchhaltungs-Software,

⇒ Rechtsgrundlagen,

Installationsanweisung:

1. Zur Installation legen Sie die CD-ROM in das Laufwerk ein.
2. Aktivieren Sie dann im Start-Menü die Schaltfläche „Ausführen".
3. Geben Sie im Eingabefeld „D:\setup" ein, wobei D der Laufwerksbuchstabe Ihres CD-ROM Laufwerks ist, und drücken Sie die Eingabetaste.
4. Folgen Sie den Anweisungen des Installationsprogramms.

Systemvoraussetzungen:

Windows® 2000 SP 4 / XP / 2003

CD-ROM-/DVD-Laufwerk, 256 MB RAM, ab Pentium IV-Prozessor oder Kompatible (empfohlen), Grafikkarte mit mindestens 1024 x 768 Auflösung, 150 MB freier Festplattenspeicher,

Anwendungssoftware:

Für die Berechnungsmuster   ⇒   Microsoft Excel 97 oder höher

Christian Marettek, Andreas Dörschell, Andreas Hellenbrand

Kommunales Vermögen richtig bewerten – Haufe Praxisratgeber zur Erstellung der Eröffnungsbilanz und als Grundlage der erweiterten Kameralistik

Kommunales Vermögen richtig bewerten

Haufe Praxisratgeber zur Erstellung der Eröffnungsbilanz und als Grundlage der erweiterten Kameralistik

Christian Marettek,
Andreas Dörschell,
Andreas Hellenbrand

2., aktualisierte und erweiterte Auflage

Haufe Mediengruppe
Freiburg · Berlin · München

Bibliographische Information Der Deutschen Bibliothek

Die Deutsche Bibliothek verzeichnet diese Publikation in der Deutschen Nationalbibliographie; detaillierte bibliographische Daten sind im Internet über http://dnb.ddb.de abrufbar.

ISBN 3-448-07268-0   Bestell-Nr. 01247-0002
ab 1.1.2007: ISBN 978-3-488-07268-6

1. Auflage 2004 (ISBN 3-448-06034-8)

© 2006, Rudolf Haufe Verlag GmbH & Co. KG
Niederlassung München
Redaktionsanschrift: Postfach, 82142 Planegg/München
Hausanschrift: Fraunhoferstraße 5, 82152 Planegg/München
Telefon: (089) 895 17-0,
Telefax: (089) 895 17-290
www.haufe.de
online@haufe.de
Lektorat und Produktmanagement: Günther Lehmann

Alle Rechte, auch die des auszugsweisen Nachdrucks, der fotomechanischen Wiedergabe (einschließlich Mikrokopie) sowie die Auswertung durch Datenbanken, vorbehalten.

Umschlag: Simone Kienle, par:two, büro für visuelles, 70199 Stuttgart
Druck: Druckerei Himmer GmbH & Co. KG, 86167 Augsburg

Zur Herstellung dieses Buches wurde alterungsbeständiges Papier verwendet

Geleitwort zur ersten Auflage

von Dr. Stephan Articus, Hauptgeschäftsführer des Deutschen Städtetags

Über mangelnde Reformfähigkeit wird in Deutschland nicht selten geklagt. Die nunmehr eingeleitete Ablösung der aus dem Mittelalter stammenden Kameralistik durch ein doppisches Haushalts- und Rechnungswesen für den öffentlichen Bereich ist notwendig und längst überfällig. Es ist heute nicht mehr ernsthaft zu akzeptieren, dass die öffentlichen Verwaltungen keine Aussagen zu ihrem vollständigen Ressourcenverbrauch (einschließlich Abschreibungen und entstehenden Pensionslasten) oder zu ihrem Vermögen treffen können.

Um Irritationen auszuschließen: Die Einführung eines neuen Gemeindehaushaltsrechts stellt keine Lösung der finanziellen Probleme für die Städte dar. Vielmehr ist davon auszugehen, dass mit der Einführung des neuen Haushalts- und Rechnungswesens die wirtschaftliche Notlage der Großstädte mit aller Deutlichkeit dokumentiert wird.

In Zeiten immer knapper werdender öffentlicher Mittel und wachsender Komplexität von Entscheidungen wird es jedoch umso dringlicher, für Transparenz zu sorgen. Nur so besteht die Chance, die Verwaltungssteuerung zu verbessern und politische Rationalität zu beeinflussen. Das sind wir auch künftigen Generationen schuldig. Und mit dem Übergang zur Doppik besteht die Chance für eine verbesserte Kommunikation zu den wirtschaftlichen Problemen der Städte.

Nach über zehn Jahre anhaltenden Debatten zum Für und Wider einer notwendigen Reform des öffentlichen Haushalts- und Rechnungswesens ist ein wesentlicher Meilenstein erreicht: Ende November 2003 hat die Innenministerkonferenz (IMK) der Reform des Gemeindehaushaltsrechts zugestimmt und damit Standards für den Übergang vom zahlungsorientierten zum ressourcenorientierten Haushalts- und Rechnungswesen gesetzt. Die Frage, *ob* eine solche Reform stattfinden soll, ist damit endgültig vom Tisch. Jetzt geht es darum, *wie* diese Reform in den einzelnen Bundesländern umgesetzt wird.

Deshalb ist es zu begrüßen, dass mit diesem Band eine Handreichung zu den praktischen Fragen der Bewertung des kommunalen Vermögens vorgelegt wird. Die Erfassung und Bewertung des Vermögens muss in den Stadtverwaltungen der erste Schritt zur Vorbereitung auf die Umstellung des Rechnungswesens sein. Ohne diese Vorarbeiten kann keine Eröffnungsbilanz (im Rahmen der Doppik) bzw. keine Vollvermögensrechnung (wie für die erweiterte Kameralistik beschlossen) erstellt werden. Klare Orientierungen zur Vermögensbewertung sind deshalb in den einzelnen Ländern dringend geboten. Der Beschluss der IMK trifft dazu keine verbindliche Aussage. In der Mehrzahl der Länder stehen damit die notwendigen Festlegungen noch aus. Das hat nicht nur Verunsicherungen bei den reformorientierten Städten zur Folge, sondern wird, je länger die Regelungen fehlen, zu enormen Zusatzkosten für die Kommunen führen. Die Gesetzgeber müssen hier zügig Entscheidungen treffen oder den Städten die Option eröffnen, die einmal gewählten Wertansätze fortzuführen.

Der hier vorgelegte Praxisratgeber ist damit nicht nur für die kommunalen Praktiker eine wichtige Hilfestellung, sondern wird auch den Meinungsaustausch zu noch offenen Fragen der Reform des Gemeindehaushaltsrechts in den einzelnen Bundesländern befruchten können.

Frankfurt, im Juni 2004

Dr. Stephan Articus

Geschäftsführendes Präsidialmitglied und
Hauptgeschäftsführer des Deutschen Städtetages

Vorwort zur zweiten Auflage

Die erste Auflage des Haufe Praxisratgebers Kommunales Vermögen richtig bewerten hat eine erfreulich positive Aufnahme in der kommunalen Praxis gefunden und ist schnell als Standardwerk akzeptiert worden. Mit der vollständig überarbeiteten und ergänzten zweiten Auflage sollen jetzt insbesondere alle Landesprojekte umfassend dargestellt werden, die seit 2004 veröffentlicht wurden. Einbezogen wurden diejenigen Regelungsentwürfe, bei denen wenigstens ein Schlussbericht im Entwurf vorliegt. Dies betrifft im Frühsommer 2006 neben den fertigen Gesetzen der Länder Nordrhein-Westfalen, Niedersachsen, Hessen und Rheinland-Pfalz die Regelungsentwürfe bzw. Schlussberichte der Länder Baden-Württemberg sowie Saarland.

Die genannten Landesprojekte setzen die grundlegenden Beschlüssen der Innenministerkonferenz vom 20./21. November 2003 um, nach denen das Gemeindehaushaltsrecht von der bislang zahlungsorientierten Darstellungsform (herkömmliche Kameralistik) auf eine ressourcenorientierte Darstellung umgestellt werden soll. Bei diesem bundesweiten Reformprozess des Haushalts- und Rechnungswesens handelt es sich um die größte Verwaltungsreform in Deutschland seit der Wiedervereinigung. Mittlerweile ist auch ziemlich eindeutig, dass die kommunale Doppik in fast allen Kommunen an die Stelle der bisherigen Kameralistik treten wird.

PricewaterhouseCoopers/WIBERA haben mit diesem Ratgeber zugleich den dritten Band ihres Modells eines Integrierten öffentlichen Rechnungswesens (IöR) vorgelegt. Durch die Zusammenarbeit mit dem Haufe Verlag, der über besondere Kompetenzen in den multimedialen Hilfsmitteln verfügt, sollen noch stärker – als bei den beiden ersten IöR-Büchern – die Bedürfnisse der Praktiker erfüllt werden, das Gelesene in geeigneten DV-Anwendungen zu vertiefen. Durch die beigefügte CD-ROM stehen Erfassungsformulare, Bewertungsvorlagen und Checklisten zur Verfügung, die eine besonders leichte und professionelle Problemdurchdringung ermöglichen.

Das vorliegende Buch wendet sich aber nicht nur an die interessierten Praktiker in den öffentlichen Verwaltungen, die vor der Herausforderung der Bewertung des öffentlichen Vermögens stehen. Vor dem Hintergrund der derzeit weiterhin in verschiedenen Bundesländern laufenden Gesetzgebungsprozesse wird mit diesem Buch zugleich auch ein Beitrag zur Fachdiskussion aus Sicht von Wirtschaftsprüfern geleistet. Ausgehend von der Praxisfrage, welcher Wert zum Beispiel einer öffentlichen Brücke beigemessen werden kann, leistet das Buch schließlich auch einen Beitrag zur fundierten Begründung derartiger Bilanzwerte. In Analogie zum IDW-Standard IDW S 1 wird dabei für die meisten öffentlichen Vermögensgegenstände auf den Rekonstruktionszeitwert abgestellt; d. h. die Brücke erhält ihren Wert dadurch, dass sie – wenn sie nicht existierte – zur Umsetzung der politisch gefassten Beschlüsse neu errichtet werden müsste. Dementsprechend kann die Brücke zum Rekonstruktionszeitwert (also i. d. R. zum Sachwert der vorhandenen Bausubstanz) bewertet werden. Wir gehen davon aus, dass durch die vorliegende Arbeit auch die Fachdiskussion über die Bewertung kommunalen Vermögens in Deutschland bereichert werden kann.

Unsere Autoren sind Mitarbeiter der von der Gruppe PricewaterhouseCoopers bisher gebildeten drei Kompetenzzentren für IöR und Verwaltungsreform in Berlin (Region Ost, Andreas Hellenbrand), Düsseldorf (Region West, Andreas Dörschell) und Saarbrücken (Region Süd, Dr. Christian Marettek). Alle drei Verfasser verfügen über umfangreiche Erfahrungen aus Beratungs- und Prüfungsprojekten im öffentlichen Bereich, insbesondere aus Umstellungsprojekten zur Einführung der doppelten Buchführung im öffentlichen Bereich. Selbstverständlich verarbeitet dieses Buch auch den vielfältigen Gedankenaustausch im Kollegenkreis. Hervorzuheben ist insbesondere die enge Zusammenarbeit mit unseren Kollegen von PricewaterhouseCoopers Real Estate, die die Immobilienbewertung vor Ort durchführen. Unser Dank gebührt insbesondere dem für die Immobilienbewertung verantwortlichen Partner, Herrn Wirtschaftsprüfer Dr. Helmut Trappmann, sowie Herrn Dipl.-Ing. Martin Kohlhase (Public Real Estate Management).

Im Mai 2006

PricewaterhouseCoopers AG
Wirtschaftsprüfungsgesellschaft

Dr. Norbert Vogelpoth   Peter Detemple

Inhaltsverzeichnis

Geleitwort zur ersten Auflage		5
Vorwort zur zweiten Auflage		7
1	**Bewertungsanlässe**	**13**
1.1	Neues öffentliches Rechnungswesen als dominierender Bewertungsanlass	13
1.2	Grundlage für die Erstellung von Bilanzen im Rahmen des integrierten öffentlichen Rechnungswesens	17
	1.2.1 Erstellung der Eröffnungsbilanz für die Gebietskörperschaft	17
	1.2.2 Erstellung von Folgeabschlüssen	20
1.3	Grundlage für die Abschreibungsberechnung in der erweiterten Kameralistik	22
1.4	Sonstige Bewertungsanlässe	28
2	**Arten öffentlicher Vermögensgegenstände**	**31**
2.1	Überblick	31
2.2	Ansätze zur Systematisierung in den Bundesländern	32
2.3	Bedeutung der Vermögensarten	38
3	**Wert eines öffentlichen Vermögensgegenstandes**	**45**
3.1	Wertmaßstäbe	45
3.2	Historische Anschaffungs- und Herstellungskosten	48
3.3	Vorsichtig geschätzte Zeitwerte	60
	3.3.1 Grundsätze der Zeitwertermittlung im öffentlichen Bereich	60
	3.3.2 Bewertung erwerbswirtschaftlich verwendeter Vermögensgegenstände	64
	3.3.3 Bewertung sachzielbezogen verwendeter Vermögensgegenstände	65
3.4	Inventur als Basis der Bewertung	67
4	**Praktikable Erfassung und Bewertung der öffentlichen Gebäude**	**71**
4.1	Grundlagen zur Gebäudebewertung	71
	4.1.1 Anwendungsbereiche der baurechtlichen Bewertungsverfahren	71
	4.1.2 Standardisierungen als Hilfsmittel zur praktikablen Erfassung und Bewertung	80
	4.1.3 Festlegung angemessener Nutzungsdauern	86

Inhaltsverzeichnis

       4.1.4   Berücksichtigung von baulichen und sonstigen Mängeln und des
  Instandhaltungsstaus   89
  4.2   Vergleichswertverfahren   95
  4.3   Ertragswertverfahren   105
       4.3.1   Überblick über das Ertragswertverfahren   105
       4.3.2   Die einzelnen Arbeitsschritte im Ertragswertverfahren   106
  4.4   Sachwertverfahren   109
       4.4.1   Überblick über das Sachwertverfahren   109
       4.4.2   Die einzelnen Arbeitsschritte im Sachwertverfahren   111
       4.4.3   Kommunale Praxis in den verschiedenen Bundesländern   118

5   Praktikable Erfassung und Bewertung der öffentlichen Grün- und Freiflächen   135
  5.1   Überblick   135
  5.2   Grün- und Parkanlagen, Sport- und Spielplätze und andere Freiflächen   137
  5.3   Land- und forstwirtschaftlich genutzte Flächen   147

6   Praktikable Erfassung und Bewertung der übrigen Immobilien   161
  6.1   Überblick   161
  6.2   Straßen und Plätze   163
  6.3   Brücken, Tunnel und sonstige Bauten des Infrastrukturvermögens   180

7   Praktikable Erfassung und Bewertung von Anlagen und Maschinen   187
  7.1   Bedeutung und Arten   187
  7.2   Anlagen der Abwasserentsorgung   188
  7.3   Anlagen der Verkehrstechnik   191

8   Praktikable Erfassung und Bewertung von Betriebs- und Geschäftsausstattung   197
  8.1   Geringwertigkeit, Geringfügigkeit und Sachgesamtheiten   197
  8.2   Einrichtungsgegenstände in öffentlichen Bildungsstätten, insbesondere Schulen und Kindergärten   202
  8.3   Büroeinrichtungen   208
  8.4   Kunstwerke und andere Sammlungen   212
  8.5   Bücher, Medien und sonstige Ausleihgüter für den Gebrauch   214
  8.6   Fahrzeuge   216
  8.7   Übrige Betriebs- und Geschäftsausstattung   217

	8.8	Anwendung von Vereinfachungsverfahren am Beispiel einer Bibliothek	220
		8.8.1 Anwendung von Vereinfachungsverfahren in der Eröffnungsbilanz	220
		8.8.2 Fortschreibung der Vereinfachungsverfahren auf Grundlage verminderter Neuanschaffungen	223
9	**Praktikable Erfassung und Bewertung der öffentlichen Beteiligungen, Sondervermögen und anderen Finanzanlagen**		**227**
	9.1	Überblick	227
	9.2	Beteiligungen und Sondervermögen	230
		9.2.1 Bewertung von Beteiligungen und Sondervermögen nach der Eigenkapital-Spiegelbildmethode	230
		9.2.2 Bewertung von Ertrag bringenden Beteiligungen am Beispiel von Energieversorgungsgesellschaften	233
	9.3	Bewertung von sachzielbezogenen Beteiligungen	241
	9.4	Bewertung der übrigen Finanzanlagen	242
10	**Praktikable Erfassung und Bewertung des Umlaufvermögens und der aktiven Rechnungsabgrenzungsposten**		**245**
	10.1 Gliederung des Umlaufvermögens		245
	10.2 Strenges Niederstwertprinzip		248
	10.3 Vorratsvermögen		249
	10.4 Forderungen und sonstige Vermögensgegenstände		254
	10.5 Wertpapiere des Umlaufvermögens		260
	10.6 Flüssige Mittel		261
	10.7 Aktive Rechnungsabgrenzungsposten		262
11	**Erfassung und Bewertung von Zuwendungen**		**265**
	11.1 Systematisierung des Zuwendungsbereiches		265
	11.2 Ersterfassung der Zuwendungen		269
	11.3 Fortschreibung der Zuwendungsdaten		275
	11.4 Beispiel zur Zuwendungsbilanzierung		275
	11.5 Festlegungen in den Landeskonzepten		277
	11.6 Besondere Aspekte bei Zuwendungen		281
		11.6.1 Investive Schlüsselzuweisungen	281
		11.6.2 Höchstbetrag für den Sonderposten	283
		11.6.3 Zeitlich verzögerte Beitragsabrechnung	285
		11.6.4 Verbleibende offene Fragen	287

12	**Technische und organisatorische Aspekte zur Fortschreibung der Eröffnungsbilanz**	**289**
	12.1 Einsatz von DV-gestützten Verfahren zur Anlagenverwaltung	289
	12.2 Auswahl einer geeigneten Software	293
	12.3 Organisation der Anlagenbuchhaltung	294
	12.3.1 Grundsätze zur Buchhaltung	294
	12.3.2 Empfehlungen zur Buchhaltungsorganisation	296
13	**Arbeitshilfen auf der CD-ROM**	**301**
	13.1 Arbeitshilfen zu Rechtsgrundlagen (zu Kapitel 1 bis 2)	301
	13.2 Arbeitshilfen zur Bewertung (zu Kapitel 3 bis 11)	302
	13.2.1 Gebäudebewertung nach dem Ertragswertverfahren gemäß WertV	302
	13.2.2 Gebäudebewertung nach dem Sachwertverfahren: Bewertung einer kommunalen Schule auf Basis der WertV (Nordrhein-Westphalen)	302
	13.2.3 Gebäudebewertung nach dem Sachwertverfahren mit Rückindizierung (Hessen/Baden-Württemberg)	302
	13.2.4 Sachwertorientierte Gebäudebewertung zu Friedensneubauwerten (Hessen/Baden-Württemberg)	303
	13.2.5 Bewertung von Grün- und Freiflächen	303
	13.2.6 Bewertung von öffentlichen Forstflächen	303
	13.2.7 Bewertung von Straßen	303
	13.2.8 Bewertung von Brücken u. Ä.	304
	13.2.9 Bewertung von Betriebs- und Geschäftsausstattung	304
	13.2.10 Testversion und ergänzende Hinweise zum Einsatz eines datenbankbasierten Erfassungs- und Bewertungsprogramms	304
	13.3 Checklisten und Mustertexte	305
14	**Anlage: So nutzen die CD-ROM**	**307**
	14.1 Systemvoraussetzungen	307
	14.2 Installationshinweise	307
	14.3 Informationen suchen, finden und ausdrucken	308
	14.3.1 Das Stichwortverzeichnis	308
	14.3.2 Volltextsuche	308
	14.3.3 Drucken der Dokumente	309
Literaturverzeichnis		**311**
Stichwortverzeichnis		**319**

1 Bewertungsanlässe

> **Auf einen Blick:**
> Aktuell kommt als Bewertungsanlass vor allem das neue kommunale Haushalts- und Rechnungswesen in Frage.
> Für den kommunalen Bereich gilt hierzu der grundlegende Beschluss der Innenministerkonferenz vom 21.11.2003. Danach muss das kommunale Vermögen vollständig bewertet werden.
> Dies gilt sowohl für die Einführung des doppischen Rechnungswesens (insbesondere Eröffnungsbilanz der Kommunen) wie für die sog. Erweiterte Kameralistik.
> Als weitere Bewertungsanlässe (neben dem neuen Rechnungswesen) kommen grundsätzlich Investitionen, Veräußerungen oder Reorganisationsmaßnahmen der Kommunen in Frage.

1.1 Neues öffentliches Rechnungswesen als dominierender Bewertungsanlass

Die langjährigen Anstrengungen zur Reform des öffentlichen Haushalts- und Rechnungswesens gipfelten zuletzt (21. November 2003) in umfangreichen Beschlüssen der Ständigen Konferenz der Innenminister und -senatoren der Länder (Innenministerkonferenz) unter der Überschrift „Von einem zahlungsorientierten zu einem ressourcenorientierten Haushalts- und Rechnungswesen". Hintergrund für das neue öffentliche Haushalts- und Rechnungswesen ist – vereinfachend gesagt – vor allem das Ziel, durch Abbildung des Ressourcenverbrauchs den **wirtschaftlichen Umgang mit den anvertrauten öffentlichen Ressourcen zu fördern**. Beispielsweise waren die mit der Nutzung eines Gebäudes verbundenen Kosten bislang häufig unbekannt. Das Gebäude – z. B. eine Schulturnhalle – stehe „doch sowieso da..." – diese Auffassung bestimmte bislang manche Diskussion.

- Dass aber jedes Gebäude einem Wertverzehr unterliegt (der durch Abschreibungen abzubilden ist),

- dass jedes Gebäude nur über eine bestimmte Zeitdauer uneingeschränkt genutzt werden kann (und anschließend eine Grundsanierung/Wiederherstellung bzw. Reinvestition erforderlich wird),
- dass auch innerhalb der planmäßigen Nutzungsdauer häufig kostspielige Instandhaltungsmaßnahmen erforderlich sind (damit die geplante Nutzungsdauer überhaupt erreicht wird),
- dass die Unterlassung der planmäßigen Instandhaltungsmaßnahmen keine Ersparnis darstellt, sondern kurz- bis mittelfristig die kommunalen Ressourcen in Mitleidenschaft zieht –

dies alles wird dabei häufig übersehen.

Mit einem am Ressourcenverbrauchskonzept orientierten Rechnungswesen können künftig die Kosten der Nutzung der Ressourcen – d. h. der Ressourcenverbrauch – sichtbar gemacht werden. Wenn man also den Ressourcenverbrauch abbilden will, der durch die Nutzung von dauerhaft gebundenem Vermögen entsteht, und die kommunalen Ressourcen im Sinne der intergenerativen Gerechtigkeit zu erhalten beabsichtigt, sind Bewertungen dieses Vermögens zwangsläufig unvermeidbar.

IMK-Beschlüsse vom 21. November 2003

Die **Innenministerkonferenz** hat am **20./21. November 2003** – als vorläufigen Schlusspunkt der jahrelangen Fachdiskussion – beschlossen, dass

- durch die Reform des Gemeindehaushaltsrechts das kommunale Haushalts- und Rechnungswesen von der bislang zahlungsorientierten Darstellungsform (herkömmliche Kameralistik) auf eine ressourcenorientierte Darstellung umgestellt werden soll und
- die Steuerung der Kommunalverwaltungen statt durch die herkömmliche Bereitstellung von Ausgabeermächtigungen (Inputsteuerung) durch die Vorgabe von Zielen für die kommunalen Dienstleistungen (Outputsteuerung) ermöglicht werden soll.

Die Innenministerkonferenz hat im Rahmen des genannten Beschlusses den Bundesländern weitreichende Wahlrechte eingeräumt, entweder ein doppisches Haushalts- und Rechnungswesen oder die erweiterte Kameralistik vorzuschreiben (oder dieses grundsätzliche Wahlrecht an die Kommunen weiterzugeben).[1]

Abschaffung der bisherigen Kameralistik

Nach unserer Einschätzung legt der von der Innenministerkonferenz erarbeitete rechtliche Rahmen – trotz der vielen Wahlrechte – im Ergebnis zumindest eines klar fest: **Die bisherige Kameralistik soll abgeschafft und durch ein vollständiges Ressourcenverbrauchskonzept ersetzt werden.** Nach der Beschlusslage soll jede deutsche Kommune entweder die Doppik oder die erweitere Kameralistik einführen müssen. Für beide Varianten des Ressourcenverbrauchskonzepts ist eine vollständige Erfassung und Bewertung des kommunalen Vermögens notwendig und im Regelungswerk der Innenministerkonferenz auch vorgesehen. Die Beschlussvorlage der Innenministerkonferenz stellt auch für die erweiterte kameralistische Buchführung explizit auf eine vollständige Ressourcenverbrauchsdarstellung (wie beim doppischen Haushaltsrecht) ab, damit für die beiden Wahlformen keine unterschiedlichen finanzwirtschaftlichen Anforderungen bestehen.[2]

Dementsprechend können die Anlässe, warum das öffentliche Vermögen zu bewerten ist, folgendermaßen systematisiert werden:

- Entweder sollen Bilanzen im Rahmen des neuen, doppischen Rechnungswesens erstellt werden – hierbei kann es um die Erstellung von Eröffnungsbilanzen sowie um die Erstellung von Folgebilanzen gehen.

- Oder die erweiterte Kameralistik soll eingeführt werden; dies bedeutet insbesondere, dass zusätzlich zur herkömmlichen Kameralistik eine Kostenrechnung eingeführt wird und die vorhandenen Vermögensgegenstände für die Berechnung von Abschreibungen bewertet werden müssen.

- Hinzu kommen übrige Anlässe, insbesondere wenn konkret eine Veräußerung oder Ausgliederung von öffentlichem Vermögen beabsichtigt ist.

---

[1] Dementsprechend enthält das verabschiedete Regelungswerk u. a. jeweils Leittexte für das doppische Haushalts- und Rechnungswesen und für die erweiterte Kameralistik sowie eine Empfehlung, diese Leittexte zur Grundlage bei der gesetzgeberischen Umsetzung zu machen. Vgl. IMK (2003) Presseerklärung zur Sitzung vom 20. und 21. November 2003.

[2] Vgl. IMK (2003a) Ziffer 3.3.

Begriff des öffentlichen Vermögens

Bevor im Folgenden auf die einzelnen Bewertungsanlässe eingegangen wird, soll noch eine begriffliche Klarstellung zum hier verwendeten Vermögensbegriff vorgenommen werden:

Öffentliches Vermögen ist in diesem Buch all das Vermögen, das im wirtschaftlichen Eigentum der öffentlichen Gebietskörperschaften (Bund, Länder, Kommunen) steht – unabhängig davon, ob das Vermögen öffentlich genutzt wird oder ob es beispielsweise an eine Privatperson vermietet ist und diese es privat nutzt.

Als Abgrenzungskriterium, was öffentliches Vermögen bedeutet, stellen wir damit auf das bewährte **Konzept des wirtschaftlichen Eigentums** ab, das den formalrechtlichen Eigentumsbegriff erweitert bzw. modifiziert. Nach den handels- (und steuer-)bilanziellen Grundsätzen ordnungsmäßiger Buchführung und Bilanzierung ist wirtschaftlicher Eigentümer, wem dauerhaft (d. h. über die wirtschaftliche Nutzungsdauer des Vermögensgegenstandes)

- der Besitz,
- die Gefahr des zufälligen Untergangs des Vermögensgegenstandes,
- das Recht zur Ziehung von Nutzungen und
- die Pflicht zum Tragen von Lasten (z. B. Versicherungen, Instandhaltungen)

zusteht.[3]

Der wirtschaftliche Eigentümer kann damit über die wirtschaftliche Nutzungsdauer des Vermögensgegenstandes den rechtlichen Eigentümer von der Einwirkung auf den Vermögensgegenstand ausschließen, sodass der Herausgabeanspruch des rechtlichen Eigentümers ohne Bedeutung ist.[4] Sofern diese Grundsätze vorliegen, hat der wirtschaftliche Eigentümer (nicht der rechtliche Eigentümer) den Vermögensgegenstand zu bilanzieren (sofern überhaupt eine Bilanz aufgestellt werden soll bzw. muss).

Nach unserer Auffassung kann das Konzept des wirtschaftlichen Eigentums uneingeschränkt auch für Zwecke der erweiterten Kameralistik (analog)

---

[3] Vgl. z. B. Adler/Düring/Schmaltz (o. J.) § 246 HGB Tz. 263 m. w. N.
[4] Vgl. ebenso für das Hessische NKRS Körner/Meidel (2003) S. 32. Für das nordrhein-westfälische NKF vgl. Modellprojekt (2003) S. 38.

angewandt werden – wenn also z. B. eine Kostenrechnung neben der Kameralistik eingeführt werden soll.

1.2 Grundlage für die Erstellung von Bilanzen im Rahmen des integrierten öffentlichen Rechnungswesens

1.2.1 Erstellung der Eröffnungsbilanz für die Gebietskörperschaft

Gemäß dem von der Innenministerkonferenz festgelegten rechtlichen Rahmen ist bei Einführung des neuen doppischen Rechnungswesens in den öffentlichen Gebietskörperschaften von dem Drei-Komponenten-Modell auszugehen, über das auch in der Fachdiskussion zuvor bereits weitgehend Einigkeit erzielt wurde.

Dabei wird das externe Rechnungswesen in die **drei Komponenten**

- Vermögensrechnung (Bilanz),
- Ergebnisrechnung (Gewinn- und Verlustrechnung) und
- Finanzrechnung (Kapitalflussrechnung)

gegliedert, mit denen das kaufmännische Rechnungswesen den Erfordernissen der Kommunen angepasst wird und die zusammen den Verwaltungsabschluss bilden[5].

Zwangsläufig muss für den Umstellungszeitpunkt eine **Eröffnungsbilanz** erstellt werden. Vor dem Hintergrund der in fast allen Kommunen und Ländern bislang fehlenden[6] Vermögensrechnungen macht eine zu erstellende Eröffnungsbilanz umfangreiche Erfassungs- und Bewertungsarbeiten erforderlich. Während für die Eröffnungsbilanzen einmalig bestimmte Bewertungsregeln angewendet werden müssen, ist für die anschließenden Folgeabschlüsse eine Fortschreibung nach den Bilanzierungs- und Bewertungsregeln des Handelsgesetzbuches vorgesehen[7]. Für die Eröffnungsbilanz sind von den Landesgesetzgebern leider unterschiedliche Bewertungsregeln vorgese-

---

[5] Hinzu kommen nach den Erläuterungen zum Leittext der IMK: Anhang, Rechenschaftsbericht (Lagebericht), Anlagenübersicht, Forderungsübersicht und Verbindlichkeitenübersicht; vgl. IMK (2003b) Erläuterungen, S. 26.

[6] Bzw. unvollständigen (da nur für kostenrechnende Einrichtungen).

[7] IMK (2003b), Erläuterungen, S. 23 ff. Vgl. unten ausführlich Abschnitt 3.1.

hen; der IMK-Beschluss vom 21. November 2003 hat den Ländern entsprechende Freiräume gelassen. Dies wird wohl bedeuten, dass im Wesentlichen kommunale Gebäude in Nordrhein-Westfalen überwiegend zu Sachzeitwerten bewertet werden, während in Baden-Württemberg, Hessen, Niedersachsen und Rheinland-Pfalz überwiegend historische Anschaffungs- und Herstellungskosten verlangen, was teilweise eine Rückindizierung auf die jeweiligen Erwerbs- bzw. Herstellungsjahre bedeuten wird (fiktive Anschaffungs- und Herstellungskosten).

Zu den genannten drei Komponenten des externen Verwaltungsabschlusses treten die Einführung einer (DV-technisch zu integrierenden) Kosten- und Leistungsrechnung für interne Steuerungszwecke und die produktorientierten Plan-Komponenten Ergebnisplan/-haushalt und Finanzplan/-haushalt hinzu, die gemeinsam den herkömmlichen Haushalt ersetzen werden.

Integriertes öffentliches Rechnungswesen

Ein derartig komplexes Rechnungswesen erfordert aus DV-technischer Sicht (und unter Nutzung der entsprechenden Erfahrungen im nicht öffentlichen Sektor) eine zweckgerechte **Integration in mehrfacher Hinsicht**:[8]

- Integration der Ist-Komponenten Vermögens-, Finanz- und Ergebnisrechnung,

- Integration mit den Plan-Komponenten Ergebnisplan und Finanzplan,

- Integration der Teilpläne und der diesen zugrunde liegenden Produkten,

- Integration der Kosten- und Leistungsrechnung,

- Integration aller Einzelabschlüsse mit Konsolidierungsmöglichkeit zum Konzernabschluss/Gesamtabschluss (über den Einflussbereich der Gebietskörperschaft mit den verschiedenen Sondervermögen/Eigenbetriebe und Eigengesellschaften).

Vor diesem Hintergrund hatten PwC Deutsche Revision und WIBERA für ihre im Jahre 2000 erarbeitete Konzeption des neuen doppischen Rechnungswesens für Gebietskörperschaften die Bezeichnung „integriertes öffentliches Rechnungswesen" gewählt (diese Bezeichnung wurde bislang insbesondere vom Bundesland Bremen übernommen).[9]

---

[8] Vgl. ausführlich Marettek (2003) S. 32.
[9] Vgl. Bolsenkötter et al. (2000), Bolsenkötter/Detemple/Marettek (2002).

Ein integriertes öffentliches Rechnungswesen entspricht im Übrigen vollständig dem rechtlichen Rahmen, wie ihn die Innenministerkonferenz im November 2003 für ein doppisches Gemeindehaushaltsrecht festgelegt hat. Auf Basis der Terminologie der Innenministerkonferenz können zusammenfassend folgende **Struktur-Elemente für eine vollständige Realisierung der neuen Verwaltungssteuerung auf doppischer Basis** formuliert werden:[10]

- Vollständige Darstellung von Ressourcenverbrauch und Ressourcenaufkommen durch Erfassung von Aufwendungen und Erträgen anstatt Ausgaben und Einnahmen,

- Haushaltsplan mit Budgetstruktur und Produktorientierung,

- Informationen über Produkte und Verwaltungsleistungen im Haushaltsplan mit der Möglichkeit, diese zur Grundlage von Zielvereinbarungen oder Vorgaben zu machen,

- Kosten- und Leistungsrechnung über die bisherigen kostenrechnenden Einrichtungen hinaus nach Bedarf in weiteren Verwaltungsbereichen,

- Entwicklung von Kennzahlen über Kosten und Qualität der Verwaltungsleistungen und Produktziele als Steuerungsinstrumente sowie ggf. für interkommunale Vergleiche,

- Einführung eines Berichtswesens für die periodische Information über die Zielerreichung als Grundlage für Steuerungsmaßnahmen,

- Drei-Komponenten-Rechnungssystem aus Ergebnisrechnung, Finanzrechnung und Vermögensrechnung (Bilanz), mit dem das kaufmännische Rechnungssystem den Erfordernissen der Kommunen angepasst wird,

- Zusammenfassung des Jahresabschlusses der kommunalen Körperschaft mit den Jahresabschlüssen der ausgegliederten, von der Kommune beherrschten, rechtlich unselbstständigen und selbstständigen Einheiten und Gesellschaften zu einem konsolidierten Gesamtabschluss als Rechnungslegung über alle Aktivitäten einer Kommune (Konzernabschluss).

---

[10] IMK (2003a) Ziffern 1.2 und 3.2.

1.2.2 Erstellung von Folgeabschlüssen

Während die Innenminister über die Grundsätze für die (einmalige) Bewertung in der Eröffnungsbilanz (leider) keine Einigung erzielt haben, waren die Bewertungsvorschriften für die Folgeabschlüsse (bzw. die laufende Bilanzierung) seit längerem nicht mehr umstritten. Für die Erstellung von Folgeabschlüssen gehen praktisch alle jüngeren Entwürfe des öffentlichen Rechnungswesens von einer (nur leicht modifizierten) **Übernahme des rechtlichen Rahmens des Handelsgesetzbuchs** (HGB) aus. Der von der Innenministerkonferenz verabschiedete Leittext einer Gemeindehaushaltsverordnung nach doppischen Grundsätzen enthält in seinen allgemeinen Vorschriften über den Jahresabschluss der Kommune – genauso wie die anderen vorliegenden Gesetze und Gesetzentwürfe der Länder – eine Vielzahl von Bilanzierungsvorschriften, die eng dem HGB folgen. Außerdem sprechen die **Erläuterungen zum Leittext der Innenministerkonferenz** allgemein davon, dass sich der kommunale Jahresabschluss an den handelsrechtlichen Jahresabschluss für große Kapitalgesellschaften (§§ 264 ff. HGB) anlehne.[11] Auch die allgemeinen handelsrechtlichen **Grundsätze ordnungsmäßiger Buchführung (GoB)** sollen übernommen werden, wie eine Vielzahl von entsprechenden Formulierungen im Leittext sowie ein expliziter Hinweis im Erläuterungstext belegen.[12]

Teilweise enthalten die Regelungsentwürfe der Länder Verweise auf die Grundsätze ordnungsmäßiger Buchführung „für Gemeinden und Gemeindeverbände"[13] Dem Bilanzierenden stellt sich hier zwangsläufig die Frage, in welchem Umfang die handelsrechtlichen GoB zur Anwendung kommen und wo sie modifiziert, erweitert oder gar aufgehoben werden.

Zu dem Themenkomplex hat mittlerweile der Arbeitskreis „Integrierte Verbundrechnung" (IVR) beim Finanzministerium des Landes Nordrhein-Westfalen Stellung genommen.[14] Danach sollen die handelsrechtlichen Dokumentations- und Rahmengrundsätze (formelle GoB) zu übernehmen sein. Dagegen seien Modifikationen bei den Konzeptionsgrundsätzen (materielle

---

[11] Vgl. IMK (2003b) Erläuterungen, S. 26.
[12] Vgl. IMK (2003b) Erläuterungen, S. 22.
[13] So beispielsweise in der GemHKVO Niedersachsen (2005) sowie in der GemHVO Rheinland-Pfalz (2006) § 27 Abs. 2.
[14] Eckpunkte für die Grundsätze ordnungsmäßiger Buchführung im öffentlichen Haushalts- und Rechnungswesen auf Basis der Integrierten Verbundrechnung, Die Wirtschaftsprüfung 16/2005, S. 887 ff.

GoB) aufgrund der speziellen Informations- und Schutzfunktionen bei der öffentlichen Bilanzierung erforderlich. Die Mitglieder des Arbeitskreises benennen als notwendige Anpassungen insbesondere die Periodisierung von Zahlungen, unentgeltliche Vermögenserwerbe und die Vermögenstrennung.

Die weitere Entwicklung von spezifischen GoB im öffentlichen Haushalts- und Rechnungswesen bleibt abzuwarten. Sofern keine Konkretisierung im Rahmen der Landeskonzepte erfolgt, kann allen Bilanzierenden nur die Anwendung der handelsrechtlichen GoB empfohlen werden.

Fortschreibung der Eröffnungsbilanzen nach den HGB-Regeln

Diese weitgehende Übernahme des handelsrechtlichen Bilanzierungsrechts bedeutet im Wesentlichen, dass die Eröffnungsbilanzwerte nach den Grundsätzen des HGB fortgeschrieben werden; insoweit werden die Werte der kommunalen Eröffnungsbilanz als Anschaffungskosten fingiert. Sofern es sich um abnutzbares Anlagevermögen handelt – also z. B. Gebäude, Maschinen, Betriebs- und Geschäftsausstattung – werden Eröffnungsbilanzwerte durch planmäßige Abschreibungen auf die Restnutzungsdauer des jeweiligen Vermögensgegenstandes verteilt.

Mit einem derartigen Vorgehen wird insbesondere auf kontinuierliche Neubewertungen verzichtet, wie es Lüder für das realisierbare Sachanlagevermögen vorgeschlagen hatte und auch die KGSt für das gesamte Vermögen anwenden wollte (im Interesse einer möglichst aussagekräftigen, an den Wiederbeschaffungskosten orientierten Abbildung des Ressourcenverbrauchs).[15]

Die weit gehende Übernahme der handelsrechtlichen Buchführungs- und Bilanzierungsgrundsätze für die laufenden Jahresabschlüsse der Kommune kann nach unserer Einschätzung positiv gewürdigt werden. Hierdurch wird nicht nur ein Beitrag zur Einheitlichkeit der Rechtsordnung geleistet, sondern vor allem die Einheitlichkeit der Bilanzierungsgrundsätze im künftigen Konzernabschluss der Kommune gewährleistet, damit sämtliche bilanzierenden Einheiten der Kommune – abgesehen von einzelnen gebührenrechtlich bedingten Ausnahmen (z. B. Abwassereigenbetriebe, die wiederbeschaffungswertorientierte Abschreibungen verrechnen) – dieselben Bilanzie-

---

[15] Vgl. Lüder (1999) S. 50 f.; KGSt (1997) S. 33 und 38 sowie noch 2000 der stv. Vorstand der KGSt, Edmund Fischer, auf einer Fachtagung in Solingen, vgl. hierzu Detemple/Marettek (2000a) Anlage III.4. Ähnlich zuvor auch Diemer (1996) S. 248.

rungsgrundsätze anwenden (ansonsten müsste eine umständliche Vereinheitlichung erst noch durchgeführt werden).

Mitunter wird von Kommunen die berechtigte Frage aufgeworfen, weshalb für die Weiterentwicklung des Haushalts- und Rechnungswesens der öffentlichen Gebietskörperschaften nicht gleich internationale Rechnungslegungsstandards (z. B. IFRS (International Financial Reporting Standards) oder IPSAS (International Public Sector Accounting Standards)) zugrunde gelegt worden sind. In der Schweiz wird derzeit auf Bundes-, Kantons- und Kommunalebene die Fortbildung des doppischen Finanzwesens auf Basis der IPSAS betrieben.[16]

Seit dem 1. Januar 2005 sind zudem die börsennotierten Kapitalgesellschaften in Deutschland zur Rechnungslegung nach den IFRS verpflichtet. Davon betroffen sind indirekt auch etliche Eigengesellschaften von öffentlichen Gebietskörperschaften im Versorgungsbereich, die im Konzernverbund börsennotierter Versorgungsunternehmen stehen.

Dennoch ist es sachgerecht, den Reformprozess zunächst am deutschen Handelsrecht auszurichten. Die Berührungsängste der Betroffenen wären voraussichtlich bei einer Orientierung an internationalen Standards ungleich größer, und Kenntnisse über internationale Rechnungslegung sind – im Gegensatz zu handelsrechtlichem Grundlagenwissen bei Betrieben und Gesellschaften – in den Verwaltungen kaum verbreitet. Schließlich kann eine handelsrechtlich orientierte Doppik nach feststehenden Regeln auf internationale Standards übergeleitet werden, was bei den börsennotierten Kapitalgesellschaften derzeit vorexerziert wird. Allerdings wäre vor diesem Hintergrund eine weiter gehende Anlehnung der Landeskonzepte an das Handelsrecht und vor allem eine Vereinheitlichung der kommunalen Konzeptvorgaben wünschenswert gewesen.

1.3 Grundlage für die Abschreibungsberechnung in der erweiterten Kameralistik

Die bislang für alle deutschen Gebietskörperschaften mit geringen Modifikationen geltende Kameralistik trägt nach herrschender Meinung durchaus zur viel beklagten **Ineffizienz der Finanzsteuerung im öffentlichen Sektor** bei; als weitere Faktoren werden meist die häufig fehlende Konkurrenz, das

---

[16] Vgl. hierzu Perspektiven für die Gemeindefinanzen, Schweizer Gemeinde 12/05

Grundlage für die Abschreibungsberechnung in der erweiterten Kameralistik

starre öffentliche Dienstrecht sowie die spezifischen Eigenarten der politisch gesteuerten, bürokratischen Administration genannt. Wie der Finanzwissenschaftler Karl-Dieter Grüske seine Analyse treffend zusammenfasst: „Alles in allem erweist sich die Kameralistik als ein entscheidendes Grundelement für die Erklärung von fehlendem Kostenbewusstsein, Inputorientierung und die Tendenz zu überhöhten Kosten."[17]

Der am 21. November 2003 verabschiedete **Leittext** der Innenministerkonferenz zur erweiterten Kameralistik enthält **im Vergleich zur herkömmlichen Kameralistik** insbesondere folgende Änderungen:[18]

- Ersetzung der derzeitigen Gliederung des Verwaltungs- und Vermögenshaushalts (in Einzelpläne, Abschnitte und Unterabschnitte) durch eine entsprechende Produktgliederung (die den Regelungen im Leittext für die kommunale Doppik entspricht)
- Darstellung von Ein-/Auszahlungen in der Finanzrechnung/-planung und von Erträgen/Aufwendungen in der Ergebnisrechnung/-planung, wodurch die kamerale Gruppierung abgelöst wird
- Neue Verwaltungssteuerung mit Angaben zu Produkten (mit Kennzahlen über Kosten und Qualität), Leistungen, Zielen und Angaben zur Zielerreichung, die dann auch im Rahmen eines internen Berichtswesens berücksichtigt werden können
- Kosten- und Leistungsrechnung (wie im Leittext für die kommunale Doppik) nach den örtlichen Bedürfnissen
- vollständige Darstellung des mit der Leistungserstellung verbundenen Ressourceneinsatzes (vor allem Abschreibungen) über die derzeit schon bestehenden Verpflichtungen hinaus flächendeckend
- Vollständige Vermögenserfassung und -bewertung in den Bereichen Anlagevermögen, Umlaufvermögen, Rückstellungen (jeweils entsprechend den Regelungen für die kommunale Doppik), allerdings keine (aktiven oder passiven) Rechnungsabgrenzungsposten; damit explizit „Ausbau der Haushaltsrechnung zu einer Vollvermögensrechnung"[19].

---

[17] So Grüske im Vorwort der von ihm herausgegebenen Arbeit von Körner (2000) S. 12.
[18] Vgl. IMK (2003d) Erläuterungen S. 4ff.
[19] So IMK (2003a), Ziffer 3.3.

Vergleich der erweiterten Kameralistik mit der Doppik

Wenn man diese Liste mit den oben dargestellten Strukturelementen der neuen Verwaltungssteuerung auf doppischer Basis vergleicht, wird schnell erkennbar, dass dieser Leittext für eine Gemeindehaushaltsverordnung der erweiterten Kameralistik tatsächlich **nur formal** auf das Drei-Komponenten-Modell sowie den Konzernabschluss verzichtet – **materiell jedoch dieselbe vollständige Abbildung des Ressourcenverbrauchs beabsichtigt.**

Diese Feststellung bestätigen auch die Erläuterungen zum IMK-Beschluss ausdrücklich: „Nach den Positionsbestimmungen durch den UARG und den AK III soll es keine unterschiedlichen materiellen Anforderungen an den Haushaltsausgleich geben. In jenen Ländern, in denen ein Wahlrecht der Kommunen für den kameralistischen oder doppischen Buchungsstil vorgesehen ist, sollen die Anforderungen an den Haushaltsausgleich keinen Einfluss auf die Wahl-Entscheidungen der Kommunen haben."[20]

Der IMK-Leittext führt anschließend aus, dass zu diesem Zweck die Haushaltsausgleichskonzepte in der erweiterten Kameralistik sowie der kommunalen Doppik jeweils landesintern weitgehend angenähert werden sollen.[21] Ergänzend wird erläutert, dass einige Regelungen, insbesondere zur Vermögensbewertung – bis auf sachlich notwendige, redaktionelle Anpassungen – wörtlich aus dem Leittext für die kommunale Doppik übernommen wurden.[22]

Als **einzigen materiellen Unterschied zur Doppik** führen die Erläuterungen zum IMK-Leittext zwei Beispiele über **geleistete bzw. empfangene Vorauszahlungen** auf, die in der erweiterten Kameralistik gemäß dem insoweit weiterhin geltenden **Kassenwirksamkeitsprinzip** der Periode zuzuordnen sind, in der die Zahlungen geleistet werden. Dies bedeutet, dass im Falle dieser transitorischen Positionen (Zahlung jetzt, Aufwand bzw. Ertrag später) keine aktiven oder passiven Rechnungsabgrenzungsposten in der erweiterten Kameralistik gebildet werden sollen (im Gegensatz zur Doppik).[23]

---

[20] Vgl. IMK (2003d) Erläuterungen S. 3.
[21] Vgl. IMK (2003d) Erläuterungen S. 3.
[22] Vgl. IMK (2003d) Erläuterungen S. 4.
[23] Vgl. IMK (2003d) Erläuterungen S. 6.

Hinsichtlich der antizipativen Rechnungsabgrenzungsposten sowie des Forderungs- und Verbindlichkeitsbereichs (Ertrag/Aufwand jetzt, Zahlung später) dürfte u. E. eine gewisse Unklarheit vorliegen:

- die antizipativen Rechnungsabgrenzungen sind nach den Grundsätzen ordnungsmäßiger Buchführung als sonstige Forderungen (sonstige Vermögensgegenstände) bzw. sonstige Verbindlichkeiten zu behandeln,
- für entstandene Forderungen bzw. Verbindlichkeiten ist gerade kennzeichnend, dass bis zum Abschlussstichtag noch keine Zahlung geleistet ist (sonst würden sie ja nicht mehr bestehen).

Noch erforderliche Präzisierungen

Diesbezüglich erscheinen IMK-Leittext sowie Erläuterungen **nicht ganz präzise**: Einerseits wird in § 39 Abs. 1 des Leittextes explizit festgelegt: „In der Vermögensrechnung sind das Anlage- und das Umlaufvermögen sowie die Schulden und Rückstellungen vollständig auszuweisen." (Auch verschiedene andere Ausführungen – sowohl im Leittext selbst als auch in den dazu ergangenen Erläuterungen – deuten darauf hin, dass eine vollständige Erfassung der Forderungen und Verbindlichkeiten beabsichtigt ist.) Andererseits führen die Erläuterungen zum IMK-Leittext jedoch aus, dass das Kassenwirksamkeitsprinzip (lediglich) „mit Ausnahme der Abschreibungen und der Rückstellungen" weiterhin gelte.[24]

Der Bereich der „Ausnahmen von Kassenwirksamkeitsprinzip" ist – wenn eine vollständige Vermögensbewertung auch in der erweiterten Kameralistik gewollt ist – zwangsläufig deutlich größer: zumindest auch bei den Forderungen und Verbindlichkeiten sowie bei den – hier noch nicht erwähnten – Vorräten kommen häufig nichtzahlungswirksame (also bewertungsbedingte) Vermögensänderungen vor, die nach dem Leittext auch in der erweiterten Kameralistik gemäß dem Verursachungsprinzip periodisiert werden sollen. Vor diesem Hintergrund sollten die Erläuterungen zum Leittext insoweit modifiziert werden. Sachgerecht wäre im Übrigen eine Umkehrung des Ausnahmetatbestandes. Beispielsweise folgende Formulierung würden wir für den von der IMK gewünschten Regelungsinhalt vorschlagen: „Lediglich bei Vorauszahlungen (transitorische Rechnungsposten) gilt weiterhin das Kassenwirksamkeitsprinzip." In diesem Zusammenhang wäre nach unserer Einschätzung außerdem noch zu klären, wie Zuschüsse/Zuwendungen und

---

[24] Vgl. IMK (2003d) Erläuterungen S. 6.

alle Transferleistungen in der erweiterten Kameralistik abgebildet werden sollen.

Aber unabhängig von diesen, nach unserer Einschätzung noch erforderlichen Präzisierungen kann zusammenfassend Folgendes festgehalten werden: Wenn man die mehrfache Betonung der vollständigen Erfassung und Bewertung des kommunalen Vermögens einschließlich der vorhandenen Rückstellungen (deren Bewertung jeweils nach dem doppischen Leittext zu erfolgen hat) betrachtet, kann wirklich kein Zweifel bestehen, dass **auch für Zwecke der erweiterten Kameralistik umfangreiche Erfassungs- und Bewertungsarbeiten** durchgeführt werden müssen, deren Umfang nur in Grenzbereichen von dem für doppische Zwecke erforderlichen Umfang abweicht.

Nutzen und Kosten der erweiterten Kameralistik

Wenn man die jahrelange intensive Diskussion zwischen Doppik und Erweiterter Kameralistik in Erinnerung ruft, dann spricht nach unserer Einschätzung sehr wenig für eine derart erweiterte Kameralistik. Eine Kommune, die sich hierfür entscheiden sollte, würde im Ergebnis zwar noch die vertraute Form des kameralen Haushalts (Verwaltungs- und Vermögenshaushalt) erhalten. Allerdings müsste diese Gemeinde gleichzeitig aber die aufwändigen Erfassungs- und Bewertungsarbeiten (vor allem für das Anlagevermögen und die Rückstellungen) wie bei der Doppik durchführen, wobei das Vermögen nach den HGB-Regeln jährlich fortzuschreiben ist – und das alles, ohne den Nutzen des übersichtlichen Drei-Komponenten-Modells sowie des u. E. besonders wichtigen (ausdrucksstarken) Konzernabschlusses zu erhalten. Als wesentlicher Nutzen dieser erweiterten Kameralistik verbleibt lediglich die periodengerechte Abbildung des Ressourcenverbrauchs. Nach unserer Auffassung kann das **Nutzen-Kosten-Verhältnis dieser erweiterten Kameralistik im Vergleich zur reinen Doppik nicht überzeugen**. Ob dieses Modell längerfristig viele Anhänger finden dürfte, sei zumindest in Frage gestellt.

Die von uns vertretene Auffassung der wesentlich besseren Nutzen-Kosten-Relation einer direkten Umstellung auf die Doppik gilt umso mehr nach den aktuellen Erfahrungen aus erfolgreichen Umstellungsprojekten **gerade bei kleineren Kommunen, die mit erstaunlich geringem Aufwand direkt auf**

die Doppik umgestellt haben.[25] Nach unserer Einschätzung kann der Umstellungsaufwand für eine Kernverwaltung mit unter 50 Mitarbeitern durchaus mit dem Umstellungsaufwand für einen neuen – allerdings etwas größeren – Eigenbetrieb gleichgesetzt werden.[26]

Nach den bis jetzt vorliegenden Erfahrungen aus Pilotstädten haben es demgegenüber Großstädte – für die ja allgemein unstrittig die Doppik eingeführt werden soll – in der Praxis der Umstellung grundsätzlich schwerer als kleine Kommunen – schon allein deshalb, weil eine viel größere Anzahl von MitarbeiterInnen sich auf das doppische Konzept einlassen und entsprechend geschult werden muss.

Bei kritischer Würdigung der IMK-Texte vom 21. November 2003 kann insgesamt die Prognose gewagt werden, dass sich der Umstellungsprozess auf ein rein doppisches kommunales Haushalts- und Rechnungswesen (wie es sich auch in fast allen anderen europäischen Staaten durchgesetzt hat[27]) zwar in die Länge zieht, langfristig jedoch nur noch doppische Kommunalhaushalte existieren werden (was im Übrigen nicht nur aus Steuerungs-/Informations- und Kontrollgründen, sondern auch aus Gründen der interkommunalen Vergleichbarkeit wünschenswert wäre).[28] Diese in der ersten Auflage dieses Buches (2004) geäußerte Auffassung hat sich mittlerweile weiter bestätigt: Nachdem sich jetzt sogar das Bundesland Baden-Württemberg von der erweiterten Kameralistik verabschiedet hat, gilt die Option der erweiterten Kameralistik praktisch nur noch in Hessen (wo die allermeisten Kom-

---

[25] So hat der Bürgermeister der bayerischen Gemeinde Hallbergmoos, Klaus Stallmeister, im vom Saarländischen Städte- und Gemeindetag am 28.11.2003 in Eppelborn veranstalteten Vierten Saarländischen Kommunalforum seine überaus positiven Erfahrungen mit dem doppischen Haushalts- und Rechnungswesen betont (erfolgte Umstellung bereits zum 1.1.2002), dessen Transparenz (erstmals liege eine solide Datenbasis vor) mittlerweile auch von der Politik nutzbringend eingesetzt werde.

[26] Entscheidende Voraussetzungen für das zügige Gelingen des Umstellungsprozesses sind die konsequente Unterstützung des Projektes durch den Bürgermeister (und den Rat) sowie das Vorhandensein mindestens eines Mitarbeiters mit doppischen Erfahrungen (gilt übrigens auch für die zügige Gründung eines neuen Eigenbetriebs).

[27] Vgl. die vergleichende PwC-Studie über neun europäische Staaten und die EU-Kommission, die erneut den Nachholbedarf Deutschlands im Vergleich zu fast allen anderen Staaten ermittelt hat. Vgl. Lüder/Jones (2003) S. 11, 37 u. 42 ff.

[28] Gleicher Ansicht Frischmuth (2004) S. 57; die Referentin beim Deutschen Städtetag spricht davon, dass die erweiterte Kameralistik nur ein kostenintensiver Zwischenschritt wäre und auf diese verzichtet werden könne.

munen sich jedoch für die Doppik entscheiden) – während in Bayern noch keine Entscheidung gefallen ist.[29]

1.4 Sonstige Bewertungsanlässe

Als sonstige Bewertungsanlässe werden hier alle diejenigen Bewertungsanlässe zusammengefasst, die nicht auf der Einführung des neuen öffentlichen Rechnungswesens nach dem Ressourcenverbrauchskonzept (sei es Doppik oder erweiterte Kameralistik) basieren.

Als sonstige Bewertungsanlässe kommen in der kommunalen Praxis vor allem in Frage:

- alle aus Sicht der Gebietskörperschaft vorgesehenen Desinvestitionsentscheidungen,
- von der Gebietskörperschaft geplante Investitionsentscheidungen,
- Reorganisationen innerhalb des Einflussbereichs der Gebietskörperschaft sowie
- Reorganisationen unter Einbeziehung Dritter.

Desinvestitionen/Veräußerungen

Bei den von der Gebietkörperschaft vorgesehenen **Desinvestitionen** geht es darum, öffentliches Vermögen zu veräußern, also Investitionen der Vergangenheit rückgängig zu machen. Bekanntlich hat dieser – häufig mit „Veräußerung des Tafelsilbers" umschriebene – Problemkomplex derzeit Hochkonjunktur. Ursächlich hierfür ist die extrem angespannte Haushaltssituation vieler Städte und Gemeinden.

Bewertungen sind zur Vorbereitung von Veräußerungsprozessen zweckmäßig und üblich, wenn z. B. einzelne Immobilien, Abwassernetze, Kliniken oder von der Gebietskörperschaft gehaltene Beteiligungen an Gesellschaften oder Zweckverbänden veräußert werden sollen.

Investitionen

Aber auch öffentliche **Investitionsentscheidungen** bedürfen regelmäßig einer Vorbereitung durch Bewertungen. Wenn auch derzeit in der Praxis

---

[29] Vgl. den aktuellen Überblick im Haufe Doppik Office von Lehmann (2005).

recht selten, gehören dazu Kaufentscheidungen, z. B. von Immobilien oder Beteiligungen, aber auch Bauentscheidungen, z. B. die Revitalisierung von Industrie- und Militärbrachen.

Reorganisationen ohne Einbeziehung Dritter

Hierunter werden alle Ausgründungen von Teilbereichen aus dem Haushalt in Eigenbetriebe oder Eigengesellschaften und andere Reorganisationen **innerhalb des Einflussbereichs der Gebietskörperschaft** zusammengefasst.

Reorganisationen unter Einbeziehung Dritter

Wenn der Einflussbereich der Gebietskörperschaft verlassen wird und öffentliche oder private Dritte in das Reorganisationsprojekt einbezogen werden sollen, handelt es sich um Reorganisationen unter Einbeziehung Dritter. Neben **interkommunalen Kooperationen** gehört hierzu insbesondere der weit gestreckte Bereich des **Public-Private-Partnership**. Unabhängig davon, ob mehrere öffentliche Institutionen oder öffentliche und private Institutionen organisatorisch zusammenarbeiten wollen – regelmäßig sind Bewertungen erforderlich, wenn in einer Bilanz (z. B. eines Zweckverbandes oder einer Beteiligungsgesellschaft in der Rechtsform der GmbH oder AG) das Vermögen unterschiedlicher Partner abgebildet werden soll.

2 Arten öffentlicher Vermögensgegenstände

> **Auf einen Blick:**
>
> Im wirtschaftlichen Eigentum der Kommunen stehen vor allem Immobilien der unterschiedlichsten Art. Wichtigste Gebäudearten sind Rathäuser und andere Verwaltungsgebäude, Schulen (bedeutendste Einzelgruppe), Kindergärten, Feuerwehrgebäude, Kultur- und Sozialgebäude. Im Infrastrukturbereich sind vor allem die Straßen sowie die Grün- und Freiflächen einschließlich Forsten zu nennen.
>
> Abgesehen von den immobilienartspezifischen Einrichtungen gehört den Kommunen noch eine nicht unwesentliche Anzahl von Beteiligungen an Sondervermögen (Eigenbetriebe), Zweckverbänden sowie Unternehmen in privater Rechtsform (AG, GmbH).

2.1 Überblick

Die öffentlichen Aufgaben haben zu einer großen Vielfalt unterschiedlicher Vermögensgegenstände in kommunalem Besitz geführt. Das Spektrum reicht dabei über das gesamte Feld der öffentlichen Betätigung. Es umfasst beispielsweise

- öffentliche Gebäude und Infrastrukturvermögen,
- Wald- und Grünflächen,
- Kunst- und Kulturgüter sowie
- Finanzanlagen bzw. Beteiligungen.

Alle diese Vermögensgegenstände sind für Zwecke der Eröffnungsbilanz bzw. der erweiterten Kameralistik aufzunehmen und zu bewerten – soweit die öffentliche Gebietskörperschaft wirtschaftlicher Eigentümer ist.[30] Im Interesse einer klaren und übersichtlichen Bilanzgliederung müssen die öffentlichen Vermögensgegenstände angemessen systematisiert werden.

---

[30] Vgl. hierzu oben S. 9.

Arten öffentlicher Vermögensgegenstände

Die entsprechende Fachdiskussion konzentrierte sich in den letzten Jahren auf verschiedene Gliederungsschemata sowie die zugehörigen Kontenpläne bzw. -rahmen. Durch den Beschluss der Innenministerkonferenz vom 21. November 2003 hat die Fachdiskussion einen vorläufigen Abschluss gefunden.

2.2 Ansätze zur Systematisierung in den Bundesländern

Die für die verschiedenen Bundesländer vorliegenden Gliederungsschemata können im Wesentlichen als Erweiterung und Anpassung des Gliederungsschemas des § 266 HGB interpretiert werden. Dabei wird die Differenzierung des HGB in

- Immaterielle Vermögensgegenstände
- Sachanlagen mit
  – Immobilien („Grundstücke, grundstücksgleiche Rechte sowie Bauten einschl. Bauten auf fremden Grundstücken")
  – Technische Anlagen und Maschinen
  – Andere Anlagen, Betriebs- und Geschäftsausstattung
  – Geleistete Anzahlungen und Anlagen im Bau
- Finanzanlagen

auf unterschiedliche Art und Weise entsprechend den Besonderheiten des öffentlichen Bereichs erweitert – teilweise auch grundsätzlich modifiziert.

Baden-Württemberg, Hessen und Nordrhein-Westfalen

Die diesbezüglichen Gliederungen der Bundesländer Baden-Württemberg, Hessen und Nordrhein-Westfalen sind die ältesten Gliederungskonzepte der Länder und können auch aus fachlicher Sicht als charakteristische Ansätze interpretiert werden. Diese drei Ansätze sind daher in Abb. 1 zusammengefasst dargestellt.[31]

---

[31] Vgl. Baden-Württemberg/Entwurf (2005) § 52, Hessen (2006) § 49, Nordrhein-Westfalen (2004) § 41.

Baden-Württemberg	Hessen	Nordrhein-Westfalen
1. Verwaltungsvermögen 1.1 Immaterielle Vermögensgegenstände	1. Anlagevermögen a) Immaterielle Vermögensgegenstände aa) Konzessionen, Lizenzen und ähnliche Rechte ab) geleistete Investitionszuwendungen	1. Anlagevermögen 1.1 Immaterielle Vermögensgegenstände
1.2 Sachvermögen 1.2.1 Unbebaute Grundstücke und grundstücksgleiche Rechte	b) Sachanlagevermögen ba) Grundstücke, grundstücksgleiche Rechte	1.2 Sachanlagen 1.2.1 Unbebaute Grundstücke und grundstücksgleiche Rechte 1.2.1.1 Grünflächen 1.2.1.2 Ackerland 1.2.1.3 Wald, Forsten 1.2.1.4 Sonstige unbebaute Grundstücke
1.2.2 Bebaute Grundstücke und grundstücksgleiche Rechte	bb) Bauten einschl. Bauten auf fremden Grundstücken	1.2.2 Bebaute Grundstücke und grundstücksgleiche Rechte 1.2.2.1 Kindertageseinrichtungen 1.2.2.2 Schulen 1.2.2.3 Wohnbauten 1.2.2.4 Sonstige Dienst-, Geschäfts- und Betriebsgebäude
1.2.3 Infrastrukturvermögen	bc) Sachanlagen im Gemeingebrauch, Infrastrukturvermögen	1.2.3 Infrastrukturvermögen 1.2.3.1 Grund und Boden des Infrastrukturvermögens 1.2.3.2 Brücken und Tunnel 1.2.3.3 Gleisanlagen mit Streckenausrüstung und Sicherheitsanlagen 1.2.3.4 Entwässerungs- und Abwasserbeseitigungsanlagen 1.2.2.5 Straßennetz mit Wegen, Plätzen und Verkehrslenkungsanlagen

Arten öffentlicher Vermögensgegenstände

Baden-Württemberg	Hessen	Nordrhein-Westfalen
		1.2.3.6 Sonstige Bauten des Infrastrukturvermögens
1.2.4 Bauten auf fremdem Grund und Boden	bd) Anlagen und Maschinen zur Leistungserstellung	1.2.4 Bauten auf fremdem Grund und Boden
1.2.5 Kunstgegenstände, Kulturdenkmäler	be) Andere Anlagen, Betriebs- und Geschäftsausstattung	1.2.5 Kunstgegenstände, Kulturdenkmäler
1.2.6 Maschinen und technische Anlagen, Fahrzeuge	bf) Geleistete Anzahlungen und Anlagen im Bau	1.2.6 Maschinen und technische Anlagen, Fahrzeuge
1.2.7 Betriebs- und Geschäftsausstattung		1.2.7 Betriebs- und Geschäftsausstattung
1.2.8 Vorräte		1.2.8 Geleistete Anzahlungen, Anlagen im Bau
1.2.9 Geleistete Anzahlungen, Anlagen im Bau		
1.3 Finanzvermögen	c) Finanzanlagevermögen	1.3 Finanzanlagen
1.3.1 Anteile an verbundenen Unternehmen	ca) Anteile an verbundenen Unternehmen	1.3.1 Anteile an verbundenen Unternehmen
1.3.2 Beteiligungen	cb) Ausleihungen an verbundene Unternehmen	1.3.2 Beteiligungen
1.3.3 Sondervermögen	cc) Beteiligungen	1.3.3 Sondervermögen
1.3.4 sonstiges Finanzvermögen	cd) Ausleihungen an Unternehmen, mit denen ein Beteiligungsverhältnis besteht	1.3.4 Wertpapiere des Anlagevermögens
	ce) Wertpapiere des Anlagevermögens	1.3.5 Ausleihungen an verbundene Unternehmen
	cf) Sonstige Ausleihungen	1.3.6 Ausleihungen an Beteiligungen
		1.3.7 Ausleihungen an Sondervermögen
		1.3.8 Sonstige Ausleihungen
2. Realisierbares Vermögen		
2.1 Sachvermögen		
2.1.1 Unbebaute Grundstücke und grundstücksgleiche Rechte		
2.1.2 Bebaute Grundstücke und grundstücksgleiche Rechte		
2.1.3. Bauten auf fremden Grundstücken		

34

Ansätze zur Systematisierung in den Bundesländern

Baden-Württemberg	Hessen	Nordrhein-Westfalen
2.1.4 Geleistete Anzahlungen, Anlagen im Bau		
2.1.5 Sonstiges realisierbares Sachvermögen		
2.2 Finanzvermögen		
2.2.1 Beteiligungen		
2.2.2 Ausleihungen		
2.2.3 Wertpapiere		
2.2.4 Öffentliche Forderungen und Forderungen aus Transferleistungen		
2.2.5 Privatrechtliche Forderungen		
2.2.6 Liquide Mittel		

Abb. 1: Gliederungsvorschläge für das kommunale Anlagevermögen

Situation in Niedersachsen

Das Land Niedersachsen hat sich bei der Pilotierung der Doppik im Modellprojekt der Stadt Uelzen bereits frühzeitig darauf festgelegt, den Ansatz des baden-württembergischen Konzeptes für das Neue Kommunale Rechnungswesen („Speyerer Modell") aufzugreifen und weiterzuentwickeln.[32] Dementsprechend ist die Gliederung des kommunalen Vermögens gemäß der am 22. Dezember 2005 erlassenen GemHKVO ähnlich strukturiert wie die in Abb. 1 dargestellte baden-württembergische Gliederung.[33]

Besonderheiten finden sich beim niedersächsischen Konzept im Bereich der immateriellen Vermögensgegenstände, die differenziert untergliedert sind in

---

[32] Vgl. beispielsweise Niedersächsisches Ministerium für Inneres und Sport, „NKR Niedersachsen – Eckpunkte für die Reform des niedersächsischen Gemeindehaushaltsrechts" vom 15.12.2003, Ziffer 3.2

[33] Vgl. Niedersachsen (2005) § 54. Gemeinden können die Vermögenstrennung nur noch auf Grundlage eines bis zum 31.12.2005 zu fassenden Grundsatzbeschlusses ihrer Gremien anwenden. Nach Ablauf der Frist kann die optionale Vermögenstrennung nicht mehr gewählt werden; vgl. § 142 Abs. 1 Nr. 8 NGO. Grundsätzlich bleibt es jedoch bei einer Bilanzgliederung ohne Unterscheidung in Anlage- und Umlaufvermögen.

- Konzessionen,
- Lizenzen,
- ähnliche Rechte,
- geleistete Investitionszuweisungen und -zuschüsse,
- aktivierter Umstellungsaufwand und
- sonstiges immaterielles Vermögen.

Einen Sonderweg geht das Land Niedersachsen dabei beim **Umstellungsaufwand auf die Doppik**. Die für die Umstellung auf die Doppik angefallenen Personal- und Sachaufwendungen dürfen aktiviert und über maximal 15 Jahre planmäßig abgeschrieben werden.[34] Aus fachlicher und methodischer Sicht ist der aktivierbare Umstellungsaufwand auf die Doppik als Bilanzierungshilfe anzusehen, der die Vergleichbarkeit kommunaler Bilanzen in Niedersachsen über Jahre hinweg beeinträchtigen wird.

Situation in Rheinland-Pfalz und im Saarland

Die rheinland-pfälzische GemHVO vom 30. Mai 2006 sowie der Entwurf der saarländischen GemHVO orientieren sich beide demgegenüber stark am nordrhein-westfälischen Vorbild mit jeweils unterschiedlichen Modifikationen.[35] In Rheinland-Pfalz wird allerdings das immaterielle Anlagevermögen – ähnlich wie in Niedersachsen – noch stärker untergliedert in

- gewerbliche Schutzrechte und ähnliche Rechte und Werte sowie Lizenzen an solchen Rechten und Werten
- geleistete Zuwendungen
- gezahlte Investitionszuschüsse
- Geschäfts- oder Firmenwert
- Anzahlungen auf immaterielle Vermögensgegenstände.

---

[34] Vgl. Art. 6 Abs. 11 des „Gesetzes zur Neuordnung des Gemeindehaushaltsrechts und zur Änderung gemeindewirtschaftlicher Vorschriften" vom 15.11.2005, Nds. GVBl. Nr. 24/2005, S. 351

[35] Vgl. Rheinland-Pfalz (2006) § 47 Abs. 4, Saarland/Entwurf (2006) § 43.

Zusammenfassende Beurteilung

Wie die vergleichende Übersicht in Abb. 1 verdeutlicht,

- kommt im baden-württembergischen Entwurf und der niedersächsischen GemHKVO – noch das HGB-fremde Gliederungskriterium des realisierbaren (veräußerbaren) Vermögens (im Gegensatz zum Verwaltungsvermögen) hinzu, sofern vom Wahlrecht der Vermögenstrennung Gebrauch gemacht wird,
- während der hessische Entwurf sich sehr eng an die HGB-Vorlage anlehnt und die öffentlichen Besonderheiten hauptsächlich im Bilanzposten „Sachanlagen im Gemeingebrauch, Infrastrukturvermögen" berücksichtigt.

Demgegenüber gliedert die nordrhein-westfälische GemHVO den Immobilienbereich in unbebaute und bebaute Grundstücke sowie Infrastrukturvermögen und differenziert dann nach den jeweiligen kommunalspezifischen Arten (z. B. Kindertagesstätten, Schulen usw. bei bebauten Grundstücken). Diesem Vorbild sind jetzt auch die Länder Rheinland-Pfalz und Saarland grundsätzlich gefolgt.

Nach unserer Einschätzung bringen die von Baden-Württemberg, Niedersachsen („Realisierbares Vermögen" bzw. „Verwaltungsvermögen") und Hessen („Sachanlagen im Gemeingebrauch") eingeführten, HGB-fremden Gliederungskriterien einige Abgrenzungsschwierigkeiten mit sich. Es handelt sich dabei um unbestimmte Rechtsbegriffe, die einer Auslegung bedürfen und die nach unserer Auffassung zur Bilanzgliederung nur eingeführt werden sollten, wenn ohne sie keine übersichtliche Bilanzgliederung möglich wäre.

Alle bislang vorliegenden Gesetze bzw. Gesetzentwürfe kennen das zusätzliche Gliederungskriterium „Infrastrukturvermögen", unter dem die Straßen, Wege, Plätze, Brücken, Tunnel usw. zusammengefasst werden. Abgesehen von diesem neu eingeführten Rechtsbegriff kommt die nordrhein-westfälische Bilanzgliederung ohne Bildung solcher unbestimmter Rechtsbegriffe aus. Die nordrhein-westfälische Bilanzgliederung vermeidet daher auch die entsprechenden Unschärfen weitgehend – und dürfte daher u. E. am ehesten den Kriterien der Klarheit und Übersichtlichkeit gerecht werden. Es überrascht daher auch nicht, dass mehrere Bundesländer diesem Beispiel mittlerweile gefolgt sind.

Schließlich ist darauf hinzuweisen, dass der baden-württembergische Entwurf wie auch die niedersächsische GemHKVO – anders als das HGB – nicht zwischen Anlagevermögen und Umlaufvermögen unterscheiden, was nach unserer Einschätzung nicht als unproblematisch zu werten ist. Die Zusammenfassung von Sachanlagevermögen und Vorratsvermögen sowie des Finanzanlagevermögens mit den Forderungen und liquiden Mitteln differenziert nur unzureichend in dauerhaft bzw. nicht dauerhaft von der Gemeinde genutzte Vermögensgegenstände. Für interkommunale Vergleiche von Bilanzen über die Landesgrenzen hinweg und die Kennzahlenermittlung im Rahmen der Bilanzanalyse müsste die lang- bzw. kurz-/mittelfristige Nutzung des kommunalen Vermögens mittels Überleitungsrechnung transparent gemacht werden. Einer Orientierung der Bilanzgliederung am HGB-Schema – wie in Nordrhein-Westfalen, Rheinland-Pfalz und Saarland – ist daher aus Gründen der Vergleichbarkeit sowie der Einheitlichkeit in der späteren kommunalen Konzernbilanz der Vorzug zu geben.

2.3 Bedeutung der Vermögensarten

Herausragende Bedeutung der öffentlichen Immobilien

Die öffentlichen Liegenschaften stellen erfahrungsgemäß den größten Teil des öffentlichen Vermögens dar; dies gilt sowohl für die Kommunen als auch für die Bundesländer. Dabei kann davon ausgegangen werden, dass Grundstücke und bauliche Anlagen im Regelfall mehr als 80 % des kommunalen Vermögens umfassen. Nach den bislang vorliegenden kommunalen Immobilienbewertungen stellen die Schulgebäude regelmäßig die größte Gruppe der Gebäudearten (etwa 30–40 % der Gebäudewerte).

Öffentliche Beteiligungen als weitere wichtige Vermögensart

Daneben ist ein erheblicher Teil des kommunalen Vermögens im Finanzanlagevermögen investiert. Finanzanlagen sind insbesondere die Anteile an Sondervermögen (Eigen- oder Landesbetriebe) oder Zweckverbänden sowie Beteiligungen an Unternehmen in privater Rechtsform.

Instandhaltungsstau als häufiges Problem im Immobilienbereich

Vor dem Hintergrund der fiskalischen Zwänge der Kommunen schlägt sich der hohe Anteil der Gebäude am öffentlichen Vermögen nicht unmittelbar in den für öffentliche Baumaßnahmen getätigten Ausgaben nieder. Vielmehr haben sich diese in den letzten Jahren ständig verringert; besonders deutlich ist dieser Rückgang bei den Kommunen. Dies veranschaulicht die (nicht preisbereinigte) Übersicht in Abb. 2.[36]

Jahr	Gebietskörperschaften				Index
	Bund (Mio. EUR)	Länder (Mio. EUR)	Gemeinden (Mio. EUR)	**Gesamt (Mio. EUR)**	1992 = 100
1992	5.565,4	5.671,2	26.618,9	**37.855,5**	100
1993	5.108,8	5.606,8	25.796,7	**36.512,4**	96,5
1994	5.130,3	5.562,3	24.507,2	**35.199,9**	93,0
1995	5.286,2	5.736,7	22.914,1	**33.937,0**	89,6
1996	5.043,9	5.608,4	21.143,5	**31.795,7**	84,0
1997	5.245,3	5.561,3	19.809,5	**30.616,2**	80,9
1998	5.737,2	5.470,8	19.040,5	**30.248,5**	79,9
1999	5.976,5	5.483,1	18.830,9	**30.290,5**	80,0
2000	5.579,7	5.674,8	18.874,3	**30.128,9**	79,6
2001	5.551,0	5.440,0	18.424,0	**29.415,0**	77,7
2002	5.358,0	4.792,0	17.331,0	**27.881,0**	73,7

Abb. 2: Ausgaben für öffentliche Baumaßnahmen

Die Ausgaben aller öffentlichen Haushalte für Baumaßnahmen liegen damit bei lediglich etwa 5 % bis 15 % des Haushaltsvolumens. Ergebnis dieser durch die Finanznot bedingten Entwicklung, die sich in jüngerer Zeit noch verstärkt hat, ist ein weit verbreiteter Instandhaltungsstau. Das heißt, die Gebäude wurden nicht so unterhalten, wie es eigentlich notwendig gewesen wäre, um das Vermögen an die nächste Generation in angemessenem Umfang und Zustand weiterzugeben. Infolge unterlassener Instandhaltungsmaßnahmen zeigen sich häufig Bauschäden, die für die Zwecke der Eröffnungsbilanz erhoben und bewertet werden müssen.

Die Diskussionen über unterlassene Instandhaltungen werden auch dadurch erschwert, dass keine einheitlichen Richtwerte für die planmäßige Instandhaltung der kommunalen Gebäude und Infrastruktureinrichtungen vorliegen. Es wäre insofern zu begrüßen, wenn aus den Erkenntnissen der auf Doppik umgestellten Kommunen bundeseinheitliche %- oder Promillevorgaben definiert würden, um ein ressourcenorientiertes Instandhaltungsmanagement in den Kommunen zu fördern.

---

[36] Nach Auskünften des Hauptverbandes der Deutschen Bauindustrie sowie gem. Fachreihe 14 des Statistischen Bundesamtes.

Arten öffentlicher Vermögensgegenstände

Konzernbilanz
zum 31.12.1999 (Stand 30. Juni 2003) in TDM

Aktiva

		Summen
A. Aufwendungen für Erweiterungen des Geschäftsbetriebs		
B. Anlagevermögen		
I. Immaterielle Vermögensgegenstände		
1. Konzessionen, Lizenzen, gewerbliche Schutzrechte und ähnliche Rechte und Werte	14.179	
		14.179
II. Sachanlagen		
1. Unbebaute Grundstücke, grundstückgleiche Rechte	54.094	
2. Bebaute Grundstücke, grundstücksgleiche Rechte	1.177.242	
3. Infrastrukturvermögen	1.173.057	
4. Bauten auf fremden Grundstücken	3.196	
5. Kunstwerke, Denkmäler	0	
6. Fahrzeuge	15.035	
7. Technische Anlagen, Maschinen	71.180	
8. Betriebs- und Geschäftsausstattung	40.229	
9. Geleistete Anzahlungen, Anlagen im Bau	98.909	
		2.632.942
III. Finanzanlagen		
1. Anteile	16.163	
2. Ausleihungen	2.550	
3. Wertpapiere des Anlagevermögens	61.194	
4. Sonstige Ausleihungen	1.295	
		81.202
C. Umlaufvermögen		
I. Vorräte		
1. Roh-, Hilfs- und Betriebsstoffe	14.488	
2. Unfertige / fertige Erzeugnisse	21.696	
3. Geleistete Anzahlungen	0	
		36.184
II. Forderungen und sonstige Vermögensgegenstände		
1. Abgabenforderungen		
a. Gebühren	3.741	
b. Beiträge	6.408	
c. Steuern	0	
2. Forderungen aus (sonstigen) Leistungen	135.807	
3. Forderungen gegenüber anderen Gebietskörperschaften	1.891	
4. Forderungen gegenüber verbundenen Unternehmen	0	
5. Forderungen gegenüber Unternehmen, mit denen ein Beteiligungsverhältnis besteht	4.417	
6. Sonstige Vermögensgegenstände	27.217	
		179.481
III. Wertpapiere		110
IV. Schecks, Kassenbestand, Guthaben bei Kreditinstituten		76.902
D. Rechnungsabgrenzungsposten		5.595
E. Nicht durch Eigenkapital gedeckter Fehlbetrag		0
Bilanzsumme		**3.026.595**

Abb. 3: Pilot-Konzernbilanz der Stadt Solingen

Bedeutung der Vermögensarten

	Passiva Summen
A. Eigenkapital	
I. Rücklage	1.372.381
II. Sonderrücklage	0
III. Ergebnisvortrag	-87.218
IV. Jahresüberschuss / Jahresfehlbetrag	-47.349
	1.237.814
B. Sonderposten	
I. Zuwendungen	0
II. Beiträge	136.869
III. Gebührenausgleich	51.867
	188.736
C. Rückstellungen	
1. Rückstellungen f. Pensionen u. ä.	107.841
2. Rückstellungen f. Rekultivierung u. a.	0
3. Aufwandsrückstellungen	104.301
4. sonstige Rückstellungen	92.487
	304.629
D. Verbindlichkeiten	
I. Anleihen	0
II. Verbindlichkeiten aus Krediten	
1. Bund, LAF, ERP	5
2. Land	10
3. Gemeinden und Gemeindeverbände	343
4. Zweckverbände usw.	0
5. Sondervermögen	0
6. Sonstiger öffentlicher Bereich	14.341
7. Beteiligungen und verbundene Unternehmen	
a. verbundene Unternehmen	0
b. Beteiligungen	1.042
8. Kreditmarkt	1.003.984
	1.019.725
III. Kassenkredite	140.065
IV. Verbindlichkeiten aus Vorgängen, die Kreditaufnahmen wirtschaftlich gleich kommen	0
V. Verbindlichkeiten aus Lieferungen und Leistungen	25.704
VI. Sonstige Verbindlichkeiten	101.309
davon aus Steuern	
davon im Rahmen der sozialen Sicherheit	
E. Rechnungsabgrenzungsposten	8.613
Bilanzsumme	**3.026.595**

Pilot-Konzernbilanz der Stadt Solingen

Die besondere Bedeutung der öffentlichen Immobilien lässt sich auch anhand der Pilot-Konzernbilanz der Stadt Solingen zum 31. Dezember 1999 verdeutlichen, die im Jahr 2003 als Referenzbeispiel für andere Kommunen erstellt wurde. Angesichts der zum Erstellungszeitpunkt der Konzernbilanz noch ausstehenden Umstellung der Rechnungslegung der Kernverwaltung auf die Doppik musste zwar eine unsichere Datenlage eingeräumt werden; dennoch erscheint der Anteil des Sachanlagevermögens von rd. 87 % der Bilanzsumme durchaus repräsentativ. Dies gilt vor allem deshalb, weil die gesamten Immobilien einschließlich aller Straßen schon 1997 für Zwecke der Eigenbetriebsgründung des VBS Vermögensbetrieb der Stadt Solingen zu bewerten waren.

Der vergleichsweise geringe Ausweis des Finanzanlagevermögens in der Konzernbilanz (s. Abb. 3) erklärt sich dadurch, dass die wesentlichen Beteiligungsgesellschaften konsolidiert wurden, d. h. nicht mit ihrem Beteiligungswertansatz, sondern mit ihren Vermögensgegenständen und Schulden in die Konzernbilanz eingingen.

Eröffnungsbilanz der Stadt Salzgitter

Zum 1. Januar 2005 hat die Stadt Salzgitter als erste Großstadt in Deutschland die Eröffnungsbilanz für die gesamte Kernverwaltung vorgelegt. Trotz der Tatsache, dass zum Eröffnungsbilanzstichtag – mit Ausnahme des Infrastrukturvermögens – nahezu alle Grundstücke und Gebäude an zwei neu errichtete Eigenbetriebe (Eigenbetrieb Gebäude, Einkauf und Logistik, Eigenbetrieb Grundstücksentwicklung) bzw. den bereits bestehenden städtischen Regiebetrieb übertragen wurden, prägt das Sachanlagevermögen die Aktivseite der Bilanz:[37]

Aktiva	1.1.2005	Passiva	1.1.2005
	Mio. EUR		Mio. EUR
1. Immaterielle Vermögensgegenst.	6,4	1. Nettoposition	
2. Sachvermögen	258,3	Basis-Reinvermögen	-4,4
3. Finanzvermögen	319,5	Sonderposten	127,4
4. Liquide Mittel	0,3	2. Schulden	338,9
5. Aktive Rechnungsabgrenzungsp.	0,9	3. Rückstellungen	123,5
	585,4		585,4

Abb. 4: Eröffnungsbilanz der Stadt Salzgitter zum 1. Januar 2005 (aggregiert)

---

[37] Vgl. Augath/Frye/Hubrig (2005) Folien 27 und 42.

Im Zusammenhang mit der Aufgaben- und Vermögensübertragung an die städtischen Eigenbetriebe wurden insbesondere auch die Darlehensverbindlichkeiten der Stadt anteilig durchgereicht. Dabei hat sich die Stadt Salzgitter für das Modell entschieden, die eigentlichen Darlehen weiterhin in der Kernverwaltung zu führen und eine interne Kreditbeziehung mit den Eigenbetrieben zu vereinbaren. Deshalb bildet die obige Eröffnungsbilanz im Finanzanlagevermögen rund 163,4 Mio. EUR an Ausleihungen an die Eigenbetriebe ab, die bei diesen korrespondierend als langfristige Verbindlichkeiten bilanziert werden.

Darum hat die Stadt Salzgitter in einem ersten Schritt zur Gesamtbilanz eine Summenbilanz der Kernverwaltung und der genannten Eigenbetriebe erstellt und diese der Kapital- und Schuldenkonsolidierung unterzogen. Auf dieser Grundlage ergibt sich bereits ein verbessertes Bild über Vermögen und Schulden der Stadt:[38]

Aktiva	1.1.2005	Passiva	1.1.2005
	Mio. EUR		Mio. EUR
1. Immaterielle Vermögensgegenst.	6,4	1. Nettoposition	
2. Sachvermögen		Basis-Reinvermögen	-4,4
Grundstücke/Gebäude	354,9	Sonderposten	146,2
Infrastrukturvermögen	209,3	2. Schulden	328,7
sonstiges Sachvermögen	50,4	3. Rückstellungen	194,3
3. Finanzvermögen	45,4		
4. Liquide Mittel	2,7		
5. Aktive Rechnungsabgrenzungsp.	1,0	4. Unterschiedsbetrag[39]	5,3
	670,1		670,1

Abb. 5: Teil-Gesamtbilanz der Stadt Salzgitter zum 1. Januar 2005 (aggregiert)

Eine zweite Schwachstelle in der Darstellung der Eröffnungsbilanz betrifft die Verwendbarkeit für Zwecke der Bilanzanalyse. Für eine Reihe üblicher Bilanzkennzahlen fehlt insbesondere die Unterscheidung der Bilanzaktiva in Anlage- und Umlaufvermögen.[40] Diese hat die Stadt Salzgitter im Rahmen der Bilanzaufbereitung für die Kennzahlenermittlung nachgeholt und nachfolgende Darstellungsform gewählt:[41]

---

[38] Vgl. Augath/Frye/Hubrig (2005.) Folie 58.
[39] Unterschiedsbetrag aus der Kapitalkonsolidierung (hier separat gezeigt).
[40] Vgl. hierzu auch die Anmerkungen in Kapitel 2.2.
[41] Vgl. Grunwald (2005) Folie 27 und ergänzend KGSt-Info 9/2005, S. 2 – 5.

Arten öffentlicher Vermögensgegenstände

Aktiva	1.1.2005	Passiva	1.1.2005
	Mio. EUR		Mio. EUR
Anlagevermögen	**560,9**	**Eigenkapital**	**123,0**
1. Immaterielle Vermögensgegenst.	6,4	Basis-Reinvermögen	-4,4
2. Sachvermögen (ohne Vorräte)	258,3	Sonderposten	127,4
3. Finanzvermögen (ohne Forder.)	296,2		
Umlaufvermögen	**24,5**	**Fremdkapital**	**462,4**
1. Vorräte	0,0		
2. Forderungen	23,3		
3. sonstiges Umlaufvermögen	0,9		
4. Flüssige Mittel	0,3		
	585,4		**585,4**

Abb. 6: Eröffnungsbilanz der Stadt Salzgitter zum 1. Januar 2005 (aufbereitet, aggregiert)

3 Wert eines öffentlichen Vermögensgegenstandes

Auf einen Blick:
Für öffentliche Gebäude, Infrastruktur oder Beteiligungen an Verkehrsbetrieben ist es häufig charakteristisch, dass sie vorrangig, primär und dauerhaft zur Erreichung von Sachzielen eingesetzt werden und nicht zur Erwirtschaftung von Einnahmeüberschüssen oder Gewinnausschüttungen. Ihr Zeitwert kann wiederbeschaffungs- bzw. rekonstruktionsorientiert – meist über das immobilienwirtschaftliche Sachwertverfahren – ermittelt werden.

Während sich das Land Nordrhein-Westfalen für vorsichtige Zeitwerte in der Eröffnungsbilanz entschieden hat, streben die Länder Baden-Württemberg, Hessen, Niedersachsen und Rheinland-Pfalz eine Ermittlung historischer Anschaffungs- und Herstellungskosten bzw. entsprechender Erfahrungswerte an. Dies bedeutet u. a., dass Sachzeitwerte auf das Herstellungsjahr rückindiziert werden müssen.

3.1 Wertmaßstäbe

Was ist eine öffentliche Brücke wert?

Der Wert eines öffentlichen Vermögensgegenstandes wird theoretisch durch den **Nutzen** bestimmt, den der Vermögensgegenstand der Gebietskörperschaft (bzw. dessen Bürgern) erbringt. Nun lässt sich dieser Nutzen gerade im öffentlichen Bereich selten als Barwert künftiger Einnahmeüberschüsse berechnen, weil im öffentlichen Bereich die gemeinnützigen Sachziele häufig über die erwerbswirtschaftlichen Ziele (Gewinnerzielung) dominieren. Dies sei an einer städtischen Straßenbrücke über eine Eisenbahnlinie verdeutlicht: Aus isolierter kaufmännischer Sicht kann der Straßenbrücke kein Wert beigemessen werden, sofern die Überquerung kostenlos möglich ist (also keine Maut zu zahlen ist). Der Nutzen dieser Brücke liegt vielmehr u. a. darin, dass

- die Anwohner im Gegensatz zur Situation vor Bau der Brücke nicht durch lange Staus vor geschlossenen Bahnschranken mit entsprechenden Abgasen belästigt werden,
- die Verkehrsteilnehmer wesentlich schneller zum Ziel gelangen und
- das Risiko für einen Zusammenstoß am Bahnübergang entscheidend verringert wird.

Am Beispiel dieses Gegenstandes des städtischen Infrastrukturvermögens lässt sich verdeutlichen, dass

- ein Kaufmann die Brücke wegen mangelnder Ertragserzielung auf Null außerplanmäßig abschreiben müsste,
- daher durchaus abweichende Begründungen für die in der kommunalen Bilanz anzusetzenden Werte erforderlich sind und
- diese Begründung über den Rekonstruktionsgedanken (Opportunitätskalkül) geliefert werden kann: der Wert dieser Brücke kann dadurch bestimmt werden, dass sie – wenn sie nicht da wäre – noch einmal identisch gebaut werden müsste, um denselben beabsichtigten Nutzen zu stiften.

Der Zeitwert des öffentlichen Vermögensgegenstandes kann also zusammenfassend als Wiederbeschaffungszeitwert der bei der Brücke noch vorhandenen Bausubstanz ermittelt werden.

Konkurrierende Wertmaßstäbe

Nach diesen Vorüberlegungen sollen im Folgenden die konkurrierenden Wertmaßstäbe unter Einbeziehung der **jahrelangen Fachdiskussion** näher analysiert werden.

In der Diskussion um kommunale Bilanzen konkurrieren **zwei klassische Wertmaßstäbe**: Grundsätzlich können Vermögensgegenstände

- entweder mit den (tatsächlich gezahlten) Anschaffungs- und Herstellungskosten (einschließlich Nebenkosten) bewertet (und durch zeitanteilige Abschreibungen fortgeführt) werden
- oder zu geschätzten Zeitwerten bewertet (und durch zeitanteilige Abschreibungen fortgeführt) werden.

Hinsichtlich der Alternative „Anschaffungs- und Herstellungskosten oder Zeitwerte" ist zunächst zu differenzieren, ob es sich um eine Eröffnungsbilanz oder eine Folgebilanz handelt. Während für die Folgebilanzen und damit für die laufende Buchhaltung die Verwendung der jeweiligen Anschaffungs- und Herstellungskosten (abzüglich anteiliger Abschreibungen) im Rahmen des vom HGB geprägten deutschen Rechtsraums mittlerweile unstrittig ist, gilt dies nicht für den Zeitpunkt der erstmaligen Bilanzierung – also für die Eröffnungsbilanz.

Für die **Bewertung in der Eröffnungsbilanz** zeichnen sich derzeit folgende Lösungen auf Ebene der Landesgesetzgeber ab (die wegen der weit reichenden Spielräume des IMK-Beschlusses vom 21. November 2003 auch von diesem gedeckt sind):

Die **nordrhein-westfälische GemHVO** enthält eine einmalige Bewertung aller kommunalen Vermögensgegenstände zu vorsichtig geschätzten Zeitwerten, wobei bei den Immobilien i. d. R. Sachwertverfahren anzuwenden sind und bei den Beteiligungen eine Bewertung mit dem anteiligen Eigenkapital erfolgen soll; die in der Eröffnungsbilanz angesetzten Werte gelten für die künftigen Haushaltsjahre als Anschaffungs- oder Herstellungskosten, soweit nicht Wertberichtigungen vorgenommen werden.[42] Eine vergleichbare Regelung (Orientierung an Zeitwerten) ist kürzlich auch in **Hamburg** verabschiedet worden.[43]

Demgegenüber stellen die Länder **Baden-Württemberg, Niedersachsen, Hessen** und **Rheinland-Pfalz** (sowie der Leittext der Innenministerkonferenz) grundsätzlich auf die historischen Anschaffungs- und Herstellungskosten ab. Wenn – wie häufig bei älteren Gebäuden – die tatsächlichen Anschaffungs- oder Herstellungskosten nicht oder nur mit unverhältnismäßigem Aufwand ermittelt werden können, wollen Baden-Württemberg, Hessen und Rheinland-Pfalz auch „Erfahrungswerte" zulassen, die „den Preisverhältnissen zum Anschaffungs- oder Herstellungszeitpunkt"[44] entsprechen sollen (vermindert um zeitanteilige Abschreibungen). Dies bedeutet im Re-

---

[42] Vgl. Nordrhein-Westfalen (2004) § 54.
[43] Vgl. FHH (2004) Kapitel 4.1 „Zeitwerte in der Eröffnungsbilanz" und Kapitel 4.2 „Zeitwertansätze bei der Freien und Hansestadt Hamburg" S. 24–27.
[44] Vgl. Baden-Württemberg/Entwurf (2005) § 62; Hessen (2006) § 59; Rheinland-Pfalz (2006b) Artikel 8 § 6.; IMK-Leittext in § 62 Abs. 2 GemHVO Doppik.

gelfall, dass die Sachzeitwerte auf das (fiktive) Anschaffungs- und Herstellungsjahr zurückindiziert werden.[45]

So sind beispielsweise Gebäude in **Rheinland-Pfalz** grundsätzlich – soweit keine historischen Anschaffungs- und Herstellungskosten vorliegen – „nach dem Gebäude-Sachwertverfahren (Wertermittlungsrichtlinien 2002 des Bundesministeriums für Verkehr, Bau- und Wohnungswesen) auf der Grundlage der Normalherstellungskosten 2000 zuzüglich eines Zuschlags in Höhe von 15 vom Hundert für Baunebenkosten und abzüglich der planmäßigen Wertminderung für die Zeit der Nutzung bis zum Zeitpunkt der Erstellung der Eröffnungsbilanz sowie eines Abzugs für Baumängel und Bauschäden zu bewerten. Bei wesentlichen technischen Abweichungen von den der Ermittlung der Normalherstellungskosten zugrunde liegenden Annahmen, ist ein entsprechender Anpassungsbedarf zu berücksichtigen. Der so ermittelte Wert ist auf den fiktiven Anschaffungs- oder Herstellungszeitpunkt zurück zu indizieren, längstens jedoch bis auf das Jahr 1946."[46]

Bezogen auf den jahrelangen, bundesweiten Streit zwischen historischen Werten und Zeitwerten hat sich **Niedersachsen** für eine Kompromisslösung entschieden, nach der ausnahmsweise auch Zeitwerte angesetzt werden dürfen. Jedoch müssen in diesem Ausnahmefall die Differenzbeträge zwischen den aktivierten Zeitwerten und den mittels Rückindizierung abgeleiteten (fiktiven) Anschaffungs- und Herstellungskosten in einen Sonderposten eingestellt (und später ratierlich (zeitanteilig zur Restnutzungsdauer) aufgelöst) werden.[47]

3.2 Historische Anschaffungs- und Herstellungskosten

Nach der Definition des § 255 Abs. 1 HGB sind **Anschaffungskosten** die Aufwendungen, die geleistet werden, um einen Vermögensgegenstand zu erwerben und ihn in einen betriebsbereiten Zustand zu versetzen, soweit sie dem Vermögensgegenstand einzeln zugeordnet werden können. Vereinfachend lässt sich die Übersicht in Abb. 7 erstellen.

---

[45] Die Rückindizierung beschrieben am Beispiel der hessischen Modellkommunen erstmals ausführlich Körner/Meidel (2003) S. 55.
[46] Rheinland-Pfalz/Entwurf (2006) § 5 Abs. 4 Nr. 1b.
[47] Vgl. Niedersachsen (2005a) § 96 Abs. 4 .

+ Anschaffungspreis
+ Aufwendungen für die Versetzung in die Betriebsbereitschaft
+ Anschaffungsnebenkosten
+ nachträgliche Anschaffungskosten
– Anschaffungspreisminderungen
= Anschaffungskosten des Vermögensgegenstandes

Abb. 7: Bestandteile der Anschaffungskosten

Herstellungskosten sind gemäß § 255 Abs. 2 und 3 HGB die Aufwendungen, die durch den Verbrauch von Gütern und Dienstleistungen für die Herstellung eines Vermögensgegenstandes, seine Erweiterung oder für eine über den ursprünglichen Zustand hinausgehende wesentliche Verbesserung entstehen. Nach den HGB-Vorschriften gehören folgende Bestandteile zu den Herstellungskosten:

Herstellungskosten des Vermögensgegenstandes =	+	Materialkosten, Fertigungskosten, Sonderkosten der Fertigung (Einzelkosten als HGB-Pflichtbestandteile)
	+	Angemessene Teile der notwendigen Material- und Fertigungsgemeinkosten und des Wertverzehrs des Anlagevermögens (Wahlrecht im HGB), soweit sie auf den Zeitraum der Herstellung entfallen
	+	Kosten der allgemeinen Verwaltung, für soziale Einrichtungen, freiwillige soziale Leistungen und betriebliche Altersversorgung (Wahlrecht), soweit sie auf den Zeitraum der Herstellung entfallen
	+	Zinsen für Fremdkapital, sofern dieses zur Finanzierung der Herstellung verwendet wurde und die Zinsen auf den Zeitraum der Herstellung entfallen (Wahlrecht)

Abb. 8: Bestandteile der Herstellungskosten

Anders als im Fall der Anschaffungskosten sieht die Legaldefinition der Herstellungskosten auch die mögliche Einbeziehung von Gemeinkosten vor.

Wie die HGB-Definition schon verdeutlicht, gehören zu den Herstellungskosten auch Kosten der Erweiterung und der wesentlichen Verbesserung eines Vermögensgegenstandes. Bezogen auf die bedeutendsten Einzelfälle öffentlichen Vermögens – die Gebäude[48], Straßen sowie die übrigen Baulichkeiten des Infrastrukturvermögens – bedeutet das Vorschreiben der histo-

---

[48] Einen aktuellen Überblick über die komplexe Abgrenzungsproblematik bei Gebäuden liefert Neufang (2004) S. 78.

rischen Anschaffungs- und Herstellungskosten für die kommunale Eröffnungsbilanz, dass z. B. bei einem 1930 hergestellten Schulgebäude neben den Anschaffungskosten des Grundstücks (beispielsweise aus 1908) und den Herstellungskosten des Hauptgebäudes aus 1930 **sämtliche seitdem vorgenommenen Erweiterungen und Verbesserungen** (beispielsweise ein Nebengebäude 1949, eine Grundsanierung der Böden und Fassaden des Altbaus 1960, ein weiterer Anbau 1974, ein neues Dach 1982, eine neue Heizung 1986 und eine Generalsanierung aller Böden, Fassaden und Fenster 1990) rekonstruiert, bewertet und zeitanteilig abgeschrieben werden müssten.

Die Unmöglichkeit einer derartigen Rekonstruktion wird durch die Probleme der unterschiedlichen Währungen sowie insbesondere die Abgrenzungsproblematik zwischen Herstellungsaufwand und Instandhaltungsaufwand noch verschärft (für jede Baumaßnahme müsste im Grunde nachträglich entschieden werden, ob es sich um Herstellungsaufwand handelt).

Diese Problematik kann an Abb. 9 verdeutlicht werden: [49]

„Historische" Anschaffungs- und Herstellungskosten

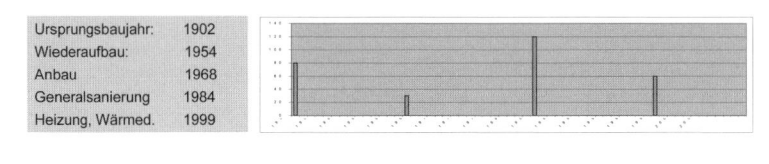

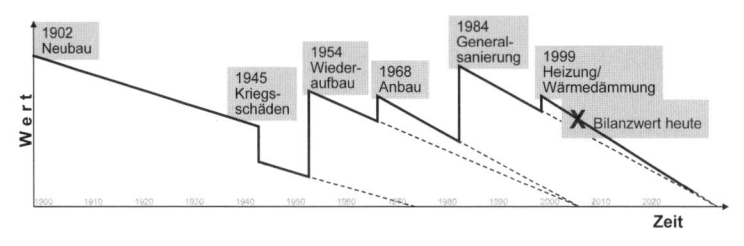

Abb. 9: Rekonstruktion der historischen Herstellungskosten

Vor diesem Hintergrund hilft sich die **Bewertungspraxis** dadurch, dass bei älteren Baulichkeiten – wenn also keine Anschaffungs- und Herstellungskosten vorliegen – i. d. R. das baurechtliche Sachwertverfahren angewendet wird. Die Anwendung des Sachwertverfahrens im Sinne der Wertermitt-

---

[49] Vgl. Kohlhase/Marettek (2005) S. 819.

lungsverordnung bedeutet vereinfachend ausgedrückt eine Bewertung der vorhandenen Flächen oder Rauminhalte mit Normalherstellungskosten abzüglich Wertminderungen wegen Bauschäden sowie zeitanteiliger Abschreibungen.

Die insoweit entstehenden Sachzeitwerte werden jedoch – anders als bei der Zeitwertmethode (z. B. Nordrhein-Westfalen) – nicht direkt in die Eröffnungsbilanz eingestellt, sondern mittels Baupreisindizes auf die jeweiligen Erwerbs- bzw. Herstellungsjahre rückindiziert, sodass fiktive Anschaffungs- bzw. Herstellungskosten für die jeweiligen Erwerbs- bzw. Baujahre entstehen.[50] Diese Rückindizierung von Zeitwerten stellt nach unserer Auffassung (im Vergleich zur reinen Zeitwertermittlung) eine unnötige Komplizierung sowie zugleich eine überflüssige Verschlechterung der bilanziellen Aussagekraft dar, wie wir im Folgenden näher begründen werden.

Historische Anschaffungs- und Herstellungskosten oder Zeitwerte in der Eröffnungsbilanz?

An dieser Stelle soll kurz (und zwangsläufig etwas vereinfachend) die von konkurrierenden Fachkonzepten der Bundesländer Baden-Württemberg, Hessen und Nordrhein-Westfalen beherrschte Fachdiskussion der letzten fünf Jahre zusammengefasst werden. Woher kommt die Bevorzugung der historischen Anschaffungs- und Herstellungskosten bei zwei der drei Bundesländern, die die Diskussion in der Innenministerkonferenz um die Reform des kommunalen Rechnungswesens bestimmt haben?

Die Situation in Baden-Württemberg

Aufbauend auf den Arbeiten von Klaus Lüder (Speyerer Modell) hatte die Stadt Wiesloch bekanntlich als erste deutsche Kommune ab 1996 (Testphase) bzw. 1997 die Doppik eingeführt – zunächst parallel zur Kameralistik –, ab 1999 dann ohne parallel vorgehaltene Kameralistik. Wiesloch war in mehrfacher Hinsicht eine besondere Kommune: In der **Stadt Wiesloch** trafen nicht nur die örtlich benachbarten Kompetenzen der Verwaltungshochschule Speyer (vor allem Klaus Lüder) und des Software-Anbieters SAP auf eine aufgeschlossene Stadt- und Landesverwaltung (vor allem Franz Schaidhammer und Heinz Strobl), sondern bei der Bewertung der Immobilien konnte der (in Deutschland insgesamt sehr seltene) Vorteil ge-

---

[50] Vgl. ausführlich Körner/Meidel (2003) S. 55.

nutzt werden, dass – wie in vielen badischen Kommunen – noch recht aktuelle Daten über die historischen Anschaffungs- und Herstellungskosten der Gebäude vorlagen. Allerdings wies die kamerale Anlagenbuchhaltung auch in Wiesloch nennenswerte Mängel auf, sodass pragmatische Vereinfachungen notwendig wurden:[51] Die „Mängel der kameralen Anlagenbuchhaltung und die Unmöglichkeit einer Neubewertung in der zur Verfügung stehenden Zeit erforderte eine pragmatische Lösung, um eine automatische Datenübernahme überhaupt noch zu ermöglichen. Sie wurde in der Übernahme der kameralen Restbuchwerte zum 31.12.1995 bei gleichzeitiger Neufestsetzung der Restnutzungsdauern gefunden".[52]

Diese vergleichsweise gute Datenbasis fehlt aber den meisten anderen deutschen Kommunen, insbesondere in den neuen Bundesländern. Insoweit müssen sowieso für Zwecke der Eröffnungsbilanz bzw. der erweiterten Kameralistik aufwändige Erfassungs- und Bewertungsarbeiten durchgeführt werden (die nach unserer Auffassung zur Ermittlung von Zeitwerten bzw. des entsprechend realistisch abgebildeten Ressourcenverbrauchs genutzt werden sollten).

Ergänzend sei auf den **Problemkreis „Realisierbares Vermögen"** hingewiesen. Anders als in Hessen sieht das ursprüngliche Konzept des Speyerer Modells eine über alle Aktivpositionen durchgezogene Vermögensspaltung in „Realisierbares Vermögen", „Verwaltungsvermögen" sowie „Vermögen im Gemeingebrauch" vor; diese Vermögensspaltung ist im IMK-Beschluss vom 21. November 2003 noch als Länderwahlrecht möglich. Die Bewertung zu historischen Anschaffungs- und Herstellungskosten gilt nur für die als „Verwaltungsvermögen" eingestuften Vermögensgegenstände, während das „Realisierbare Vermögen" zu Verkehrswerten bewertet werden soll; in Wiesloch wurden grundsätzlich vom Gutachterausschuss ermittelte Verkehrswerte (mit Vereinfachungen) angesetzt.[53] Zur grundsätzlichen Definiti-

---

[51] Vgl. die interessante Auflistung der Mängel bei Lüder/Behm/Cordes (1998) S. 33 f. u. 42 f. Außerdem fehlten vor allem bei Grundstücken und dem beweglichen Anlagevermögen Anschaffungskosten vollständig.

[52] Ebenda S. 33/34 („pragmatische Lösung" im Original durch Anführungszeichen hervorgehoben).

[53] Vgl. Lüder/Behm/Cordes (1998) S. 44. Weil nicht für jede Immobilie aktuelle Verkehrswertgutachten vorlagen, wurde bei älteren Verkehrswertgutachten (vor 1990 ermittelt) vereinfachend nur die Hälfte in die Eröffnungsbilanz eingestellt. Eine Vereinfachung die u. E. wenig überzeugend erscheint; insgesamt stand im Wieslocher Modellprojekt wohl eher die grundsätzlich angestrebte Realisierbarkeit der Doppik im Vordergrund als bei-

on und Zweckmäßigkeit der von Lüder vorgeschlagenen Vermögensspaltung nehmen wir folgendermaßen Stellung:

- Realisierbares Vermögen ist definiert als das Vermögen, das ohne Beeinträchtigung der öffentlichen Aufgaben veräußerbar ist und damit in finanzielle Ressourcen überführt werden kann.
- Verwaltungsvermögen ist demgegenüber Vermögen, das ausschließlich von der Verwaltung selbst zur Erstellung ihrer Leistungen genutzt wird.
- Vermögen im Gemeingebrauch wird schließlich als das Vermögen definiert, das der Allgemeinheit im Regelfall unentgeltlich zur Verfügung gestellt wird; es kann in Infrastrukturvermögen sowie Kultur- und Naturgüter unterteilt werden.

Diese Trennung zwischen realisierbarem Vermögen und Verwaltungsvermögen wird in der Literatur überwiegend ausdrücklich abgelehnt bzw. nicht übernommen. Im nordrhein-westfälischen Modellprojekt wird diese Trennung unter Hinweis auf viele Grenzfälle abgelehnt. Auch Diemer bezeichnet diese Unterscheidung als „unpraktikabel und unsachgemäß"[54]. Die KGSt und das Methodenkonzept des Landes Hessen haben diese Differenzierung ebenfalls nicht übernommen[55]. Neben Baden-Württemberg hat nur noch Niedersachsen das Wahlrecht vorgesehen, eine derartige Vermögensspaltung abzubilden. In Niedersachsen existieren – außer dem von Lüder/Behm geprägten Modellprojekt Uelzen – noch das jüngere Modellprojekt der Stadt Salzgitter, die als erste niedersächsische Großstadt flächendeckend die Doppik eingeführt hat. Im Rahmen dieses Modellprojekts wurde die Vermögensspaltung als nicht willkürfrei durchführbar abgelehnt.[56] Der niedersächsische Kommunalgesetzgeber hat sich mittlerweile dieser Einschätzung angeschlossen, nachdem in früheren Entwurfsfassungen zur NGO und GemHK-VO die Vermögenstrennung noch verbindlich vorgeschrieben werden sollte. Nunmehr können Gemeinden die Vermögenstrennung nur noch auf Grundlage eines bis zum 31. Dezember 2005 zu fassenden Grundsatzbeschlusses

---

spielsweise aussagefähige immobilienwirtschaftliche Daten wie von den Dienststellen akzeptierte Kostenmieten usw.

[54] Vgl. Diemer (1996) S. 248 Fn. 164 und S. 261.
[55] Vgl. KGSt (1997) S. 23; Hessisches Ministerium der Finanzen (1999), Anhang IV.
[56] Vgl. zuletzt Rahe (2003) S. 217, 219 und 220.

ihrer Gremien anwenden. Nach Ablauf der Frist kann die optionale Vermögenstrennung nicht mehr gewählt werden[57].

Nach unserer Auffassung ist der Grundgedanke der Vermögensspaltung durchaus verständlich, marktfähige Vermögenswerte separat darzustellen. Allerdings würde eine derart willkürlich mögliche Zuordnung bestimmter Immobilien (z. B. Sportanlagen) oder Beteiligungen (Stadtwerke) zum „realisierbaren Vermögen" zu viele bilanzpolitische Spielräume einräumen. Das Kriterium der Realisierbarkeit ist von vielfältigen (politischen) Ermessensentscheidungen abhängig und kann deshalb für Bilanzierungszwecke und für Abgrenzungszwecke nicht als hinreichend objektivierbar angesehen werden. Damit würde eine derartige Vermögensspaltung insgesamt die Aussagekraft und Vergleichbarkeit der kommunalen Bilanzen negativ beeinflussen. Außerdem würde bei einer solchen Vermögensspaltung die Übersichtlichkeit der Bilanz leiden, weil z. B. nicht mehr alle Sportanlagen in einer Bilanzposten zusammengefasst wären.

Ebenfalls als problematisch anzusehen ist die Tatsache, dass bei der Vermögenstrennung auch unterschiedliche Bewertungskonzeptionen zur Anwendung kommen sollen: Das Verwaltungsvermögen soll zu fortgeführten Anschaffungs- und Herstellungskosten bilanziert, das realisierbare Vermögen jedoch zum Veräußerungswert (= Zeitwert) angesetzt werden. Im Fall einer Änderung der Vermögenszuordnung würde dann auch eine Änderung der Bewertung anstehen.

Das Land **Niedersachsen** löst diesen Konflikt dadurch, dass in Höhe der Differenz zwischen Anschaffungs- und Herstellungskosten einerseits und Veräußerungszeitwert andererseits eine Bewertungsrücklage zu bilden ist.[58] Im Fall einer Umwidmung aus dem Verwaltungsvermögen in das realisierbare Vermögen würde die Rücklage erhöht, im umgekehrten Fall einer Umgliederung aus dem realisierbaren Vermögen in das Verwaltungsvermögen würde die Rücklage vermindert.

Auch ohne das Konzept einer bilanziellen Vermögenstrennung bleibt den Kommunen die Möglichkeit erhalten, anlässlich einer Portfoliobetrachtung zum Immobilien- oder Beteiligungsbestand beispielsweise im Rahmen der strategischen Zielentwicklung die Realisierbarkeit von bislang gebundenem Kapital zu diskutieren. Dies könnte dann anhand der jeweils aktuellen

---

[57] Vgl. Niedersachsen (2005a) § 142 Abs. 1 Nr. 8 NGO
[58] Vgl. Niedersachsen (2005) § 45 Abs. 5 GemHKVO Nds.

Wertinformationen (z. B. konkreten Erwerbsangeboten durch Dritte) sowie unter Einbeziehung der korrespondierenden Passivposten der Bilanz (z. B. anteilige Darlehen, rückzahlbare Zuwendungen) erfolgen.

Die Situation in Hessen

Im Rahmen des ambitionierten Umstellungsprojektes der Hessischen Landesverwaltung hatte 1999 die Unternehmensberatung „arf" (vor allem Horst Körner) die strikte Orientierung an historischen Anschaffungs- und Herstellungswerten insbesondere **volkswirtschaftlich begründet**. Dabei wurde argumentiert, dass aus Gründen der Steuergerechtigkeit nur die tatsächlich vom Steuerzahler bezahlten historischen Anschaffungs- und Herstellungskosten in die Abschreibungen eingehen dürften (die ihrerseits in Produktabgeltungen eingerechnet werden).[59]

Nach unserer Einschätzung greift dieses Argument nur insoweit, wie durch am Zeitwert orientierte Abschreibungen tatsächlich höhere, vom Bürger zu zahlende Entgelte, Steuern oder Ähnliches festgelegt werden würden (bzw. ein derartiger Automatismus bestünde). Diese Annahme geht jedoch unseres Erachtens meist an der praktischen Realität politisch festgesetzter Entgelte und Steuern vorbei; insbesondere die kommunalen Entgelte und Steuern dürften auch in Zukunft im Wesentlichen politisch festgelegt werden (und die am Ressourcenverbrauch orientierten Abschreibungen werden nur in verwaltungsinterne Verrechnungen eingehen, ohne dass finanzielle Auswirkung für den Bürgern entstünden).

Demgegenüber sind wir – zusammen mit anderen Wirtschaftsprüfern[60] – der Auffassung, dass die Kommunen **pragmatisch** den Nutzen einer einmaligen Zeitwertermittlung „mitnehmen" sollten, wenn sie schon die aufwändigen Erfassungs- und Bewertungsarbeiten durchführen müssen (und zugleich der Rechtsrahmen des HGB einzuhalten ist). Hierdurch würden – anders als bei der (u. E. unnötigen) Rückindizierung auf historische Anschaffungs- und Herstellungskosten – insbesondere **wertvolle Zusatzinformationen** entstehen über

---

[59] Vgl. Hessisches Ministerium der Finanzen (1999) S. 117 (verfasst von Horst Körner/ Helge Brixner, arf).

[60] Vgl. IDW (2001) S. 1408. Vgl. ebenso die im Auftrag des IDW für die IMK erstellte Studie: PwC (2003) S. 6 ff. sowie Bolsenkötter/Detemple/Marettek (2002) S. 155.

- den höheren, an den Wiederbeschaffungswerten orientierten Ressourcenverbrauch (die Gebäude müssen ja irgendwann zu den dann geltenden Zeitwerten wiederbeschafft werden),
- die wirtschaftlichen Entwicklungsperspektiven des kommunalen Immobilienbereichs,
- eine solide Grundlage z. B. für Berechnung von Kostenmieten (die auch von den Verwaltungskunden akzeptiert werden),
- die planmäßige Bewältigung des Instandhaltungsstaus sowie andere immobilienwirtschaftliche Fragestellungen.

Interessanterweise trifft sich unsere Argumentation teilweise mit jener der älteren Literatur zum Ressourcenverbrauchskonzept.[61] Aus praktischer Sicht geht es um die bedeutende Frage, wie angesichts der unstrittigen Geldentwertung die langfristige Weiterentwicklung der Kommune finanziell gesichert werden kann, wie insbesondere der kommunale Immobilienbereich trotz des häufig vorhandenen Instandhaltungsstaus betriebswirtschaftlich so in den Griff zu bekommen ist, dass die Kommune nicht aus wirtschaftlichen Gründen Leistungen einschränken – z. B. Schulen schließen – muss.

Gerade im Hinblick auf den häufig festzustellenden erheblichen Instandhaltungsstau öffentlicher Immobilien (in der Vergangenheit wurden also zu Lasten künftiger Generationen an sich notwendige Instandhaltungen versäumt) scheint uns insgesamt die einmalige Neubewertung einen sachgerechten Kompromiss – gerade auch hinsichtlich der Generationengerechtigkeit – darzustellen: Durch eine (einmalige) Neubewertung kann erreicht werden, dass

- einerseits der tatsächliche Zustand der Immobilien im Rahmen der Neubewertung ermittelt werden muss, welcher häufig erst hierdurch zum Gegenstand eines professionellen Werterhaltungsmanagements (und zum politisch relevanten Thema) wird, und
- andererseits die ggf. in Teilbereichen noch vorhandenen stillen Reserven aufgedeckt werden, damit angesichts der überaus knappen Haushaltslage vieler Kommunen Fehlallokationen (künftig) vermieden werden können bzw. die Entscheidungsträger die für eine optimale Verwendung der knappen Mittel relevanten Informationen erhalten.

---

[61] Vgl. insbesondere KGSt (1997) S. 33 und 38.

Die Verfasser verfügen über umfangreiche Erfahrungen – sowohl aus großen wie aus kleineren Kommunen –, wie durch die Immobilienbewertung tatsächlich ein entsprechender politischer Bewusstseinsbildungsprozess entstehen kann. Hierbei darf nicht übersehen werden, dass das jahrzehntelange Unterlassen von an sich notwendigen Instandhaltungen nicht nur die jetzigen und die künftigen Generationen benachteiligt hat, sondern leider mittlerweile in vielen Kommunen nur durch schmerzhafte Flächenreduktionen bewältigt werden kann. Das heißt, die Kommune kann sich eine große Anzahl von Immobilien in schlechtem Zustand nicht mehr leisten.

An dieser Stelle der Fachdiskussion soll aber noch auf ein Gegenargument gegen Zeitwertansätze eingegangen werden: viele Kämmerer haben Grund zur Sorge, dass in Folge des Zeitwertansatzes höhere Abschreibungen entstehen und daher der Haushaltsausgleich im doppischen Haushalts- und Rechnungswesen in den Folgejahren erschwert wird.[62] Häfner spricht in diesem Zusammenhang zutreffend vom „zweischneidigen Schwert" für die Kommunen und weist auf unerwünschte Folgewirkungen hin:[63] Wird das abnutzbare Vermögen künstlich niedrig angesetzt (durch historische Anschaffungs- und Herstellungskosten), entlastet dies zwar scheinbar die folgenden Haushalte durch niedrigere Abschreibungen.[64] Andererseits wird jedoch die Eröffnungsbilanz im interkommunalen Vergleich ein schlechtes Bild zeigen, weil das Eigenkapital entsprechend geringer ist (als es bei einem Zeitwertansatz des Vermögens wäre). Zudem wird es in Folgejahren sprunghafte Anstiege bei den Abschreibungen geben. Diese Diskussion zeigt nach unserer Einschätzung, dass vor allem kurzfristige Motive dazu führen können, dass unrealistisch geringe Abschreibungen angestrebt werden, die dem Grundsatz, den tatsächlichen Ressourcenverbrauch abzubilden, widersprechen. Es sollte u. E. nicht vergessen werden, dass die angestrebte Abbildung des Ressourcenverbrauchs ja gerade zu einem verantwortungsvolleren Handeln anreizen soll, sodass das öffentliche Vermögen besser als bislang für künftige Generationen erhalten wird.

---

[62] Vgl. auch die Protokollnotiz des Landes Schleswig-Holstein in: IMK (2003).
[63] Vgl. Häfner (2002) S. 177.
[64] Auf die komplexen, derzeit noch diskutierten Mechanismen zum Haushaltsausgleich (die diese Aussage noch relativieren) wird hier vereinfachend nicht eingegangen.

Die Situation in Nordrhein-Westfalen

Nordrhein-Westfalen hatte 1999 die Unternehmensberatung Mummert Consulting (vor allem Philipp Häfner) beauftragt, zusammen mit sieben Pilotkommunen und dem Innenministerium (vor allem Projektleiter Edgar Quasdorff) ein praktikables doppisches Haushalts- und Rechnungswesen zu erarbeiten. Dabei wurde von Anfang an im Interesse der Aussagekraft der Eröffnungsbilanz eine einmalige Bewertung des kommunalen Vermögens zu vorsichtig geschätzten Zeitwerten gefordert; in diesem Zusammenhang wurden Analogien zu anderen Fällen der erstmaligen Bilanzierung (DM-Eröffnungsbilanz nach Wiedervereinigung, wo das Sachwertverfahren flächendeckend vorgeschrieben war; Beginn der Tätigkeit eines Kaufmanns; Ausgliederung eines Eigenbetriebs) gebildet.[65] Die anschließende Fachdiskussion soll an dieser Stelle nur angedeutet werden, weil die Stellungnahmen[66] (hauptsächlich juristisch orientiert) die Rechtmäßigkeit der jeweiligen Analogie hinterfragt haben; dabei kann der Landesgesetzgeber doch unstrittig eine einmalige Zeitwertermittlung vorschreiben.[67] Die letzte Fassung der NKF-Materialien begründet die einmalige Zeitwertermittlung vor allem mit folgenden Argumenten:[68]

- Die Eröffnungsbilanz steht am Beginn der doppischen Rechnungslegung der Kommune, die deshalb – wie handelsrechtlich jeder Kaufmann zu Beginn seiner Tätigkeit – ein aktuelles, den tatsächlichen Verhältnissen entsprechendes Bild der Vermögenslage geben muss.

- Eine Bewertung nur nach Anschaffungs- und Herstellungskosten ist nicht mit den Zielen der Aktualität und Rechenschaft im Einklang, andernfalls würden selbst in der Eröffnungsbilanz bereits stille Reserven gelegt.

- Die häufig schwierige Ermittlung der fortgeführten Anschaffungs- und Herstellungskosten für sehr weit vor dem Bilanzstichtag erworbene oder hergestellte Vermögensgegenstände wird vermieden; der Rückgriff auf die Wertermittlungsverordnung erscheint praktikabel.

Eine einmalige Bewertung des kommunalen Vermögens zu vorsichtig geschätzten Zeitwerten hätte nach unserer Einschätzung (neben der höheren

---

[65] Vgl. Stadt Brühl et al (2000) S. 22; Vollmer-Zimmermann (2001) S. 267; Bolsenkötter et al. (2000) S. 40; von Zwehl (1996) S. 1163.
[66] Vgl. Vollmer-Zimmermann (2001) S. 267; Brixner/Harms/Noe (2003) S. 195 f.
[67] Vgl. ausführlich Bolsenkötter/Detemple/Marettek (2002a) S. 156.
[68] Vgl. Modellprojekt (2003) S. 40 und 403 f.

Praktikabilität durch Einsparen des Rückindizierens) vor allem den Vorteil einer deutlich höheren Aussagekraft der kommunalen Eröffnungsbilanzen: zum ersten Mal würde das tatsächlich vorhandene kommunale Vermögen abgebildet und interkommunale Vergleiche ermöglichen.[69] Wenn die einmalige Zeitwertermittlung konsequent umgesetzt würde, könnte sie zugleich die Funktion einer **realistischen Bestandsaufnahme** erhalten; dies brächte den Gebietskörperschaften für den ja nicht unerheblichen Umstellungsaufwand zur Doppik einen zusätzlichen Gegenwert.

Nach unserer Auffassung gibt es gegen die Sinnhaftigkeit der bausubstanzbezogenen Zeitwertermittlung lediglich zwei einigermaßen überzeugende **Gegenargumente**:

- Das Ziel, die Bausubstanz im Interesse der intergenerativen Gerechtigkeit zu erhalten, bestehe gar nicht wirklich, weil in bestimmten Landesteilen von einer stark schrumpfenden Bevölkerung auszugehen ist; d. h. infolge der demografischen Entwicklung wird die Notwendigkeit der Infrastruktur infrage gestellt.

- Teilweise überschreiten die vollen Sachzeitwerte deutlich die bei einem Verkauf erzielbaren Werte; dies könnte den Bilanzleser möglicherweise dazu verleiten, falsche Konsequenzen zu ziehen (die Andersartigkeit der die vorhandenen Sachressourcen abbildenden öffentlichen Bilanzen muss dementsprechend klar kommuniziert werden; das Bewusstsein hierfür wird sich aber u. E. in den nächsten Jahren hinreichend bilden). Allerdings stellt dieses Argument auch das gesamte Ressourcenverbrauchskonzept (und die Bilanzierung im öffentlichen Bereich überhaupt) infrage und braucht daher hier nicht weiter verfolgt werden.

Wie bereits oben ausgeführt, dürfte außerdem die immobilienwirtschaftliche **Bewältigung des Instandhaltungsstaus** in fast allen Regionen Deutschlands – trotz der demografischen Entwicklung – ein zentrales wirtschaftliches Problem der Kommunen darstellen, welches nur über eine solide Erfassung und Bewertung der vorhandenen Bausubstanz (also mit Sachzeitwerten) in den Griff zu bekommen ist. Die historischen Anschaffungs- und Herstellungskosten sind nicht in der Lage, die notwendigen Informationen zu liefern. Vor dem Hintergrund der Tatsache, dass doch sehr viele Kommunen in der Vergangenheit nicht das an sich Notwendige zur Unterhaltung der

---

[69] Vgl. IDW (2001) S. 1406; Bolsenkötter/Detemple/Marettek (2002a) S. 155.

Gebäude, Straßen und anderen Baulichkeiten getan haben – begünstigt durch das herkömmliche kameralistische Rechnungswesen ohne Vermögensbewertung – sprechen daher u. E. aus kommunalwirtschaftlicher Sicht bedeutende praktische Gründe für eine Ermittlung von an der tatsächlichen Bausubstanz orientierten Zeitwerten, wie es insbesondere das (unten näher erläuterte) Sachwertverfahren ermöglicht. Grundsätzlich ist den Bundesländern, die sich hinsichtlich der Wertansätze in der Eröffnungsbilanz noch nicht festgelegt haben, sehr zu wünschen, dass sie das nordrhein-westfälische Modell übernehmen werden.

Wie die knappe Zusammenfassung der Fachdiskussion verdeutlicht, wurde die Diskussion über „historische Anschaffungs-/Herstellungskosten oder Zeitwerte in der Eröffnungsbilanz" bislang hauptsächlich mit volkswirtschaftlichen und juristischen Gesichtspunkten geführt – die betriebswirtschaftliche Sicht einer Kommune, der Nutzen aussagefähiger Eröffnungsbilanzen für die (vor allem immobilien-)wirtschaftliche Weiterentwicklung der Kommune kam nach unserer Einschätzung bislang in der Diskussion zu kurz. Dies gilt erst recht für die **bilanztheoretische Begründung** der Wertansätze in der Eröffnungsbilanz, d. h. wie die bilanziell abgebildeten Werte so solide begründet werden können, dass – trotz des Nebeneinanders gemeinnütziger und erwerbswirtschaftlicher Ziele im öffentlichen Bereich – eine Bewertung möglichst wenig Willkür beinhaltet. Derart grundsätzliche Überlegungen erscheinen uns notwendig zu sein, weil auch für den Fall, dass keine Zeitwerte in der Eröffnungsbilanz zugelassen werden sollten, in Folgeabschlüssen doch außerplanmäßige Abschreibungen auf niedrigere (Zeit-) Werte willkürfrei begründbar sein sollten. Insoweit sind die folgenden Überlegungen auch als ein Beitrag zu den erst im Entstehen begriffenen „Grundsätzen ordnungsmäßiger Buchführung" im nichterwerbswirtschaftlichen Bereich zu verstehen.

3.3 Vorsichtig geschätzte Zeitwerte

3.3.1 Grundsätze der Zeitwertermittlung im öffentlichen Bereich

Abbildung der vorhandenen Nutzungspotenziale in der Bilanz

Wie oben ausgeführt, bestimmt sich der **Wert eines Vermögensgegenstandes** allgemein durch den Nutzen, den der Vermögensgegenstand der Gebietskörperschaft (bzw. dessen Bürgern) erbringt. Ein Vermögensgegenstand nutzt etwas, wenn er einen Beitrag zur Erreichung der (Sach- oder Finanz-) Ziele liefert, die der (wirtschaftliche) Eigentümer des Vermögensgegenstandes verfolgt. Zur Operationalisierung des Nutzens wird also auf den Beitrag abgestellt, den der Vermögensgegenstand zu den Zielen der Gebietskörperschaft leistet.[70] Soll beispielsweise ein Vermögensgegenstand ausschließlich finanziellen Zielen dienen, so bestimmt sich dessen Wert aus seinem Beitrag zu diesen Zielen. Der Wert des Vermögensgegenstandes kann dann aus dem Barwert der mit dem Eigentum verbundenen Nettozuflüsse an den Eigner bestimmt werden. Soll ein Vermögensgegenstand konkret veräußert werden – wie beispielsweise noch vorhandene Wohngebäude – ist er mit seinem marktorientiert zu ermittelnden Veräußerungswert anzusetzen.

Im öffentlichen Bereich werden aber bekanntlich – anders als im privaten Sektor – nicht überwiegend erwerbswirtschaftliche Ziele verfolgt. Vielmehr ist es für den öffentlichen Bereich geradezu charakteristisch, dass Vermögensgegenstände, wie etwa öffentliche Gebäude, Bauwerke der Infrastruktur oder Beteiligungen an Verkehrs- oder Bäderbetrieben, **primär** und auf Dauer **zur Erreichung von Sachzielen eingesetzt** werden. Wie bereits oben im Beispiel der kommunalen Brücke über die Eisenbahn angedeutet, kann zur Begründung der Werthaltigkeit des öffentlichen Vermögens der Rekonstruktionsgedanke[71] genutzt werden.

Der Wert eines nichterwerbswirtschaftlich (bzw. vorrangig sachzielbezogen) genutzten Vermögensgegenstandes kann dadurch bestimmt werden, dass der Vermögensgegenstand – wenn er nicht da wäre – auf Grund der mit ihm verfolgten Sachziele (bzw. der demokratischen Beschlusslage) noch einmal identisch beschafft werden müsste. Der Zeitwert des öffentlichen Vermögensgegenstandes kann also als **Rekonstruktionszeitwert** über die am Markt feststellbaren Wiederbeschaffungs- bzw. Wiederherstellungskosten ermittelt werden. Durch den Bezug zum (Beschaffungs-)Markt ist auch dieser Rekonstruktionszeitwert nach unserer Auffassung ähnlich willkürarm objektivierbar, wie dies im Falle des erwerbswirtschaftlich genutzten Vermögensgegenstandes für den Barwert der erzielbaren Nettozuflüsse gilt[72].

---

[70] Vgl. hierzu Windmöller (2002) S. 170 f.
[71] Vgl. grundlegend IDW (2000) S. 839 ff. Der von uns vorgeschlagene bilanztheoretische Ansatz stellt im Grunde eine Übertragung der vom IDW festgestellten Grundsätze zur Bewertung nichterwerbswirtschaftlicher Betriebe dar.
[72] Problematisch ist allerdings die Wertfindung dann, wenn – insbesondere im Bereich der Naturgüter (Grünanlagen, Parks, Forsten) – auch der Rekonstruktionsgedanke an seine Grenzen kommt bzw. insbesondere bei den auch erwerbswirtschaftlich genutzten Vermö-

Insoweit kann das in der Bilanz der Gebietskörperschaft abgebildete Vermögen (abzüglich Schulden) durchaus als ein **wirtschaftlich vorhandenes Nutzungspotenzial** interpretiert werden. Klaus Lüder hatte bereits früh das öffentliche Vermögen mit dem Begriff „Nutzungspotenzial" umschrieben:[73] Die Bilanz soll danach das tatsächlich bestehende und von künftigen Generationen verbrauchbare Nutzungspotenzial (abzüglich der zu tilgenden Schulden) abbilden. Dieses – für die intergenerative Gerechtigkeit wichtige – künftige Nutzungspotenzial abzüglich der Vorbelastung künftiger Haushalte durch Schulden stellt das öffentliche Reinvermögen (also das Eigenkapital der Gebietskörperschaft) dar.

Die Bilanz gibt im öffentlichen Bereich damit nicht nur Informationen über erwerbswirtschaftlich verwendete Vermögensgegenstände, sondern auch über die Fähigkeit des sachzielbezogen verwendeten Vermögens, zur Erreichung dieser Sachziele beizutragen. Das zukünftige Nutzungspotenzial, das sachzielbezogene Vermögensgegenstände für den Bürger verkörpern, ist maßgeblich für deren bilanzierten Wert. Eine derartige Erweiterung der Informationsfunktion der Bilanz führt damit dazu, dass auch die bilanzielle Kapitalerhaltungskonzeption bzw. die Interpretation des bilanziellen Eigenkapitals anzupassen ist. Das zu erhaltende Eigenkapital stellt eine **Summe** aus

- finanzzielbezogenen Ertragspotenzialen und
- sachzielbezogenen Nutzungspotenzialen der Vermögensgegenstände
- abzüglich der Schulden

dar. Der Begriff des finanzziel- oder sachzielbezogen zu verstehenden Nutzungspotenzials kann durchaus als Oberbegriff zur Begründung der Werthaltigkeit des bilanzierten Vermögens genutzt werden.

Außerplanmäßige Abschreibungen in Folgeabschlüssen

Wie bereits angedeutet, ist auch für die **bilanzielle Bewertung in Folgeabschlüssen** neben der ertragszielbezogenen Bewertung (bei erwerbswirtschaftlich verwendeten Vermögensgegenständen wie z. B. einem Miethaus) eine am Nutzungspotenzial für den Bürger ausgerichtete Bewertung sachzielbezogen verwendeter Vermögensgegenstände relevant. Dies bedeutet

---

gensgegenständen (insbesondere Forst, Beteiligungen an Stadtwerken); vgl. unten ausführlich.

[73] Lüder et al. (1991) S. 23. Ebenso: Modellprojekt (2003) S. 57.

praktisch, dass beispielsweise die oben betrachtete Straßenbrücke über die Bahngleise in einem Folgeabschluss in Abhängigkeit des noch vorhandenen Nutzungspotenzials **teilweise oder vollständig abgeschrieben** werden muss. Alle bislang vorliegenden Entwürfe der GemHVO (sowohl Doppik als auch erweiterte Kameralistik) kennen analog zum HGB eine außerplanmäßige Abschreibung, ohne dass eine präzise Beschreibung der Abschreibungsgründe mitgeliefert wird. Nach unserer Auffassung ist dies auch nicht zu kritisieren – auch § 253 Abs. 2 Satz 3 HGB enthält nur eine allgemeine Vorschrift, bei voraussichtlich dauernder Wertminderung auf den beizulegenden Wert abzuschreiben. Was in der Praxis mit dem beizulegenden Wert gemeint ist, wurde in der Vergangenheit durch Literatur und Rechtsprechung (im Rahmen der Entwicklung der Grundsätze ordnungsmäßiger Buchführung und Bilanzierung) herausgearbeitet, sodass es im erwerbswirtschaftlichen Bereich heute unstrittig ist, dass beispielsweise eine Produktionsanlage (oder auch ein Mietshaus) dann außerplanmäßig abzuschreiben ist, wenn deren Restbuchwert nicht mehr durch den Barwert der mit diesen Gegenständen erzielten Nettozuflüsse gedeckt wird.

Derzeit ist nun das allmähliche Entstehen von Grundsätzen ordnungsmäßiger Buchführung und Bilanzierung zu beobachten, die für alle Einzelfälle anerkannte Lösungen schaffen werden. Im Beispiel des sachzielbezogen eingesetzten Vermögensgegenstandes „Straßenbrücke" ist das verbliebene Nutzungspotenzial zu jedem Folgeabschluss kritisch zu betrachten. Unsere Straßenbrücke kann in einem Folgeabschluss beispielsweise

- teilweise außerplanmäßig abzuschreiben sein, wenn sich durch Witterungseinflüsse oder einen Unfall ihre Restnutzungsdauer halbiert hat (Abschreibung um 50 %),

- Entsprechendes gilt auch dann, wenn beispielsweise die Brücke aus zwei Fahrbahnen besteht und eine davon so beschädigt ist, dass sie nicht mehr benutzt werden kann, bzw.

- vollständig außerplanmäßig abzuschreiben ist, wenn die Nutzung durch den Bürger überhaupt nicht mehr möglich ist (z. B. wenn die Brücke infolge von Betonschäden gesperrt oder abgerissen werden muss);

- Gleiches gilt, wenn die Brücke in den tragenden Betonteilen so generalüberholt werden muss, dass die Generalüberholung wirtschaftlich annähernd einem Neubau entspricht.

3.3.2 Bewertung erwerbswirtschaftlich verwendeter Vermögensgegenstände

Ertrag bringende Vermögensgegenstände

Auch Gebietskörperschaften verfügen häufig über Vermögensgegenstände mit primär erwerbswirtschaftlichem Charakter. Hierunter fallen in Kommunen und anderen Gebietskörperschaften vor allem Mietshäuser, Wohnungen sowie Beteiligungen an Energieversorgungsunternehmen und anderen Ertrag bringenden Gesellschaften. Der Wert derartigen Vermögens bestimmt sich folglich nach erwerbswirtschaftlichen Kategorien. Für diese Wertermittlung ist kein bestimmtes Verfahren ausschließlich vorgeschrieben. Der Wert des Vermögensgegenstandes kann aus Käufer- oder Verkäufersicht unter Heranziehung entsprechender Hilfswerte ermittelt werden. Grundsätzlich wird von der Fortführungsprämisse ausgegangen und unterstellt, dass der betreffende Gegenstand noch weiter genutzt wird. Es sind daher zunächst die Verhältnisse am Beschaffungsmarkt maßgeblich. Ein Veräußerungswert kommt dagegen grundsätzlich nur in Betracht, wenn die Beendigung der Nutzung des Vermögensgegenstandes und seine tatsächliche Veräußerung beabsichtigt sind. Diese Überlegungen gelten grundsätzlich für alle Arten von Vermögensgegenständen.

Für die Gegenstände des Umlaufvermögens stehen im Allgemeinen zeit- und marktnahe Wertansätze (z. B. Nennwerte von Forderungen, Preise auf Beschaffungs- oder Absatzmärkten) zur Verfügung. Auch für Anlagevermögen können Marktwerte als Wiederbeschaffungswerte, etwa in Form von Börsenkursen oder Preisen aus Transaktionen zwischen Dritten (Transaktionspreise), vorliegen. Anderenfalls ist grundsätzlich eine Unternehmensbewertung erforderlich. Für, im kommunalrechtlich zulässigen Rahmen (vgl. etwa §§ 107 ff. GO NW), am Ertragsziel orientierte Beteiligungen wird dabei ein Ertragswert nach den Grundsätzen des IDW Standards: Grundsätze zur Durchführung von Unternehmensbewertungen (IDW S 1) bzw. des Entwurfs IDW Stellungnahme zur Rechnungslegung: Anwendung der Grundsätze des IDW S 1 bei der Bewertung von Beteiligungen für die Zwecke des handelsrechtlichen Jahresabschlusses (IDW ERS HFA 10) ermittelt. Ein Rückgriff auf Vereinfachungslösungen, etwa die Eigenkapital-Spiegelbild-Methode, erscheint nur dann sachgerecht, wenn sich potenzielle Unrichtigkeiten in dem so ermittelten Wert nicht wesentlich auf die Darstellung der Vermögens-, Finanz- und Ertragslage auswirken.

Barwert der künftig voraussichtlich erzielbaren finanziellen Überschüsse

Ertragswertverfahren ermitteln den Zeitwert als Barwert der künftig voraussichtlich erzielbaren finanziellen Überschüsse (z. B. eines Mietshauses oder einer Beteiligung an einer Stadtwerke AG).[74] Es ist nahe liegend, dass ein derartiger Barwert nur dann einen sinnvollen Zeitwert ergibt, wenn der Vermögensgegenstand zur Erzielung von finanziellen Überschüssen (Gewinnen) dienen kann und soll.[75] Stets ist zu berücksichtigen, dass dies mit den Wirtschaftsgrundsätzen des Kommunalrechts unter Berücksichtigung des öffentlichen Zwecks vereinbar sein muss; hiernach ist allgemein das Ertragsziel dem öffentlichen Zweck untergeordnet. Ertragsorientierte Verfahren und daraus abgeleitete Werte führen in der Regel zu sachgerechten Ansätzen, wenn die implizit unterstellte, an finanziellen Aspekten orientierte Zielsetzung mit der Zweckbestimmung der zu bewertenden Vermögensgegenstände vereinbar ist. Eine nur mögliche Änderung der Zweckbestimmung (Umwidmung) ist nicht vorwegzunehmen, da stichtagsbezogen bewertet wird.

3.3.3 Bewertung sachzielbezogen verwendeter Vermögensgegenstände

Nichterwerbswirtschaftlich verwendete Vermögensgegenstände

Neben rein erwerbswirtschaftlich ausgerichtetem Vermögen verfügen Gebietskörperschaften in erheblichem Umfang über sachzielbezogenes Vermögen, z. B. über Anlagevermögen in Form von öffentlichen Gütern oder von Gütern im Gemeingebrauch bzw. Verwaltungsvermögen. Aus einzelwirtschaftlicher, am Ertragsziel orientierter Sicht der bilanzierenden Einheit ist dieses Vermögen großenteils „unrentabel". Eine rein am Ertragsziel ausgerichtete Bewertung bildet aber den tatsächlichen Wert dieser Vermögensgegenstände für die bilanzierende Gebietskörperschaft nicht hinreichend ab, da dieser vorrangig durch den Zielbeitrag des Vermögensgegenstandes zu dem verfolgten Sachziel bestimmt wird. Wie bereits oben erläutert, kommen für die Bewertung sachzielbezogener Vermögensgegenstände rekonstruktions- bzw. substanzwertorientierte Bewertungsverfahren zur Anwendung.

---

[74] Als ertragswertorientierte Verfahren werden im Folgenden diejenigen Verfahren zusammengefasst, die auf dem Kapitalwertkalkül basieren, also eine Abzinsung künftiger Überschüsse zur Grundlage der Wertermittlung machen.

[75] Gleicher Ansicht: Detemple/Marettek (2000) S. 286.

Rekonstruktions- oder Substanzwerte

Der Rekonstruktionswert oder Substanzwert spiegelt wider, dass die Gebietskörperschaft die verfolgten Sachziele alternativ durch Wiederbeschaffung bzw. Wiederherstellung eines entsprechenden Vermögensgegenstandes zu erfüllen hätte. Wäre der Vermögensgegenstand nicht vorhanden, so müsste ein vergleichbarer Vermögensgegenstand angeschafft werden. Substanzwertorientierte Verfahren ermitteln den Zeitwert aus den Rekonstruktionskosten des betreffenden Vermögensgegenstandes; den Zeitwert des Vermögensgegenstandes bilden damit die Wiederbeschaffungs- bzw. Wiederherstellungskosten (unter Berücksichtigung von Abschlägen für die Abnutzung oder für bestehende Mängel). Für den Immobilienbereich stellt das Sachwertverfahren der Wertermittlungsverordnung ein substanz- bzw. rekonstruktionsbezogenes Bewertungsverfahren dar.

Bei diesen Überlegungen wird analog zur erwerbswirtschaftlichen Betrachtungsweise angenommen, dass auch Vermögensgegenstände, die der Verfolgung von Sachzielen dienen, bei der für die Eröffnungsbilanz unterstellten (fiktiven) Anschaffung für den Bilanzierenden – unter Berücksichtigung des Nutzungspotenzials für den Bürger – mindestens einen Nutzen in Höhe der Anschaffungskosten besitzen. Fehlinvestitionen mit dem Erfordernis der späteren Abschreibung auf einen niedrigeren beizulegenden Wert sind gleichwohl auch hier möglich, wenn Indikationen dafür vorliegen, dass der angestrebte Zweck verfehlt oder nicht vollständig erfüllt wird.

Sollte eine weitere Nutzung des sachzielbezogenen Vermögensgegenstandes nicht mehr beabsichtigt und seine tatsächliche Veräußerung geplant sein, ist übrigens zu berücksichtigen, dass mögliche Erwerber nicht an Sachzielen orientiert sind. Es ist der Wert zu ermitteln, der sich voraussichtlich bei Veräußerung an einen ertragszielorientierten Dritten ergibt.

Zusammenfassend kommen substanzwertorientierte Verfahren überwiegend dann in Betracht, wenn der betreffende Vermögensgegenstand nicht vordergründig mit Gewinnerzielungsabsicht verwendet wird, sondern der allgemeinen Wohlfahrt, der Daseinsvorsorge oder anderen gemeinnützigen Zwecken oder speziellen Zwecken (wie dies etwa bei Spezialimmobilien der Fall ist) dient bzw. wenn der durch den öffentlichen Zweck bestimmte Substanzwert über dem Ertragswert liegt.

3.4 Inventur als Basis der Bewertung

Inventurverfahren

Bevor die kommunalen Vermögensgegenstände bewertet werden können, sind sie zu erfassen. In der Sprache der Doppik (bzw. des § 240 HGB) heißt diese Erfassung Inventur. Die **Inventur** ist die Bestandsaufnahme aller Vermögensgegenstände in einem Bestandsverzeichnis, dem **Inventar**. Dabei sind auch bewertungsrelevante Informationen (z. B. zu Qualität, Zustand und Verwertbarkeit) aufzunehmen, um einen zutreffenden Wertansatz der Vermögensgegenstände in der Bilanz zu gewährleisten. Es gilt hierbei der Grundsatz der **Einzelbewertung** der Vermögensgegenstände.

Nach der Art der Bestandsaufnahme wird in körperliche Inventur und Buchinventur unterschieden:

- Die **körperliche Inventur** erfolgt durch Inaugenscheinnahme und mengenmäßige Erfassung mittels Zählen, Messen, Wiegen oder Schätzen. Sie stellt den Regelfall im Rahmen der erstmaligen Bilanzierung von Sachanlagevermögen und Vorratsvermögen dar. Sie ist außerdem für die Folgebilanzierung des Vorratsvermögens und regelmäßige Überprüfung von Festwerten verpflichtend.

- Im Gegensatz zur körperlichen Bestandsaufnahme erfolgt die **Buchinventur** anhand von Buchführungsunterlagen (z. B. Belegen, Konten und Listen). Sie stellt das einzig mögliche Verfahren zur Erst- und Folgebilanzierung von immateriellen Vermögensgegenständen, Forderungen und Verbindlichkeiten dar. Im Bereich der Sachanlagen ist sie – zur Folgebilanzierung – zulässig, wenn die ordnungsmäßige Fortschreibung in einer sog. Anlagenkartei (d. h. der Anlagenbuchhaltung) sichergestellt ist.

Nach dem Zeitpunkt der Bestandsaufnahme differenziert man in die Stichtagsinventur, die permanente Inventur und die vor- oder nachverlegte Stichtagsinventur:

- Als **Stichtagsinventur** wird die (körperliche) Bestandsaufnahme auf den Bilanzstichtag der Eröffnungsbilanz bzw. des Jahresabschlusses bezeichnet. Sie kann auf einen Zeitraum von zehn Tagen vor oder nach dem Stichtag zeitlich ausgeweitet werden. Bei der Erstbilanzierung wird eine Stichtagsinventur typischerweise beim Vorratsvermögen anzutreffen sein.

- Dagegen werden bei der **permanenten Inventur** die Bestandsaufnahmen über das gesamte Jahr verteilt, wobei insgesamt alle Buchbestände mittels körperlicher Bestandsaufnahme zu überprüfen sind. In der Buchführungspraxis der öffentlichen Verwaltungen wird die permanente Inventur als Inventurvereinfachungsverfahren jedoch selten anzutreffen sein.

- Im Zusammenhang mit den Eröffnungsbilanzen wird dagegen häufig von der **vor- oder nachverlegten Stichtagsinventur** Gebrauch gemacht. Dabei kann der Inventurstichtag im Zeitraum von drei Monaten vor bis zwei Monaten nach dem Bilanzstichtag frei gewählt werden, sofern die Wertfortschreibung bzw. -rückrechnung auf den Stichtag gewährleistet ist.

Die Länderkonzepte sehen teilweise für die vor- oder nachverlegte Stichtagsinventur im Rahmen der Eröffnungsbilanz Sonderregelungen vor. **Hessen** ermöglicht beispielsweise eine Nachverlegung der Inventur über einen Zeitraum von bis zu elf Monaten.

Schließlich trennt man nach dem Umfang der Bestandsaufnahme in die **vollständige Aufnahme** der Vermögensgegenstände (Grundsatz) und die **Stichprobeninventur**. Aufgrund der sehr hohen Anforderungen an eine Stichprobeninventur (anerkannte mathematisch-statistische Verfahren, bestandszuverlässige Lagerbuchführung, Nachprüfbarkeit und Aussageäquivalenz) ist deren Praxisrelevanz für öffentliche Verwaltungen als gering einzuschätzen.

Für die Erfassung und Bewertung ihres Vermögens werden Verwaltungen typischerweise die vollständige körperliche Inventur oder die Buchinventur im Rahmen einer – ggf. vor- oder nachverlegten – Stichtagsinventur nutzen. Insbesondere für das mobile Sachanlagevermögen werden jedoch die nachfolgend dargestellten Vereinfachungsregelungen zur Anwendung kommen können.

Ausnahmen vom Grundsatz der Einzelbewertung

Der Begriff des **Festwerts** ist in § 240 Abs. 3 HGB geregelt. Danach können Gegenstände des Sachanlagevermögens sowie Roh-, Hilfs- und Betriebsstoffe mit einer gleich bleibenden Menge und einem gleich bleibenden Wert angesetzt werden, wenn

- sie regelmäßig ersetzt werden,
- ihr Gesamtwert für die Gemeinde von nachrangiger Bedeutung ist,
- ihr Bestand in seiner Größe, seinem Wert und seiner Zusammensetzung nur geringen Veränderungen unterliegt und

- die Vermögensgegenstände, für die ein Festwert gebildet wurde, alle drei bis fünf Jahre im Rahmen einer körperlichen Inventur aufgenommen und bewertet wird.

Das Kriterium der nachrangigen Bedeutung ist nach h. M. erfüllt, wenn der Festwert einen Ansatz von 5 % der Bilanzsumme nicht übersteigt. Im Sinne einer Alterswertminderung wird meist ein Bewertungsabschlag von 50 bis 60 % vorgenommen. In den Jahren, in denen der Wert unverändert fortgeschrieben wird, werden die Aufwendungen für Beschaffungen von Anlagegütern, die als Festwert geführt werden, unmittelbar als Aufwand verbucht.

Im Jahr der Inventur werden die Veränderungen von Festwerten als Abgang oder als Zugang erfasst. Der angesetzte Wert ist auf Grundlage der Bestandsaufnahmen bei jeglicher Unterschreitung bzw. bei einer Überschreitung um mehr als 10 % anzupassen.

Gruppenbewertung bedeutet nach § 240 Abs. 4 HGB, dass

- gleichartige Vermögensgegenstände des Vorratsvermögens bzw.
- annähernd gleichwertige bewegliche Vermögensgegenstände
- jeweils zu einer Gruppe zusammengefasst werden und
- mit dem gewogenen Durchschnittswert bewertet werden.

Annähernde Gleichwertigkeit wird nach herrschender Meinung angenommen, wenn die wertmäßige Abweichung zwischen höchstem und niedrigstem Einzelwert bei beweglichen Vermögensgegenständen nicht mehr als 20 % beträgt.

Das Festwertverfahren und die Gruppenbewertung sind gemäß den Landeskonzepten in Hessen, Niedersachsen, Nordrhein-Westfalen, Rheinland-Pfalz und Saarland anwendbar.

4 Praktikable Erfassung und Bewertung der öffentlichen Gebäude

> **Auf einen Blick:**
> Zur praktikablem Erfassung und Bewertung der öffentlichen Gebäude können die Wertermittlungsverfahren des öffentlichen Baurechts analog angewendet werden, soweit keine aktuellen Anschaffungs- und Herstellungskosten zur Verfügung stehen.
>
> Für Kommunen bedeutet dies im Wesentlichen, dass
> - das Vergleichswertverfahren zur Bodenbewertung eingesetzt wird,
> - das Ertragswertverfahren für unspezifische Büroimmobilien in Frage kommt und
> - für die übrigen öffentlichen Immobilien das Sachwertverfahren zur Verfügung steht, ggf. mit Rückindizierung, um fiktive Anschaffungs- und Herstellungskosten (Baden-Württemberg, Hessen, Rheinland-Pfalz) zu ermitteln.

4.1 Grundlagen zur Gebäudebewertung

4.1.1 Anwendungsbereiche der baurechtlichen Bewertungsverfahren

Soweit keine aktuellen Anschaffungs- und Herstellungskosten zur Verfügung stehen, können im Immobilienbereich die Wertmaßstäbe und Wertermittlungsverfahren des öffentlichen Baurechts angewendet werden. Hierbei können nicht nur differenzierte und praktikable Berechnungsverfahren übernommen werden, sondern es kann auch eine gefestigte, kasuistisch (einzelfallorientiert) ausgeprägte Rechtsprechung größtenteils genutzt werden. Dies bedeutet, dass grundsätzlich gemäß § 7 der Verordnung über Grundsätze für die Ermittlung der Verkehrswerte von Grundstücken (Wertermittlungsverordnung – WertV)[76]

---

[76] Vom 6.12.1988 (BGBl 1988 I S. 2209), zuletzt geändert durch Gesetz vom 18.8.1997 (BGBl 1997 I S. 2081).

- das Vergleichswertverfahren (§§ 13, 14 WertV),
- das Ertragswertverfahren (§§ 15–20 WertV),
- das Sachwertverfahren (§§ 21–25 WertV) oder
- mehrere dieser Verfahren (unter Würdigung ihrer Aussagefähigkeit)

zu verwenden sind.

Bei der Wertermittlung von Gebäuden ist sowohl beim Ertragswert- als auch beim Sachwertverfahren üblicherweise von Flächen oder Rauminhalten auszugehen; bei beiden Verfahren ist außerdem die Restnutzungsdauer zu berücksichtigen und es sind ggf. Abschläge für Baumängel und/oder unterlassene Instandhaltung vorzunehmen.

Vergleichswertverfahren

Das **Vergleichswertverfahren** beinhaltet einen Vergleich mit Kaufpreisen solcher Grundstücke, die hinsichtlich der wesentlichen Merkmale hinreichend mit dem zu bewertenden Grundstück übereinstimmen. Es geht also – vereinfachend gesagt – um eine direkte Ableitung des Verkehrswerts aus vorhandenen Kaufpreisen. Alternativ können bei der Bodenbewertung, bei der insbesondere das Vergleichswertverfahren eingesetzt wird, auch geeignete Bodenrichtwerte zugrunde gelegt werden, die von Gutachterausschüssen auf der Grundlage von Kaufpreissammlungen ermittelt werden.

Ertragswertverfahren

Beim **Ertragswertverfahren** wird, ausgehend von nachhaltig erzielbaren (tatsächlichen oder kalkulatorischen) Nutzungserlösen je Bezugseinheit (z. B. monatliche Miete je m² Nutzfläche oder Bruttogrundfläche) zunächst der periodenbezogene Rohertrag ermittelt, aus dem durch Abzug der nicht umlagefähigen Bewirtschaftungskosten der Reinertrag errechnet wird.

Sachwertverfahren

Das **Sachwertverfahren** stellt ein substanz- bzw. rekonstruktionsorientiertes Bewertungsverfahren für bebaute Grundstücke dar. Der Sachwert setzt sich aus

- dem Bodenwert (i. d. R. nach dem Vergleichswertverfahren bzw. auf Basis von Bodenrichtwerten zu ermitteln) sowie

- dem Wert der baulichen Anlagen (u. a. Gebäude) und
- dem Wert der sonstigen Anlagen

zusammen.

Für den Wert der baulichen Anlagen werden Herstellungswerte nach dem in §§ 21–25 WertV geregelten Verfahren ermittelt. Zur Ermittlung des Herstellungswertes der Gebäude sind grundsätzlich die gewöhnlichen Herstellungskosten je Raum- oder Flächeneinheit (Normalherstellungskosten) mit den entsprechenden Raum-, Flächen- oder sonstigen Bezugsgrößen der Gebäude zu vervielfachen. Anschließend werden Alterswertminderungen sowie Wertminderungen wegen Baumängeln abgezogen. Dies bedeutet also vereinfachend, dass eine Mengengröße (Bruttogrundfläche, BGF, oder Bruttorauminhalt, BRI) mit den jeweiligen Normalherstellungskosten (je BGF bzw. BRI) multipliziert wird.

Grundsätzliche Anwendungsbereiche der baurechtlichen Verfahren

Nach den Grundsätzen des öffentlichen Baurechts wird (vereinfachend)

- das **Vergleichswertverfahren** vor allem bei unbebauten Grundstücken, als Teil des Sachwert- und Ertragswertverfahrens (Ermittlung des Bodenwerts bei bebauten Grundstücken) sowie bei weitgehend typisierten Gebäuden (u. a. Einfamilien-Reihenhäuser, Eigentumswohnungen, Garagen) angewendet,
- das **Ertragswertverfahren** benutzt, sofern der nachhaltig erzielbare Ertrag für die Werteinschätzung am Markt im Vordergrund steht (in kommunalen Eröffnungsbilanzen kommen vor allem Miethäuser und teilweise Verwaltungsgebäude in Frage), sowie
- das **Sachwertverfahren** eingesetzt, wenn es für die Werteinschätzung am Markt nicht in erster Linie auf den Ertrag ankommt[77].

Im **gewerblichen Bereich** wird das Sachwertverfahren traditionell vor allem für speziell auf die Bedürfnisse der Nutzer ausgerichtete bzw. hochwertig ausgestattete, eigen genutzte Ein- und Zweifamilienhäuser (Villen) ange-

---

[77] So die allgemeine Formulierung in Abschnitt 3.1.3. der Richtlinien für die Ermittlung der Verkehrswerte von Grundstücken (Wertermittlungs-Richtlinien 2002 – WertR 2002). Nach dieser Vorschrift gilt dies vor allem dann, wenn keine ortsüblichen Mieten feststellbar sind.

wendet. Nach der intensiven Fachdiskussion zu diesem Themenkomplex sollte dabei jedoch berücksichtigt werden, dass

- eine unmittelbare Anwendung des Vergleichswertverfahrens (mit einem ähnlich gut ausgestatteten Objekt) häufig zu marktnäheren Ergebnissen führt und
- meist Verprobungen mit vergleichbaren vermieteten Objekten zweckmäßig erscheinen (sofern geeignete Liegenschaftszinssätze vorhanden sind).[78]

Überwiegend Sachwertverfahren im öffentlichen Bereich

Auch für **öffentliche Immobilien** wird überwiegend das Sachwertverfahren angewendet. Dies liegt an folgenden Kriterien (die im Grunde mit den nutzerspezifisch ausgestatteten Villen durchaus vergleichbar erscheinen):

- Es handelt sich mehrheitlich um eigen genutzte Gebäude, die speziell den Bedürfnissen der Nutzer (z. B. Schulgebäude den Bedürfnissen der Kinder und Lehrer) angepasst sind.
- Es kommt nicht auf den Ertrag (sondern auf die Eignung für die zu erbringende öffentliche Leistung) an.
- Es existiert kein ausreichender Markt, aus dem entweder Vergleichswerte oder wenigstens Mieterträge objektivierbar abgeleitet werden könnten.

Vor diesem Hintergrund kann nach unserer Einschätzung für den Großteil der **spezifisch auf öffentliche Zwecke ausgerichteten Gebäude** wie

- Schulen
- Kindergärten,
- Feuerwehrgebäude
- Theatergebäude
- Bibliotheken
- spezielle bzw. historische Rathäuser
- Zooanlagen

---

[78] Vgl. Kleiber in: Kleiber/Simon/Weyers (2002) S. 1291 m. w. N.; Sommer/Piehler (2003) Gruppe 3.1.

- Hallen- und Freibäder
- kommunalspezifische Stadthallen
- universitätsspezifische Hörsaalgebäude

meist nur das Sachwertverfahren sachgerecht angewendet werden.

Allerdings gilt dies bei **Verwaltungsgebäuden** nur eingeschränkt. In dem Umfang, in dem es sich um ein austauschbares Verwaltungsgebäude und nicht um ein speziell auf die Bedürfnisse der Kommune zugeschnittenes Rathaus handelt, kann das Ertragswertverfahren mit marktbezogenen Rohmieten bzw. Liegenschaftszinssätzen durchgeführt werden. Für diese öffentlichen Immobilien sollte u. E. – sofern eine präzise Zeitwert- bzw. Verkehrswertermittlung gewünscht wird – zumindest parallel auch eine Ertragswertkalkulation (z. B. anhand vergleichbarer gewerblicher Verwaltungsgebäude) erfolgen.

Die im nordrhein-westfälischen Regelungstext vorgesehene Festlegung auf das Sachwertverfahren kann insoweit eine klarstellende und vereinfachende Wirkung besitzen. Mittlerweile schreiben auch die Bundesländer Rheinland-Pfalz und Saarland explizit vereinfachte Formen des Sachwertverfahrens auf Basis der aktuellen Normalherstellungskosten vor.[79]

Wenn hingegen die baurechtliche Bewertungsliteratur eine Ermittlung von Ertragswerten selbst für **Schulen** anregt, dann kann dem hier nicht gefolgt werden (wir gehen auf das Problem der Immobilienbewertung kommunaler Schulen auch an dieser Stelle näher ein, weil die Schulgebäude in der kommunalen Eröffnungsbilanz meist einen der bedeutendsten Einzelposten ausmachen werden). Der Hinweis, für die Anwendung des Ertragswertverfahrens Schulmieten aus der Entgeltordnung eines städtischen Schulträgers (die Entgeltordnung gilt für Nebennutzungen durch Vereine usw.) ableiten zu wollen,[80] wird u. E. dem Wertermittlungsproblem eines kommunalen Schulgebäudes keinesfalls gerecht:

---

[79] Vgl. Rheinland-Pfalz (2006) § 5 Abs. 4; Saarland/Entwurf (2006a) § 3.
[80] So Kleiber, in: Kleiber/Simon/Weyers (2002) S. 1582 m. w. N.

Bewertung der öffentlichen Gebäude

- Die kommunalen Entgeltordnungen sind bislang regelmäßig nicht kostenrechnerisch fundiert; nach unseren Erfahrungen sind gerade die ersten Schulträger dabei, fundierte Kostenanalysen zu erstellen.[81]

- Die Entgeltordnungen der Schulträger berücksichtigen regelmäßig nicht sachgerecht den Charakter der Nebenleistung; es handelt sich bei der Zurverfügungstellung von Räumen in den schulfreien Zeiten – insbesondere von Turnhallen an Vereine – betriebswirtschaftlich um eine Form von Kuppelproduktion, deren Hauptleistung (Bereitstellung zu Schulzwecken) unentgeltlich erfolgt.

- Die für die Nebennutzungen festgesetzten Preise haben regelmäßig politischen Charakter und begünstigen die Nutzer (Vereine, Bürger) in sehr unterschiedlichem Umfang.

- Ertragswerte auf Basis dieser Nebennutzungen würden keinen ausreichenden Bezug zur vorhandenen Bausubstanz besitzen (Ertragswertermittlungen kommen u. E. nur in Frage, wenn hinreichende Vergleichswerte aus Privatschulen zur Verfügung stünden).

Gerade die **Bewältigung des im öffentlichen Bereich weit verbreiteten Instandhaltungsstaus** sowie die Einführung eines (u. E. dringend erforderlichen) ressourcenorientierten Immobilienmanagements setzt aber eine Ermittlung der Bausubstanz voraus, die zwangsläufig sachwertorientiert zu erfolgen hat. An dieser pragmatischen Stelle trifft unsere Argumentation übrigens wieder uneingeschränkt mit der baurechtlichen Fachliteratur zusammen.[82]

Vor diesem Hintergrund der großen Bedeutung des Instandhaltungsstaus in den öffentlichen Immobilien sollte das Sachwertverfahren nach unserer Auffassung gerade bei öffentlichen Spezialimmobilien weit reichend angewendet werden. Darüber hinaus kann nach unserer Einschätzung zusätzlich auch fast die gesamte sonstige öffentliche Infrastruktur analog zum baurechtlichen Sachwertverfahren bewertet werden.

---

[81] Vgl. hierzu die grundlegende betriebswirtschaftliche Analyse Dahlheim/Günther/Schill (2001).

[82] So interessanterweise auch Kleiber an anderer Stelle, wo er darauf verweist, dass bei einem großen Instandhaltungsstau das Ertragswertverfahren zum Sachwertverfahren „konvertiert"; vgl. Kleiber, in: Kleiber/Simon/Weyers (2002) S. 1739 f.

Präzise: Analogie zum öffentlichen Baurecht

Wir sprechen an dieser Stelle von einer Analogie[83] zum öffentlichen Baurecht. Dies hat folgende Ursachen:

Zum einen ist ein „Verkehrswert" bei den kommunalspezifischen Immobilien (z. B. Schulen, Straßen, Brücken) in dem engeren, veräußerungsorientierten Sinne des § 194 BauGB[84] **begrifflich** regelmäßig nicht denkbar. Zum anderen treffen im Themenkomplex der öffentlichen Eröffnungsbilanz mehrere, sehr verschiedene Fachgebiete zusammen:

- Die Verwaltungswissenschaft und -praxis – gewissermaßen als Mischung von öffentlichem Recht und öffentlicher Betriebswirtschaftslehre – sowie
- die ingenieurmäßig geprägte baurechtliche Lehre von der Ermittlung von Verkehrswerten.

Für Zwecke der öffentlichen Eröffnungsbilanzen erscheint uns eine krampfhafte Suche nach „Verkehrswerten" im Sinne der WertV (und damit eine Übernahme der komplizierten Hilfskonstruktionen dieses Fachgebiets) genauso wenig zielführend wie eine völlige Negierung der Erfahrungen des öffentlichen Baurechts. Sachgerecht erscheint demgegenüber der Begriff einer analogen bzw. erweiterten Anwendung des baurechtlichen Bewertungsverfahrens – insbesondere des Sachwertverfahrens – auf öffentliche Gebäude und Infrastruktur, die möglichst – ähnlich wie in Nordrhein-Westfalen geplant – durch den Verordnungsgeber rechtlich eindeutig abgesichert werden sollte.[85]

Anwendung des Sachwertverfahrens auch auf Straßen, Brücken und andere Infrastrukturbauwerke

Das an der vorhandenen Bausubstanz orientierte Sachwertverfahren stellt aber nicht nur eine praktikable und intersubjektiv nachprüfbare Bewertungsmethodik dar, sondern es entspricht auch der oben erarbeiteten Bewer-

---

[83] Vgl. ebenso bereits Bolsenkötter/Detemple/Marettek (2002a) S. 158.
[84] „Der Verkehrswert wird durch den Preis bestimmt, der in dem Zeitpunkt, auf den sich die Ermittlung bezieht, im gewöhnlichen Geschäftsverkehr nach den rechtlichen Gegebenheiten und tatsächlichen Eigenschaften, der sonstigen Beschaffenheit und der Lage des Grundstücks oder des sonstigen Gegenstands der Wertermittlung ohne Rücksicht auf ungewöhnliche oder persönliche Verhältnisse zu erzielen wäre" (§ 194 Baugesetzbuch i. d. F. vom 27.8.1997).
[85] Vgl. Nordrhein-Westfalen (2004) § 54 und § 55 GemHVO NRW.

tungskonzeption für nichtertragsorientiert verwendete öffentliche Vermögensgegenstände – man denke an das oben eingeführte Beispiel einer Straßenbrücke, die praktisch ohne Alternative rekonstruktions- bzw. ersatzbeschaffungsorientiert zu bewerten ist.

Wie unten näher gezeigt wird, dürfte mittlerweile die Anwendung des Sachwertverfahrens auf kommunalspezifische Gebäude und Infrastruktur weitgehend unstrittig sein. Wenn auch einzelne Alternativverfahren in der Literatur noch genannt werden[86], dominieren doch in der Praxis sachwertorientierte Verfahren. Während die KGSt bereits 1997 eine diesbezügliche Empfehlung ausgesprochen und das IDW 2001 ausführlich die entsprechende Anwendung der Bewertungsverfahren der WertV empfohlen hat, zeigen jetzt auch fast alle aktuellen Veröffentlichungen aus kommunalen Pilotprojekten eine Anwendung von sachwertorientierten Verfahren.[87] Aus unserer Sicht kommt es dabei jedoch – wie noch ausführlich zu erörtern sein wird – teilweise zur Anwendung veralteter sachwertorientierter Verfahren. Aus theoretischer Sicht darf wegen des fehlenden Verkehrswerts nicht vergessen werden, dass es sich präzise um eine **analoge bzw. erweiterte Anwendung des baurechtlichen Sachwertverfahrens auf vergleichbare Bewertungsprobleme der öffentlichen Infrastruktur** handelt. Hintergrund für diese Anwendbarkeit ist also das substanz- bzw. rekonstruktionsorientierte Bewertungskalkül des Sachwertverfahrens, das auf eine Wiederbeschaffung bzw. Wiederherstellung eines vergleichbaren Gebäudes (oder eben auch einer Straße bzw. Grünanlage) abstellt.

Zusammenfassend verdeutlicht Abb. 10 die Anwendungsbereiche der baurechtlichen Verfahren im **kommunalen Bereich**.

---

[86] Alternativ wird z. B. in NRW bei Gebäuden auch eine Indizierung von Anschaffungs- und Herstellungskosten (sofern vorhanden) für möglich gehalten, vgl. Modellprojekt (2003) S. 423.

[87] Vgl. bereits die Empfehlungen in KGSt (1997) S. 31 und S. 37; dann IDW (2001) S. 1409; für NRW Modellprojekt (2003) S. 425; für Hessen vgl. Körner/Meidel (2003) S. 46 ff. und 91 ff. Eine aktuelle Gegenüberstellung enthält die im Auftrag des IDW erstellte Studie: PwC (2003) S. 5 f.

Ertragswertverfahren i. d. R.	Sachwertverfahren i. d. R.	Vergleichswertverfahren i. d. R.
Büro- und Verwaltungsgebäude	Kindergärten, Schulen	Grund und Boden
Gewerbeimmobilien	Museen, Theater, Festhallen	Eigentumswohnungen
Mehrfamilienhäuser	Öffentliche Bereitschaftsdienste	

Abb. 10: Eignung der Bewertungsverfahren

Vollständige Inventur als Voraussetzung der Gebäudebewertung

Bevor jedoch eine derartige Anwendung von Bewertungsverfahren erfolgen kann, müssen die in der jeweiligen öffentlichen Körperschaft vorhandenen Immobilien erst einmal vollständig erfasst werden. Diese Aufgabe stellt regelmäßig selbst bei kleineren Kommunen eine durchaus nennenswerte Fleißarbeit dar. Aus Sicht des HGB handelt es sich um eine erstmalige Inventur von Vermögensgegenständen, die zum Anlagevermögen der Gebietskörperschaft gehören. Anlagevermögen bedeutet gemäß § 247 Abs. 1 HGB, dass die Vermögensgegenstände (hier die Gebäude) dazu bestimmt sind, dauernd dem Geschäftsbetrieb der Kommune zu dienen. Zu erfassen sind alle im wirtschaftlichen Eigentum der Kommune stehenden Vermögensgegenstände des Immobilienbereichs – egal, ob es sich um Gebäude, Grün- und Freiflächen, Forstflächen oder Ödland handelt. Aus praktischer Sicht lässt sich leicht vorstellen, dass viele Kommunen nicht ohne Weiteres alle Immobilien angeben können, die in ihrem wirtschaftlichen Eigentum stehen. Teilweise liegen nicht einmal alle Grundbuch- und Katasterauszüge vor, sodass entsprechende Nachforschungen anzustellen sind.

Schematisch lässt sich die Ermittlung des Mengengerüsts wie in Abb. 11 darstellen.[88]

Beschreibung	Rechengang
Katasterdaten/Erhebungsdaten	Liegenschaftsbestand/Liegenschaftskataster
Bereinigung/Erhebungsdaten	– Auf Betriebe/Gesellschaften entfallende Grundstücke/ Immobilien – Auf fremde Gebietskörperschaften entfallende Grundstücke/ Immobilien
Vermögensbestand	= Bilanzieller Endbestand

Abb. 11: Ermittlung des Mengengerüsts

---

[88] Vgl. Bolsenkötter/Detemple/Marettek (2002) S. 52 ff.

Ersterfassung des Immobilienbestandes

Häufig werden Komplexität und Schwierigkeitsgrad einer Inventur des kommunalen Immobilienvermögens und der hierfür erforderliche Aufwand unterschätzt. Erfahrungen aus der Bewertung großer Immobilienbestände besagen, dass die (erstmalige) Erstellung des hierfür erforderlichen Mengengerüstes bis zu 80 % der insgesamt anfallenden Kosten ausmachen kann, der eigentliche Bewertungsprozess aber bei Nutzung standardisierter Verfahren eine vergleichsweise nachrangige Bedeutung besitzt. Ursächlich hierfür sind vor allem folgende Problemstellungen:

- Einerseits müssen sämtliche der Kommune gehörenden Liegenschaften mit entsprechenden Grundbuchauszügen und Katasternachweisen erfasst werden sowie alle Baulichkeiten eindeutig einer Liegenschaft zugeordnet werden.

- Andererseits muss für alle Gebäudeteile die tatsächlich noch vorhandene Bausubstanz – insbesondere durch Feststellung vorhandener Baumängel sowie der geschätzten Restnutzungsdauer – erfasst werden, was ohne systematische und sachkundige Begehung alle Gebäudeteile nicht möglich ist.

4.1.2 Standardisierungen als Hilfsmittel zur praktikablen Erfassung und Bewertung

Grundsätzlich empfiehlt sich, zur effizienten Erfassung und Bewertung der öffentlichen Immobilien eine separate Projektorganisation mit der Schaffung klarer Verantwortlichkeiten. Zur Systematisierung der Erfassung und Bewertung sind alle wertrelevanten Merkmale standardisiert zu erfassen. Dieses Komplexitätsproblem wird in der Praxis meist durch **standardisierte Erfassungsbögen** gelöst.

Die Erhebung der Liegenschaftsmerkmale ist dabei auf wertbestimmende Daten zu konzentrieren, insbesondere

- Nutzungsart

- Bauausführung

- Herstellungsjahr

- Ausstattung

- Mengenangaben (Grundstücksfläche, BGF oder Flächenarten gemäß DIN 277)

Durch die Standardisierung wird verhindert, dass subjektive Momente der Inventurdurchführung in das Inventar einfließen sowie die Übersichtlichkeit und die Auswertbarkeit der Daten beeinträchtigt werden. Aus Gründen der Zeitersparnis ist es zugleich häufig zweckmäßig, die Erhebung weiterer Merkmale und Daten – z. B. für Zwecke der Optimierung der Immobilienbewirtschaftung (z. B. Reinigungsflächen) sowie für ökologische Fragestellungen – in die für Zwecke der Eröffnungsbilanz durchzuführende Erhebung zu integrieren.

Welche Instrumente stehen einer Kommune zur standardisierten Erfassung und Bewertung der Immobilien zur Verfügung?

Was ist zu tun, wenn nicht auf aktuelle Bewertungsgutachten zurückgegriffen werden kann,

- auch die Gutachterausschüsse die fehlenden Bewertungen nicht ohne Weiteres kostengünstig erstellen können und
- auch die Hochbaufachleute der Gebietskörperschaft noch kein erprobtes Bewertungsprogramm besitzen, mit dem sie hinreichende Erfahrungen gemacht haben?

Im Regelfall ist weiterhin zu berücksichtigen, dass sich derzeit nur die wenigsten Kommunen, Bundesländer, Universitäten oder anderen öffentlichen Körperschaften finanziell eine vollständige Bewertung durch externe Immobilienexperten leisten können.

Aufbauend auf den Erfahrungen aus umfangreichen Bewertungen großer Immobilienbestände der Vergangenheit können aber auch die Kommunen erprobte **standardisierte Erfassungs- und Bewertungsprogramme** nutzen, durch die die Erfassungs- und Bewertungskosten begrenzt werden können. Die in der Praxis vorhandenen Erfassungs- und Bewertungsprogramme können folgendermaßen systematisiert werden:

Auf Excel basierende Tools

Zum einen existiert im Handel eine Vielzahl von Bewertungsprogrammen, die auf **Tabellenkalkulationsprogrammen** wie **Microsoft Excel** basieren und die in der Lage sind, alle wesentlichen Parameter der einschlägigen Bewertungsverfahren der WertV hinreichend zu berücksichtigen. Vorteil dieser Anwendungen ist regelmäßig

- ihr geringer Preis,
- die einfache Anwendbarkeit sowie
- die teilweise sehr umfassenden Dokumentationen, die eine vergleichsweise leichte Anwendung auf einzelne Immobilienobjekte ermöglichen.

Diese Excel-Anwendungen können den erfahrenen Immobiliensachverständigen in seiner Bewertungsarbeit unterstützen und sind nach unserer Einschätzung vor allem bei Einzelbewertungen geeignet, wenn in einer Kommune also nur noch wenige einzelne Objekte bewertet werden sollen. Zur Verdeutlichung zeigen wir im Folgenden ein Zahlenbeispiel des Programms SIMULTAN® von Dr. Sommer und Partner. Dieses Programm wird zusammen mit einem besonders umfassenden und komfortabel ausgestatteten Textteil (Kommentar) im Buchhandel vertrieben. Die charakteristische Spezialität dieses Excel-basierten Programms ist die simultane Darstellung bzw. Berechnung nach Ertragswert- und Sachwertkriterien für ein und dasselbe Objekt parallel nebeneinander in einem Excel-Blatt (vgl. Abb. 12).[89]

---

[89] Vgl. die CD zum Loseblattwerk Sommer/Piehler (2003).

Grundlagen zur Gebäudebewertung

Ertragswertkalkulation:	
Rohertrag (EUR/J)	13.500
Verwaltungskosten (EUR/J)	473
Betriebskosten (EUR/J)	1.215
Mietausfallwagnis (EUR/J)	270
Instandhaltungskosten (EUR/J)	1.350
Bewirtschaftungskosten (EUR/J)	3.308
Reinertrag des Objekts (EUR/J)	10.193
Bodenwertanteil (EUR/J)	3.600
Reinertrag des Gebäudes (EUR)	6.593
Barwertfaktor	20,159
Gebäudeertragswert (EUR)	132.899
Vorderlandwert (EUR)	80.000
Hinterlandwert (EUR)	4.000
Wertkorrekturen (EUR)	-5.000
Ertragswert (EUR)	**211.899**
▶ (fiktiver) Liquidationswert (EUR)	216.899

SIMULTAN.XLS Version 3.1 © DR. SOMMER + PARTNER 2003

Sachwertkalkulation:	
fiktives Baujahr	1958
NHK 2000 (EUR/m²) zum Stichtag...	498,28
...nach regionaler Anpassung	523,20
...sowie nach Anpassung wegen Ortsgröße	575,52
...sowie nach sonstiger Anpassung	546,74
Herstellungskosten zum Stichtag (EUR)...	169.490
...zuzüglich besonderer Betriebseinrichtungen	169.490
Außenanlagen (EUR)	5.932
Baunebenkosten (EUR)	28.068
Herstellungskosten der baul. Anlagen (EUR)	203.490
Alterswertminderung (EUR)	-66.338
Baumängel und -schäden (EUR)	-20.000
Korrekturen (§ 25) vor Marktanpassung (EUR)	0
Wert der baulichen Anlagen (EUR)	117.152
Bodenwert (EUR)	84.000
vorläufiger Sachwert (EUR)	201.152
Marktanpassung (EUR)	20.115
Korrekturen (§ 25) nach Marktanpassung (EUR)	-5.000
Sachwert (EUR)	**216.267**

Abb. 12: Bewertung nach Ertrags- und Sachwertverfahren

Auf Datenbanken basierende Tools

Wenn größere Immobilienbestände erfasst und bewertet werden sollen, dann empfiehlt sich unseres Erachtens grundsätzlich eine Anwendung auf Basis von **Datenbanktechnologie** wie beispielsweise **Microsoft Access**. In der Benutzeroberfläche der Datenbank sollten alle standardisiert zu erfassenden Parameter der Bewertungsverfahren der WertV (also von Sachwert-, Ertragswert- und Vergleichswertverfahren) abgebildet und in einem Benutzerhandbuch ausführlich erklärt werden, um eine eindeutige Erfassung zu erleichtern. Aber auch mit Hilfe dieser Programme werden erfahrungsgemäß belastbare Bewertungsergebnisse bei größeren Immobilienbeständen in der Praxis nur dann erreicht, wenn entweder die entsprechende immobilienwirtschaftliche Erfahrung vorliegt oder/und entsprechende Schulungen, Kontroll- und Qualitätssicherungsmaßnahmen durch erfahrene Bewerter durchgeführt werden.

Wirtschaftsprüfungsgesellschaften und Ingenieurbüros haben zur Bewertung größerer Immobilienbestände große Bewertungssysteme mit den dazu gehörenden Erfassungsbögen entwickelt. Um belastbare und vergleichbare Bewertungsergebnisse zu erzielen, können jedoch die – teilweise mehr als 120 – verschiedenen Arten von Erfassungsbögen (bezogen auf unterschiedliche immobilienwirtschaftliche Fragestellungen) nicht einfach verteilt werden. Die standardisierten Erfassungsbögen werden vielmehr im Rahmen eines konkreten ingenieurmäßigen Beratungsprojekts zunächst nach den Bedürfnissen der jeweiligen Gebietskörperschaft entsprechend den dort interessierenden Fragestellungen ausgewählt und angepasst, um hierdurch eine wesentliche Beschleunigung des Bewertungsprozesses zu erreichen.

Begrenzung der von Externen durchgeführten Begehungen

So hat beispielsweise PricewaterhouseCoopers in ihrer immobilienwirtschaftlichen Fachabteilung das Erfassungs- und Bewertungssystem BESYS® mit den zugehörigen Erfassungsbögen entwickelt. Vor dem Hintergrund der finanziellen Engpässe in öffentlichen Körperschaften und der Tatsache, dass die Begehungen als zentraler Zeit- und Kostenfaktor einzuschätzen sind, hat PwC zudem ein **Coaching-Konzept** entwickelt, in dem

- das Erfassungs- und Bewertungssystem BESYS® unentgeltlich zur Verfügung gestellt wird,
- die zeitaufwändigen Erfassungsarbeiten – insbesondere die Begehungen – sowie die Bewertungen von den ortskundigen **Immobiliensachverständigen der Kommunen selbst durchgeführt** werden,
- PwC durch Projektkoordination, Schulungen, Erstellung eines auf die örtlichen Bedürfnisse zugeschnittenen Bewertungshandbuchs[90], Probebegehungen sowie andere Qualitätssicherungsmaßnahmen den Erfassungs- und Bewertungsprozess prüfend begleitet.

Die Erhebungsbögen existieren regelmäßig sowohl in einer Papierversion (zum manuellen Ausfüllen) als auch als Datenbank (nach der DV-technischen Erfassung); ein Beispiel zeigt Abb. 13. [91]

---

[90] Vgl. ausführlich z. B. Stadt Salzgitter/PwC (2003) S. 42 ff.
[91] Vgl. Stadt Salzgitter/PwC (2003) S. 50.

Grundlagen zur Gebäudebewertung

Abb. 13: Beispielmaske zur Erfassung von Immobiliendaten

4.1.3 Festlegung angemessener Nutzungsdauern

Schätzung der Restnutzungsdauern als ein Kernproblem der Immobilienbewertung

Die Schätzung der Gesamt- und Restnutzungsdauern stellt eine zentrale und auch anspruchsvolle Aufgabe bei der Immobilienbewertung dar; ihre Bilanzrelevanz ergibt sich einerseits für die Wertermittlung selbst zum Stichtag der Eröffnungsbilanz (§ 16 Abs. 3 WertV beim Ertragswertverfahren und § 23 WertV beim Sachwertverfahren) sowie andererseits aus der Wirkung für die Abschreibungshöhe in den Folgeabschlüssen. Die praktische Schwierigkeit der Schätzung erfordert im Regelfall nennenswerte immobilienwirtschaftliche Erfahrungen. Dies gilt gerade für öffentliche Objekte, die – wie beispielsweise eine mehrfach umgebaute und generalsanierte Schule mit dem ursprünglichen Baujahr 1903 – über mehrere Generationen genutzt werden.

Begriffliche Grundlagen der WertV

Nach § 16 Abs. 4 Satz 1 WertV ist als **Restnutzungsdauer eines Gebäudes** die Anzahl der Jahre anzusehen, in denen die baulichen Anlagen bei ordnungsgemäßer Unterhaltung und Bewirtschaftung voraussichtlich noch genutzt werden können. Durchgeführte Instandsetzungen, Modernisierungen oder unterlassene Instandhaltung oder andere Gegebenheiten können die Restnutzungsdauer verlängern oder verkürzen. In § 16 Abs. 4 Satz 2 WertV wird ergänzt, dass bei der Ermittlung der Restnutzungsdauer auch die allgemeinen Anforderungen an gesunde Wohn- und Arbeitsverhältnisse sowie an die Sicherheit der auf dem betroffenen Grundstück wohnenden bzw. arbeitenden Menschen zu berücksichtigen sind. Damit hängt die Restnutzungsdauer von folgenden **Faktoren** ab:

- ordnungsgemäßer Erhaltungszustand,
- voraussichtliche wirtschaftliche Nutzungsfähigkeit,
- gesunde Wohn- und Arbeitsverhältnisse sowie
- Sicherheit der wohnenden bzw. arbeitenden Menschen.

Gesamtnutzungsdauern

Die Wertminderung ist beim Sachwertverfahren als Verhältnis der Restnutzungsdauer zur Gesamtnutzungsdauer der baulichen Anlagen auszudrü-

Grundlagen zur Gebäudebewertung

cken.[92] Nach herrschender Meinung werden die anhand der vorgefundenen Bausubstanz geschätzte Restnutzungsdauer und die für die bauliche Anlage übliche wirtschaftliche Gesamtnutzungsdauer zugrunde gelegt. Nicht sachgerecht wäre es also, die Gesamt- oder Restnutzungsdauer insbesondere älterer Gebäude lediglich auf Basis des tatsächliches Baujahrs zu schätzen. Vielmehr wird in der Praxis nach Schätzung der wirtschaftlichen Restnutzungsdauer unter Zugrundelegung der üblichen wirtschaftlichen Gesamtnutzungsdauer ein fiktives Baujahr berechnet und dieses für die Ermittlung der Alterswertminderung zugrunde gelegt. So ist bei umfangreichen Modernisierungs- bzw. Sanierungsmaßnahmen beispielsweise eine Verlängerung der Restnutzungsdauer anzunehmen. Dies führt zu einer Verlängerung der Restnutzungsdauer bei gleich bleibender Gesamtnutzungsdauer und entspricht einer Verjüngung des Gebäudes durch Annahme eines fiktiven Baujahres[93].

Praxisbeispiel zur Nutzungsdauer: Schule

Das geschilderte Verfahren verdeutlichen wir an einem **Praxisbeispiel einer Schule**: Die städtische Schule mit dem ursprünglichen Baujahr 1903 ist 1935, 1962 und 1996 in wesentlichen Teilen grundsaniert worden. Zum Bewertungsstichtag 1.1.2005 schätzt der Gutachter eine voraussichtliche Restnutzungsdauer von 45 Jahren (also bis 2050). Unter Zugrundelegung einer erfahrungsgemäß bestehenden Gesamtnutzungsdauer der Schule von 80 Jahren errechnet sich ein fiktives Baujahr von 1970 (2050 minus 80 Jahre); die entsprechende Alterswertminderung beträgt bei linearer Berechnung 35/80 des Sachwerts (vgl. Abb. 14).

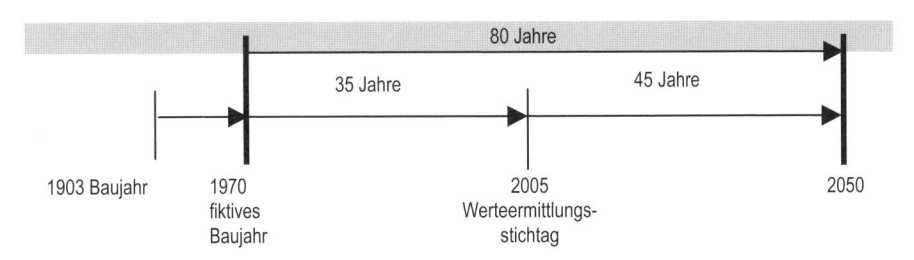

Abb. 14: Ermittlung der Alterswertminderung

---

[92] § 23 Abs. 1 Satz 1 WertV.
[93] Z. B. Kleiber, in: Kleiber/Simon/Weyers (2002) S. 1841 ff.

Als Überblick über die im öffentlichen Bereich charakteristischen Gebäudearten dient die Übersicht in Abb. 15 mit **durchschnittlichen Gesamtnutzungsdauern** und durchschnittlichem jährlichen Instandhaltungsbedarf. Bei den immobilienwirtschaftlichen Kennzahlen der Gesamtnutzungsdauer werden die Werte aus dem Baukostenkatalog Normalherstellungskosten 2000 (NHK 2000) ergänzt um eigene Erfahrungswerte von PricewaterhouseCoopers Real Estate und den Ansätzen der KGSt und des IDW gegenübergestellt:[94]

	Wirtschaftliche Gesamtnutzungsdauer (Jahre)			Instandhaltung p. a. (% der Zeitwerte)
	NHK 2000	KGSt B 1/1999	IDW ERS ÖFA 1	
Verwaltungsgebäude	50 – 80	80 – 100	max. 50	1,2
Betriebs-, Lager-, Feuerwehr- und Werkstattgebäude (massiv)	40 – 60	20 – 100	max. 50	1,0
Gebäude für Schulen, kulturelle und soziale Einrichtungen (massiv)	50 – 80	80 – 100	max. 50	1,3
Straßen, Plätze	15 – 40	10 – 60	20 – 50	–
Brücken, Tunnel (massiv)	80(– 100)	20 – 100	70 – 100	mind. 2
Sportanlagen, Spielplätze	20	10 – 25	–	–

Abb. 15: Vorschläge für Nutzungsdauerschätzungen

Im Hinblick auf die am Immobilienmarkt in den letzten Jahren zu beobachtenden Entwicklungen dürfte eine tendenziell eher kurze wirtschaftliche Nutzungsdauer angemessen sein[95]. Die o. g. Nutzungsdauern sind nur vertretbar, wenn langfristig Instandhaltungspläne vorhanden sind und auch um-

---

[94] Vgl. BMVBW (2000) S. 2630 für Verwaltungsgebäude (Typ 5) und S. 2636 für Schulen (Typ 13/14); Bolsenkötter/Detemple/Marettek (2002) S. 61.
[95] Zur Restnutzungsdauer vgl. Kleiber, in: Kleiber/Simon/Weyers (2002) S. 1508 ff.

gesetzt werden, da die planmäßigen Abschreibungen übliche Instandhaltungen unterstellen.

Unterschiedlich mögliche Wertverläufe

Nach § 23 Abs. 1 Satz 2 WertV kann zur Bemessung der Alterswertminderung – je nach Art und Nutzung der baulichen Anlagen – „von einer gleichmäßigen oder von einer mit zunehmendem Alter sich verändernden Wertminderung ausgegangen werden".

Auf den ersten Blick scheint eine derart offene Vorschrift der Willkür Tür und Tor zu öffnen. In der Praxis hat sich allerdings gezeigt, dass tatsächlich je nach Objekt sehr unterschiedliche Wertverläufe möglich erscheinen und sich auch theoretisch – z. B. in Abhängigkeit der Instandhaltungsintensität – begründen lassen. Neben dem im kommunalen Bereich häufig verwendeten linearen Verlauf der geschätzten Alterswertminderung kennt die Bewertungsliteratur noch progressive Verläufe (z. B. der häufig verwendete Verlauf nach Roß) und sogar degressive Verläufe (z. B. nach Vogels).[96]

Lineare Wertminderung als empfohlener Regelfall

Wir werden an dieser Stelle keine vertiefende Erörterung geben – schon deshalb, weil ein Großteil der kommunalen Fachliteratur[97] für öffentliche Gebäude pragmatisch lineare Abschreibungen empfiehlt (zumindest als Regelfall, schon aus Gründen der interkommunalen Vergleichbarkeit) – die nach unserer Einschätzung dann auch bei der Wertermittlung für Zwecke der Eröffnungsbilanz angesetzt werden sollten.

4.1.4 Berücksichtigung von baulichen und sonstigen Mängeln und des Instandhaltungsstaus

Egal ob ein Gebäude nach dem Sachwert- oder nach dem Ertragswertverfahren zu bewerten ist – in jedem Fall müssen festgestellte bauliche und sonstige Mängel bzw. ein Instandhaltungsstau bei der Bewertung nach der WertV einbezogen werden. Instandhaltungsstau bedeutet, dass an sich notwendige Instandhaltungen in der Vergangenheit unterlassen wurden. Unter Instand-

---

[96] Für einen allgemeinen Überblick vgl. Sommer/Piehler (2003) Gruppe 3.3 S. 23 ff.
[97] Vgl. Körner/Meidel (2003) S. 70; Lüder/Behm/Cordes (1998) S. 30; Lüder (1999) S. 59; Modellprojekt (2003) S. 117. Auch der Leittext der IMK stellt auf lineare Abschreibungen als Regelfall ab, vgl. IMK (2003b) § 46.

haltung werden diejenigen Maßnahmen verstanden, die während der wirtschaftlichen Nutzungsdauer zur Erhaltung des bestimmungsgemäßen Verbrauchs getätigt werden müssen, um die durch Abnutzung, Witterung oder Alterung entstehenden baulichen oder sonstigen Mängel ordnungsgemäß zu beseitigen.

Nach der Systematik der derzeitigen WertV[98] ist eine unterlassene Instandhaltung sowohl im Ertragswert- als auch im Sachwertverfahren vorrangig durch eine Verkürzung der Restnutzungsdauer zu berücksichtigen. Bei Anwendung des Ertragswertverfahrens können zusätzlich Abschläge nach § 19 WertV erfolgen; beim Sachwertverfahren besteht die Vorschrift des § 24 WertV, die Wertminderungen wegen Baumängeln und Bauschäden regelt. Die Wertminderung wegen Baumängeln und Bauschäden ist nach Erfahrungssätzen oder auf der Grundlage der für ihre Beseitigung erforderlichen (Instandsetzungs- bzw. Sanierungs-)Kosten zu bestimmen. In jedem Fall ist darauf zu achten, dass keine doppelte Erfassung der Mängel bzw. des Instandhaltungsstaus erfolgt.

Praktische Erfassung der baulichen und sonstigen Mängel

Für die Praxis ist es wichtig, die Erfassung der unterlassenen Instandhaltung bereits im Rahmen der Anlageninventur für die Eröffnungsbilanz gebäudebezogen zu organisieren.[99] Hierzu sollten im Rahmen der durchzuführenden Begehungen sachkundige Einschätzungen der baulichen und sonstigen Mängel angegeben und dokumentiert werden. Hierzu bietet sich beispielsweise im Rahmen des Erfassungs- und Bewertungssystems BESYS® die Kategorisierung in Abb. 16 an.

---

[98] Vgl. Kleiber/Simon, in: Kleiber/Simon/Weyers (2002) S. 1870 ff.
[99] Zum Folgenden vgl. Bolsenkötter/Detemple/Marettek (2002) S. 55 sowie Stadt Salzgitter/PwC (2003) S. 35 f.

Bauwerkszustand   Objekt Nr. ....

Lfd. Nr.	DIN 276	Bauwerksteil	A	B	C	D	E	I	II	III
	Ko.-Gr. 300	Bauwerk/Baukonstruktion								
1	322 bis 325	Gründung								
	326	Bauwerksabdichtungen								
2	331/335	Tragende Außenwände (Untergeschosse)								
	335	Außenwandbekleidungen – außen (Dichtungen-, Dämm-, Schutzschichten)								
3	331 bis 333	Tragende Außenwände (über Erdreich)								
	334	Außentüren und -fenster								
	336	Außenwandbekleidungen – innen								
	337	Elementierte Außenwände								
4	341 bis 345	Innenwände/Innenwandbekleidung								
	346	Elementierte Innenwände								
	349	Sonstige								
5	351	Deckenkonstruktionen								
	352/353	Deckenbeläge/Deckenbekleidungen								
	359	Sonstige								
6	361	Dachkonstruktionen								
	362	Dachfenster, Dachöffnungen								
	363/364	Dachbeläge/Dachbekleidungen								
	369	Sonstige								
	371/372	Baukonstruktive Einbauten / Allgemeine Einbauten/Besondere Einbauten								

Abb. 16: Vordruck für die Erhebung des Bauwerkszustandes (Auszug)

Für jede Kostengruppe nach DIN 276 wird der **Grad der bei der Begehung festgestellten Schädigung** in Stufen von A bis E eingetragen – bezogen also auf das jeweilige Bauwerksteil. Durch die Einstufungen I bis III kann die jeweilige zeitliche Dringlichkeit (welche Maßnahmen kurz-, mittel- oder langfristig durchzuführen sind) erfasst werden. Wie im niedersächsischen

Bewertung der öffentlichen Gebäude

Modellprojekt Salzgitter[100] wird teilweise aber auch in den Bewertungsprojekten abweichend nur eine Einstufung in sofort oder später durchgeführt (vgl. Abb. 17).

Microsoft Access - [I_Bogen]
Datei Bearbeiten Ansicht Einfügen Format Datensätze Extras Fenster ?

Stadt Salzgitter - Vermessungs- und Liegenschaftsamt

Erfassung von Immobiliendaten
Angaben zu den Gebäuden

Objektnummer: Sa.1300.001   Gebäudenummer: Gebäude 1

Detaillierte Angaben zum Reparaturstau (unterlassenen Instandhaltung) gemäß Kostengruppen DIN 276:

Kostengruppe	Zustand: A B C D E	Dringlichkeit: sofort später	Kosten (T€/KG)	Bemerkungen
310 Baugrube	o o o o o	o o	0,00	
320 Gründung	o o o o o	o o	0,00	
330 Außenwände	o o o o o	o o	0,00	
340 Innenwände	o o o o o	o o	0,00	
350 Decken	o o o o o	o o	0,00	
360 Dächer	o o o o o	o o	0,00	
370 Baukonstruktive Einbauten bes. Zweckbestimmung (Bauwerk)	o o o o o	o o	0,00	
410 Abwasser-, Wasser-, Gasanlagen	o o o o o	o o	0,00	
420 Wärmeversorgungsanlagen	o o o o o	o o	0,00	
430 Lufttechnische Anlagen	o o o o o	o o	0,00	
440 Starkstromanlagen	o o o o o	o o	0,00	
450 Fernmelde- und informationstechnische Anlagen	o o o o o	o o	0,00	
460 Förderanlagen: Aufzüge etc.	o o o o o	o o	0,00	
470 Nutzungsspezifische Anlagen (Technische Analgen)	o o o o o	o o	0,00	
480 Gebäudeautomation	o o o o o	o o	0,00	
490 Sonstige Maßnahmen für Techn. Anlagen	o o o o o	o o	0,00	
500 Außenanlagen	o o o o o	o o	0,00	

Pauschale Angaben zur Summe Reparaturstau (unterlassene Instandhaltung)   KG 300 - 400:   0,00

Sonstige Kosten: 0,00

Ergebnis Kosten für Reparaturstau/unterlassene Instandhaltung:

Reparaturstau gesamt (T€)   0,00   Bogen schließen

Abb. 17: Erfassung von Immobiliendaten[101]

---

[100] Vgl. Stadt Salzgitter/PwC (2003) S. 55.

In jedem Fall werden durch diese Kategorisierungen bereits konkrete Hinweise auf die absehbaren Zeitpunkte für notwendige Instandhaltungen bzw. Instandsetzungen transparent gemacht.

Bilanzielle Darstellung des Instandhaltungsstaus

Im Hinblick auf die **bilanzielle Abbildung** solcher auch als „unterlassene Instandhaltung" zu qualifizierenden Sachverhalte, die erfahrungsgemäß im öffentlichen Bereich häufig anzutreffen sind, existieren zwei grundsätzlich unterschiedliche Möglichkeiten:

1. Entweder der Instandhaltungsstau wird in der Eröffnungsbilanz im Rahmen des Sachwertverfahrens voll wertmindernd berücksichtigt (Kürzung der Aktiva). Diese **Netto-Bilanzierung** schlägt das IDW vor; auch die Länder Baden-Württemberg, Hessen und Saarland gehen diesen Weg, wenn sie Instandhaltungsrückstellungen nur in dem begrenzten Umfang des § 249 Abs. 1 HGB (bei Nachholung innerhalb von zwölf Monaten nach dem Abschlussstichtag) zulassen wollen.[102]
2. Oder der Instandhaltungsstau wird – wie im nordrhein-westfälischen Gesetzentwurf – als Rückstellung angesetzt, wenn die Nachholung der Instandhaltung hinreichend konkret beabsichtigt ist und die Instandhaltung als bisher unterlassen bewertet werden muss. Als zusätzliche Bedingung formuliert das nordrhein-westfälische NKF-Gesetz, dass die vorgesehenen Maßnahmen am Abschlussstichtag einzeln bestimmt und wertmäßig beziffert sein müssen.[103] Dabei handelt es sich um eine **Brutto-Bilanzierung**, bei der der Aktivwert ungekürzt bleibt (als ob die Instandhaltung schon nachgeholt wäre).

Eine mittlere Linie, die man als Bruttobilanzierung auf Zeit bezeichnen kann, verfolgen die Länder Niedersachsen und Rheinland-Pfalz; in diesen Ländern dürfen Rückstellungen gebildet werden, wenn die Instandhaltung **in**

---

[101] Legende: A = voll funktionsfähig – keine Reparaturen notwendig, B = Reparaturen teilweise notwendig, C = teilweise Instandsetzung notwendig, D = wesentliche Instandsetzung notwendig, E = vollständige Erneuerung notwendig.

[102] Vgl. IDW (2001) S. 1410f.; Baden-Württemberg/Entwurf (2005) § 41 Abs. 1 Nr. 3 GemHVO; Hessen (2006) § 39 Abs. 1 Nr. 4 GemHVO-Doppik; Saarland/Entwurf (2006) § 33 Abs. 1 Nr. 3 GemHVO. Für die Eröffnungsbilanz gilt im Saarland auch eine einmalige Drei-Jahres-Frist, vgl. Saarland/Entwurf (2006a) § 3 Abs. 4.

[103] Vgl. Nordrhein-Westfalen (2004) § 36 Abs. 3 GemHVO NRW; Vgl. interessanterweise ähnlich Brixner/Harms/Noe (2003) S. 272 (bezogen auf unterlassene Instandhaltungen bei Straßen).

den folgenden drei Jahren nachgeholt werden (Niedersachsen) bzw. wenn die Nachholung der Instandhaltung innerhalb der nächsten drei Jahre hinreichend konkret beabsichtigt ist (Rheinland-Pfalz). In beiden Ländern gilt außerdem die Anforderung, dass die Maßnahmen am Bilanzstichtag einzeln bestimmt und wertmäßig beziffert sein müssen.[104]

Nach unserer Auffassung haben sowohl die Netto- als auch die Bruttobilanzierung Vor- und Nachteile.

Für die Netto-Bilanzierung mit Vermeidung von (mittel- bis langfristigen) Instandhaltungsrückstellungen spricht – angesichts ihres Charakters als Aufwandsrückstellungen nach § 249 Abs. 2 HGB – u. a. die häufig angestrebte Vermeidung von Bilanzierungswahlrechten im Interesse der interkommunalen Vergleichbarkeit. Nachteil dieser Lösung ist allerdings, dass die unterlassenen Instandhaltungen früherer Zeiträume bei ihrer Nachholung erneut zu periodenfremden aufwandsmäßigen Belastungen bzw. zu Verzerrungen führen würden. Dieser ergebnisbelastende Effekt wird durch die Rückstellungsbildung (mit ungekürztem Brutto-Ausweis des Vermögens) vermieden, weil die Inanspruchnahme einer Rückstellung nach den Gesetzen der Doppik erfolgsneutral ist. Demgegenüber bleibt allerdings die Abschreibungsbasis beim Brutto-Ausweis ungekürzt, sodass die planmäßigen Abschreibungen entsprechend höher liegen.

Als psychologisch-politischer Hauptvorteil der nordrhein-westfälischen Lösung – die auch in Niedersachsen und Rheinland-Pfalz für die Drei-Jahresfrist gilt – kann vielleicht die **Sichtbarmachung des eigentlich bestehenden Handlungsbedarfs** gelten, bis die Instandhaltungsrückstellung sachgerecht abgearbeitet ist.[105]

In jedem Fall ist zu begrüßen, dass die vorliegenden Lösungen verlangen, dass

- die Nachholung der Instandhaltung hinreichend konkret beabsichtigt ist und

- die vorgesehenen Maßnahmen einzeln bestimmt und wertmäßig beziffert sind.

---

[104] Vgl. Niedersachsen (2005) § 43 Abs. 1 Nr. 3 i. V. m. Abs. 4 GemHKVO Nds; Rheinland-Pfalz (2006) § 36 Abs. 1 Nr. 5 GemHVO.

[105] Da es also um Psychologie geht, sollte die Bedeutung der Fachdiskussion im Übrigen auch insgesamt nicht überschätzt werden.

Wir empfehlen, dass eine derartige Rückstellung durch eine hinreichend konkrete Instandhaltungsplanung belegt sein sollte. Dies bedeutet, dass eine mittel- bis langfristige **integrierte Planungsrechnung** (Plan-Ergebnisrechnung, Plan-Finanzrechnung und Plan-Bilanzen, z. B. über fünf Jahre) erstellt wird. In ihr wird der der Sanierungsbedarf auf die Zeitachse gebracht, um zu zeigen, dass die Sanierungen in Anbetracht der finanziellen Lage der Gebietskörperschaft auch tatsächlich umgesetzt werden können. Nach unseren Erfahrungen kann durch eine derartige Planungsrechnung ein bedeutender Bewusstseinsbildungsprozess in den politischen Aufsichtsgremien entstehen. Damit kann der Tendenz, zu Lasten künftiger Generationen die an sich notwendigen Instandhaltungen zu unterlassen, entgegengewirkt werden.

4.2 Vergleichswertverfahren

Anwendungsbereiche

Das Vergleichswertverfahren wird nach herrschender Auffassung vor allem bei unbebauten Grundstücken, als Teil des Sachwert- und Ertragswertverfahrens (Ermittlung des Bodenwerts bei bebauten Grundstücken) sowie bei weitgehend typisierten Gebäuden (u. a. Einfamilien-Reihenhäuser, Eigentumswohnungen, Garagen) angewendet. Im Folgenden erläutern wir schwerpunktmäßig die Ermittlung von Bodenwerten nach dem Vergleichswertverfahren, wie es zur Bewertung von unbebauten Grundstücken sowie bei bebauten Grundstücken als Teil des Sachwert- und Ertragswertverfahrens durchzuführen ist.

Ermittlung der Bodenwerte

Der **Wert des Grund und Bodens** (Bodenwert) ist nach herrschender Meinung grundsätzlich nach dem Vergleichswertverfahren zu ermitteln. Gem. § 13 Abs. 1 WertV sind dafür Kaufpreise vergleichbarer Grundstücke heranzuziehen. Daneben oder anstelle dieses unmittelbaren Preisvergleichs können gem. § 13 Abs. 2 Satz 1 WertV auch geeignete Bodenrichtwerte zugrunde gelegt werden, die von Gutachterausschüssen gem. § 193 Abs. 3 BauGB auf der Grundlage von Kaufpreissammlungen ermittelt werden. Insoweit spricht man vom mittelbaren Preisvergleich.[106] Bodenrichtwerte sind nach § 196 BauGB durchschnittliche Lagewerte für den Boden unter Berücksichtigung des unterschiedlichen Entwicklungszustandes. Sie sind gem. § 13

---

[106] Vgl. Kleiber in: Kleiber/Simon/Weyers (2002) S. 1024.

Abs. 2 Satz 2 WertV geeignet, wenn sie entsprechend den örtlichen Verhältnissen unter Berücksichtigung von Lage und Entwicklungszustand gegliedert und nach Art und Maß der baulichen Nutzung, Erschließungszustand und jeweils vorherrschender Grundstücksgestalt hinreichend bestimmt sind. Ausschlaggebend für die Anwendbarkeit von Kaufpreisen oder Bodenrichtwerten ist die Vergleichbarkeit der zu bewertenden Grundstücke mit den herangezogenen Kaufpreisen oder Bodenrichtwerten, insbesondere hinsichtlich der Nutzungsart und der Nutzungsmöglichkeiten.

Zu- und Abschläge nach § 14 WertV

Im Regelfall können Kaufpreise von Vergleichsgrundstücken oder Bodenrichtwerten nicht unmittelbar auf das zu bewertende Grundstück übertragen werden. Dies liegt daran, dass die verschiedenen wertbeeinflussenden Merkmale bzw. Eigenschaften der Grundstücke nicht vollständig übereinstimmen, was regelmäßig ein komplexes Beurteilungsproblem darstellt, das mit Erfahrung und Ortskenntnis zu lösen ist. § 14 WertV regelt, dass die verschiedenen Abweichungen vom Vergleichsmaßstab „durch Zu- und Abschläge oder in anderer geeigneter Weise zu berücksichtigen" sind.

Zu den wertbeeinflussenden Merkmalen können insbesondere gehören:[107]

- die Ortslage des Grundstücks (Kerngebiet, Randgebiet, Einzugsgebiet)
- die auf ihm ruhenden Rechte und Lasten
- die Art der baulichen Nutzung (Wohngebiet, Gewerbegebiet, gemischte Nutzung usw.)
- das Maß der baulichen Nutzung (bebaubare Fläche, ein-/mehrgeschossige Bauweise)
- Grundstückslage (Baulücke, Eckgrundstück usw.)
- Grundstückszuschnitt und -größe
- der Erschließungszustand
- die Bodenbeschaffenheit (Gefälle, Baugrund)
- die Umgebungsinfrastruktur

---

[107] Vgl. Sommer/Piehler (2003) Gruppe 3.2 S. 3 ff.; Bolsenkötter/Detemple/Marettek (2002) S. 57.

- die demografische Struktur der Umgebung
- eventuelle Nutzungen durch Telekommunikationsanlagen
- eventuelle Wertminderungen aus der Belastung der Grundstücke durch wirtschaftlich/technisch verbrauchte Substanz, aus einem Abbruchgebot oder anderen behördlichen Auflagen (z. B. Denkmalschutz)

Außerdem ist natürlich die **zeitliche Aktualität** der Vergleichsgrundstücke bzw. Bodenrichtwerte von entscheidender Bedeutung: § 14 Satz 2 und 3 WertV regelt hierzu, dass Indexreihen und Umrechnungskoeffizienten herangezogen werden sollen. Hierzu ein Rechenbeispiel, das auch den grundsätzlichen Umgang mit den Indexreihen verdeutlichen soll:[108]

Stichtage	Bodenrichtwert: 31.12.2000	Wertermittlung: 1.3.2002
Indizes (Basis =1985)	182,1	195,2
Werte	102,26 TEUR	109,62 TEUR
Rechenschritte		= 102,26 x 195,2 : 182,1

Zu ergänzen ist, dass Indizes bei Bodenrichtwerten nur in sehr geringem Umfang zur Verfügung stehen und nur der Überbrückung einzelner Jahre dienen (ganz anders als bei Baukostenindizes für die Gebäudebewertung, für die seit Jahrzehnten Daten zur Verfügung stehen).

Das Sonderproblem der Gemeinbedarfsflächen

Gemeinbedarfsflächen sind nach der begrifflichen Prägung durch das Bundesverfassungsgericht Grundstücke, die durch eine dauerhafte Zweckbindung **privatwirtschaftlichem Gewinnstreben entzogen** sind[109] – im kommunalen Bereich z. B. alle Grundstücke, auf denen sich **öffentliche Straßen, Wege und Plätze** befinden. Aber auch die Grundstücke, auf denen sich Schulen, Rathäuser, Sportanlagen usw. befinden, gehören dazu.

Derartige, öffentlichen Zwecken gewidmete Grundstücke sind regelmäßig nicht im gewöhnlichen Geschäftsverkehr veräußerlich und haben deshalb im Regelfall keinen Verkehrswert im Sinne der Definition von § 194 BauGB.[110] Um dennoch zu Werten zu kommen, verwendet die aus dem Entschädi-

---

[108] Vgl. Sommer/Piehler (2003) Gruppe 3.2 S. 4.
[109] Vgl. Kleiber, in: Kleiber/Simon/Weyers (2002) S. 736 f.
[110] Vgl. oben Fn. 76.

gungsrecht entstandene immobilienspezifische Bewertungsliteratur bei Gemeinbedarfsflächen so genannte **Hilfskonstruktionen**, um unter Berücksichtigung aller Umstände dennoch Werte ableiten zu können; dabei wird unter anderem auf das künftige Schicksal des Grundstücks abgestellt (und eine Unterscheidung von künftigem, bleibendem und abgehendem Gemeinbedarf eingeführt).[111] Insoweit wird bislang i. d. R. also nicht das Vergleichswertverfahren angewendet, sondern es wird auf den Einzelfall abgestellt und unter anderem geprüft, inwieweit eine Ersatzbeschaffung geboten ist (und der Wert beispielsweise von dem Verkehrswert des zu ersetzenden Grundstücks abgeleitet). Wir verzichten hier auf eine ausführliche Darstellung dieser entschädigungsorientierten Bewertungsgrundsätze, weil sie für den kommunalen Praktiker nach unserer Einschätzung ohne größere Bedeutung sein dürften.

Lediglich eine Vorschrift der entschädigungsorientierten Quellen sei hier zitiert, weil sie schon zu der pragmatischen Lösung führt: Gemäß WertR 2002[112] bemisst sich der Wert einer bleibenden Gemeinbedarfsfläche nach dem Entwicklungsstand, der sich im Falle des ersatzlosen Wegfalls der bisherigen öffentlichen Zweckbindung (z. B. militärische Nutzung) auf Grund der allgemeinen Situationsgebundenheit (Umgebungssituation einschließlich Planungsrechte, Lage, Erschließungszustand, Verkehrsanbindung, wirtschaftlich und städtebaulich sich aufdrängende Nutzbarkeit baulicher Anlagen) für das Grundstück ergeben würde. Nach unserer Auffassung führt diese Vorschrift bereits in die Richtung, wie Wertansätze gefunden werden sollten. Hierbei werden regelmäßig **Vergleiche zur (privaten) Umgebungssituation** angestellt und hieraus – meist unter Ansatz von Abschlägen für die andauernde öffentliche Nutzung – Bodenwerte abgeleitet. In den jeweiligen Bewertungsprojekten wird regelmäßig Kontakt zu dem jeweiligen Gutachterausschuss gesucht, um den Abschlag konsensorientiert festlegen zu können. Die Gutachterausschüsse verwenden regelmäßig **Abschläge für bleibende Gemeinbedarfsflächen von etwa 60 bis 80 % des Bodenrichtwertes**. Diese Abschläge führen betragsmäßig überwiegend zu Bodenwerten in Höhe von Bauerwartungslandflächen. Wie im übrigen Vergleichswertverfahren auch sind weitere Abschläge für

- mögliche Belastungen im Grundbuch,

---

[111] Vgl. Kleiber, in: Kleiber/Simon/Weyers (2002) S. 736 ff.; Sommer/Piehler (2003) Gruppe 3.2 S. 25 ff.; WertR 2002 Ziff. 5.1.
[112] Vgl. oben Fn. 77.

- Eintragungen im Baulastenverzeichnis sowie
- Einstufungen in Altlastenverdachtskatastern

zu prüfen und ggf. vorzunehmen.

Insoweit ergibt sich nach unserer Einschätzung eine Parallele zur erweiterten, analogen Anwendung des Sachwertverfahrens auf öffentliche Baulichkeiten: ebenso kann hinsichtlich des baurechtlichen **Vergleichswertverfahrens** von einer analogen bzw. erweiterten Anwendbarkeit gesprochen werden. Dies gilt in der Praxis vor allem für die Ermittlung von Bodenwerten für öffentliche Schulen, Rathäuser usw., die also – abgesehen von den Abschlägen wegen Gemeinbedarf – genauso bewertet werden, wie die benachbarten privaten Objekte. Insbesondere im Bereich der Straßen und Plätze sollten allerdings wesentliche Vereinfachungen vorgenommen werden, auf die weiter unten[113] im Einzelnen eingegangen wird.

Die Situation in Baden-Württemberg

Da für Baden-Württemberg bislang hauptsächlich die Dokumentation über die Pilotkommune **Wiesloch** vorliegt, müssen wir uns im Wesentlichen auf diesen Ort beschränken. In Wiesloch wurde bekanntlich die von Lüder entwickelte Vermögensspaltung in Verwaltungsvermögen und realisierbares Vermögen umgesetzt. Im Einzelnen wurden[114]

- die Grundstücke des realisierbaren Vermögens auf Basis der vom Gutachterausschuss ermittelten durchschnittlichen Kaufpreise der jeweiligen Baugebiete bewertet,
- die Grundstücke des Verwaltungsvermögens auf Basis von historischen Anschaffungswerten bewertet, soweit diese ermittelbar waren, sowie
- der Altbestand an Grundstücken des Verwaltungsvermögens zwar mengenmäßig erfasst, aber bei der Bewertung nicht berücksichtigt.

Zumindest die zuletzt genannte Nichtbewertung des Altbestandes erscheint aus Sicht der Vollständigkeit und Aussagefähigkeit der Eröffnungsbilanz unbefriedigend.

---

[113] Kapitel 6.2 (S. 163 ff.).
[114] Vgl. Lüder/Behm/Cordes (1998) S. 42 f.

Als weitere baden-württembergische Kommune liegen einzelne Daten über die Bodenbewertung der Stadt **Heidelberg** vor:[115] Hierbei wird grundsätzlich der örtliche Verkehrswert nach Maßgabe der baurechtlichen Nutzungsmöglichkeiten oder der Bodenrichtwert des Gutachterausschusses angesetzt (ohne Abschlag für Gemeinbedarfsflächen) mit folgender Differenzierung:

- für vor 1974 angeschaffte Flächen der Wert aus 1974 und
- für danach angeschaffte Flächen der jeweilige Jahreswert.

Diese Differenzierung soll offenbar der in Teilen von Baden-Württemberg 1974 durchgeführten Bewertung gerecht werden. Diese Differenzierung 1974 und danach zieht sich auch durch den **baden-württembergischen Regelungsentwurf zur doppischen GemHVO** – der im Übrigen vor allem eine Orientierung an Anschaffungswerten bzw. an Erfahrungswerten festlegt. In diesem Entwurf werden nur für Straßenland, Grün- und Forstflächen konkrete Werte bzw. Bewertungsmethoden (nicht aber für den übrigen Grund und Boden) genannt.[116]

Die Situation in Hessen

Auch die hessischen Sondervorschriften zur Erstellung einer Eröffnungsbilanz[117] verlangen eine Bewertung zum Bodenrichtwert, wobei wesentliche Nutzungs-, Verfügungs- und Verwertungsbeschränkungen wertmindernd berücksichtigt werden sollen.

Für die Modellkommunen

- Lahn-Dill-Kreis,
- Landkreis Darmstadt Dieburg und
- Stadt Dreieich

stellen Körner/Meidel ausführlich den jeweiligen **Einsatz des Vergleichswertverfahrens** vor; u. a. wird der Grund und Boden eines Kindergartens aus dem Bodenrichtwert des benachbarten Gewerbegebiets abgeleitet:[118]

---

[115] Vgl. PwC (2003) S. 13 ff.
[116] Vgl. Baden-Württemberg/Entwurf (2005) § 62 GemHVO. Hierauf gehen wir weiter unten (S. 137 ff.) ausführlich ein.
[117] Hessisches Ministerium der Finanzen (2004) Anlage 4, Ziffer 7.
[118] Vgl. Körner/Meidel (2003) S. 59 f.

Anschaffungszeitpunkt	vor 1993 (Jahr nicht mehr ermittelbar)		
Art der baulichen Nutzung	Fläche in m²	Bodenrichtwert in EUR pro m²	Grundstückswert in EUR
Gewerbegebiet	1.952	153	298.656
Bodenwert			298.656

Zur Verdeutlichung sei auch noch das Bodenrichtwertkataster der Stadt Dreieich in Abb. 18 abgebildet, aus dem der Bodenrichtwert für das Gewerbegebiet (153 EUR pro m²) entnommen wurde.[119]

Interessanterweise werden – trotz der grundsätzlichen Orientierung des Landes Hessen an Anschaffungs- und Herstellungskosten – regelmäßig recht **aktuelle Bodenrichtwerte** für Zwecke der Eröffnungsbilanz verwendet: im Beispiel waren es die aus 1993, dabei waren Anschaffungsjahr und -kosten nicht ermittelbar. Hierzu verweisen Körner/Meidel (u. E. zutreffend) auf die fehlenden allgemeinen Preisindizes für Grundstücke.[120] Dies bedeutet offenbar, dass in Hessen die Gebäude zwar zu (ggf. fiktiven) historischen Anschaffungs- und Herstellungskosten abgebildet werden sollen, während für den Grund und Boden zeitnähere Werte in die Eröffnungsbilanzen eingestellt werden.

---

[119] Vgl. Körner/Meidel (2003) S. 60.
[120] Vgl. Körner/Meidel (2003) S. 59 Fn. 65; Neues Kommunales Rechnungs- und Steuerungssystem (2005) S. 174.

Bewertung der öffentlichen Gebäude

Index Gemarkung Sprendlingen 756							
Bodenrichtwerte für Bauland							
	Kenn-zeich-nung	Ende 2001 in EUR pro m² unbebaut	Ende 2001 in EUR pro m² bebaut	Ende 1993 in EUR pro m² unbebaut	Ende 1993 in EUR pro m² bebaut	Grund-stücks-größe m²	GFZ 2001
Wohnbau-flächen	W 1	410	396	307	205	400 – 700	0,6
	W 2	430	387	409	307	300 – 700	0,7
	W 3	400	360	230	230	250 – 650	0,7
	W 4	400	360		230	200 – 400	0,6
	W 5	450	405		307	600 – 1000	0,5
gemischte Bauflächen	M	390	351	230	230		0,7
	M1	500	450				1,0
gewerbliche Bauflächen	G1	300	270	230	205		
	G2	190	171	153	153		
	G2*	140	erschließungsbeitragspflichtig				
	G3	300	270	153	**153**		
Bodenrichtwerte für Nichtbauland							
	Kenn-zeich-nung	Ende 2001 in EUR pro m² unbebaut	Ende 2001 in EUR pro m² bebaut	Ende 1993 in EUR pro m² unbebaut	Ende 1993 in EUR pro m² bebaut	Grund-stücks-größe m²	GFZ 2001
Landwi. Flächen	LW	6				EB – Wert 5 EUR	
Forstflächen	FO	2,50				EB – Wert 1,50 EUR	
Gartenland		25					

Abb. 18: Auszug aus Bodenrichtwertkataster

Außerdem ist festzustellen, dass in Hessen offenbar keine Abschläge für Gemeinbedarfsflächen berechnet werden, wie wir es oben in Anlehnung an baurechtliche Grundsätze vorgeschlagen haben.

Die Situation in Niedersachsen

Die Situation in Niedersachsen ist dadurch gekennzeichnet,

- dass in Niedersachsen einerseits der Gesetzgebungsprozess – abgesehen von Nordrhein-Westfalen und Hessen – am weitesten fortgeschritten ist (sowohl eine doppische Gemeindeordnung als auch eine doppische GemHKVO sind in Kraft gesetzt),

- dass andererseits jedoch kaum differenzierte Sondervorschriften zur Bewertung in der Eröffnungsbilanz vorliegen,
- zusätzlich zu den knappen Formulierungen in § 60 GemHKVO besteht nur das kurze Protokoll der Arbeitsgruppe Inventurvereinfachung.[121]

Trotzdem existieren in Niedersachsen – zusätzlich zu den Piloten in Uelzen und Salzgitter – bereits zahlreiche weitere Kommunen, die unterschiedlich weit im Umstellungsprozess sind.

Bezogen auf die Problematik der **Bodenwerte** ist in § 60 Abs. 6 GemHKVO festgelegt, dass der Bodenwertanteil für Grundstücke, die vor dem Jahr 2000 erworben wurden – im Ergebnis ähnlich wie in Hessen – auch mit einem Zeitwert angesetzt werden können, der sich an dem für das Jahr 2000 geltenden Bodenrichtwert orientiert, wenn die Ermittlung von Anschaffungskosten unvertretbar wäre. Das Protokoll der Arbeitsgruppe Inventurvereinfachung verweist ergänzend hierzu ausdrücklich auf das Vergleichswertverfahren und legt konkrete Werte für einzelne Sonderflächen fest.[122]

Die Situation in Nordrhein-Westfalen

Der Grund und Boden ist gemäß § 55 Abs. 1 Satz 4 GemHVO[123] mit **25 bis 40 % des aktuellen Wertes des umgebenden erschlossenen Baulandes** in der bestehenden örtlichen Lage anzusetzen. Insoweit ergibt sich eine sehr ähnliche Problemlösung wie die oben von der baurechtlichen Fachliteratur vorgeschlagenen **Abschläge von 60 bis 80 % wegen Gemeinbedarf**. Das Modellprojekt verweist zur Bewertung von Grund und Boden auf die zweckmäßigerweise anzustrebende Zusammenarbeit mit dem Gutachterausschuss bzw. der kommunalen Bewertungsstelle.[124]

Insgesamt ergeben sich durch die konsequente Orientierung des Landes Nordrhein-Westfalen an der Neubewertung nach den baurechtlichen Grundsätzen (vorsichtige Zeitwerte) nach unserer Einschätzung keine grundsätzlichen Besonderheiten zu der oben dargestellten allgemeinen Anwendung des Vergleichswertverfahrens.

---

[121] Vgl. Niedersachsen (2005) § 60 GemHKVO Nds; Arbeitsgruppe Inventurvereinfachung (2004).
[122] Vgl. Arbeitsgruppe Inventurvereinfachung (2004) S. 4 f.
[123] Vgl. Nordrhein-Westfalen (2004).
[124] Vgl. Modellprojekt (2003) S. 410 f.

Die Situation in Rheinland-Pfalz

Demgegenüber ist die Bewertung des Grund und Bodens in Rheinland-Pfalz grundsätzlich anders als in Hessen und Nordrhein-Westfalen konzipiert. Aus § 5 Abs. 4 Nr. 2 Bewertungsrichtlinie (Entwurf) ergibt sich, dass die vollen Bodenrichtwerte (also ohne Gemeinbedarfsabschlag) auf den Zeitpunkt der Anschaffung der Grundstücke **zurückzuindizieren** sind, längstens jedoch bis auf das Jahr 1975 (sofern keine Erfahrungswerte aus dem An- bzw. Verkauf vergleichbarer Grundstücke vorliegen).[125]

Die Rückindizierung des Bodenwerts ist in der Praxis der Immobilienbewertung grundsätzlich nicht üblich und wird aus methodischer Sicht meist kritisiert, weil zur Wertentwicklung der Bodenpreise kaum verlässliche Indizes vorliegen; der Index zur Entwicklung der Baukostenpreise wird jedenfalls der Wertermittlung der Bodenpreise im Regelfall nicht gerecht.[126] Das Land Rheinland-Pfalz bewegt sich insoweit auf einem absoluten Sonderweg. Dabei darf allerdings nicht übersehen werden, dass die Rückindizierung bei Grundstücken, die sich länger im Eigentum der Kommune befinden, wertmäßig durchaus zu ähnlichen Ergebnissen führt, wie die pauschalen Abschläge wegen Gemeinbedarfs.

Die Situation im Saarland

Gemäß der saarländischen Sonderrichtlinien[127] zur Bewertung in der Eröffnungsbilanz (Entwurf) sind demgegenüber gemäß der Praxis der Gutachterausschüsse (wie in Nordrhein-Westfalen) Abschläge auf die ortsüblichen Bodenrichtwerte vorzunehmen, sofern **bleibender Gemeinbedarf** vorliegt. Bei Gebäuden, die auf Dauer Zwecken des Gemeinbedarfs dienen, wird vereinfachend ein Abschlag von 50 % des Bodenrichtwerts berechnet. Im Übrigen werden unterschiedliche Gemeinbedarfsabschläge von 50 % bei Sportplätzen und 90 % bei Friedhöfen und öffentlichen Straßen vereinfachend angegeben.

Im Ergebnis gibt es leider gerade im Bereich der Bodenbewertung so viele **grundsätzliche konzeptionelle Unterschiede zwischen den Bundesländern**, dass landesübergreifende Vergleiche über das vorhandene Bodenver-

---

[125] Vgl. Rheinland-Pfalz/Entwurf (2006) § 5 Abs. 4 Ziffer 2m.
[126] Vgl. z. B. Körner/Meidel (2003) S. 59 Fn. 65.
[127] Vgl. Saarland/Entwurf (2006a) §§ 2, 3 Abs. 3 und 4.

mögen nachdrücklich erschwert werden. Dies ist nach unserer Einschätzung vor allem deshalb unerfreulich, weil die hierdurch entstehenden Verzerrungen (bei länderübergreifenden Vergleichen) in den nächsten Jahrzehnten auch nicht so schnell wie bei den Gebäuden durch tatsächliche Transaktionen nivelliert werden dürften.

4.3 Ertragswertverfahren

4.3.1 Überblick über das Ertragswertverfahren

Baurechtliches Barwertkalkül

Das baurechtliche Ertragswertverfahren, das in §§ 15 bis 20 WertV geregelt wird, geht von nachhaltig erzielbaren Nutzungserlösen je Bezugseinheit aus und ermittelt zunächst den nachhaltig erzielbaren **Rohertrag.** Aus dem Rohertrag wird dann durch Abzug der nachhaltig anfallenden Bewirtschaftungskosten der Reinertrag errechnet. Sowohl Rohertrag als auch Bewirtschaftungskosten werden im Regelfall auf Jahresbasis ermittelt.

Anwendungsbereich

Das **Ertragswertverfahren** wird – wie oben bereits erläutert – vorrangig benutzt, sofern der nachhaltig erzielbare Ertrag für die Werteinschätzung am Markt im Vordergrund steht. In kommunalen Eröffnungsbilanzen kommen vor allem Mietshäuser und teilweise Verwaltungsgebäude und ggf. noch Kindergärten in Frage, sofern sich Rohmieten und Liegenschaftszinssätze aus der Marktanalyse ableiten lassen.

Zusammenfassendes Schaubild

Die Ertragswertberechnung verdeutlicht zusammenfassend Abb. 19.

```
Rohertrag
./. nicht umlagefähige Bewirtschaftungskosten
 = Reinertrag
┌─./. Bodenwertanteil (= Bodenwert x Liegenschaftszins)
│  = Gebäudewertanteil ──────────┐
▼                                ▼
Bodenwertanteil              Gebäudewertanteil
x Vervielfältiger            x Vervielfältiger (aus RND, Liegenschaftszins)
= Bodenwert                  = Gebäudeertragswert
│                            ./. Wertminderung wegen Baumängel u. Ä.
│                            = Gebäudewert
└──────────────────────────► + Bodenwert
                             = Ertragswert
```

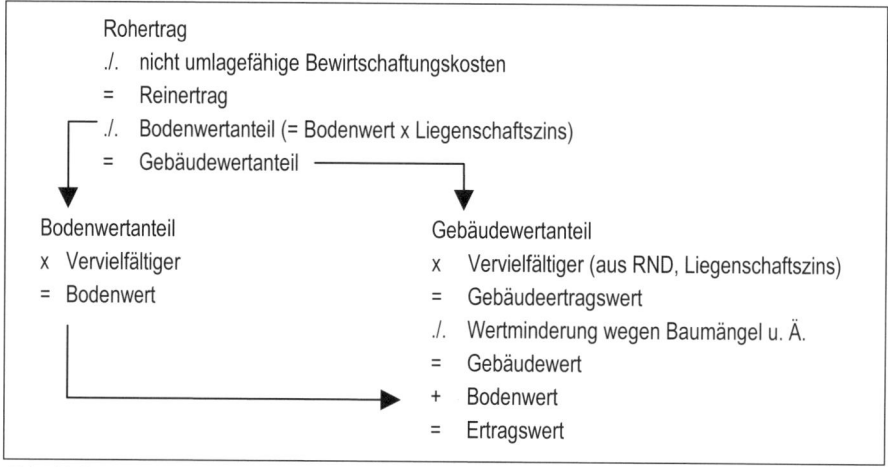

Abb. 19: Bewertung im Ertragswertverfahren (Grundschema)

Unter Berücksichtigung der in diesem Grundschema dargestellten Zusammenhänge muss der Gebäudeertragsanteil durch Herausrechnung des Bodenwertanteils aus dem Reinertrag berechnet werden.

4.3.2 Die einzelnen Arbeitsschritte im Ertragswertverfahren

Ermittlung des Reinertrags

Beim Reinertrag wird in der Regel von einer Nettokaltmiete ausgegangen, von der Verwaltungskosten, Instandhaltungskosten und ein Betrag zur Berücksichtigung des Mietausfallwagnisses abgesetzt werden. Zur Berechnung des Barwerts der künftig zu erwartenden Reinerträge wird im Regelfall der geschätzte durchschnittliche Jahresreinertrag mit den amtlich veröffentlichten Ertragsvervielfältigern multipliziert. Es handelt sich also um ein vereinfachtes Barwertkalkül. Konjunkturelle Entwicklungen, Besonderheiten bei der Mietentwicklung werden durch ergänzende Rechenschritte berücksichtigt. Wegen der geringen praktischen Bedeutung des Ertragswertverfahrens im öffentlichen Bereich (hauptsächlich bei vermieteten Mehrfamilienhäusern) verzichten wir auf eine ausführlichere Darstellung der mathematischen

Modifikationen.[128] Sofern die Nutzung von Außenanlagen zu abgrenzbaren Erträgen (z. B. Miete für Pkw-Stellplätze oder Freilagerflächen) führt, kann ihr Ertragswert gesondert ermittelt werden.

Aufteilung in Gebäude- und Bodenwertanteil

Der Reinertrag ist in den Bodenwertanteil und den Gebäudewertanteil aufzuteilen. Der **Bodenwertanteil** ergibt sich, indem der Bodenwert – nach dem Vergleichswertverfahren ermittelt – mit einem marktgerechten Zinssatz (Liegenschaftszins) multipliziert wird. Die Differenz aus Reinertrag und Bodenwertanteil ist der **Gebäudewertanteil** (Ertragswert der baulichen Anlagen nach § 16 WertV). Dieser wird für die Restnutzungsdauer des Gebäudes unter Ansatz des Liegenschaftszinses kapitalisiert (Barwertberechnung); das Ergebnis ist der Gebäudewert.

Der Liegenschaftszins ist das Maß für die durchschnittliche marktübliche Verzinsung des in einer Liegenschaft in der Regel langfristig gebundenen Kapitals und damit ein Abbild für das dem Grundstück beizumessende Kapitalverwertungsrisiko. Der Liegenschaftszins ist u. a. abhängig von

- Nutzungsart,
- Lagemerkmalen,
- Miethöhe und
- Restnutzungsdauer.

Seine Höhe ist für die Berechnung des Gebäudewertes – insbesondere bei längeren Restnutzungsdauern – von ausschlaggebender Bedeutung; je niedriger der Zinssatz bemessen wird, desto höher errechnet sich ceteris paribus der Ertragswert (Barwert). Ebenso führen längere Restnutzungsdauern (mit entsprechenden Erfolgsbeiträgen) zu einem höheren Barwert als kürzere. Für die Barwertberechnung gemäß § 16 Abs. 3 WertV enthält Anlage 1 zur WertV eine Vervielfältigertabelle.

Praktisches Rechenbeispiel

Die Anwendung des Ertragswertverfahrens für ein Mehrfamilienhaus zeigt das Rechenbeispiel in Abb. 20 (Wertermittlungsstichtag 1.1.2004).

---

[128] Vgl. ausführlich vor allem Kleiber, in: Kleiber/Simon/Weyers (2002) S. 1294 ff.; Sommer/Piehler (2003) Gruppe 3.4.

Bewertung der öffentlichen Gebäude

Rechenschritte	Wohngebäude, EUR 6 Mietzins pro Monat, Mietfläche in m² = 850	
	Liegenschaftszinssatz 5,0 %; Vervielfältiger 17,774 (5 %; RND 45 Jahre)	
	Baujahr 1970, GND = 80 Jahre, RND = 45 Jahre	EUR
	Bodenwert = 410 m² x 500 EUR/m² BRW	205.000
= 850 x 72	Rohertrag (= Mietfläche x EUR 6 x 12 Monate)	61.200
	Bewirtschaftungskosten	- 12.240
=	Reinertrag	48.960
- 205.000 x 5 %	Bodenwertanteil	10.250
=	Gebäudewertanteil	38.710
x 17,774	Gebäudeertragswert	688.032
-	Beseitigungskosten der baulichen Mängel	- 220.000
=	Gebäudewert	468.032
+	Bodenwert	205.000
=	**Ertragswert des Objekts**	**673.032**

Abb. 20: Rechenbeispiel zum Ertragswert

Bilanzielle Berechnung des anteiligen Bodenwerts

Der nach dieser Methode ermittelte Gebäudewertanteil ist folglich nur eine Restgröße; er kann – je nach Bodenwert – auch „0" oder gar negativ sein. Handels- und steuerrechtlich ist die Aufteilung des Objektwertes nach dem geschilderten Verfahren auf Boden und Gebäude nicht zulässig. Gebäudewert und Bodenwert sind zum Zwecke der Bilanzierung zusätzlich noch gemäß dem Sachwertverfahren zu ermitteln (in praxi sollten sowieso meist sowohl ertragswert- als auch sachwertorientierte Betrachtungen gutachterlich erfolgen). Nach dem Verhältnis des im Sachwertverfahren berechneten Bodenwerts zum Sachwert ist der Objektertragswert bilanziell aufzuteilen. So ist auch bei der Ermittlung der Wertansätze in der kommunalen Eröffnungsbilanz vorzugehen.

Interpretation des Ertragswertverfahrens

Das Ertragswertverfahren berücksichtigt zusammenfassend zunächst ausschließlich die **Ertragschancen eines Gebäudes** – die tatsächlich vorhandene Bausubstanz ist zunächst einmal unerheblich. Allerdings erfolgt eine Berücksichtigung von baulichen Mängeln vorrangig durch eine Verkürzung der Restnutzungsdauer. Außerdem kommen Abschläge nach § 19 WertV in Betracht. In jedem Fall ist darauf zu achten, dass keine doppelte Erfassung der Mängel bzw. des Instandhaltungsstaus erfolgt.

Bei der Bemessung der Nutzungserlöse wird grundsätzlich unterstellt, dass sich die Mietflächen in einem baulichen Zustand befinden, wie er sich nach Durchführung der Instandsetzungs- oder anderen baulichen Maßnahmen darstellt, die Basis für die ggf. am Ende der Berechnung (s. Zeile „Beseitigungskosten der baulichen Mängel") berücksichtigte Wertminderung auf Grund unterlassener Instandhaltung sind.

4.4 Sachwertverfahren

4.4.1 Überblick über das Sachwertverfahren

Baurechtliches Ersatzbeschaffungs- bzw. Rekonstruktionskalkül

Der Sachwert eines bebauten Grundstücks setzt sich nach § 21 WertV aus

- dem Bodenwert – i. d. R. nach dem Vergleichswertverfahren zu ermitteln – sowie
- dem Wert der baulichen Anlagen (Gebäude, Außenanlagen, besondere Betriebseinrichtungen) und
- dem Wert der sonstigen Anlagen

zusammen. Für den Wert der baulichen Anlagen werden Herstellungswerte nach dem in §§ 21–25 WertV geregelten Verfahren ermittelt. Die Ermittlung von Herstellungswerten im Sinne der Wertermittlungsverordnung bedeutet vereinfachend ausgedrückt eine Bewertung der vorhandenen Flächen oder Rauminhalte mit **Normalherstellungskosten** abzüglich Wertminderungen wegen Bauschäden sowie zeitanteilige Abschreibungen. Das Sachwertverfahren entspricht damit dem Gedanken einer Ersatzbeschaffung bzw. Rekonstruktion. Die Anwendung von Normalherstellungskosten bedeutet allerdings, dass streng genommen nicht das identische Bauwerk rekonstruiert wird, sondern es werden die Kosten angesetzt, die am Wertermittlungsstichtag nach wirtschaftlichen Gesichtspunkten unter Berücksichtigung technischer Entwicklungen aufzubringen wären, um zu einem mit dem älteren Bewertungsobjekt vergleichbaren Bauwerk zu gelangen.[129]

---

[129] Vgl. Kleiber, in: Kleiber/Simon/Weyers (2002) S. 1737.

Marktanpassungen

Der Sachwert wird also aus den Ersatzbeschaffungskosten (Ersatzbeschaffung eines vergleichbaren Bauwerks) unter Berücksichtigung von altersbedingter und tatsächlicher Abnutzung abgeleitet. Da die Sachwertermittlung in erster Linie den Wert der Gebäudesubstanz misst, muss zur Ermittlung von Verkehrswerten die Lage auf dem Grundstücksmarkt durch so genannte Marktanpassungen gemäß § 7 Abs. 1 Satz 2 WertV erfolgen.

Anwendungsbereich

Wie oben[130] bereits ausgeführt, kommt das Sachwertverfahren grundsätzlich immer dann zur Anwendung, wenn wie gerade im öffentlichen Bereich weder Vergleichswerte im Sinne des Vergleichswertverfahrens noch Mieterträge im Sinne des Ertragswertverfahrens marktbezogen abgeleitet werden können.

Zusammenfassendes Schaubild

Die Sachwertberechnung verdeutlicht zusammenfassend Abb. 21.

Rechenschritte	Schulgebäude, Brutto-Grundfläche (BGF) in m²
aus NHK 2000	Herstellungswert aus Baukostenkatalog abzuleiten in EUR pro m²
x 103/101	Umrechnung mit Baupreisindex zum 01.01.2004
x 1,14	zuzüglich Baunebenkosten (+ 14 %)
x 1,10	regionale Anpassung (Baden-Württemberg)
x 1,05	Anpassung wegen Ortsgröße (über 500.000 Einwohner)
x BGF	Herstellungskosten (HK) zum Stichtag in EUR
x RND : GND	nach Herausrechnung der Alterswertminderung in EUR
-	Beseitigungskosten der baulichen Mängel in EUR
+/-	Korrekturen wegen Marktanpassung in EUR
=	Sachzeitwert der baulichen Anlagen in EUR
+	Bodenwert in EUR
=	**Sachwert des Grundstücks in EUR**

Abb. 21: Muster für Sachwertberechnung

---

[130] S. 74 ff.

4.4.2 Die einzelnen Arbeitsschritte im Sachwertverfahren

Ermittlung des Herstellungswerts

Zur Ermittlung des Herstellungswertes der Gebäude sind grundsätzlich die **gewöhnlichen Herstellungskosten je Raum- oder Flächeninhalt** (Normalherstellungskosten) mit der entsprechenden Raum-, Flächen- oder sonstigen Bezugseinheit der Gebäude zu vervielfachen (§ 22 Abs. 1 WertV). Die Normalherstellungskosten sind gemäß § 22 Abs. 3 WertV nach Erfahrungssätzen anzusetzen; d. h. sie werden in der Praxis aus Baukostenkatalogen entnommen. Als Ausnahme von diesem katalogorientierten Vorgehen können ausnahmsweise die Herstellungskosten einzelner Bauleistungen (Einzelkosten) gem. § 22 Abs. 4 WertV bzw. der tatsächlich entstandenen Herstellungskosten gem. § 22 Abs. 5 WertV angesetzt werden, wenn sie den gewöhnlichen Herstellungskosten entsprechen.

Baupreisindizes als Hilfsmittel

Da **Erfahrungssätze für Normalherstellungskosten** i. d. R. nach den Preisverhältnissen der Vergangenheit vorliegen, bedarf es ihrer Umrechnung auf die Preisverhältnisse des Wertermittlungsstichtages mittels geeigneter Baupreisindexreihen (§ 22 Abs. 3 WertV). Grundsätzlich ist das Indexieren von Normalherstellungskosten umso fehlerträchtiger, je größer die Zeiträume sind, die mit Baupreisindexreihen überbrückt werden. Dies folgt u. a. aus der Verknüpfung verschiedener Ermittlungsmethoden (Warenkörbe). Vor diesem Hintergrund wird in der aktuellen baurechtlichen Wertermittlungsliteratur nachdrücklich die Verwendung möglichst aktueller Baupreiskataloge verlangt.[131]

Auswahl der Baupreiskataloge

In der Bewertungspraxis sind neben den verschiedenen aktuellen Katalogen – wie insbesondere die vom Bundesministerium für Verkehr, Bau- und Wohnungswesen (BMVBW) herausgegebenen Baukostenkataloge **Normalherstellungskosten 1995 bzw. 2000** – auch noch Baukostenkataloge in der Anwendung, die sich auf Normalherstellungskosten 1913 bzw. der mit diesen weitgehend identischen Versicherungswerte 1914 beziehen.

---

[131] Vgl. Kleiber, in: Kleiber/Simon/Weyers (2002) S. 1910 f.

Eine Anwendung der **Normalherstellungskosten 1913** (bzw. der mit diesen weitgehend identischen Versicherungswerte 1914) wird in der baurechtlichen Wertermittlungsliteratur (u. E. zutreffend) vor allem deshalb für **ungeeignet** angesehen, weil[132]

- sich Regelbauleistungen, Bauwerkstypen usw. natürlich erheblich geändert haben und zwischenzeitlich eingetretene Änderungen bei Zugrundelegung derartiger Normalherstellungskosten für später errichtete Gebäude das Ergebnis verfälschen,
- die bis auf 1913 zurückgehenden Baupreisindexreihen des Statistischen Bundesamtes für eine Umrechnung der Normalherstellungskosten 1913 ungeeignet sind bzw. hierdurch keine aussagefähigen Bewertungsergebnisse entstehen.

Daher wird in der aktuellen Wertermittlungsliteratur empfohlen, anstatt der Raummeterpreise der Jahre 1913/14 möglichst aktuelle Erfahrungswerte für Normalherstellungskosten heranzuziehen, um die „Überbrückung" der sich mit der Zeit ändernden Baupreisverhältnisse möglichst klein zu halten.

Anwendung der Normalherstellungskosten 2000

Unter Verwendung des vom BMVBW herausgegebenen Baukostenkataloges Normalherstellungskosten 2000[133] können beispielsweise nach den Wertverhältnissen von 2000 Normalherstellungskosten in DM je m² Bruttogrundfläche (BGF) bzw. je m³ Bruttorauminhalt in Abhängigkeit von Gebäudeart, Gebäudebaujahrsklasse und Ausstattungsstandard ermittelt werden.

Der Baukostenkatalog nennt Mittelpreise (Kostengruppen 300 und 400 gemäß DIN 276) für Gebäudeklassen, beispielsweise für **Schulgebäude**, je nach Geschosszahl einschließlich der Einbauten ohne Baunebenkosten und mit Umsatzsteuer für die Ausstattungsstandards „einfach", „mittel", „gehoben" und „stark gehoben", wie in Abb. 22 dargestellt.[134]

---

[132] Vgl. Kleiber, in: Kleiber/Simon/Weyers (2002) S. 288 und 1804 (er spricht von „fachlich nicht mehr vertretbar"); PwC (2003) S. 5 f.; Sommer/Piehler (2003) Gruppe 3.3 S. 12.
[133] BMVBW (2000) S. 2599 ff.
[134] Vgl. BMVBW (2000) S. 2637.

Schulen (Auszug aus NHK 2000)							
2- bis 3-geschossig, unterkellert, Dach geneigt (nicht ausgebaut) oder Flachdach							
Kosten der Brutto – Grundflächen in EUR/m², durchschnittliche Geschosshöhe, 4,20 m							
Ausstattungs-Standards	vor 1925	1925 bis 1945	1946 bis 1959	1960 bis 1969	1970 bis 1984	1985 bis 1999	2000
Einfach	815 – 845	850 – 870	875 – 940	940 – 1000	1000 – 1055	1055 – 1145	1150
Mittel	925 – 960	965 – 990	995 – 1065	1070 – 1135	1135 – 1200	1200 – 1305	1305
Gehoben	1005 – 1045	1045 – 1070	1075 – 1155	1160 – 1230	1230 – 1300	1305 – 1415	1415

Abb. 22: Auszug aus Baukostenkatalog für Schulen

Praktisches Rechenbeispiel

Die Anwendung des Baukostenkatalogs der Normalherstellungskosten 2000 soll im Folgenden an dem **praktischen Beispiel eines Schulgebäudes** dargestellt werden. Zunächst muss der Gutachter anhand der Ergebnisse der Begehung und der Aktenlage (bzw. seiner Vorkenntnisse) zunächst folgende Einschätzungen treffen:

- Abschätzung des Ausstattungsstandards des Gebäudes
- Zuordnung des Gebäudes zu einer Baujahrsklasse

Der **Ausstattungsstandard** kann mit Hilfe der Tabelle in Abb. 23 abgeschätzt werden; die Begehung ergibt im Beispiel den schraffierten Ausstattungsstandard.[135]

---

[135] Vgl. BMVBW (2000) S. 2636.

AUSSTATTUNGSSTANDARD (Auszug aus NHK 2000)			
Kostengruppe	Einfach	Mittel	Gehoben
Fassade	Mauerwerk mit Putz oder Fugenglattstrich und Anstrich	Wärmedämmputz, Wärmedämmverbundsystem, Sichtmauerwerk mit Fugenglattstrich und Anstrich, Holzbekleidung, mittlerer Wärmedämmstandard	Verblendungsmauerwerk, Metallbekleidung, hoher Wärmedämmstandard
Fenster	Holz, Einfachverglasung	Kunststoff, Isolierverglasung	Aluminium, Rollladen, Sonnenschutzvorrichtung, Wärmeschutzverglasung
Dächer	Wellfaserzement-Blecheindeckung, Bitumen-, Kunststofffolienabdichtung	Betondachpfannen, mittlerer Wärmedämmstandard	Tondachpfannen, Schiefer-, Metalleindeckung; Gas-Betonfertigteile, Stegzementdielen, hoher Wärmedämmstandard
Sanitär	Einfache Toiletten-Anlagen, Installation auf Putz	Ausreichende Toilettenanlagen, Duschräume, Installation unter Putz	Gut ausgestattete Toilettenanlagen und Duschräume
Nassräume	Ölfarbanstrich	Fliesensockel (1,50 m)	Fliesen raumhoch
Bodenbeläge	Holzdielen, Nadelfilz, Linoleum, PVC (untere Preiskl.), Nassräume: PVC	Teppich, PVC, Fliesen, Linoleum (mittlere Preiskl) Nassräume: Fliesen	Großformatige Fliesen, Parkett, Betonwerkstein Nassräume: Großformatige Fliesen, beschichtete Sonderfliesen
Innentüren	Füllungstüren, Türblätter und Zargen gestrichen	Kunststoff-/Holztürblätter Stahlzargen	Beschichtete oder furnierte Türblätter und Zargen, Glasausschnitte, Glastüren
Heizung	Einzelöfen, elektr. Speicherheizung, Boiler für Warmwasser	Zentralheizung mit Radiatoren (Schwerkraftheizung), Verbrühschutz*	Zentralheizung, Warmwasserbereitung zentral
Elektroinstallation	Je Raum 1 Lichtauslass und 1 – 2 Steckdosen, Fernseh-/Radioanschluss, Installation auf Putz	Je Raum 1 – 2 Lichtauslässe und 2 – 3 Steckdosen, Blitzschutz, Installation unter Putz	Je Raum mehrere Lichtauslässe und Steckdosen, informationstechnische Anlagen

Abb. 23: Hilfstabelle zur Beurteilung des Ausstattungsstandards

Die folgenden Arbeitsschritte:

- Der Ausstattungsstandard kann also im Beispiel als **gehoben** eingeschätzt werden.
  Wenn das Schulgebäude beispielsweise im Jahr 1977 errichtet wurde, kann auch die **Baujahrsklasse** (= 1970 bis 1984) festgelegt werden.

- Auf diesem Weg kann aus dem oben abgebildeten, schulspezifischen Baukostenkatalog (zwei- bis dreigeschossig, unterkellert, Dach geneigt) **die Bandbreite der Normalherstellungskosten** von 1.230 bis 1.300 EUR pro m^2 Brutto-Grundfläche[136] (entsprechend Kostengruppe 300 und 400 DIN 276/1993 einschließlich 16 % Umsatzsteuer) abgelesen werden.
  Vorsichtigerweise werden 1.230 EUR ausgewählt.

- Als nächster Arbeitsschritt muss der **Baupreisindex** ausgewählt werden.
  Die ermittelten Normalherstellungskosten von 1.230 EUR pro m^2 Brutto-Grundfläche beziehen sich auf das Jahr 2000. Diese 1.230 EUR sind die durchschnittlichen Kosten, die anfallen würden, wenn das (tatsächlich im Jahr 1977 errichtete) Gebäude im Jahr 2000 nochmals errichtet würde.[137]

- Wenn jetzt der Stichtag der Eröffnungsbilanz als 1.1.2004 angenommen werden sollte, dürfte sich der Baupreisindex (wegen der geringen Inflation der letzten Jahre) auf etwa 103 (100 = 1995, 101 = 2000) verändert haben.
  Dementsprechend sind die Normalherstellungskosten von 1.230 EUR/m^2 BGF noch mit der Relation 103/101 zu multiplizieren.

- Anschließend werden Baunebenkosten entsprechend der Kostengruppe 700 gemäß der DIN 276 von pauschal 14 % angesetzt (die sich bezogen auf Schulen ebenfalls im Baukostenkatalog NHK 2000 finden).[138] Für die Baunebenkosten finden sich in den NHK 2000 in den meisten Fällen entsprechende Empfehlungen

---

[136] Brutto-Grundfläche ist nach DIN 277 definiert als Summe der Grundflächen aller Grundrissebenen (ohne die nicht nutzbaren Grundflächen).
[137] Vgl. Sommer/Piehler (2003) Gruppe 3.3 S. 11.
[138] Vgl. BMVBW (2000) S. 2636.

Schließlich sind nach dem baurechtlichen Sachwertverfahren noch **regionale bzw. ortsspezifische Korrekturfaktoren** zur Berücksichtigung des regionalen bzw. ortsspezifischen Einflusses auf die NHK anzusetzen (vgl. Abb. 24 und 25).[139]

Regionaler Korrekturfaktor der Länder (zur Berücksichtigung des regionalen Einflusses):	
Land	Korrekturfaktor
Baden-Württemberg	1,00 – 1,10
Bayern	1,05 – 1,10
Berlin	1,25 – 1,45
Brandenburg	0,95 – 1,10
Bremen	0,90 – 1,00
Hamburg	1,25 – 1,30
Hessen	0,95 – 1,00
Mecklenburg-Vorpommern	0,95 – 1,10
Niedersachsen	0,75 – 0,90
Nordrhein-Westfalen	0,90 – 1,00
Rheinland-Pfalz	0,95 – 1,00
Saarland	0,86 – 1,00
Sachsen	1,00 – 1,10
Sachsen-Anhalt	0,90 – 0,95
Schleswig-Holstein	0,90 – 0,95
Thüringen	1,00 – 1,05

Abb. 24: Regionale Korrekturfaktoren

Ortsspezifische Korrekturfaktoren (zur Berücksichtigung des Einflusses der Ortsgröße); ausgenommen Berlin, Bremen, Hamburg	
Ortsgröße	Korrekturfaktor
Großstädte mit mehr als 500.000 bis 1.500.000 Einwohnern	1,05 – 1,15
Städte mit mehr als 50.000 bis 500.000 Einwohnern	0,95 – 1,05
Orte bis 50.000 Einwohnern	0,90 – 0,95

Abb. 25: Ortsspezifische Korrekturfaktoren

---

[139] Vgl. BMVBW (2000) S. 2601.

Nach Multiplikation der ermittelten Herstellungskosten pro Brutto-Grundfläche mit der Brutto-Grundfläche unserer Schule errechnen sich Herstellungskosten von rund 2,8 Mio. EUR. Nach Abzug der Alterswertminderung sowie der Beseitigungskosten der festgestellten baulichen Mängel ergibt sich ein Sachzeitwert der baulichen Anlagen von 1,8 Mio. EUR und ein Sachwert des Grundstücks von 1,9 Mio. EUR. Zusammenfassend wird unser **Zahlenbeispiel zur Anwendung des Sachwertverfahrens** in Abb. 26 dargestellt.

Rechenschritte	Schulgebäude, Bruttogrundfläche (BGF) in m²	2152
	Baujahr 1977, GND = 80 Jahre, RND = 53 Jahre	EUR
Aus NHK 2000	Herstellungswert aus Baukostenkatalog abzuleiten in EUR pro m²	1.230
x 103/101	Umrechnung mit Baupreisindex zum 1.1.2004	1.254
x 1,14	zuzüglich Baunebenkosten (+ 14 %)	1.430
x 0,90	regionale Anpassung (Nordrhein-Westfalen)	1.287
x 1,00	Anpassung wegen Ortsgröße (keine)	1.287
x BGF	Herstellungskosten (HK) zum Stichtag in EUR	2.769.624
x RND : GND	nach Herausrechnung der Alterswertminderung in EUR	1.834.876
-	Beseitigungskosten der baulichen Mängel in EUR	- 20.000
+/-	Korrekturen wegen Marktanpassung in EUR	0
=	Sachzeitwert der baulichen Anlagen in EUR	1.814.876
+	Bodenwert in EUR (224.000 x 0,4 wegen Gemeinbedarf)	89.600
=	**Sachwert des Grundstücks in EUR**	1.904.476

Abb. 26: Beispiel einer Schule für das baurechtliche Sachwertverfahren

Außenanlagen (Einfriedung, befestigte Flächen, Bepflanzung) werden mit absoluten Werten oder mit einem auf Erfahrungswerten beruhenden Prozentsatz der Herstellungskosten der Gebäude angesetzt, denen sie zuzuordnen sind. Bei ungewöhnlichen und aufwändigen Außenanlagen und bei besonderen Betriebsvorrichtungen ist regelmäßig eine gesonderte Wertermittlung erforderlich.

Der im Beispiel hinzuaddierte Wert der Außenanlagen wird hier nicht näher erläutert.

Weitere Gebäudeteile

Wenn die dargestellte Schule beispielsweise noch einen Altbau (als separaten Gebäudeteil zu betrachten), einen Pavillon auf dem Schulhof und eine

Turnhalle besitzt, müssen auch für diese Gebäude(-teile) separate Sachwerte ermittelt werden.

4.4.3 Kommunale Praxis in den verschiedenen Bundesländern

Fehlende Einigung zwischen den Bundesländern

Was bedeutet die fehlende Einigung der Innenministerkonferenz zum Thema der Bewertung in der Eröffnungsbilanz in der Praxis? Während der Entwurf der GemHVO von Nordrhein-Westfalen zur Bewertung in der Eröffnungsbilanz ausführt, dass „vorsichtig geschätzte Zeitwerte durch **geeignete Sachwertverfahren** zu ermitteln" sind, sehen der IMK-Leittext sowie die Entwürfe von Baden-Württemberg, Hessen und Rheinland-Pfalz eine Orientierung an den historischen Anschaffungs- und Herstellungskosten vor; diese Texte sprechen – ohne Festlegung auf das Sachwertverfahren – von „**Erfahrungswerten**", die den „Preisverhältnissen zum Anschaffungs- oder Herstellungszeitpunkt" entsprechen sollen.

Diese fehlende Einigung auf ein Bewertungsverfahren für die Eröffnungsbilanz dürfte nach unserer Einschätzung zunächst bedeuten, dass die unterschiedlichen Konzepte der jeweiligen Pilotkommunen sich auf die jeweiligen Bundesländer ausdehnen. Damit leidet zwangsläufig die landesübergreifende Vergleichbarkeit der kommunalen Jahresabschlüsse. Ursächlich für die fehlende Einigung dürfte u. E. das Zusammentreffen zweier Haupteinflussfaktoren sein:

- Einerseits haben die immobilienwirtschaftlichen Problemstellungen keine nennenswerte Rolle in den Arbeiten des Hauptprotagonisten für die Doppikumstellung, Klaus Lüder, gespielt.[140]
- Andererseits haben sich Landesvertreter im föderalen System schon frühzeitig auf die Lösungen „ihrer" Modellprojekte festgelegt und waren im Folgenden nicht mehr zu durchgreifenden Kompromissen bereit.

Welche Verfahren verwenden die Pilotkommunen?

Um die in den Pilotkommunen tatsächlich verwendeten Bewertungsmethoden praxisnah zu vergleichen, hatte PwC im Auftrag des Instituts der Wirtschaftsprüfer eine Studie für die Innenministerkonferenz erstellt; die (nicht repräsentative) Stichprobe wurde dabei von den Landesinnenministerien

---

[140] Was dessen wegweisende Hinweise in anderen Problemfeldern nicht schmälern soll.

ausgewählt. PwC hat zunächst die in den Pilotkommunen durchgeführten Bewertungen dargestellt und einer Anwendung des Sachwertverfahrens auf Basis der NHK 2000 gegenübergestellt. Die Ergebnisse finden Sie in Abb. 27.[141]

Gebäude (tatsächliche Baujahre)	Bewertungsmethodik Stadt bzw. Kreis	Gebäudewert Stadt bzw. Kreis TEUR	(Sach-) Zeitwert Gebäude PwC TEUR
Rathaus Heidelberg (1703, 1924, 1960)	Sachwert 1974 (Versicherungswerte 1914)	2.698,5	2.390,2
Heiligenbergschule Heidelberg (1956)	Sachwert 1974 (Versicherungswerte 1914)	1.897,3	1.873,1
Kindertagesstätte Heidelberg (1992)	*Historische AHK 1992*	*1.031,7*	*1.099,1*
Kreishaus Dieburg (1903, 1963, *1993*)	Sachwert 1995 (NHK 1995), *historische AHK 1993 für Erweiterungsbau*	3.132,4	5.122,0
Gutenbergschule Dieburg (1964, 1970)	Sachwert 1995 (NHK 1995)	Keine Angaben	1.320,1
Feuerwehrhaus Dreieich (1970)	Sachwert (NHK 2000), der auf fiktive AHK 1970 umgerechnet wurde	99,8	320,3
Kindertagesstätte Dreieich (1986)	Sachwert (NHK 2000), der auf fiktive AHK 1986 umgerechnet wurde	270,8	410,8
Gesundheitsamt Wetzlar (1969)	Sachwert 1969 (Versicherungswerte 1914)	819,9	1.178,0
Verwaltungsgebäude Solingen (1967)	Fortgeführter Sachwert 1997 (NHK 1913); ohne Berücksichtigung der Baumängel	1.207,9	733,3
Übergangsheim Solingen (vor 1945, 1959)	Fortgeführter Sachwert 1997 (NHK 1913); Berücksichtigung der Baumängel über Rückstellung	613,4	395,1
Hallenbad Solingen (1975)	Fortgeführter Sachwert 1997 (NHK 1913); Berücksichtigung der Baumängel über Rückstellung	3.758,5	2.631,0
Feuerwehrgebäude Solingen (1974)	Fortgeführter Sachwert 1997 (NHK 1913); Berücksichtigung der Baumängel über Rückstellung	504,2	231,8
Ärztehaus Solingen (1969)	Fortgeführter Sachwert 1997 (NHK 1913); Berücksichtigung der Baumängel über Rückstellung	638,3	427,8

Abb. 27: Bewertungsergebnisse im Vergleich

---

[141] Vgl. PwC (2003) S. 5 f.

Bewertung der öffentlichen Gebäude

Wie die Übersicht zeigt, dominierten in den Pilotkommunen (nicht unerwartet) **verschiedene sachwertorientierte Verfahren**, die sich allerdings im Einzelnen erheblich von den oben dargestellten Grundsätzen des Sachwertverfahrens unterschieden. Lediglich zwei Gebäude aus den 1990er Jahren *(kursive Darstellung in Tabelle)* sind von den jeweiligen Kommunen zu den **historischen Anschaffungs- und Herstellungskosten** (jeweils ohne Indizierung) bewertet worden:

- die Kindertagesstätte in Heidelberg und
- der im Jahre 1993 errichtete Erweiterungsbau des Kreishauses Dieburg.

An den beiden Objekten der hessischen Stadt Dreieich wird das oben bereits dargestellte Rückindizieren von Sachwerten deutlich. Zunächst wurden Sachwerte auf Basis der NHK 2000 ermittelt und diese Werte anschließend mit Hilfe von Indizes auf die Baujahre 1970 bzw. 1986 umgerechnet (fiktive Anschaffungs- und Herstellungskosten durch Rückindizierung). Damit soll die grundsätzliche Ausrichtung des Landes Hessen auf Anschaffungs- und Herstellungskosten eingehalten werden.

Demgegenüber bewertete PwC alle dargestellten Objekte nach dem Sachwertverfahren, wie es nach der **WertV 1998** unter Zugrundelegung der **aktuellen Baukostendatenbanken** (Normalherstellungskosten – NHK 2000 bzw. Mittag[142]) – d. h. gemäß der herrschenden Meinung im öffentlichen Baurecht – anzuwenden ist; regelmäßig wurden dabei Baumängel sachwertmindernd (aktivisch[143]) berücksichtigt.

Im Folgenden sollen anhand der **Weiterführung des oben eingeführten Rechenbeispiels der Schulen** (Sachwertverfahren) die Auswirkungen der landesspezifischen Grundsätze verdeutlicht werden.

Die praktischen Auswirkungen des IMK-Leittextes zur Bewertung in der Eröffnungsbilanz dürften im Wesentlichen ähnlich sein wie die der Regelungen der Entwürfe von Baden-Württemberg und Hessen. Daher werden wir diese drei Regelungsentwürfe durch ein zusammengefasstes Zahlenbeispiel erläutern.

---

[142] Vgl. Mittag (2003) Teil 2 Kapitel 3.141 ff.

[143] D. h. nicht über die Bildung einer Rückstellung; in der vorliegenden Stichprobe hat nur die Stadt Solingen eine Rückstellung für unterlassene Instandhaltungen (für die vorgefundenen Baumängel) gebildet.

Der IMK-Leittext

Der **Leittext der Innenministerkonferenz vom 21. November 2003** stellt – ähnlich wie die Entwürfe der Länder Baden-Württemberg, Hessen und Rheinland-Pfalz – auf historische Anschaffungs- und Herstellungskosten ab bzw. alternative Erfahrungswerte:[144]

- Absatz 1 Satz 1 regelt, dass in der Eröffnungsbilanz die zum Stichtag der Aufstellung vorhandenen Vermögensgegenstände mit den Anschaffungs- und Herstellungskosten, vermindert um Abschreibungen, anzusetzen sind.

- Absatz 2 Satz 1 beinhaltet, dass für Vermögensgegenstände, die vor dem Stichtag für die Aufstellung der Eröffnungsbilanz angeschafft oder hergestellt worden sind, von Absatz 1 abgewichen werden darf, wenn die tatsächlichen Anschaffungs- oder Herstellungskosten nicht oder nur mit unverhältnismäßigem Aufwand ermittelt werden können. In diesem Fall sind gemäß Absatz 2 Satz 2 den Preisverhältnissen zum Anschaffungs- oder Herstellungszeitpunkt entsprechende Erfahrungswerte anzusetzen, vermindert um Abschreibungen seit diesem Zeitpunkt.

Die Situation in Baden-Württemberg

Der Regelungsentwurf des Landes Baden-Württemberg zur GemHVO enthält in § 62 folgende Vorschriften:[145]

- Absatz 1 Satz 1 regelt, dass in der Eröffnungsbilanz die zum Stichtag der Aufstellung vorhandenen Vermögensgegenstände mit den **Anschaffungs- und Herstellungskosten**, vermindert um Abschreibungen, anzusetzen sind.

- Absatz 2 beinhaltet die spezifische Regelung, dass für Vermögensgegenstände, die **vor dem 31. Dezember 1974 angeschafft oder hergestellt** worden sind, abweichend von Absatz 1 den Preisverhältnissen zum 1. Januar 1974 entsprechende Erfahrungswerte angesetzt werden können, vermindert um Abschreibungen seit diesem Zeitpunkt.

- Absatz 3 Satz 1 beinhaltet die Regelung, dass für Vermögensgegenstände, die **zwischen dem 31. Dezember 1974 und dem Stichtag für die**

---

[144] Vgl. IMK (2003b) § 62.
[145] Vgl. Baden-Württemberg/Entwurf (2005) § 62 GemHVO.

Aufstellung der Eröffnungsbilanz angeschafft oder hergestellt worden sind, von Absatz 1 abgewichen werden darf, wenn die tatsächlichen Anschaffungs- oder Herstellungskosten nicht oder nur mit unverhältnismäßigen Aufwand ermittelt werden können. In diesem Fall sind den Preisverhältnissen zum Anschaffungs- oder Herstellungszeitpunkt entsprechende Erfahrungswerte anzusetzen, vermindert um Abschreibungen seit diesem Zeitpunkt.

- Für den vor dem Stichtag der Aufstellung der Eröffnungsbilanz liegenden Zeitraum von **sechs Jahren** wird vermutet, dass die tatsächlichen Anschaffungs- oder Herstellungskosten ermittelt werden können.

Der Regelungsentwurf unterscheidet sich von dem Leittext (und dem Hessischen Vorschlag) offenbar darin, dass die im badischen Teil von Baden-Württemberg teilweise vorgenommene **Bewertung von 1974** in § 62 Absatz 2 GemHVO Baden-Württemberg einen spezifischen Bestandsschutz erhält. Ansonsten liegen für Baden-Württemberg keine spezifischen Veröffentlichungen vor. Daher können sich baden-württembergische Kommunen – sofern eine Neubewertung notwendig ist – nach unserer Einschätzung an den hessischen Ansätzen orientieren, die im Folgenden dargestellt werden.

Die Situation in Hessen

Das Land Hessen hat sich auf eine Orientierung der Eröffnungsbilanzwerte an den historischen Anschaffungs- und Herstellungskosten festgelegt. § 59 GemHVO Doppik Hessen enthält folgende Regelungen:

- Gemäß Absatz 1 sind in der Eröffnungsbilanz die zum Stichtag der Aufstellung vorhandenen Vermögensgegenstände mit den Anschaffungs- und Herstellungskosten, vermindert um Abschreibungen, anzusetzen.

- Absatz 2 gestattet ergänzend, dass für Vermögensgegenstände, die vor dem Stichtag für die Aufstellung der Eröffnungsbilanz angeschafft oder hergestellt worden sind, von Absatz 1 abgewichen werden darf, wenn die tatsächlichen Anschaffungs- oder Herstellungskosten nicht oder nur mit unverhältnismäßigem Aufwand ermittelt werden können. In diesem Fall sind den Preisverhältnissen zum Anschaffungs- oder Herstellungszeitpunkt entsprechende Erfahrungswerte anzusetzen, vermindert um Abschreibungen seit diesem Zeitpunkt.

Der Regelungsentwurf des Landes Hessen zur Eröffnungsbilanz entspricht damit grundsätzlich dem IMK-Leittext. Bereits vor diesem Stichtag vorgenommene Vermögensbewertungen dürfen beibehalten werden, auch wenn sich bei Anwendung dieser Verordnung andere Werte ergeben..[146]

Was bedeutet dies für die Bewertungspraxis in den hessischen Kommunen, die in den Folgejahren eine Bewertung durchzuführen haben? Wenn wie häufig keine historischen Werte vorliegen, greift Absatz 2 dieser Vorschrift. Also sind „**Erfahrungswerte**" anzusetzen, die „den Preisverhältnissen zum Anschaffungs- oder Herstellungszeitpunkt entsprechen" (vermindert um anteilige Abschreibungen seit diesem Zeitpunkt).

Wenn unser Schulgebäude in Hessen stehen würde, dann ergäbe sich bei Anwendung des korrekten Sachwertverfahrens mit anschließender Rückindizierung der Wert in Abb. 28. Im Vergleich zum oben berechneten Sachwert bzw. zur Situation in Nordrhein-Westfalen würde sich etwa eine Halbierung der Eröffnungsbilanzwerte ergeben.

Rechenschritte	Schulgebäude, Brutto-Grundfläche (BGF) in m²	2152
	Baujahr 1977, GND = 80 Jahre, RND = 53 Jahre	EUR
aus NHK 2000	Herstellungswert aus Baukostenkatalog NHK 2000 in EUR/m²	1.230
x 103/101	Umrechnung mit Baupreisindex zum 1.1.2004	1.254
x 1,14	zuzüglich Baunebenkosten (+ 14 %)	1.430
x 0,95	regionale Anpassung (Hessen)	1.359
x 1,00	Anpassung wegen Ortsgröße (keine)	1.358
x BGF	Herstellungskosten (HK) zum Stichtag in EUR	2.922.416
x RND : GND	nach Herausrechnung der Alterswertminderung in EUR	1.936.101
-	Beseitigungskosten der baulichen Mängel in EUR	- 20.000
+/-	Korrekturen wegen Marktanpassung in EUR	0
=	Sachzeitwert der baulichen Anlagen in EUR	1.916.101
x 47/101	fiktive fortgeschriebene AHK nach Rückindizierung in EUR	891.651
+	Bodenwert in EUR (keine Rückindizierung, kein Abschlag wegen Gemeinbedarf)	224.000
=	**Wert des Grundstücks in EUR**	**1.115.651**

Abb. 28: Beispiel Schule, fiktive Anschaffungs- und Herstellungskosten durch Rückindizierung des Sachwerts

Im Vergleich zum oben berechneten Sachwert von 1,9 Mio. EUR ergibt sich bei der **Rückindizierung** ein Eröffnungsbilanzwert von 1,2 Mio. EUR – also gerade etwas mehr als die Hälfte des Sachwerts.

---

[146] Vgl. Hessen (2005) § 108 Abs. 3 und 4 HGO; Hessen (2006) § 59 GemHVO-Doppik.

Neben dieser Anwendung des baurechtlichen Sachwertverfahrens mit anschließender Rückindizierung, das die hessische Pilotstadt **Dreieich** verwendet hat, existieren bei den Pilotkommunen aber noch andere Verfahren zur Ermittlung von „Erfahrungswerten". Sowohl die oben zitierte PwC-Studie wie auch die ausführliche Darstellung der hessischen Pilotkommunen durch Körner/Meidel nennen zumindest zwei weitere sachwertorientierte Verfahren:

Das vereinfachte Sachwertverfahren, das der **Landkreis Darmstadt-Dieburg** angewendet hat, entspricht dem Verfahren der Stadt Dreieich bis auf die regionalen bzw. örtlichen Anpassungen (s. Abb. 29).

Rechenschritte	Schulgebäude, Brutto-Grundfläche (BGF) in m²	2152
	Baujahr 1977, GND = 80 Jahre, RND = 53 Jahre	EUR
aus NHK 2000	Herstellungswert aus Baukostenkatalog NHK 2000 in EUR/m²	1.230
x 103/101	Umrechnung mit Baupreisindex zum 1.1.2004	1.254
x 1,14	zuzüglich Baunebenkosten (+ 14 %)	1.430
	regionale Anpassung entfällt	1.430
	Anpassung wegen Ortsgröße entfällt	1.430
x BGF	Herstellungskosten (HK) zum Stichtag in EUR	3.077.288
x RND : GND	nach Herausrechnung der Alterswertminderung in EUR	2.038.703
-	Beseitigungskosten der baulichen Mängel in EUR	-20.000
+/-	Korrekturen wegen Marktanpassung in EUR	0
=	Sachzeitwert der baulichen Anlagen in EUR	2.018.703
x 47 / 101	fiktive fortgeschriebene AHK nach Rückindizierung	939.396
+	Bodenwert in EUR (keine Rückindizierung, kein Abschlag wegen Gemeinbedarf)	224.000
=	**Wert des Grundstücks in EUR**	**1.163.396**

Abb. 29: Beispiel Schule – vereinfachtes Sachwertverfahren mit Rückindizierung

Während dieses leicht vereinfachte, aber immer noch auf aktuellen Baupreiskatalogen basierende Sachwertverfahren sicherlich keine grundsätzliche Kritik verdient (sieht man von der u. E. unnötigen Rückindizierung ab), beruht das dritte in den hessischen Pilotkommunen angewandte Verfahren – die Anwendung von „**Friedensneubauwerten**" – auf veralteten Baukostenkatalogen. Es handelt sich um das sachwertorientierte Verfahren auf Basis des in der Versicherungsbranche noch üblichen Baukostenkatalogs aus dem Jahr 1914 („Versicherungswerte"). Als Voraussetzungen werden genannt:[147]

---

[147] Vgl. Körner/Meidel (2003) S. 83.

- Bewertung zeitnah zum Eröffnungsbilanzstichtag,
- auf Basis eines aktuellen, umfassenden Gebäudedatenbestandes.

In den hessischen Pilotkommunen wurde eine entsprechende Bewertung im **Lahn-Dill-Kreis** durchgeführt. In Abb. 30 wird dieses Verfahren anhand des Schulbeispiels verdeutlicht.

Vereinfachtes Wertermittlungsverfahren (Friedensneubauwerte)				
1. Mittlerer Wertansatz unbebautes Grundstück			44.000	DM
2. Wertermittlung Gebäude				
Nutzflächenermittlung				
OG	480			
OG	600			
EG	672			
KG	400	2152 m²		
Korrekturwerte wegen anspruchsvoller Bauausführung			Zuschläge pro m² in DM	
1	Dachbelag (Naturschiefer, Kupfer, Ried)		4	4
1	Außenwände (Handstrich-Klinker, Natur-Kunststein, Keramik)		5	5
1	Decken/ Wände(Stuckarbeiten, Edelholzverkleidungen)		6	6
1	Fußboden (Naturstein, hochwertige Parkett-/ Teppichböden)		4	4
1	Fenster (Leichtmetallrahmen, Sprossen)		4	4
	Türen (Edelholz)		3	0
1	sanitäre Einrichtungen (hochwertige Qualität)		6	6
1	Heizung (Wärmepumpen, Solaranlagen, Fußbodenheizung u. Ä.)		6	6
1	leistungsfähige IT-Einbauten (Verkabelung usw.)		6	6
	Summe Zuschläge A			41
2152 m² Fläche (OG, EG, KG) x Zuschläge A = Korrekturwert A				88.232
Ermittlung Normalwert/ Versicherungswert 1914				
1752	m² x	150 DM/m²	262.800	DM
400	m² x	15 DM/m²	6.000	DM
Normalwert 1914			268.800	DM
+ Korrekturwert wegen anspruchsvoller Bauausführung			88.232	DM
Versicherungswert 1914[1]			357.032	DM
9,59	Index des Baujahres 1977 (Basisjahr 1914)			
Friedensneubauwert (Herstellung 1977)			3.423.937	DM
Nutzungsdauer:	80	Jahre	42.799	DM
Kumulierte Abschreibung (BJ. 1977, Bewertungsstichtag 31.12.2003)			1.155.579	DM
Buchwert des Gebäudes für die Eröffnungsbilanz in DM			**2.268.358**	**DM**
Buchwert des Gebäudes für die Eröffnungsbilanz in EUR			**1.159.793**	**EUR**

Abb. 30: Beispiel Schule – Bewertung zum Baukostenkatalog 1914

Wir haben bereits oben[148] auf die fachliche Ablehnung der Normalherstellungskosten 1913 bzw. der mit diesen weitgehend identischen Versicherungswerte 1914 durch die baurechtliche Wertermittlungsliteratur als **ungeeignet** hingewiesen. Zu stark haben sich Regelbauleistungen, Bauwerkstypen usw. seit 1913/14 verändert und zu ungenau wirkt sich eine Indizierung von Basiswerten aus 1913/14 aus. Auf diese Weise dürften u. E. keine hinreichend aussagefähigen Bewertungsergebnisse entstehen. Hierzu sind aktuelle Baukostenkataloge (z. B. Normalherstellungskosten 2000) erforderlich, um die vorhandene Bausubstanz hinreichend sachgerecht abzubilden.

Körner/Meidel vergleichen die Friedensneubauwerte mit den rückindizierten Sachwerten (auf Basis NHK) und kommen zum Ergebnis, dass die rückindizierten NHK in der Nähe der Friedensneubauwerte liegen.[149] Dieses Ergebnis überrascht rein mathematisch betrachtet wenig. Dabei darf u. E. jedoch nicht übersehen werden, dass es sich in beiden Fällen um eine **Schätzung von historischen (fortgeführten) Anschaffungs- und Herstellungskosten** handelt. Durch eine (u. E. unbefriedigend) umfangreiche Anwendung von Baukostenindizes über Jahrzehnte werden

- im Fall der rückindizierten Normalherstellungskosten 2000 aussagefähige Zeitwerte auf historische Werte reduziert und

- im Fall der Friedensneubauwerte wenig aussagefähige Baukosten aus 1914 hochindiziert auf das Herstellungsjahr.

Die Situation in Niedersachsen

Im Ende 2005 beschlossenen Konzept des Landes Niedersachsen ist eine **Kompromisslösung** im jahrelangen Streit zwischen Zeitwerten und historischen Werten vorgesehen:[150]

Zunächst wird in § 96 Abs. 4 der niedersächsischen Gemeindeordnung. der Grundsatz formuliert (ähnlich Rheinland-Pfalz): Sofern die grundsätzlich anzusetzenden Anschaffungs- und Herstellungskosten[151] nicht mit vertretbarem Aufwand zu ermitteln sind, gilt der auf den Anschaffungs- oder Herstellungszeitpunkt **rückindizierte Zeitwert** als Anschaffungs- oder Her-

---

[148] Vgl. oben S. 112.
[149] Vgl. Körner/Meidel (2003) S. 85.
[150] Vgl. Niedersachsen (2005a) § 96 Abs. 4 NGO.
[151] Auf die in Niedersachsen übliche Bezeichnung „Anschaffungs- oder Herstellungs<u>werte</u>" wird hier und im Folgenden aus Gründen der Übersichtlichkeit verzichtet.

stellungskosten. Sofern **ausnahmsweise Zeitwerte** angesetzt werden, müssen nach § 96 Abs. 4 NGO die Differenzbeträge zwischen den zu aktivierenden Zeitwerten und den mittels Rückindizierung abgeleiteten (fiktiven) Anschaffungs- und Herstellungskosten einem **Sonderposten für den Bewertungsausgleich** zugeführt werden (Bruttoausweis). Der Sonderposten wird korrespondierend zur Abschreibung der Zeitwerte der Vermögensgegenstände über deren betriebsgewöhnliche Nutzungsdauer aufgelöst.

Über diese Formulierungen in der niedersächsischen Gemeindeordnung hinaus existieren in Niedersachsen noch keine Detailregelungen zur Gebäudebewertung. Hilfsweise kann auf die Zahlenbeispiele aus Hessen und Rheinland-Pfalz hingewiesen werden.

Die Situation in Nordrhein-Westfalen

Nach der nordrhein-westfälischen GemHVO sind[152]

- gemäß § 54 Abs. 1 GemHVO NRW die Wertansätze der Eröffnungsbilanz auf Grundlage von vorsichtigen Zeitwerten durch geeignete Verfahren zu ermitteln,

- bestimmte kommunalnutzungsorientierte Gebäude gemäß § 55 Abs. 1 Satz 1 GemHVO NRW nach dem Sachwertverfahren zu bewerten. „Dabei sind in der Regel die aktuellen Normalherstellungskosten zu Grunde zu legen, sofern nicht ausnahmsweise besser geeignete örtliche Grundlagen für die Wertermittlung verfügbar sind" (§ 55 Abs. 1 Satz 2 GemHVO NRW).

„Insbesondere Gebäude oder wesentliche Gebäudeteile, die in marktvergleichender Weise genutzt werden, können abweichend von Satz 2 anhand des Ertragswertverfahrens bewertet werden" (§ 55 Abs. 1 Satz 3 GemHVO).

Dieser Gesetzentwurf stellt nach unserer Einschätzung eine prägnante **Zusammenfassung der baurechtlichen Bewertungsgrundsätze** (bzw. deren analoger Anwendung auf öffentliche Gebäude) dar. Insoweit entspricht die nordrhein-westfälische Lösung der oben dargestellten, sachgerechten Anwendung der baurechtlichen Erkenntnisse. Folgerichtig wird unsere Schule ebenso bewertet, wie bereits in Abb. 26 auf S. 117 dargestellt:

---

[152] Vgl. Nordrhein-Westfalen (2004) §§ 54 ff. GemHVO.

Bewertung der öffentlichen Gebäude

Rechenschritte	Schulgebäude, Brutto-Grundfläche (BGF) in m²	2152
	Baujahr 1977, GND = 80 Jahre, RND = 53 Jahre	EUR
Aus NHK 2000	Herstellungswert aus Baukostenkatalog abzuleiten in EUR pro m²	1.230
x 103/101	Umrechnung mit Baupreisindex zum 1.1.2004	1.254
x 1,14	zuzüglich Baunebenkosten (+ 14 %)	1.430
x 0,90	regionale Anpassung (Nordrhein-Westfalen)	1.287
x 1,00	Anpassung wegen Ortsgröße (keine)	1.287
x BGF	Herstellungskosten (HK) zum Stichtag in EUR	2.769.624
x RND : GND	nach Herausrechnung der Alterswertminderung in EUR	1.834.876
-	Beseitigungskosten der baulichen Mängel in EUR	- 20.000
+/-	Korrekturen wegen Marktanpassung in EUR	0
=	Sachzeitwert der baulichen Anlagen in EUR	1.814.876
+	Bodenwert in EUR (224.000 x 0,4 wegen Gemeindebedarf)	89.600
=	**Sachwert des Grundstücks in EUR**	1.904.476

Abb. 31: Beispiel Schule – Sachwertverfahren in NRW

Die Situation in Rheinland-Pfalz

Die Entwürfe aus **Rheinland-Pfalz** beinhalten grundsätzlich eine ähnliche, an den historischen Anschaffungs- und Herstellungskosten orientierte Regelung wie in Hessen. Allerdings wird die Berechnung der (den Preisverhältnissen des Erwerbszeitpunkts entsprechenden) Erfahrungswerte in der Bewertungsrichtlinie (Entwurf) differenziert geregelt.

In der rheinland-pfälzischen **Bewertungsrichtlinie**[153] wird im Einzelnen festgelegt, dass

- gemäß § 1 Absatz 2 Satz 1 in der Eröffnungsbilanz die zum Stichtag der Aufstellung vorhandenen Vermögensgegenstände mit den **Anschaffungs- und Herstellungskosten**, vermindert um Abschreibungen, anzusetzen sind,

- von diesem Grundsatz gemäß § 1 Absatz 2 Satz 3 abgewichen werden darf, wenn die tatsächlichen Anschaffungs- oder Herstellungskosten nicht oder nicht mit einem vertretbaren Zeitaufwand ermittelt werden können,

---

[153] Vgl. Rheinland-Pfalz/Entwurf (2006).

- in diesem Fall sind gemäß § 1 Absatz 2 Satz 4 **Erfahrungswerte** anzusetzen sind, vermindert um Abschreibungen oder Zuschreibungen für die Zeit der Nutzung bis zum Bewertungsstichtag (und hinsichtlich der Ermittlung von möglichen Erfahrungswerten auf die nachfolgenden Paragraphen der Bewertungsrichtlinie verwiesen wird),
- Erfahrungswerte nur für Vermögensgegenstände angesetzt werden dürfen, die vor dem 1.1.2000 angeschafft oder fertig gestellt wurden, sowie
- die voraussichtliche **wirtschaftliche Restnutzungsdauer** grundsätzlich neu festzulegen ist.

Die Wertansätze der **Gebäude** sollen gemäß § 5 Abs. 4 Bewertungsrichtlinie erfolgen

- entweder auf der Grundlage von Erfahrungswerten aus dem An- und Verkauf oder der Herstellung vergleichbarer Gebäude unter Beachtung eines Anpassungsbedarfs an die Besonderheiten des zu bewertenden Gebäudes
- oder nach dem Sachwertverfahren auf Basis der Wertermittlungsrichtlinien 2002.

Für die Anwendung des baurechtlichen **Sachwertverfahrens** wird explizit festgelegt:

- die Anwendung der Normalherstellungskosten 2000
- zuzüglich eines 15 %igen Zuschlags für Baunebenkosten
- abzüglich der Alterswertminderung
- abzüglich Baumängel und Bauschäden sowie
- die Rückindizierung des so ermittelten Sachzeitwerts auf den fiktiven Anschaffungs- oder Herstellungszeitpunkt, längstens jedoch bis auf das Jahr 1946.

Wenn unsere Schule in Rheinland-Pfalz liegen würde, ergäben sich die Werte in Abb. 32:

Bewertung der öffentlichen Gebäude

Rechenschritte	Schulgebäude, Bruttogrundfläche (BGF) in m²	2152
	Baujahr 1977, GND = 80 Jahre, RND = 53 Jahre	EUR
aus NHK 2000	Herstellungswert aus Baukostenkatalog NHK 2000 in EUR/m²	1.230
x 1,15	zuzüglich Baunebenkosten (+ 15 %)	1.414
	regionale Anpassung entfällt	1.414
	Anpassung wegen Ortsgröße entfällt	1.414
x BGF	Herstellungskosten (HK) zum Stichtag in EUR	3.042.928
x RND : GND	nach Herausrechnung der Alterswertminderung in EUR	2.015.940
-	Beseitigungskosten der baulichen Mängel in EUR	-20.000
+/-	Korrekturen wegen Marktanpassung in EUR	0
=	Sachzeitwert der baulichen Anlagen in EUR	1.995.940
x 0,475	fiktive fortgeschriebene AHK nach Rückindizierung	948.071
+	Bodenwert in EUR (Rückindizierung auf 1977)	104.238
=	**Wert des Grundstücks in EUR**	**1.052.309**

Abb. 32: Beispiel Schule – Sachwertverfahren in Rheinland-Pfalz

Diese rheinland-pfälzische Version eines vereinfachten Sachwertverfahrens kommt (vor allem wegen der Rückindizierung auch des Bodenwerts) auf Werte, die etwas unter den oben dargestellten Verfahren aus Hessen liegen.

Die Situation im Saarland

Die Situation im Saarland ist dadurch gekennzeichnet, dass gerade im Raum Saarbrücken im letzten Jahrzehnt überdurchschnittlich viele Gebäudemanagementbetriebe gegründet wurden, bei deren Gründung regelmäßig Sachzeitwerte angesetzt worden waren. Vor diesem Hintergrund stellt der saarländische Entwurf eine pragmatische Kompromisslösung dar: Die – ähnlich wie in Nordrhein-Westfalen und Rheinland-Pfalz ermittelten – Sachzeitwerte sollen längstens auf das Jahr 1990 zurückindiziert werden. Hierdurch kann u. a. eine annähernde Vergleichbarkeit der Wertansätze mit den großen kommunalen Gebäudemanagementbetrieben erreicht werden.[154]

---

[154] Vgl. Saarland/Entwurf (2006) § 53 Abs. 2 GemHVO; Saarländisches Gemeinschaftsprojekt (2006) Kap. 13 S. 5.

Sachwertverfahren

Wenn unsere Schule im Saarland stände, ergäben sich damit folgende Werte:

Rechenschritte	Schulgebäude, Bruttogrundfläche (BGF) in m²	2152
	Baujahr 1977, GND = 80 Jahre, RND = 53 Jahre	EUR
aus NHK 2000	Herstellungswert aus Baukostenkatalog NHK 2000 in EUR/m²	1.230
x 1,15	zuzüglich Baunebenkosten (+ 15 %)	1.414
	regionale Anpassung entfällt	1.414
	Anpassung wegen Ortsgröße entfällt	1.414
x BGF	Herstellungskosten (HK) zum Stichtag in EUR	3.042.928
x RND : GND	nach Herausrechnung der Alterswertminderung in EUR	2.015.940
-	Beseitigungskosten der baulichen Mängel in EUR	-20.000
+/-	Korrekturen wegen Marktanpassung in EUR	0
=	Sachzeitwert der baulichen Anlagen in EUR	1.995.940
x 0,799	fiktive fortgeschriebene AHK nach Rückindizierung auf 1990	1.594.756
+	Bodenwert in EUR (keine Rückindizierung, aber Abschlag 50 % wegen Gemeinbedarf)	112.000
=	**Wert des Grundstücks in EUR**	**1.706.756**

Abb. 33: Beispiel Schule – Sachwertverfahren im Saarland

Einerseits wird der Gebäudewert nur auf 1990 zurückindiziert. Andererseits wird der Bodenwert mit dem Abschlag wegen bleibenden Gemeinbedarfs von 50 % gekürzt. Ansonsten werden alle Vereinfachungen des Sachwertverfahrens aus Rheinland-Pfalz übernommen. Außerdem gilt als zusätzliche Vereinfachung (was hier nicht dargestellt wird), dass die Außenanlagen vereinfachend in dem Zuschlag von 15 % mitberücksichtigt werden.

Sofern bei Mietwohngrundstücken die ortsübliche Miete erreicht wird, ist im Saarland an Stelle des Sachwertverfahrens das Ertragswertverfahren anzuwenden.[155]

Fazit: Die Bewertungsunterschiede werden sich erst langfristig auswachsen.

Die fehlende Einigung zwischen den Bundesländern führt dazu, dass dieselbe Schule in den Ländern, die bislang entweder schon Gesetze oder fertige Schlussberichte der Landesprojekte mit Verordnungsentwürfen vorgelegt haben, folgendermaßen bewertet wird:

---

[155] Vgl. Saarland/Entwurf (2006a) § 3 Abs. 1 Satz 2.

- Rheinland-Pfalz zu 1,1 Mio. EUR,
- Baden-Württemberg und Hessen zu 1,2 Mio. EUR,
- Saarland zu 1,7 Mio. EUR und
- Nordrhein-Westfalen zu 1,9 Mio. EUR.

Zu dem bedauerlicherweise eingeschränkten interkommunalen Vergleich ist allerdings festzuhalten, dass die genannten Werte in den nächsten Jahren **nach denselben HGB-konformen Regeln fortgeschrieben** werden, sodass schrittweise reale Anschaffungs- und Herstellungskosten mit aktuellen (höheren) Preisniveaus hinzukommen werden. Jeder wertverändernde Bau- bzw. Transaktionsvorgang wird daher die Wertunterschiede zwischen den Ländern vermindern. Dieser Nivellierungsprozess wird etwa 15 bis 20 Jahre andauern, bis alle Länder ein vergleichbares, höheres Wertniveau erreicht haben werden.[156]

Abschließende Empfehlungen, Vereinfachungen für jüngere Immobilien und Bestandsschutz

Der Zweck der oben dargestellten Bewertungsverfahren ist letztendlich die Darstellung des aktuellen Ressourcenverbrauches der Kommunen. Wir haben dies ausführlich in den vorangegangenen Kapiteln beschrieben. Alle Verfahren, die mit einer Rückindizierung von aktuellen Werten verbunden sind, erfüllen den genannten Bewertungszweck nur unzureichend. Insbesondere in den Fällen, bei denen auch die Kosten für die Beseitigung von unterlassener Instandhaltung mit rückindiziert werden, wird das Ziel, den aktuellen Ressourcenverbrauchs darzustellen, geradezu konterkariert.

Außerdem ist u. E. kritisch zu fragen, warum die Kommunen im Rahmen der (bei älteren Gebäuden in jedem Fall) erforderlichen Anwendung eines Sachwertverfahrens auf die zusätzlichen immobilienwirtschaftlichen Informationen verzichten sollten, die eine auf die aktuelle Bausubstanz bezogene Sachwertermittlung (wie Normalherstellungskosten 2000) bietet. Den Ländern, die noch nicht festgelegt sind, empfehlen wir daher die Bezugnahme auf den Erfahrungsschatz der baurechtlichen Fachliteratur, wie sie das nordrhein-westfälische NKF-Gesetz beinhaltet.

---

[156] Am Ende des Nivellierungsprozesses werden alle Wertunterschiede, die auf die unterschiedlichen Wertermittlungskonzeptionen beruhen, eliminiert sein, während die tatsächlich dauerhaft unterschiedlichen Preisniveaus zwischen Städten wie Stuttgart und Saarbrücken am Ende erst wirklich erkennbar sein werden.

Aber auch eine Kompromisslösung, in der vereinfachend zugelassen wird, dass für Immobilien, die jünger als zehn Jahre sind, auch alternativ die historischen Anschaffungs- und Herstellungskosten in die Eröffnungsbilanz eingestellt werden, würde noch eine annähernd umfassende Zeitwertermittlung aller kommunalen Gebäude bedeuten. Dies liegt daran, dass an so jungen Gebäude im Regelfall noch keine (unbekannten) Um-, An- und Ausbauten vorgenommen wurden und die geringe Inflation des letzten Jahrzehnts zu einem vergleichsweise unbedeutenden Fehler führt. Schließlich würden wir auch den vom IDW angeregten Bestandsschutz für bereits vorliegende Bewertungen empfehlen, um den Kommunen in jedem Fall Kosten für Doppelbewertungen zu ersparen.[157]

---

[157] Vgl. PwC (2003) S. 7; IMK (2003b) S. 34.

5 Praktikable Erfassung und Bewertung der öffentlichen Grün- und Freiflächen

Auf einen Blick:

Zur Bewertung der Grün- und Freiflächen werden allgemein sachwertorientierte Verfahren eingesetzt. Der Bodenwert wird in Anlehnung an die Bodenrichtwertkarten ermittelt. Außenanlagen und Aufwuchs werden im Allgemeinen aus den durchschnittlichen Wiederherstellungskosten pro m² ermittelt und nach Abzug einer durchschnittlichen Alterswertminderung von etwa 60 % als Festwert angesetzt.

Zur Bewertung der Forstflächen werden folgende Werte genannt: Für den Waldboden werden zwischen 0,46 EUR/m² (Nordrhein-Westfalen) und 0,20 EUR/m² (Rheinland-Pfalz, Mindestwert) angesetzt, während für das aufstehende Holz zwischen 0,19 EUR/m² (Dortmund) und 0,72 bzw. 0,82 EUR/m² (Baden-Württemberg) zu Grunde gelegt werden.

5.1 Überblick

Bedeutung und Arten

Öffentliche Grün- und Freiflächen sind ein kontinuierlich zu pflegender Bestandteil kommunaler Lebensqualität. Auch die Bundesländer besitzen – in anderer Form – Grün- und Freiflächen. Der Zweck der Grün- und Freiflächen ist damit im Regelfall nicht durch ökonomische, sondern durch ökologische und soziale Funktionen geprägt. Im Einzelnen gehören hierzu:

- Grün- und Parkanlagen
- Friedhöfe
- Sportplätze
- Kinderspielplätze
- Grillplätze
- Straßenbegleitgrün

- land- und forstwirtschaftliche Flächen
- Naturschutzflächen
- Kleingartenanlagen
- Wasserflächen

Wirtschaftlicher Charakter der Grün- und Freiflächen

Wirtschaftlich sind die genannten Flächen im Wesentlichen durch **personalaufwändige Unterhaltungsmaßnahmen** – insbesondere durch die kommunalen Baubetriebshöfe – geprägt. Für die Spiel- und Sportplätze sind zusätzlich zur hohen Personalintensität auch die vergleichsweise zahlreichen und **kontinuierlichen Ersatzbeschaffungen** charakteristisch.

Mengenmäßige Erfassung in Kataster

Für eine professionelle Bewirtschaftung der genannten Grün- und Freiflächen ist in jedem Fall eine präzise mengenmäßige Inventur mit anschließendem Aufbau eines **Grün- und Freiflächenkatasters** erforderlich.

Grundsätze der Bewertung

Aus dem Gesagten folgt unmittelbar, dass eine ertragsorientierte Bewertung – abgesehen von den land- und forstwirtschaftlichen Flächen – ausscheidet. Bestimmend ist vielmehr das Ersatzbeschaffungs- bzw. Rekonstruktionskalkül. Sachgerechte Vereinfachungen sind anzustreben; hierbei werden meist Festwerte empfohlen. Befestigungen und Aufbauten werden sachwertorientiert und unter Anwendung von Vereinfachungen wie dem Festwertprinzip bewertet werden.

Der Aufwuchs wird meist nur dann separat bewertet, wenn er – wie im Falle des Waldes – auch wirtschaftlich relevant ist. Vor dem Hintergrund dieser Sonderstellung der ertragsorientiert zu bewertenden land- und forstwirtschaftlichen Flächen werden diese unten in einem separaten Abschnitt erörtert. Aber zunächst wird im Einzelnen auf die übrigen Grün- und Freiflächenarten eingegangen.

5.2 Grün- und Parkanlagen, Sport- und Spielplätze und andere Freiflächen

Bewertungsmethoden der Literatur

Die **KGSt** hatte für alle Arten von Grün- und Freiflächen empfohlen, auf der Grundlage eines Katasters Festwerte zu bilden. Dabei sollten Grün- und Freiflächen mit vergleichbarer Ausstattung zu Klassen zusammengefasst, mit Durchschnittswerten je m² dieser Klasse bewertet und nach den Grundsätzen der Festwerte fortgeschrieben werden.[158] Im Rahmen des Ansatzes von Vermögensgegenständen des Anlagevermögens können in bestimmten Fällen auch sog. Festwerte angesetzt werden.

Nach dem Entwurf des **IDW** soll der Grund und Boden höchstens mit dem auch sonst in vergleichbaren Lagen angesetzten Bodenpreis der jeweiligen Gebietskörperschaft bewertet werden; der Aufwuchs wird als wesentlicher Bestandteil des Grundstücks zusammen mit dem Grundstück in der Eröffnungsbilanz erfasst (sodass sich eine gesonderte Bewertung des Aufwuchses erübrigt).[159]

Die Situation in Baden-Württemberg

Der Regelungsentwurf des Landes Baden-Württemberg zur GemHVO enthält folgende spezifische Vorschriften:[160]

- Der **Aufwuchs** ist nach Erfahrungswerten für eine Neupflanzung zu bewerten, die den Preisverhältnissen zum 1. Januar 1996 entspricht. Dieser Wert ist um 20 % zu vermindern, wenn es sich um Anlagen handelt, die vor dem 31. Dezember 1974 hergestellt worden sind.

- Für den **Grund und Boden** sind die für landwirtschaftliche Flächen geltenden Erfahrungswerte zu Grunde zu legen.

Die Situation in Hessen

Aus Hessen sind einige Tabellen aus der **Pilotstadt Dreieich** veröffentlicht, die wie folgt zusammengefasst werden können:[161]

---

[158] Vgl. KGSt (1997) S. 37.
[159] Vgl. IDW (2001) S. 1409.
[160] Vgl. Baden-Württemberg/Entwurf (2005) § 62 GemHVO.
[161] Vgl. Körner/Meidel (2003) S. 89 f.

Bewertung der öffentlichen Grün- und Freiflächen

- Freizeitflächen, Parks, Sportgelände, Friedhöfe, Ver- und Entsorgungsflächen (Nutzflächen der Abfallwirtschaft) werden nach ausgewiesener Nutzungsart der umliegenden Flächen im Außenbereich der Kommune mit 5 EUR pro m^2 (Richtwert für Landwirtschaft) bewertet. Aufwuchs und Aufbauten (Sportanlagen) werden mit der Begründung nicht bewertet, dass keine wirtschaftliche Nutzung erfolgt.

- Bei Spielplätzen wird der Boden ebenfalls mit 5 EUR pro m^2 bewertet; zusätzlich wird die gärtnerische Gestaltung über durchschnittliche Kosten anhand von Kostenbelegen[162] ermittelt und auch als Bodenwert aktiviert.

- Naturschutzgebiete und Wasserflächen werden mit 1 EUR pro m^2 bewertet wegen fehlender wirtschaftlicher Verwertung.

- Deponieflächen (Bauschutt, Müll) werden mit einem Erinnerungswert von 1 EUR pro Flurstück angesetzt.

- Restflächen Bauland (Flurstücke unter 100 m^2) werden wegen der eingeschränkten baulichen Nutzung mit 10 EUR pro m^2 bewertet.

- (Übrige) Restflächen werden ebenfalls mit 5 EUR pro m^2 angesetzt.

Interessant erscheint uns am Beispiel der Stadt Dreieich, dass – anders als in Baden-Württemberg und Nordrhein-Westfalen – **Aufbauten und Aufwuchs auf Sport- und Spielplätzen nicht separat bewertet werden**. Dies erscheint unbefriedigend. Die Begründung, dass keine wirtschaftliche Nutzung erfolge, überzeugt nicht. Die fehlende wirtschaftliche Nutzung ist bekanntlich für den Großteil der öffentlichen Vermögensgegenstände gerade charakteristisch.[163] Außerdem kommt den von den Vereinen berechneten Nutzungsgebühren nach unserer Einschätzung zunehmend eine auch wirtschaftliche Bedeutung zu, so dass durchaus von wirtschaftlicher Nutzung gesprochen werden sollte. Es ist ja gerade der Zweck des Ressourcenverbrauchskonzepts solche – in der kommunalen Praxis häufig bedeutenden – Ressourcenverbräuche künftig angemessen zu erfassen. Dies bedeutet natürlich nicht unmittelbar, dass die berechneten Kosten den Vereinen in Rechnung gestellt werden sollten (dies ist eine politische Entscheidung) – aber das Ausmaß der

---

[162] Entsprechende Kostenbelege dürften wohl in den meisten kommunalen Garten-/Grünämtern vorliegen, weil viele Spielplätze nicht durch eigene Mitarbeiter angelegt werden, sondern die Anlage des Spielplatzes fremdbezogen wird.
[163] Vgl. oben die grundsätzlichen Ausführungen S. 45 f. und S. 60 ff.

kommunalen Subventionierung sollte den kommunalen Entscheidungsträgern sichtbar gemacht werden.

Die Situation in Niedersachsen

Im niedersächsischen Pilotprojekt Salzgitter wurden für die einzelnen Kategorien der verschiedenen Grün- und Freiflächenarten

- die Bodenwerte in Anlehnung an das Vergleichswertverfahren (bzw. die Bodenrichtwerte) berechnet,
- und für die Außenanlagen/den Aufwuchs je nach Flächennutzung durchschnittliche aktuelle Wiederherstellungskosten in Analogie zum Sachwertverfahren ermittelt.

Die **Stadt Salzgitter** besitzt bereits ein leistungsfähiges geographisches Informationssystem, in dem alle Grün- und Freiflächen präzise erfasst sind. Für die Außenanlagen bzw. den Aufwuchs hat die Stadt Salzgitter beispielsweise folgende **Bewertungskategorien** (in Abb. 34) gebildet:

Bezeichnung	Einheit	Wiederbeschaffungskosten in EUR
Gebrauchsrasen	[m²]	1,50
Wiese	[m²]	1,00
Einzelbäume in GA / Straßenbäume	[St.]	150,00
Bodendecker / Strauchpflanzen < 1,00 m	[m²]	10,00
Zier- / Decksträucher > 1,00 m, ca. 10 %	[m²]	5,00
Hecken	[m²]	12,00
Beet- und Strauchrosen	[m²]	25,00
Kletterrosen / Klettergehölze	[St.]	25,00
Stauden	[m²]	15,00
Brache	[m²]	0,00
Wege, wassergebunden	[m²]	25,00
Wege, nicht wassergebunden	[m²]	40,00
Kunststoff-Flächen (Fallschutzplatten)	[m²]	75,00
Sandflächen	[m²]	20,00
Rindenmulch (Fallschutz, Laufbahn etc.)	[m²]	20,00
Teiche, Seen, Badeseen	[m²]	35,00
Mauer	[m²]	250,00

Abb. 34: Bewertungskategorien für Außenanlagen bzw. Aufwuchs

Es handelt sich um Erfahrungswerte des städtischen Grünflächen- und Friedhofsamts über die **Wiederbeschaffungs- bzw. Wiederherstellungskosten von einem Quadratmeter Fläche** beispielsweise mit Beetrosen. Maßstab sind dabei die Vollkosten – d. h. was eine Erstanlage der jeweiligen Fläche (z. B. Beetrosen) kosten würde.

Diese Werte werden

- multipliziert mit den Quadratmeteranteilen und
- um eine durchschnittliche Alterswertminderung von 60 % korrigiert
- und als Festwerte in die Eröffnungsbilanz eingestellt.

Diese Bewertungsmethodik kann als eine, an die öffentlichen Besonderheiten angepasste (vereinfachte) Form des Sachwertverfahrens interpretiert werden.

Das vorgeschlagene Vorgehen verdeutlichen wir im folgenden Praxisbeispiel, in dem die Werte aus Salzgitter fortgeführt werden:

Bezeichnung	ME	Summe	WBK/ ME	Summe WBK	ansetzbare m²
Gebrauchsrasen	[m²]	1.214.685,56	1,50	1.822.028,34	1.214.685,56
Rasenkanten	[m]	70.586,50	0,00	0,00	0,00
Wiese	[m²]	155.645,20	1,00	155.645,20	155.645,20
Einzelbäume in GA/ Straßenbäume	[St.]	4.918	150,00	737.700,00	0,00
Bodendecker/ Strauchpflanzen < 1,00 m	[m²]	18.873,60	10,00	188.736,00	18.873,60
Zier-/Decksträucher >1,00 m, ca 10%	[m²]	603.858,58	5,00	3.019.292,90	603.858,58
Hecken	[m²]	579,00	12,00	6.948,00	579,00
Beet- und Strauchrosen	[m²]	743,00	25,00	18.575,00	743,00
Kletterrosen/ Klettergehölze	[St.]	180	25,00	4.500,00	0,00
Stauden	[m²]	2.543,20	15,00	38.148,00	2.543,20
Brache	[m²]	70.744,00	0,00	0,00	70.744,00
Wege, wassergebunden	[m²]	95.289,00	25,00	2.382.225,00	95.289,00
Wege, nicht wassergebunden	[m²]	167.865,00	40,00	6.714.600,00	167.865,00
Kunststoff-Flächen (Fallschutzplatten)	[m²]	3.396,00	75,00	254.700,00	3.396,00

Grün- und Parkanlagen, Sport- und Spielplätze und andere Freiflächen

Bezeichnung	ME	Summe	WBK/ ME	Summe WBK	ansetzbare m²
Sandflächen	[m²]	68.043,44	20,00	1.360.868,80	68.043,44
Rindenmulch (Fallschutz, Laufbahn etc.)	[m²]	4.082,00	20,00	81.640,00	4.082,00
Teiche, Seen, Badeseen	[m²]	20.641,00	35,00	722.435,00	20.641,00
Mauer	[m²]	360,24	250,00	90.060,00	360,24
Summen				17.598.102,24	2.427.348,82
Durchschnittliche Wiederbeschaffungskosten pro m²					7,25
Wertansatz in der Eröffnungsbilanz (60 % der WBK als Festwert)					10.558.861,34

Abb. 35: Rechenbeispiel zur Festbewertung von Außenanlagen bzw. Aufwuchs

In dem in Abb. 35 abgebildeten Zahlenbeispiel – es handelt sich um leicht modifizierte Zahlen der Stadt Salzgitter – errechnen sich Wiederbeschaffungskosten für den Aufwuchs der vorhandenen Außenanlagen (noch ohne Wald) von insgesamt 17,6 Mio. EUR. Dividiert durch die ermittelte Gesamtfläche von 2,4 Mio. m² errechnen sich Wiederbeschaffungs- bzw. Wiederherstellungskosten von 7,25 EUR/m². Sofern ein Festwert gebildet werden soll, kommt beispielsweise eine pauschalierte Alterswertminderung von etwa 40 % in Frage; d. h. im Umkehrschluss, dass 60 % der Wiederbeschaffungskosten als Festwert (hier 10,559 Mio. EUR) in die Eröffnungsbilanz eingestellt werden können. Vereinfachend wird nur ein Anlagegut bilanziert.

Aufbauend auf diese Vorgehensweise in Salzgitter hat die **niedersächsische Arbeitsgruppe Inventurvereinfachung** folgende Vereinfachungsgrundsätze beschlossen:[164]

- für die Bodenwerte von öffentlichem Grün (Parkanlagen) können 30 % der Bodenrichtwerte angesetzt werden,

- der Aufwuchs (Außenanlagen) kann mit 6,50 EUR je Quadratmeter bewertet werden.

Die Situation in Nordrhein-Westfalen

Aufbauend auf den entsprechenden Vorschlägen der KGSt wird im NKF-Konzept empfohlen, dass[165]

---

[164] Vgl. Arbeitsgruppe Inventurvereinfachung (2004) S. 4.
[165] Vgl. Modellprojekt (2003) S. 412.

Bewertung der öffentlichen Grün- und Freiflächen

- bei unbebauten Grundstücken mit naturbelassener bzw. nicht gestalteter Fläche in der Regel nur der Grund und Boden zu bewerten ist, sofern die Oberfläche keine an Verkehrswerten orientierte, nicht zu vernachlässigende Vermögensposition bildet,
- der Aufwuchs der verschiedenen Nutzungen von Grünflächen aus Vereinfachungsgründen mit einem pauschalierten Festwert bewertet wird,
- gegebenenfalls auch ein Gesamtfestwert für die einzelnen Grünanlagen gebildet werden kann, wenn von einem in etwa gleich bleibenden Bestand (Wege, Pflanzen, sonstige Aufbauten) und von einem in etwa gleich bleibenden Wert auszugehen ist.

Die **Stadt Brühl** hat als NKF-Pilotstadt zur Ermittlung von **Bodenwerten** für ihre Parkanlagen differenziert nach[166]

- planungsrechtlichem Innenbereich, hierfür werden 25 % des durchschnittlichen Bauland-Bodenwertes des Umfeldes angesetzt,
- planungsrechtlichem Außenbereich, hierfür werden das 1,5 bis 2,5-fache des landwirtschaftlichen Bodenwertes (sog. „begünstigtes" Agrarland) angesetzt.

Für den Aufwuchs erfolgt eine Orientierung an (aktuellen) Anschaffungs- und Herstellungskosten. Die ermittelten Werte werden nach einem pauschalierten Festwertverfahren fortgeschrieben; dabei erfolgte für den Aufwuchs ein Ansatz in Höhe von bis zu 100 % des Bodenwertes. Die Betriebsvorrichtungen werden zum Wiederbeschaffungszeitwert bewertet.[167]

Ähnlich, aber etwas differenzierter[168] auch der Leitfaden zur Zeitwertermittlung des Sachanlagevermögens der **Stadt Dortmund** – einer weiteren NKF-Pilotstadt. Danach ist folgendermaßen zur Bewertung der Grün- und Freiflächen vorzugehen (die Vorgehensweise entspricht im Wesentlichen der von Salzgitter):[169]

---

[166] Vgl. Freytag (2003) S. 8.
[167] Vgl. Freytag (2003) S. 8.
[168] Am Brühler Bewertungskonzept fehlt u. E. eine überzeugende wertmäßige Begründung des Ansatzes für den Aufwuchs. Ein doppelter Ansatz des Bodenwerts erscheint uns als zu große Vereinfachung.
[169] Vgl. Stadt Dortmund (o. J.) S. 27 ff.

Für die **Bodenwerte** wurde in Zusammenarbeit mit der Bewertungsstelle der Stadt Dortmund eine Bewertungsmatrix erarbeitet (deren Beträge in EUR pro m² allerdings nicht veröffentlicht sind). Die Bewertungsmatrix differenziert nach:

- Parkanlagen (Zone I bis IV)[170]
- Spielplätze (Zone I bis IV)
- Friedhöfe
- Friedhöfe ortsnahe Lagen
- Grünanlagen Außenbereich
- Dauerkleingartenanlagen
- Sportflächen
- Freibäder
- Volksbad

Für die **bauliche Anlage (Außenanlage und Aufwuchs)** sollen Festwerte auf Basis der aktuellen Wiederherstellungskosten gebildet werden. Zu ihrer Ermittlung sollen aktuelle Schlussabrechnungen oder Förderbescheide herangezogen werden. Gegebenenfalls sind durchschnittliche Herstellungskosten zugrunde zu legen. Außerdem sollen die unterschiedlichen Ausbaustandards (z. B. repräsentative Ausführung, Standardausführung, naturbelassene Ausführung) berücksichtigt werden, für die jeweils durchschnittliche Herstellungskosten zu ermitteln sind. Sofern ein unterdurchschnittlicher Instandhaltungszustand vorliegt, sind die gegebenenfalls bestehenden Instandhaltungsrückstände bei der Zeitwertermittlung zu berücksichtigen.

Die Dortmunder Richtlinien sehen für die Festwertbildung Abschläge von 50 bis 60 % der Wiederherstellungskosten vor, um die Alterswertminderung vereinfachend zu erfassen.[171]

Die Situation in Rheinland-Pfalz

Die im Entwurf vorliegende Bewertungsrichtlinie (an der im Folgeprojekt derzeit weiter gearbeitet wird) sieht vor, dass[172]

---

[170] Die verschiedenen Zonen beinhalten unterschiedliche Werte aus der Bodenrichtwertkarte.
[171] Vgl. Stadt Dortmund (o. J.) S. 16.

- auch für die Bodenwerte von Parks und Gärten, Grünflächen die umliegenden Bodenrichtwerte zu Grunde gelegt werden, diese aber auf den Zeitpunkt der Anschaffung zurückindiziert werden sollen (längstens jedoch bis auf 1975)[173]
- Pflanzen und Bäume auf der Grundlage von Erfahrungswerten aus dem An- bzw. Verkauf oder der Herstellung/Anpflanzung oder aus Katalogpreisen vergleichbarer Vermögensgegenstände unter Beachtung eines Anpassungsbedarfs an die Besonderheiten des zu bewertenden Vermögensgegenstands anzusetzen sind;
- wenn derartige Erfahrungswerte nicht vorhanden sind, für Pflanzen das BMF-Schreiben zur Bewertung mehrjähriger Baumschulkulturen anzuwenden ist (sofern die Pflanzen älter als 1 Jahr alt sind)
- Bäume in Alleen und Parks sowie in sonstigen öffentlichen Anlagen auch zu dem Erinnerungswert von 1 EUR pro Baum angesetzt werden können und
- bei untergeordneter Bedeutung auf die Erfassung und Bewertung von Pflanzen und Bäumen verzichtet werden kann.
- Nach unserer Einschätzung dürften die im Entwurf vorliegenden rheinland-pfälzischen Regelungen **insgesamt zu viele Alternativen** zulassen, so dass die Vergleichbarkeit der Bilanzansätze negativ beeinflusst werden dürfte. Von der Zulassung von Katalogpreisen für einzelne Pflanzen und Bäume bis hin zum Ansatz von Erinnerungswerten (1 EUR pro Stück) ergeben sich doch überaus große Bilanzierungsspielräume.
- Außerdem existiert unseres Erachtens ein **zu starker Bezug zu einzelnen Pflanzen und Bäumen**, während die für die Herstellung einer Grünanlage erforderlichen Herstellungskosten (insbesondere der Personaleinsatz) vernachlässigt wird. Zur Verdeutlichung unserer Auffassung betrachten wir die herkömmliche Vorgehensweise in der Privatwirtschaft: Wenn eine Grünanlage von einer nach HGB bilanzierenden Gesellschaft (z. B. der Vorgarten einer Stadtwerke-GmbH) erstellt wird, wird nach herrschender Meinung im Handels- und Steuerrecht[174] diese Außenanlage als abnutzbares Wirtschaftsgut aktiviert und auf die betriebsgewöhnliche

---

[172] Vgl. Rheinland-Pfalz/Entwurf (2006) § 5 Abs. 4 Ziffern 2d, 2m, 10 und 11.
[173] Vgl. oben S. 104.
[174] Vgl. z. B. Berger/Ring (2003) § 253 Rz. 348.

Nutzungsdauer (i. d. R. 10 bis 15 Jahre) abgeschrieben. Wenn eine vergleichbare Grünanlage jedoch von dem städtischen Grünamt hergestellt wurde, sollen demgegenüber nur der Boden und einzelne mehrjährige Pflanzen und Bäume bewertet werden. Dies erscheint nicht nur aus Sicht des künftigen Gesamtabschlusses unbefriedigend.

- Demgegenüber ist die HGB-konforme Betrachtung der Grünanlage als Außenanlage (wie in Dortmund und Salzgitter) u. E. durchaus folgerichtig, da jede Grünanlage – auch bei sorgfältiger Unterhaltung – nach dem Zeitablauf von 10 – 15 Jahren sich wieder so sehr in ungepflegte Natur verwandelt hat (z. B. werden durch die Verwurzelung die angelegten Wege stark beschädigt), dass im Regelfall eine vollständige Beseitigung der alten Außenanlage und Neuherstellung einer neuen erfolgen muss. Für die kommunalen Grün-/Außenanlagen bedeutet diese Sicht, dass auch die Grün-/Außenanlagen (getrennt vom Bodenwert)
- entweder über 10, 12 oder 15 Jahre abgeschrieben werden sollten,
- oder vereinfachend mit einem Festwert von z. B. 40 % oder 50 % angesetzt werden sollten, wobei der Festwert einen durchschnittlichen Abnutzungsgrad repräsentiert.

Zusammenfassende Beurteilung und ergänzende Hinweise

Von den zitierten Bewertungskonzepten stellen nach unserer Einschätzung vor allem die Beispiele aus Dortmund und Salzgitter einen **gelungenen Kompromiss** an sachgerechter Vereinfachung (durch den Quadratmeterbezug und das Festwertkonzept) einerseits und konsequente Einhaltung der allgemeinen Grundsätze ordnungsmäßiger Bilanzierung andererseits[175] dar.

Nach unseren Empfehlungen sollte daher eine Zweiteilung in Anlehnung an die handelsrechtlichen Grundsätze ordnungsmäßiger Bilanzierung durchgehalten werden:

- In die – nicht abnutzbaren – **Bodenwerte** gehen sowohl die Bodenrichtwerte (i. d. R. für landwirtschaftliche Flächen) als fingierte Anschaffungskosten als auch der (unbewertete) Aufwuchs ein, der der Natur überlassen bleibt,

---

[175] Durch grundsätzliche Zuordnung von Außenanlagen/Aufwuchs zum abnutzbaren Anlagevermögen sowie der wiederbeschaffungskostenorientierten Wertfindung für den Aufwuchs; vgl. zum Rekonstruktionsgedanken oben ausführlich S. 66.

- während in die (als grundsätzlich abnutzbares unbewegliches Anlagevermögen zu interpretierenden) **Außenanlagen** sowohl Befestigungen als auch Aufwuchs eingehen, soweit der Aufwuchs nicht der Natur überlassen bleibt, sondern kontinuierlich zu pflegen ist; diese Außenanlagen sollten (je nach Flächennutzung) zu durchschnittlichen Wiederherstellungskosten abzüglich einer Alterswertminderung bewertet werden. Zur Vereinfachung empfehlen wir das Festwertkonzept mit einem pauschalen Abschlag, wie es auch in Dortmund und Salzgitter durchgeführt wird.

Nach diesen Grundsätzen sollten also – anders als in Dreieich – die Durchschnittskosten der Außenanlagen sowie der Gebäude nicht in den Bodenwert eingehen, sondern als separate Vermögensgegenstände bewertet werden. Abgesehen von den oben gebrachten Argumenten des Ressourcenverbrauchskonzepts[176] spricht hierfür auch die Tatsache, dass damit leichter eine (ggf. später erfolgende) alternative Nutzung bilanziell abgebildet werden kann.

Für die **konkrete Bildung von Vermögensgegenständen** sind verschiedene Vorgehensweisen durchaus möglich.

- Als größte Vereinfachung kann für alle Grün- und Freiflächenarten nur ein Vermögensgegenstand für die Außenanlage (und ein Vermögensgegenstand für den Bodenwert) gebildet werden.
- Oder es wird für jede Art der Grün- und Freiflächen ein Vermögensgegenstand in der Anlagenbuchhaltung (jeweils für Außenanlagen und zugehörige Böden) eingerichtet.
- Oder dies erfolgt für jedes Objekt des Katasters (je nach dem Differenzierungsgrad des kommunalen Grünflächenkatasters).
- Die zuletzt sehr differenzierte Anlagenbuchhaltung bedeutet im Grunde, dass das gesamte Grün- und Freiflächenkataster noch einmal in der Anlagenbuchhaltung erfasst wird. Diese aufwändige Vorgehensweise ist dann nicht notwendig, wenn stets eine präzise Überleitung der Werte zu den betreffenden Flächenangaben (bzw. dem verwendeten geographischen Informationssystem) möglich ist. Damit können mengenmäßige Abgänge und Zugänge in Folgejahren korrekt verbucht werden und das geographi-

---

[176] Vgl. oben S. 138 f.

sche Informationssystem erhält den Charakter einer Nebenbuchhaltung zur Anlagenbuchhaltung.

5.3 Land- und forstwirtschaftlich genutzte Flächen

Landwirtschaftliche Flächen

Landwirtschaftliche Flächen sind regelmäßig verpachtet. Dies bedeutet grundsätzlich, dass

- zwar grundsätzlich auch Ertragswerte berechnet werden könnten,
- im Regelfall aber das Vergleichswertverfahren angewendet wird, um den Verwaltungsaufwand zu vermindern, d. h. meist werden die Werte der örtlichen **Bodenrichtwertkarte** für landwirtschaftlich genutzte Flächen angesetzt[177] sowie
- der Aufwuchs sich im wirtschaftlichen Eigentum des Pächters befindet (und daher in der öffentlichen Eröffnungsbilanz nicht berücksichtigt wird).

Landwirtschaftliche Flächen stellen ein vergleichsweise einfach zu handhabendes Problem mit untergeordneter Bedeutung dar.

Forstwirtschaftliche Flächen

Dagegen besitzt der öffentliche Waldbesitz eine ganz andere ökologische, soziale und wirtschaftliche Bedeutung, woran sich auch langfristig nicht viel ändern dürfte. Außerdem stellt die angemessene Wertfindung des Forstes ein erhebliches Bewertungsproblem dar – dementsprechend sind die folgenden Ausführungen diesem Problem gewidmet.

Infolge der durch langfristiges Wachstum geprägten Wertentstehung einerseits und der verschiedenen ökologischen (Grundwasserhaltung, Luftreinhaltung, Erosionsschutz), sozialen (Erholungsfunktion) und ökonomischen (Holzeinschlag) Zwecksetzungen öffentlicher Wälder andererseits stellt sich hier ein schwieriges Bewertungsproblem. Wenn auch die ältere forstwirtschaftliche Literatur überwiegend den Vorratscharakter des aufstehenden Holzes betont hatte, bestand in der Literatur zu den öffentlichen Eröffnungsbilanzen – bei KGSt, Lüder, Hessen, NKF, IDW und IöR – bald Einigkeit,

---

[177] Bodenrichtwertkarten existieren praktisch in jeder Kommune. Im Falle der Stadt Dreieich waren es die 5 EUR pro m^2, vgl. oben S. 138.

dass es sich um Anlagevermögen handelt.[178] Im Gegensatz zu den anderen Konzeptionen, die für den Aufwuchs Festwerte empfehlen, beabsichtigte Lüder kontinuierliche Zuschreibungen zum Wert des aufstehenden Holzes bis zum Erntezeitpunkt, während der Aufwuchs im IDW-Entwurf aus 2001 (gemäß der bürgerlich-rechtlichen Beurteilung) als wesentlicher Bestandteil des Forstgrundstückes gesehen wird und zusammen mit diesem auf Festwertbasis bewertet werden sollte. Die bislang (wenigstens als Entwurf des Schlussberichts eines Landesprojekts) vorliegenden Regelungen aus Baden-Württemberg, Hessen, Niedersachsen, Nordrhein-Westfalen, Rheinland-Pfalz und Saarland sehen mittlerweile alle vor, dass der kommunale Forstbesitz Anlagevermögen darstellt, für dessen Bewertung jeweils parallel Werte für den Quadratmeter Waldboden und den Quadratmeter Aufwuchs (aufstehendes Holz) anzusetzen sind. Zur Ermittlung sind allerdings größere Unterschiede im Differenzierungsgrad und der Methodik zu verzeichnen.

Abgrenzung Forst zu Gärtnereien/Baumschulen

Im Gegensatz zur Behandlung des Waldvermögens sollte der Aufwuchs in öffentlichen Gärtnereien und Baumschulen (soweit noch vorhanden) nach den steuerlichen Regelungen als Vorratsvermögen mit jährlich schwankenden Werten bilanziert werden. Hierbei steht der einzelne Setzling sowie der für diesen in einem begrenzten Zeitabschnitt anfallende (und entsprechend präzise zurechenbare) Pflegeaufwand im Vordergrund. Entsprechend den Richtlinien der Finanzverwaltung ist in diesen Einzelfällen eine Bilanzierung im Vorratsvermögen (Langfristfertigung) unseres Erachtens zutreffend. Vereinfachungen sollten aber auch hier vorgenommen werden.

IDW: Waldwertermittlungsrichtlinien des Bundes

Zur Bewertung stellt das IDW grundsätzlich auf die **Waldwertermittlungsrichtlinien** (WaldR 91) des Bundes ab.[179] Die WaldR 91, die hauptsächlich auf die Ermittlung von Entschädigungswerten für kleine Waldflächen ausgerichtet sind, sehen grundsätzlich eine Einzelwertermittlung der aufstehenden Bäume vor. Bei großen Waldflächen soll aber auch nach den WaldR 91

---

[178] Vgl. KGSt (1997) S. 37 u. 68; Lüder (1999) S. 52 u. 138; Hessisches Ministerium der Finanzen (2004) Anlage 4, Ziffer 7 Abs. 4.; Modellprojekt (2003) S. 404 f.; IDW (2001) S. 1409.

[179] WaldR 91, Vorbemerkung. Die WaldR 91 enthalten auch Grundsätze und Hinweise für die Ermittlung von Nebenentschädigungen für Nachteile, die im Zusammenhang mit der Beschaffung von Waldflächen entstehen.

marktpreis- bzw. ertragswertorientiert ein Gesamtwert ermittelt werden, weil eine Einzelwertermittlung häufig zu unrealistisch hohen Werten führen würde, die über dem Verkehrswert des gesamten Waldes lägen.[180]

Das in den WaldR für die Einzelwertermittlung beschriebene Wertermittlungsverfahren gibt nach unserer Einschätzung einen Überblick über die forstspezifische Komplexität des Bewertungsproblems. Das von den WaldR 91 vorausgesetzte, differenzierte Wertgutachten enthält im Regelfall – neben einer Bodenwertermittlung im Vergleichswertverfahren – zur Verkehrswertermittlung der Waldbestände (Aufwuchs) eine nach Waldarten (Altersklassenwald, Plenterwald, Mittelwald, Niederwald) unterschiedlich gestaltete Berechnung von Abtriebswerten und eine Berücksichtigung der noch nicht erntereifen, aufstehenden Hölzer nach baumartbezogenen Alterswertfaktoren. Der Abtriebswert eines Waldbestandes entspricht dem Marktpreis, der beim Verkauf des gefällten und aufgearbeiteten Holzes nach Abzug der Holzerntekosten erzielbar wäre (also ein Deckungsbeitrag bei Vollernte). Zum Altersklassenwald wird ergänzend bestimmt, dass der Wert des aufstehenden Holzes in der Regel nicht niedriger liegt als die Kosten, die für eine Wiederaufforstung aufgewendet werden müssten. Die Wiederaufforstungskosten bilden also im Regelfall die untere Wertgrenze für den Bestandswert des aufstehenden Holzes.

Niedersächsische Waldbewertungsrichtlinien

Diese Grundsätze der WaldR des Bundes haben mehrere Bundesländer in **landesrechtlichen Waldbewertungsrichtlinien weiter konkretisiert**, die durchaus untereinander differieren. Im Internet finden sich als ein Beispiel die Waldbewertungsrichtlinien des Landes Niedersachsen (WBR 86) in der Fassung von Juli 2003 mit differenzierten Handlungsanweisungen und vorgerechneten Beispielen für die einzelnen Bewertungsfälle, wie Veräußerungen, Schadensfälle usw.[181] Bei größeren Bewertungsobjekten sind sowohl der **Ertragswert des Forstbetriebes** (Waldrentierungswert) als auch die **Summe der Abtriebs- und Bodenverkehrswerte** durch Gutachten zu bestimmen.[182]

---

[180] Vgl. WaldR 91, Ziffer 3.2, insbesondere Satz 3 – 5, wo von der Notwendigkeit einer Waldrentierungswertberechnung gesprochen wird.
[181] Forstnds (2003).
[182] Vgl. Forstnds (2003), Ziffer 27 – 32 sowie Anlage 1.3.

Bewertung der öffentlichen Grün- und Freiflächen

Die Situation in Baden-Württemberg

Baden-Württemberg ist das erste Bundesland, das den (unseres Erachtens begrüßenswerten) Schritt der weitgehend einheitlichen Festlegung von Werten für den Waldboden von 0,26 EUR/m^2 bzw. für den Aufwuchs zwischen 0,72 und 0,82 EUR/m^2 geht.[183] Ausnahme: Ist nach dem Zeitpunkt der Anschaffung oder Herstellung eine Ermittlung des Veräußerungswertes im Einzelfall vorgenommen worden, so ist diese für die Bewertung maßgeblich.[184]

Die Situation in Hessen

Für das Land Hessen liegen noch keine differenzierten veröffentlichten Angaben vor; nach dem Hessischen Kontierungshandbuch ist für den hessischen Staatswald eine spezielle Bewertungsrichtlinie in Arbeit.[185]

Auch aus den drei hessischen Pilotkommunen liegen uns keine Daten über die Waldbewertung vor. Unabhängig davon hat die Stadt Michelbach vorgeschlagen, den in § 55 EStG enthaltenen steuerrechtlichen Pauschalwert aus 1971 zu verwenden,[186] der allerdings für andere Zwecke geschaffen wurde und nach unserer Einschätzung keine hinreichende forstwirtschaftliche Fundierung besitzt.

Die Situation in Niedersachsen

In Niedersachsen existieren keine speziellen Regelungen zur Forstbewertung in der kommunalen Eröffnungsbilanz. Die **Arbeitsgruppe Inventurvereinfachung** hat lediglich festgelegt, dass nicht forstwirtschaftlich genutzte Flächen zu 0,50 EUR je Quadratmeter zu bewerten sind (Bodenwert).

Im Pilotprojekt **Uelzen** wurde der städtische Forst mit[187]

- 0,26 EUR je Quadratmeter für den Bodenwert und
- 0,68 EUR je Quadratmeter für den Aufwuchs

bewertet.

---

[183] Vgl. Baden-Württemberg/Entwurf (2005) § 62 Abs. 6 Satz 1 GemHVO.
[184] Vgl. Baden-Württemberg/Entwurf (2005) § 62 Abs. 6 Satz 2 GemHVO.
[185] Hessisches Ministerium der Finanzen (2004) Anlage 4, Ziffer 7 Abs. 4.
[186] Vgl. Ruhr (2003) S. 2/409.
[187] Vgl. Lüder/Wagner/Spindler (2003) S. 16 – 17.

Im Pilotprojekt **Salzgitter** wurde für das aufstehende Holz 1,00 EUR je Quadratmeter angesetzt.

Die Situation in Nordrhein-Westfalen

Der Leitfaden der NKF-Pilotstadt Dortmund liefert zwei grundsätzliche Bewertungsalternativen:

- Die Bewertung kann unmittelbar auf Basis des Forsteinrichtungswerks (einem differenzierten, kontinuierlich fortgeschriebenen Bestandsverzeichnis) unter Zugrundelegung der nordrhein-westfälischen Waldbewertungsrichtlinien erfolgen. Dieses Vorgehen wird als sehr aufwändig bezeichnet.

- Die Bewertung kann in Anlehnung an die Waldbewertungsrichtlinien vereinfachend auf Grundlage eines durchschnittlichen Alters bzw. Brusthöhendurchmessers erfolgen.

Die zuletzt genannte vereinfachende Lösung wird im NKF-Modellprojekt als **Rechenbeispiel auf Basis des Dortmunder Stadtwaldes** vorgerechnet.[188] Es handelt sich betriebswirtschaftlich um einen Zerschlagungswert, bei dem das Holz so bewertet wird, als ob es zum Stichtag der Eröffnungsbilanz vollständig geerntet wird. Hierzu werden die Netto-Abtriebserlöse je ha und Baumartengruppe auf Basis der durchschnittlichen Brusthöhendurchmesser[189] (als Altersmaß) unmittelbar mit den ha der Baumartengruppen multipliziert und ein durchschnittlicher Abtriebswert (Deckungsbeitrag) von 1.879,61 EUR/ha, d. h. 0,19 EUR/m^2 errechnet.[190]

Außerdem werden in Nordrhein-Westfalen die **Forstgrundstücke** (Bodenwerte) zu zwei landeseinheitlichen Richtwerten bewertet (0,46 EUR/m^2 bzw. 0,23 EUR/m^2 für Naturschutzgebiete), die für das gesamte Land Nordrhein-Westfalen gelten.[191] Für den Wirtschaftswald errechnet sich damit ein Quadratmeterwert von insgesamt 0,65 EUR/m^2. Damit liegt der NKF-Wert zwar

---

[188] Vgl. Modellprojekt (2003) S. 414.

[189] Zu entnehmen aus dem jeweiligen Forsteinrichtungswerk; dabei handelt es sich um eine sehr differenzierte Forstinventur, die – soweit ersichtlich – in jedem Bundesland flächendeckend durch eine Landesbehörde organisiert ist und i. d. R. eine Fortschreibung der Bestände alle 10 Jahre verlangt. Zur Nutzung für Zwecke des kommunalen Rechnungswesens bitte den lokalen Förster fragen.

[190] Eigene Berechnung auf Basis der Angaben in: Modellprojekt (2003) S. 414.

[191] Vgl. Stadt Dortmund (o. J.) S. 16.

erwartet deutlich unter den Werten aus Einzelbewertungen kleinerer Flächen,[192] aber auch erheblich unter den für Baden-Württemberg festgeschriebenen Werten.

Zu dem zuletzt genannten NKF-Vorschlag kann noch ergänzend festgehalten werden, dass man zu sehr ähnlichen Werten kommt, wenn man den **Wert des aufstehenden Holzes** über eine vereinfachende ertragswertorientierte Betrachtung – wie im Praxisbeispiel in Abb. 36 – **plausibilisiert**: Zum Stichtag der Eröffnungsbilanz soll für mehrere Kategorien vorhandener Baumarten jeweils Deckungsbeiträge und Hiebsätze (Ziel der nachhaltigen Bewirtschaftung) vorsichtig geschätzt werden. Bei einer vorgegebenen waldbaulichen Behandlungsweise und einer gegebenen Ausstattung der Waldbestände auf Grundlage der Landeswaldinventur kann davon ausgegangen werden, dass folgende Erntemengen dauerhaft (für die nächsten 20 Jahre) zur Verfügung stehen (Hiebsätze in Erntefestmeter – Efm) und bei den wirtschaftlichen Rahmenbedingungen zu folgenden Deckungsbeiträgen führen (Erfahrungswerte des leitenden Försters[193]):

Art	Hektar	Hiebsatz Efm/ha	EUR/ Efm	EUR/ha	EUR
Eiche	8.417	3,4	24	81,60	686.827
Buche	10.977	4,6	29	133,40	1.464.332
Ahorn	5.727	1,4	13	18,20	104.231
Fichte	5.001	6,7	22	147,40	737.147
Kiefer	2.456	3,5	15	52,50	128.940
Douglasie	1.578	7,4	5	37,00	58.386
Lärche	1.567	4,6	3	13,80	21.625
Blöße	66	0	0	0,00	0
Summe	35789				3201488
Ø-Werte		4,1	21,82	89,45	
Ewige Rente				1.789,00	64.029.760

Abb. 36: Forsterträge (IöR-Praxisbeispiel) [194]

---

[192] Vgl. das Beispiel 1 der niedersächsischen WBR, das zu einem Bodenverkehrswert von 4,90 EUR/m² zuzüglich eines Bestandswerts für das aufstehende Holz von 1,90 EUR/m² kommt.

[193] Auch die erzielbaren Hiebsätze sind sehr ähnlich im Vergleich zu Dortmund, obwohl es sich um ein Praxisbeispiel aus einem anderen Bundesland handelt.

[194] Vgl. Bolsenkötter/Detemple/Marettek (2002) S. 76.

Als gewogenes Mittel errechnet sich ein Hiebsatz von 4,1 Efm/ha mit einem durchschnittlichen Deckungsbeitrag von 21,82 EUR/ha, somit ein hektarbezogener Deckungsbeitrag von 89,45 EUR/ha.

Bei Unterstellung einer ewigen Rente und einem Kapitalisierungszinssatz von 5 % (Vervielfältiger 20) ergibt sich ein durchschnittlicher geschätzter Zeitwert je ha genutzter Waldfläche von 1.789 EUR, d. h. 0,18 EUR/m^2. Der im Vergleich zum NKF-Wert des Aufwuchses von 0,19 EUR/m^2 sehr ähnliche Wert erklärt sich einfach dadurch, dass im Beispiel 20 Jahre lang (Vervielfältiger 20 in der ewigen Rente) in etwa dasselbe im Wald geerntet wird wie bei der grundsätzlich nicht unproblematischen Vollerntefiktion des NKF sofort. Hierzu muss allerdings ergänzend festgehalten werden:

- Es handelt sich bei allen genannten Wertansätzen für den Aufwuchs (auch bei den baden-württembergischen Werten) nur um Plausibilisierungen für den Wert des aufstehenden Holzes, die keinen unmittelbaren Bezug zur Realität defizitärer öffentlicher Forstbetriebe besitzen.

- Da in der Praxis der öffentlichen Forsten fast immer mit zu hohem Personaleinsatz (überwiegend im Bereich der nicht wertrelevanten „Waldpflege") gearbeitet wird, kommt kaum ein öffentlicher Forstbetrieb ohne erhebliche Verluste aus, so dass positive Ertragswerte im unternehmerischen Sinne nicht feststellbar sind.

Aus Nordrhein-Westfalen liegt noch der Leitfaden zur Bewertung des kommunalen Vermögens aus dem **Gemeinschaftsprojekt der Kreissparkasse Köln** und der Kommunen Bergisch Gladbach, Brühl, Engelskirchen, Wesseling, Erftkreis und Rheinisch-Bergischer Kreis vor. Hier wird darauf verwiesen, dass einzelne Gutachterausschüsse Vergleichspreise für Forstflächen ausweisen. In diesem Zusammenhang wird ein Gutachterausschuss zitiert, der einen durchschnittlichen Wert mit Bestockung von 0,90/m^2 EUR (Streuung ohne Extremwerte von 0,70 EUR/m^2 bis 1,25 EUR/m^2) berechnet habe. Unter Berücksichtigung des landeseinheitlichen NKF-Bodenwerts von 0,46 EUR/m^2 wird anschließend ein Durchschnittswert für das aufstehende Holz von 0,44 EUR/m^2 vorgerechnet.[195] Damit liegt der hier genannte Wert zwischen dem Wert aus Dortmund (NKF) und dem Wert aus Baden-Württemberg.

---

[195] Vgl. Kreissparkasse Köln (2002) S. 15.

Bewertung der öffentlichen Grün- und Freiflächen

Die Situation in Rheinland-Pfalz

Die im Entwurf vorliegende Bewertungsrichtlinie enthält zur Forstbewertung umfangreiche und praxisorientierte Regeln:[196]

- Der **Waldboden** ist mit dem Bodenrichtwert der entsprechenden Bodenrichtwertzone zu bewerten. Kann auf diesen Wert nicht zurückgegriffen werden, kann ein landeseinheitlicher Wert von **0,20 EUR/m²** angesetzt werden.

- Das **aufstehende Holz** ist bei Forsten, die einer regelmäßigen Bewirtschaftung unterliegen, auf der Grundlage von Erfahrungswerten aus dem An- oder Verkauf vergleichbarer Wald- und Forstbestände unter Beachtung eines Anpassungsbedarfs an die Besonderheiten des zu bewertenden Wald- und Forstbestandes bzw. auf der Grundlage des aktuellen Forsteinrichtungswerks unter Berücksichtigung der Faktoren Altersklasse, Bewertungsfläche, Ertragsklasse, Abtriebswert, Kulturkosten, Alterswertfaktor, Bestockungsgrad zu ermitteln. Von dem so ermittelten Wert ist ein pauschaler Abschlag in Höhe von 50 % (zur Berücksichtigung möglicher künftiger Risiken bis zur Reife des Bestandes) vorzunehmen.

Die Berechnungsmethodik des Landes Rheinland-Pfalz, zu der auch eine Anlage 11 zur Bewertungsrichtlinie existiert, ist offensichtlich zusammen mit den forstwirtschaftlichen Experten der **Forsteinrichtung bei der Zentralstelle der Forstverwaltung des Landes** auf Grundlage der BLUME'schen Formel erarbeitet worden.[197] Damit kann jede rheinland-pfälzische Kommune ihren Forstbestand auf Grundlage der Inventurdaten der Forsteinrichtung des Landes bzw. der zentralen Datenbank der Landesforsten ermitteln lassen, wozu die Berechnung für alle kommunalen Waldbesitzer im Auftrag des Gemeinde- und Städtebundes von Landesforsten zentral durchgeführt wird.

In Rheinland-Pfalz wird offenbar von der Bilanzierung nach dem Festwertgrundsatz ausgegangen, allerdings mit 10-jähriger Wertfortschreibung analog zur Fortschreibung des Forsteinrichtungswerks.[198] Der rheinland-pfälzische Ansatz folgt damit zwar zunächst der traditionellen Forstbewertung,

---

[196] Vgl. Rheinland-Pfalz/Entwurf (2006) § 5 Abs. 4 Ziffer 2l und Ziffer 3.
[197] Vgl. Deisenroth/Ontrup/Schaefer (2005) S. 77ff.
[198] Vgl. Deisenroth/Ontrup/Schaefer (2005) S. 80.

nimmt dann allerdings derart hohe pauschale Abschläge vor, dass im Ergebnis ähnlich niedrige Werte errechnet werden wie in Baden-Württemberg.

Die Situation im Saarland

Die im Saarländischen Gemeinschaftsprojekt Neues kommunales Rechnungswesen erarbeiteten **Sonderrichtlinien zur Bewertung in der Eröffnungsbilanz (Entwurf)** lehnen sich ausdrücklich an das Beispiel aus Baden-Württemberg an, wenn in § 6 Abs. 4 geregelt wird:[199]

- Bei Waldflächen gelten in der Eröffnungsbilanz als Anschaffungskosten vereinfachend 0,75 EUR je m^2 für den Aufwuchs und 0,25 EUR je m^2 für den Grund und Boden.
- Die so ermittelten Werte sind in den Folgeabschlüssen vereinfachend analog zu den Grundsätzen für nicht-abnutzbare Vermögensgegenstände fortzuschreiben.
- Diese Vereinfachung bedeutet, dass der Wert des Aufwuchses (genauso wie der Bodenwert) in den Folgeabschlüssen im Regelfall unverändert bleibt, sofern keine Forstgrundstücke erworben oder veräußert werden.

Zusammenfassende Beurteilung und ergänzende Hinweise

Bei der Waldbewertung kommen sowohl der ertragsorientierte als auch der ersatzbeschaffungs- bzw. rekonstruktionsorientierte Bewertungsansatz an ihre Grenzen. Ursächlich sind vor allem folgende **waldspezifische Faktoren**:

- der mehrere Generationen umfassende Wachstums- bzw. Wertentstehungsprozess,
- dieser Wachstumsprozess läuft zumindest in Mitteleuropa so langsam, dass sich die Wertentstehung von Jahr zu Jahr nicht hinreichend genau abbilden lässt – hierzu ist die Forsteinrichtung selbst bei moderner Technologie zwangsläufig zu ungenau,
- schwankende Holzmarktpreise andererseits, die eine jährliche Bewertung willkürbehaftet und zugleich wenig aussagekräftig erscheinen ließen,

---

[199] Vgl. Saarland/Entwurf (2006a) und Saarländisches Gemeinschaftsprojekt (2006) Kapitel 13, S. 57.

- die bereits oben ausführlich dargestellte Multifunktionalität des Waldes, der eine Betrachtung als „Vorratslager mit lebendigem Holz" wenig gerecht würde, sowie
- die erklärte Absicht der öffentlichen Waldbesitzer (Bund, Länder, Kommunen), die ökologischen Bedürfnisse des Waldes zunehmend zu beachten.

Auch beim öffentlichen Wald sollte von seinem Zweck ausgegangen werden. Dies bedeutet beispielsweise für die Staatsforsten der Länder, dass diese gesetzlich regelmäßig verpflichtet sind, alle wirtschaftlichen Nutzungen des Staatswaldes im Rahmen einer nachhaltigen ökologischen und sozial ausgerichteten Waldwirtschaft durchzuführen. Die Betrachtung des Staatswaldes als ökologische Einheit, die nachhaltig zu bewirtschaften ist, unterstützt den Charakter der andauernden Nutzung als Anlagevermögen. Gleiches gilt auch für die weit verbreiteten Zielsetzungen der Landesforstverwaltungen, die in den nächsten Jahrzehnten den verbleibenden Baumbestand aus ökologischen und sozialen Gründen weiter deutlich anheben wollen; eine Versilberung von wesentlichen Teilen dieses Bestandes ist weder gesetzlich zulässig noch geplant. Vielmehr dürften sich in den nächsten Jahrzehnten tendenziell bundesweit die ökologischen Konzepte durchsetzen, nach denen der Wald sich immer mehr selbst überlassen werden soll und nur noch gezielte Erntevorgänge marktreifer Bäume erfolgen sollen (bis hin zum Gedanken des Prozessschutzes). Auch der für die Wertentstehung insgesamt sehr geringe Anteil der menschlichen Tätigkeit des Försters widerspricht deutlich einer Betrachtung als „Langfristfertigung".

Vor allem Praktikabilitätsgesichtspunkte sprechen gegen jährliche Wertzuschreibungen (für die Wertentstehung) bzw. Abschreibungen (für die Holzernte): Die Vermögens-, Finanz- und Ertragslage der öffentlichen Gebietskörperschaft wird regelmäßig nicht nennenswert durch derartige, zudem zwangsläufig ungenaue und zufallsbedingte Wertveränderungen beeinflusst. Daher steht der extreme Ermittlungsaufwand für die jährliche Berechnung (der über die schon sehr aufwändigen Forsteinrichtungswerke noch hinausgehen müsste) in keinem Verhältnis zu dem Nutzen einer derartig schwankenden Bewertung. Der gesetzlich verankerte Zweck der öffentlichen Wälder, der die Nachhaltigkeit der Waldbewirtschaftung – dass also höchstens so viel Holz geerntet werden darf, wie nachwächst – wird damit u. E. folgendermaßen sachgerecht bilanziell abgebildet:

- Für das Waldvermögen der Gebietskörperschaft werden ein oder mehrere Vermögensgegenstände des **Anlagevermögens** gebildet.
- Diese werden zu Zeitwerten in die Eröffnungsbilanz gestellt, die in den Folgeabschlüssen weder zu- noch abgeschrieben werden.

Dieser feste Anlagenwert Wald kann bilanztheoretisch sowohl über eine **Analogie zum Festwertkonzept** des § 240 Abs. 3 HGB **oder in Analogie zur Bewertung des nicht abnutzbaren Vermögens** (wie z. B. dem Boden) begründet werden. Da das Waldvermögen nach den Landesgesetzen nicht abgenutzt werden soll – dessen Nutzung also nicht zeitlich begrenzt ist im Sinne von § 253 Abs. 2 Satz 1 HGB – erscheint eine Analogie zum nicht abnutzbaren Anlagevermögen gerechtfertigt. Die Konsequenzen:

- Auf die festwertspezifische Bedingung der Überprüfung alle drei Jahre kann überwiegend verzichtet werden. Hierfür reichen nach unserer Einschätzung die im zehnjährigen Turnus erfolgenden Fortschreibungen der (extrem differenzierten) **Forsteinrichtungswerke der Länder** völlig aus.
- Eine **außerplanmäßige Abwertung** dieser feststehenden Waldwerte sollte nur bei großen Naturkatastrophen in Frage kommen, wie z. B. durch ein Zusammenwirken einer menschlich verursachten Umweltkatastrophe und einer extremen Hitzeperiode (wie es bislang in Deutschland noch nicht aufgetreten ist). Die großen Orkane der letzten Jahrzehnte haben jedenfalls nach unseren Informationen den Waldwert per Saldo nicht so wesentlich verändert, dass außerplanmäßige Abschreibungen erforderlich gewesen wären.

Zur **Höhe der Wertansätze** kann unseres Erachtens davon ausgegangen werden, dass

- die von Baden-Württemberg festgeschriebenen Werte von 0,26 EUR/m^2 für den Boden und 0,72 – 0,82 EUR/m^2 für den Aufwuchs in etwa auf den forstwirtschaftlich geprägten Bewertungskonzepten (WaldR, Landesrichtlinien, Blumesche Formel) basieren dürften, die wohl als angemessene Zeitwerte für Forstflächen in Mitteleuropa gelten können,
- andererseits das Dortmunder NKF-Beispiel von 0,46 EUR/m^2 für den Boden und 0,19 EUR/m^2 für das aufstehende Holz als eine eher vorsichtige Wertschätzung zu interpretieren ist.

Das Rheinland-Pfälzische Konzept hat zunächst den Vorteil, dass die herkömmlichen Forsteinrichtungswerke sowie die entsprechende Bewertungstradition berücksichtigt werden. Die damit erreichte hohe Genauigkeit wird u. E. durch die sachlich nur schwer begründeten pauschalen Abschläge konterkariert. Die hohen wertmäßigen Abschläge relativieren u. E. stark die wertmäßige Bedeutung einer differenzierten Forstbewertung. Offenbar wird durchaus auch in Rheinland-Pfalz vom wertmäßigen Ergebnis gedacht und insgesamt eine sehr vorsichtige Bewertung angestrebt.

Für den **kommunalen Praktiker** bedeutet diese Situation, dass jeder einigermaßen plausibel aus den Daten der Forsteinrichtungswerke abgeleitete Wert akzeptiert werden dürfte. Im Interesse der **Begrenzung der Wertermittlungskosten** regen wir nachdrücklich an, dass die Länder möglichst einheitliche Quadratmeterwerte für alle Kommunen festschreiben sollten (sowohl für die Bodenwerte als auch für den Wert des aufstehenden Holzes). Eine präzise forstwirtschaftliche Holzbewertung würde nicht nur erhebliche Kosten für Forstsachverständige verursachen, sondern wäre im Hinblick auf die Ziele der kommunalen Eröffnungsbilanz (und die zwangsläufigen Grenzen jeder Zeitwertermittlung für große Forstflächen) wenig sachgerecht. Insoweit erscheint die Baden-Württembergische Lösung als vorbildlich; abgesehen von einem Bestandsschutz für bereits vorliegende Bewertungen würden wir empfehlen, vollständig auf Wahlrechte zu verzichten.

Zusammenfassendes Rechenbeispiel

Das von uns im Interesse einer möglichst einfachen Forstbewertung in der Eröffnungsbilanz vorgeschlagene Verfahren verdeutlichen wir an dem Rechenbeispiel in Abb. 37.

Land- und forstwirtschaftlich genutzte Flächen

EUR/qm	Baden-Württemberg	Zum Vergleich: Beispiel aus Rheinland-Pfalz	Beispiel aus NRW Stadt Dortmund	Saarland
Quadratmeterwert für Boden	0,26	0,20	0,46	0,25
Quadratmeterwert für Boden Naturschutzgebiete	0,26	0,20	0,23	0,25
Quadratmeterwert für Holz	0,72	0,66	0,19	0,75

Waldflächenarten	Quadratmeter	Bodenwert EUR	Wert des Holzes EUR	Gesamtwerte EUR
Eiche	2.324.666	604.413	1.673.760	2.278.173
Buche	15.600.900	4.056.234	11.232.648	15.288.882
Ahorn	1.200.456	312.119	864.328	1.176.447
Fichte	2.445.388	635.801	1.760.679	2.396.480
Kiefer	3.667.411	953.527	2.640.536	3.594.063
Douglasie	224.276	58.312	161.479	219.790
Lärche	2.348.562	610.626	1.690.965	2.301.591
Summe Wirtschaftswald	27.811.659	7.231.031	20.024.394	27.255.426
Naturschutzgebiete	1.261.168	327.904		327.904
Blöße (nicht bewaldet)	453.198	117.831		117.831
Summen	**29.526.025**	**7.676.767**	**20.024.394**	**27.701.161**

Abb. 37: Beispielhafte Wertermittlung auf Basis der baden-württembergischen Vorgaben

6 Praktikable Erfassung und Bewertung der übrigen Immobilien

> **Auf einen Blick:**
> Für die Bewertung von Straßen und sonstigen Infrastrukturbauwerken wird im Regelfall eine Form des Sachwertverfahrens angewandt. Dabei sind sich die Länder Baden-Württemberg, Hessen und Nordrhein-Westfalen deutlich näher als bei der Gebäudebewertung.
>
> Als sachgerechte Vereinfachung wird auf den Straßenkörper eines Straßenabschnitts (oder den Bauwerkskörper) mit gleicher Ausstattung abgestellt, für den durchschnittliche Wiederherstellungskosten ermittelt sowie Zustandsbeurteilungen vorgenommen werden.

6.1 Überblick

Bedeutung und Arten

Ganz anders als beim Forst stellt die Bewertung der Straßen und sonstigen Infrastrukturbauwerke kein konzeptionelles Problem dar. Für die Bewertung von Straßen und sonstigen Infrastrukturbauwerken wird im industriellen Bereich seit Jahrzehnten – sofern keine Bewertung zu Anschaffungs- und Herstellungskosten erfolgt – im Regelfall eine Form des **Sachwertverfahrens** angewendet. Dies überrascht auch nicht: Hinsichtlich der Bewertungsmethode gibt es im Grunde wenig sachliche Unterschiede zwischen der Bewertung einer Straße und der der benachbarten Schule, die ja auch eine befestigte Auffahrt und verschiedene andere Außenanlagen besitzt.

Zu den übrigen Immobilien der Kommunen gehören **vor allem folgende Spezialimmobilien**, die eine zentrale Bedeutung für das Funktionieren der modernen Industrie- und Freizeitgesellschaft besitzen:

- Gemeindewege und Straßen, Kreis-, Landes- und Bundesstraßen sowie Bundesautobahnen,
- die entsprechenden öffentlichen Plätze,
- Brücken und Tunnel,

- Bahnhofs- und andere Eisenbahnbauten (bereits seit längerem bewertet),
- Baulichkeiten auf Flughäfen und -plätzen (meist bereits seit längerem bewertet),
- Hafenbauten (meist bereits bewertet),
- Hochwasserschutzdämme und Schleusen an Flüssen und Seen,
- Deichanlagen an Nord- und Ostsee,
- Sportanlagen (Baulichkeiten in Stadien, Umkleidekabinen),
- touristisch genutzte Bauten wie Frei- und Hallenbäder (meist in Bäderbetrieben bewertet), Strandbauten und Bergbahngebäude sowie
- alle militärisch genutzten Spezialimmobilien wie Kasernen, Truppenübungsplätze, Bauten für Kommunikationseinrichtungen usw.

Dabei ist allerdings zu berücksichtigen, dass nach den allgemeinen Bilanzierungsgrundsätzen die Spezialimmobilien (also Boden und Aufbauten z. B. einer Straße) grundsätzlich von den Betriebsvorrichtungen (z. B. Beleuchtung und Ampeln) zu trennen sind.[200] Betriebsvorrichtungen gehören nach dieser durch die Steuerrechtsprechung geprägten Abgrenzung systematisch zu den beweglichen Vermögensgegenständen – auch wenn sie fest mit dem Grundstück verbunden sind. Die Betriebsvorrichtungen – es handelt sich um die spezifischen, der Kommune gehörenden technischen Anlagen und Maschinen – werden daher unten im Kapitel 7 behandelt.

Baudenkmäler, die nicht als Gebäude oder als Teil eines Gebäudes genutzt werden, und Bodendenkmäler werden allgemein mit einem Erinnerungswert angesetzt.[201]

Wir werden uns im Folgenden auf die kommunalen und landeseigenen Spezialimmobilien konzentrieren, für die eine erstmalige Umstellung des Rechnungswesens (und damit eine Bewertung) aktuell ansteht.

---

[200] Vgl. Berger/Ring (2003) § 253 Rz. 352 f.
[201] Vgl. z. B. Nordrhein-Westfalen (2004) § 55 Abs. 4 GemHVO.

6.2 Straßen und Plätze

Bedeutung der Straßenbewertung

Anhand der Straßenbewertung kann noch einmal der Zweck des vollständigen Ressourcenverbrauchskonzepts verdeutlicht werden.

Die Bewertung der Straßen ist Voraussetzung dafür, dass Abschreibungen im Haushalt veranschlagt werden können. Abschreibungen bilden den Werteverzehr ab, der im Laufe der Zeit an den Straßen durch ihre planmäßige Nutzung (bei ordnungsmäßiger Instandhaltung) eintritt. Wenn dieser Werteverzehr jedoch nicht abgebildet wird – wie in der herkömmlichen Kameralistik – verleitet die Unsichtbarkeit des planmäßigen Werteverzehrs dazu, im Instandhaltungsbereich weniger als eigentlich nötig zu tun. Häufig wird in der Haushaltsdiskussion (fälschlich) gedacht: „Die Straße besteht ja sowieso. Lasst uns das Geld lieber für politisch attraktivere Dinge (als für die Straßeninstandhaltung) ausgeben". Ergebnis sind schlecht instand gehaltene Straßen; häufig entsteht ein Instandhaltungsstau, der von der künftigen Generation bewältigt werden muss.

Historische Anschaffungs- und Herstellungskosten oder wiederbeschaffungsorientierte Zeitwerte?

Wie bereits oben erläutert, werden Straßen und Plätze entweder zu historischen (ggf. geschätzten) Anschaffungs- und Herstellungskosten oder nach dem Sachwertverfahren – d. h. wiederbeschaffungs- bzw. rekonstruktionsorientiert nach der vorgefundenen Bausubstanz – bewertet.

Die Fachdiskussion hat sich dementsprechend darauf konzentriert,

- wie das Mengenproblem zur Erfassung der überaus zahlreichen Straßen, Plätze, Brücken, Tunnel und sonstigen Bauwerke in den Griff zu bekommen ist,
- welche Vereinfachungen dabei sachgerecht erscheinen (insbesondere: wo eine Straße anfängt bzw. aufhört und was der einzelne Vermögensgegenstand ist) und
- welche Wertansätze pro Quadratmeter Bodenfläche bzw. für die unterschiedlichen Aufbauten angesetzt werden sollen.

Die Situation in Baden-Württemberg

Der Regelungsentwurf des Landes Baden-Württemberg zur GemHVO enthält folgende spezifische Vorschriften:[202]

- Für **Straßenbauten** sind einheitlich den Preisverhältnissen zum 1. Januar 1996 entsprechende Erfahrungswerte anzusetzen, wenn die tatsächlichen Anschaffungs- oder Herstellungskosten nicht oder nur mit unverhältnismäßigem Aufwand zu ermitteln sind. Dieser Wert wird um eine Abschreibung entsprechend dem Verhältnis der Restnutzungsdauer zu der gesamten Nutzungsdauer vermindert.

- Für den **Straßenboden** sind die für landwirtschaftliche Flächen geltenden Erfahrungswerte zu Grunde zu legen.

Die Situation in Hessen

Für das Land Hessen liegen bereits folgende differenzierte Bewertungsgrundsätze vor; wir erläutern zunächst die Grundsätze der **Bodenbewertung**:[203]

- Die Erstbewertung der bereits im Bestand des Landes Hessen befindlichen Grundstücke erfolgt zu Zeitwerten.

- Zur Zeitwertermittlung wird für jeden Landkreis ein Durchschnittswert von den für dieses Gebiet zuständigen Gutachterausschüssen, unabhängig von ihrer Nutzung, errechnet. Die Flurstücke werden nach den Landkreisen, in denen sie gelegen sind, sortiert und ihre Flächen mit dem für das jeweilige Gebiet gültigen Durchschnittswert multipliziert.

- Sind Flurstücke im Einzelfall auf Grund von außergewöhnlichen Umständen, wie z. B. einer bereits bekannten Bodenverseuchung, im Wert gemindert, sind entsprechende Abschläge auf den Bodenwert dieser Flurstücke vorzunehmen.

- Alle Flurstücke sind einzubeziehen, über die ein Straßenkörper mit seinen Verkehrseinrichtungen führt oder auf denen technische Bauwerke in Zusammenhang mit der Trassenführung errichtet wurden.

---

[202] Vgl. Baden-Württemberg/Entwurf (2005) § 62 GemHVO. Zur vorangegangenen Fachdiskussion vgl. die ausführliche Darstellung bei Klee (2002) S. 11.

[203] Vgl. Hessisches Ministerium der Finanzen (2004) Anlage 9.

Zur Bewertung der **Straßenbauten** lässt sich für Hessen folgende Bestandsaufnahme machen:[204]

- Die **ganz differenzierte Bewertungsmethode**, nach der die einzelnen Straßenkomponenten (Unterbau, Tragschicht, Decke, Beleuchtung, Beschilderung, Rad- und Gehwege) jeweils differenziert erfasst und bewertet werden, ist soweit erkennbar **nicht umgesetzt** worden.

- Die **Pilotstadt Dreieich** hat offenbar die am meisten differenzierende Bewertungsmethode umgesetzt. Danach werden zwar Unterbau, Tragschicht und Decke als Straßenkörper zusammengefasst, aber die Rad- und Gehwege werden differenziert erfasst und bewertet.

- Die **Pilotkreise Darmstadt-Dieburg und Lahn-Dill-Kreis** haben eine Buchinventur durchgeführt und die tatsächlichen Anschaffungs- und Herstellungskosten seit 1985 ermittelt.

Für die **Landesverwaltung** wurde in Hessen folgendes Bewertungskonzept erarbeitet.[205]

- **Für jede Landesstraße** wird **ein Bewertungsobjekt** gebildet, das aus verschiedenen Vermögensgegenständen besteht. Hierzu gehören
  - die unter den Immobilien bilanzierten Straßenkörper,
  - die dazugehörigen Straßenausstattungen (Schutzplanken, Schilder),
  - die Brückenbauwerke und
  - die sonstigen Bauwerke (Wasserdurchlässe, Stützmauern, Lärmschutzwände) sowie
  - die als technische Anlagen bilanzierten Beleuchtungen und Ampeln.

- Durch ein DV-technisches Sortierkriterium können für Auswertungszwecke alle Vermögensgegenstände, die beispielsweise zu dem Bewertungsobjekt „Landesstraße 1234" gehören, zusammengefasst dargestellt werden.

- Zur Bewertung der Aufbauten wird die Landesstraße **nach der Qualität ihrer Ausbaustufen in Kategorien unterteilt**. Eine Kategorie stellt die Anzahl, Breite, Materialart und den Aufbau der Fahrstreifen dar (z. B. Kategorie 1 mit einem Fahrstreifen, Kategorie 2 mit zwei Fahrstreifen

---

[204] Vgl. Hessisches Ministerium der Finanzen (2004) Anlage 9 S. 5 ff. sowie Körner/Meidel (2003) S. 91ff.

[205] Vgl. Hessisches Ministerium der Finanzen (2004) Anlage 9 S. 5 ff.

Bewertung der übrigen Immobilien

usw.). Den Kategorien entsprechend werden dem Straßenverlauf folgend Abschnitte festgelegt. Ein Abschnitt beinhaltet immer nur eine Straßenkategorie. Wenn sich die Kategorie ändert, beginnt ein neuer Teilabschnitt. Das dabei benutzte geografische Informationssystem hätte auch eine Bewertung jedes einzelnen Netzknotenabschnitts (zwischen Kreuzungen bzw. Einmündungen) ermöglicht. Aus Gründen der Vereinfachung sowie infolge der wirtschaftlichen Ausrichtung hat das Land Hessen darauf verzichtet.

- Anhand der Länge und der Streifenbreite eines Abschnittes wird seine **Fahrbahnfläche** ermittelt. Alle Teilabschnitte einer Landesstraße mit der gleichen Fahrstreifenanzahl werden in einem Anlagengut (z. B. L3011 Kategorie 1/einspurige Abschnitte) zusammengefasst und es wird die Summe der Fahrbahnflächen errechnet. Die nach diesem Verfahren ermittelte Straßenfläche wird dann der Bewertung unterworfen.

- Wegen des Fehlens von historischen Herstellungskosten erfolgt die Bewertung nach dem **an den Wiederbeschaffungskosten orientierten Sachwertverfahren** unter Einsatz aktueller Durchschnittspreise (die Datenbank Pro Bau wird genannt). Es werden Durchschnittskosten für alle Komponenten des Straßenkörpers (Beschilderung, Decke, Tragschicht, Unterbau) zusammen verwendet. Rad- oder Gehwege sind – anders als in Dreieich – in der Regel nicht eigenständig geführt, sondern Bestandteil des Straßenkörpers.

- Es erfolgt interessanterweise offenbar keine Rückindizierung auf das Jahr der letztmaligen Grundsanierung.

- Der **Zustand** für die Landesstraßen wird regelmäßig von der Hessischen Straßenbauverwaltung erhoben und alle 100 Meter eine Benotung zwischen 1,0 und 5,0 vergeben. Für alle beurteilten Teilabschnitte einer Landesstraße wird aus den vergebenen Benotungen eine nach der tatsächlichen Verteilung der Zustandsnoten gewichtete **Durchschnitts-Zustandsnote** errechnet.

- Bei einer Gesamtnote von 4,5 und schlechter sind Erneuerungsmaßnahmen zwingend erforderlich.

- Erhält eine Landesstraße diese Zustandsnote, soll ein Abschlag zwischen 20 bis 30 % der nach obigem Verfahren ermittelten Herstellungskosten vorgenommen werden, wenn diese Bewertung auf mindestens 50 % der Streckenlänge einer Landesstraße zutrifft.

- Die **Nutzungsdauer** der Landesstraßen wird einheitlich auf 35 Jahre festgelegt. Dabei wird auf die Ablöserichtlinien des Bundes verwiesen, die von einer Erneuerung auch des Unterbaus alle 35 Jahre ausgehen.

Auch für die kommunale Ebene sind nach unserer Einschätzung landeseinheitliche Vorgaben im Rahmen des laufenden Gesetzgebungsprozesses wünschenswert; wir empfehlen die Vorgaben aus dem für die Landesstraßen zuständigen Finanzministerium zu übernehmen.

Die Situation in Niedersachsen

Für kommunale Straßen in Niedersachsen liegen bislang neben den Angaben der Pilotkommunen im Grunde nur die knappen Ausführungen der Arbeitsgruppe Inventurvereinfachung vor. Nach der **Arbeitsgruppe Inventurvereinfachung** sollen[206]

- Straßenböden mit 25 % der Bodenrichtwerte, mindestens mit den Bodenrichtwerten für Ackerland und
- Straßenbauten zu Anschaffungs- und Herstellungswerten, alternativ zu Näherungswerten

bewertet werden. Nähere Angaben, wie die Näherungswerte berechnet werden sollen, sind bislang nicht veröffentlicht.

Im Pilotprojekt **Salzgitter** wurde auf Basis des dort vorhandenen geographischen Informationssystems eine spezielle Ausprägung des Sachwertverfahrens zur Bewertung eingesetzt. Die Vorgehensweise verdeutlichen wir am Beispiel der Wiesenstraße im Stadtteil Salzgitter-Bad.[207]

Die Stadt Salzgitter differenziert in ihrem Projekt „Straßendatenbank" einerseits in **Straßenabschnitte** zwischen den Einmündungs-/Kreuzungsschnittpunkten und andererseits in mehrere **Ausstattungstypen** (Fahrbahn, Seitenflächen wie Gehwege, Parkstreifen, Grünflächen etc.). In der Anlagenbuchhaltung stellen die elf Straßenabschnitte der Wiesenstraße einzelne Anlagengüter dar.

---

[206] Vgl. Arbeitsgruppe Inventurvereinfachung (2004) S. 3-4.
[207] Vgl. hierzu die Beispieldateien auf der CD-ROM unter den Arbeitshilfen. Dort wird auch die Verbindung zum geographischen Informationssystem am Beispiel der Wiesenstraße verdeutlicht.

Bewertung der übrigen Immobilien

Das gesamte Straßenvermögen mit einer Gesamtlänge von rd. 550 km wurde im Rahmen der Begehung für Zwecke der Dokumentation, Bewirtschaftung und Bilanzierung ingenieurmäßig begutachtet und in der Straßendatenbank abgebildet. Als bewertungsrelevante Informationen wurden die Teilflächen der jeweiligen Ausstattungstypen in m^2 ermittelt und hierfür Baujahr, Bauausführung, Zustandsnote sowie Baumängel ermittelt. Konnte innerhalb der Straßenabschnitte die Gesamtfläche einer Fahrbahn bzw. Seitenfläche nach diesen Kriterien nicht einheitlich dargestellt werden (z. B. wenn die beiden Gehwege an einer Fahrbahn mit abweichender Zustandsnote oder unterschiedlichem Baujahr zu beurteilen waren), erfolgte eine tiefere Untergliederung in der Straßendatenbank. Dadurch wurden für die Fahrbahnflächen der elf Straßenabschnitte insgesamt 15 **Bewertungseinheiten** (d.h. Teilflächen) und für die Seitenflächen in Summe 55 Bewertungseinheiten gebildet.

In diesen 70 Bewertungseinheiten wurden die ermittelten Flächen mit einem aus Erfahrungswerten abgeleiteten aktuellen Wiederherstellungspreis multipliziert. Für die Wiesenstraße waren dabei folgende Wertansätze relevant:

- Fahrbahnfläche aus Asphalt –
  typisierte Bauklasse Salzgitter 3   56,00 EUR/m^2
- Seitenfläche – ungebunden   10,50 EUR/m^2
- Seitenfläche – Werksteinpflaster
  oder Werksteinplatten   28,00 EUR/m^2
- Seitenfläche – Beton   50,40 EUR/m^2

Bei der Ermittlung der **Alterswertminderung** wurde die Fahrbahnfläche mit Baujahr 1974 angesetzt. Jedoch waren bei allen Seitenflächen abweichende und im Regelfall spätere Baujahre zu berücksichtigen. Als Nutzungsdauer für die gesamte Wiesenstraße wurden einheitlich 40 Jahre festgelegt.

In Abhängigkeit von der vergebenen Zustandsnote wurden die Bewertungseinheiten im Sinne einer außerplanmäßigen Wertminderung mit einem pauschalen **Abschlag für unterlassene Instandhaltung** versehen. Dabei legte die Stadt Salzgitter die folgende Klassifizierung zugrunde:

Zustandsnote	Abschlag
bis 2,5	0 %
bis 3,0	5 %
bis 3,5	10 %
bis 4,0	50 %
bis 4,5	90 %
bis 5,0	100 %

Unabhängig von diesem Wertabschlag wurden aus der Begehung heraus die zu beseitigenden **Baumängel** einzeln aufgenommen und dokumentiert. Die Stadt Salzgitter unterstellte, dass diese ergänzend zum obigen Wertabschlag bei der Bewertung zu berücksichtigen waren.

Die nachstehende Abb. verdeutlicht im Überblick das in Salzgitter gewählte Bewertungsverfahren anhand einer einzelnen Fahrbahnteilfläche:

Bewertung einer Fahrbahnteilfläche A im Straßenabschnitt 020 (Wiesenstraße, Abschnitt Hasenspringweg/Vöppstedter Weg) (vereinfachtes Berechnungsschema)	EUR
Teilfläche A: 613,5 m² Fahrbahnfläche (Asphalt) zu 56,00 EUR/m²	34.356
Wiederherstellungsneuwert	**34.356**
Alterswertminderung durch lineare Abschreibung über 31 Jahre (Baujahr 1974, Gesamtnutzungsdauer 40 Jahre)	- 26.626
Wiederherstellungszeitwert	**7.730**
Teilfläche A: Zustandsnote 3,265 (d. h. Abschlag von 10 % auf den Restbuchwert)	- 773
Beseitigungskosten für bauliche Mängel (zustandsbedingt, in Begehung ermittelt)	- 859
Wertansatz in der Eröffnungsbilanz in EUR	**6.098**

Abb. 38: Verfahren zur Wertermittlung einer Fahrbahnteilfläche in Salzgitter

Die Erfassung und Bewertung des Straßenvermögens für die Eröffnungsbilanz wurde vollständig innerhalb der Straßendatenbank vorbereit. Alle Bewertungsergebnisse wurden dann einmalig aus der Straßendatenbank in die Anlagenbuchhaltung übernommen. Ab diesem Zeitpunkt waren für die Abbildung und Fortschreibung des Straßenvermögens für Bilanzierungszwecke nur noch die Wertgrößen in der Anlagenbuchhaltung maßgebend. Eine Parallelführung in der Straßendatenbank mit einem Abgleich von Werten zur Anlagenbuchhaltung wurde von der Stadt Salzgitter nicht vorgesehen.

Diese Vorgehensweise war u. a. dadurch bedingt, dass in der Straßendatenbank (mit 70 Straßenteilflächen) eine detailliertere Datenbasis verwaltet wird als in der Anlagenbuchhaltung (mit 11 Straßenabschnitten). Im Rahmen der Datenüberleitung in die Anlagenbuchhaltung wurden die Bewertungseinheiten eines Straßenabschnittes hinsichtlich Eröffnungsbilanzwerten und Restnutzungsdauern quasi auf den Straßenabschnitt „zusammen geschoben". Die Vergröberung der Datenbasis gegenüber der Straßendatenbank war im Hinblick auf die zu verwaltende Datenmenge in der Anlagenbuchhaltung angezeigt, da sich anderenfalls die Anzahl der Datensätze (Straßenabschnitte) von rd. 4.500 schätzungsweise verzehnfacht hätte.

Für die Folgebilanzierung in Salzgitter werden die Abschreibungen demnach auf Grundlage von durchschnittlichen Restnutzungsdauern berechnet, die auf volle halbe Jahre gerundet wurden. Abhängig von den Restnutzungsdauern der Bewertungseinheiten ergaben sich für die Straßenabschnitte deshalb Abschreibungszeiträume von 8,5 bis 12,5 Jahren. Diese Vereinfachungslösung erscheint aus Gründen den Wesentlichkeit und Wirtschaftlichkeit der Buchführung sachgerecht.

Die Situation in Nordrhein-Westfalen

Zur Bewertung des **Straßenbodens** enthält § 55 Abs. 2 GemHVO NRW folgende Vereinfachungsregeln:

- Grund und Boden von Infrastrukturvermögen im planungsrechtlichen **Innenbereich** der Gemeinde ist mit 10 % des gebietstypischen Wertes für das Gemeindegebiet für **baureifes Land** für frei stehende Ein- und Zweifamilienhäuser des individuellen Wohnungsbaus in mittlerer Lage anzusetzen.

- Grund und Boden von Infrastrukturvermögen im planungsrechtlichen **Außenbereich** ist mit 10 % des Bodenrichtwertes für **Ackerland** anzusetzen, sofern nicht wegen der umliegenden Grundstücke andere Bodenrichtwerte gelten, **mindestens jedoch mit einem Euro pro Quadratmeter**.

Zur Bewertung der **Straßenbauten** wird im NKF-Modellprojekt auf die Wiederbeschaffungszeitwerte abgestellt.[208] Auch hier wird – sehr ähnlich zum Land Hessen – eine pauschalierte Bewertung unter Berücksichtigung der durchschnittlichen Wiederherstellungskosten je m² Straßenart und -güte (oder alternativ differenziert nach Verschleißschicht, Tragschicht und Unterbau) empfohlen. Dabei ist es erforderlich, auf der Grundlage der vorgesehenen Strukturierung eine straßen-, straßenabschnitts- bzw. flurstücksgenaue Feststellung der Restnutzungsdauer vorzunehmen. Das NKF-Pilotprojekt weist anschließend noch darauf hin, dass die Abgrenzung der eigentlichen Straßenanlage zum Straßenbegleitgrün, zu Böschungen oder anderen Teileinrichtungen problematisch ist. Zur Vereinfachung kann ein an den örtlichen Verhältnissen orientierter Erfahrungswert (zwecks Wertkorrektur des durchschnittlichen Herstellungswerts je m² Straßenfläche) zugrunde gelegt werden.

---

[208] Vgl. Modellprojekt (2003) S. 425.

Das Praxisbeispiel der NKF-Pilotkommune Kreis Gütersloh zeigt ergänzend ein Rechenbeispiel zur Schadensklassifizierung der Kreisstraßen:[209]

- Das Straßennetz des Kreises umfasst 52 Straßen mit einer Gesamtlänge von rd. 320 Kilometern. Die Straßen wurden in 134 Abschnitte untergliedert, aus denen 280 Teilstücke gebildet wurden.
- Für jedes Teilstück wurden die Länge und Breite sowie der Bauzustand des Straßenkörpers ermittelt.
- Die Rad- und Gehwege wurden ebenfalls in Teilstücke analog der Straßenteilstücke unterteilt. Auch für die Rad- und Gehwege wurden Länge und Breite sowie der Bauzustand ermittelt.
- Sowohl für die Straßen als auch für die Radwege wurden insgesamt sechs Qualitätsstufen gebildet und mit einem pauschalierten m^2-Preis bewertet.
- Darüber hinaus wurde den jeweiligen Qualitätsstufen eine Restnutzungsdauer zugeordnet; dabei wurde die Bewertungsmatrix in Abb. 39 verwendet:

Qualitäts-stufe	Beurteilung	Nutzungsdauer in Jahren	m^2-Preis Straße	m^2-Preis Rad- und Gehweg
1	Neubau	30	60 EUR	40,00 EUR
2	Ohne Schäden	25	50 EUR	32,50 EUR
3	Geringe Schäden	20	40 EUR	25,00 EUR
4	Mittlere Schäden	15	30 EUR	17,50 EUR
5	Große Schäden	10	20 EUR	10,00 EUR
6	Sehr große Schäden	5	10 EUR	5,00 EUR

Abb. 39: Bewertungsstufen für Straßen (Kreis Gütersloh)[210]

- In den m^2-Preisen sind die Anschaffungs- und Herstellungskosten für das Straßenbegleitgrün, die Böschungen und sonstigen Teileinrichtungen (Aufwuchs, Leitpfosten, Entwässerungseinrichtungen etc.) enthalten. Auf einen gesonderten Ausweis wird allerdings – zumindest in der Eröffnungsbilanz – verzichtet, da entsprechende Werte im Vergleich zum Wert des Straßenkörpers zu vernachlässigen sind.

---

[209] Vgl. Kreis Gütersloh (2002) S. 1.
[210] Es handelt sich offenbar um Erfahrungswerte des zuständigen Tiefbauamts zum Neubau bzw. zur Wiederherstellung der entsprechenden Straßen (differenziert nach dem Schadenszustand).

Bewertung der übrigen Immobilien

Eine ähnliche Problemlösung hat die **Pilotgemeinde Hiddenhausen** veröffentlicht. Dort erfolgte die Datenerfassung durch ein Ingenieurbüro mittels Erhebungsbögen, die bei der Befahrung auszufüllen waren. Die ebenfalls angefertigten digitalen Fotos wurden in eine Datenbank unter Einbindung einer aktuellen digitalen Katasterkarte eingepflegt und durch ein Geoinformationssystem (GIS) nutzbar gemacht.[211]

Die Situation in Rheinland-Pfalz

Für den **Boden** von Straßen, Wegen und Plätzen stellt die Rheinland-Pfälzische Bewertungsrichtlinie im Wesentlichen auf die gewichteten durchschnittlichen Bodenrichtwerte der umliegenden Bodenrichtwertzonen ab. Die Bodenrichtwerte sollen auf den Zeitpunkt der Anschaffung zurückindiziert werden (längstens jedoch bis auf 1975).[212] Außerdem enthalten die Anlagen 8, 9 und 10 Erfassungsbögen, Leitfäden und ähnliche Unterlagen zur Straßenbewertung.

Straßenbauten sind gemäß § 5 Abs. 4 Ziffer 4 Bewertungsrichtlinie (Entwurf) auf der Grundlage von Erfahrungswerte aus der Herstellung bzw. dem An- und Verkauf vergleichbarer Straßen unter Beachtung eines Anpassungsbedarfs an die Besonderheiten der zu bewertenden Straße anzusetzen. Die so ermittelten Sachwerte sind unter Berücksichtigung der voraussichtlichen Restnutzungsdauer auf den gegebenenfalls fiktiven Herstellungszeitpunkt zurück zu indizieren.[213] Im Einzelnen geht das rheinland-pfälzische Konzept davon aus, dass[214]

- die Straßen nach den sechs Bauklassen von Straßen gemäß den Richtlinien für die Standardisierung des Oberbaus (RStO) gegliedert werden,

- die Gemeinde die durchschnittlichen (Wieder-) Herstellungskosten für die einzelne Bauklasse in ihrem Einzugsgebiet zu ermitteln hat in Abhän-

---

[211] Vgl. Gemeinde Hiddenhausen (2003).
[212] Vgl. im Einzelnen die Vorschriften in Rheinland-Pfalz/Entwurf (2006) § 5 Abs. 4 Ziffer 2c und 2m.
[213] Im Gegensatz zur Lösung in Hessen (Landesverwaltung), wo bei Straßen ausnahmsweise keine Rückindizierung erfolgt (trotz der grundsätzlichen Orientierung an historischen Werten).
[214] Vgl. Anlagen 8 bis 10 zur rheinland-pfälzischen Bewertungsrichtlinie (Entwurf), vgl. Rheinland-Pfalz/Entwurf (2006).

gigkeit der unterschiedlichen Straßenformen (innerorts, außerorts, Anlieger- oder Hauptstraße) und

- die zu bewertenden Straßenabschnitte mit Hilfe von Netzknoten gegliedert sind, was auf die Existenz eines geographischen Informationssystems hinweist (was kleinere Kommunen regelmäßig nicht besitzen).

Sowohl der Bezug auf die RStO-Gliederung als auch die zuletzt genannte Netzknotengliederung sind nach unserer Einschätzung eher auf Landesverhältnisse als auf die Verhältnisse kleinerer Kommunen zugeschnitten.

Der veröffentlichte Erfassungsbogen sieht u. a. folgende Differenzierung für die einzelnen Schadensarten vor:[215]

Schadensart	Ausprägung		Bsp.	Gew.	Ergebnis des Bsp. (%)
Spurrinnen	nicht ausgeprägt	100 %	100	15 %	15,00
	ausgeprägt	65 %		15 %	0,00
	stark ausgeprägt	30 %		15 %	0,00
Allgemeine Unebenheiten	nicht ausgeprägt	100 %		15 %	0,00
	ausgeprägt	65 %		15 %	0,00
	stark ausgeprägt	30 %	30	15 %	4,50
Einzel-/Netzrisse, Offene Pflasterungen	nicht ausgeprägt	100 %		20 %	0,00
	ausgeprägt	65 %	65	20 %	13,00
	stark ausgeprägt	30 %		20 %	0,00
Oberflächenschäden	nicht ausgeprägt	100 %		25 %	0,00
	ausgeprägt	65 %	65	25 %	16,25
	stark ausgeprägt	30 %		25 %	0,00
Flickstellen	nicht ausgeprägt	100 %		20 %	0,00
	ausgeprägt	65 %		20 %	0,00
	stark ausgeprägt	30 %	30	20 %	6,00
Zustand Rinne / Bord soweit das Bord nicht zum Gehweg gehört	nicht ausgeprägt	100 %		5 %	0,00
	ausgeprägt	65 %	65	5 %	3,25
	stark ausgeprägt	30 %		5 %	0,00
Zustandskennziffer					58,00

Abb. 40: Erfassungsbogen zur Schadensbewertung von Straßen in Rheinland-Pfalz

Die grau unterlegten Spalten verdeutlichen eine **Beispielstraße**, bei der in der Begehung bestimmte Baumängel geschätzt wurden. Die im Beispiel errechneten **58 Prozentpunkte** repräsentieren offenbar die **noch vorhandene Bausubstanz**: In dem im Internet veröffentlichten Excel-Sheet werden die 58 durch 100 dividiert und mit der Gesamtnutzungsdauer der Straßenbauten von 35 Jahre multipliziert. Hieraus ergibt sich im rheinland-

---

[215] Vgl. Anlage 8a zur rheinland-pfälzischen Bewertungsrichtlinie (sowie Anlagen 9 und 10) aus www.rlp-doppik.de (hier nur im Ausschnitt wiedergegeben).

pfälzischen Erfassungsbogen die geschätzte Restnutzungsdauer von 20 Jahren im Beispiel.

Bei dem rheinland-pfälzischen Bewertungskonzept werden anschließend die ermittelten Wiederherstellungskosten des Jahres 2000 von 336.000 EUR ebenfalls mit 58 % multipliziert (=194.880 EUR).

Abschließend erfolgt eine **Rückindizierung auf das fiktive Jahr der Herstellung**: Wenn im Beispiel also noch eine Restnutzungsdauer von 20 Jahren geschätzt werden kann, ergibt sich aus der in der rheinland-pfälzischen AfA-Tabelle angegebenen Gesamtnutzungsdauer (35 Jahre), dass ein Zeitraum von 15 Jahren bereits abgelaufen ist. Bei dem hier unterstellten Bewertungsstichtag in 2004 ergibt sich als Herstellungsjahr das Jahr 1989; der entsprechende Index wird mit 83 % angegeben. Folglich ergibt sich ein fiktiver Herstellungswert für die Straße von 161.750 EUR (= 194.880 EUR x 83/100).[216]

Die rheinland-pfälzische Bewertungsrichtlinie enthält noch eine aus unserer Sicht grundsätzliche hilfreiche Standardisierung für die **Abgrenzungsproblematik, was zusammen mit der Fahrbahn** (dem baulichen Straßenkörper) **bewertet wird**, was dabei einbezogen werden kann und was selbstständige immobile oder mobile Vermögensgegenstände sind:[217]

- Grundsätzlich gehören zu dem baulichen Straßenkörper insbesondere die einzelnen Schichten des Straßenkörpers (Damm bzw. Geländeeinschnitt, Frostschutzschicht, Tragschicht, Binderschicht, Deckschicht), Verkehrsinseln, Geschwindigkeitsbremsen, Fahrbahnmarkierungen, Fußgängerüberquerungshilfen, Pflanzbeete in der Fahrbahn, Gräben, Bankette, Mulden, Parkstände (innerhalb des Fahrbahnbereichs) und Poller.

- Bei untergeordneter Bedeutung können grundsätzlich mit der Fahrbahn zusammen bewertet werden: Straßenabläufe, Straßenentwässerungsanlagen, Grünstreifen, mehrjährige Pflanzen und Bäume in Pflanzbeeten und auf Grünstreifen, Schutzplanken, Betonschutzwände, Betongleitwände, Verkehrszeichnen.

- Selbstständig zu erfassende und zu bewertende Vermögensgegenstände sind Radwege, Gehwege, kombinierte Rad- und Gehwege, Verkehrslen-

---

[216] Vgl. das Rechenbeispiel aus Anlage 8a zur rheinland-pfälzischen Bewertungsrichtlinie aus www.rlp-doppik.de.
[217] Vgl. Rheinland-Pfalz/Entwurf (2006) § 5 Abs. 4 Ziffer 4.

kungsanlagen (Kreisel), Bushaltestellen, Unterstände Bushaltestellen, Parkbuchten, Parkplätze u. Ä., Taxistände, sonstige Plätze, Verkehrsampeln, Parkleitsysteme und Straßenbeleuchtung.

Sofern Radwege, Gehwege sowie kombinierte Rad- und Gehwege, Bushaltestellen, Parkbuchten, Parktaschen, Parkstreifen und Taxistände in einem unmittelbaren räumlichen Zusammenhang mit der Fahrbahn stehen, können diese mit der Fahrbahn zusammen bewertet werden, wenn die Restnutzungsdauer und die Anschaffungs- oder Herstellungskosten je m² der Fahrbahn, der Radwege, Gehwege sowie der kombinierten Rad- und Gehwege, Bushaltestellen, Parkbuchten, Parktaschen, Parkstreifen und Taxistände nicht wesentlich unterschiedlich sind.

Die Situation im Saarland

Sofern keine historischen Anschaffungs- und Herstellungskosten vorliegen, sind Straßen, Wege und Plätze nach den **saarländischen Sonderrichtlinien zur Bewertung in der Eröffnungsbilanz** nach dem Sachwertverfahren auf der Grundlage von Erfahrungswerten aus der Herstellung vergleichbarer Straßen unter Beachtung eines Anpassungsbedarfs an die Besonderheiten der zu bewertenden Straßen, Wege und Plätze anzusetzen.[218] Im Rahmen dieses Sachwertverfahrens ist ein Abschlag wegen Alterswertminderung sowie ggf. auch ein Abschlag wegen Bauschäden vorzunehmen. Die ermittelten Werte der baulichen Anlagen sind vereinfachend auf den 1. Januar 1990 zurück zu indizieren.

Für den **Straßenboden** wird in den saarländischen Sonderregelungen zur Bewertung in der Eröffnungsbilanz (Entwurf) die nordrhein-westfälische Lösung übernommen.[219] Der Straßenboden soll

- im planungsrechtlichen Innenbereich der Kommune mit zehn Prozent des durchschnittlichen Bodenrichtwerts für baureifes Land in mittlerer Lage in der Kommune, gegebenenfalls nach Bezirken gegliedert, angesetzt werden und

- im planungsrechtlichen Außenbereich der Kommune mit zehn Prozent des Bodenwertes bzw. Kaufpreises für land- und forstwirtschaftliche Flächen anzusetzen, mindestens jedoch mit 0,25 EUR pro Quadratmeter.

---

[218] Vgl. Saarland/Entwurf (2006a) § 4 Abs. 1.
[219] Vgl. Saarland/Entwurf (2006a) § 4 Abs. 2.

Bewertung der übrigen Immobilien

Zur **Abgrenzung** was zusammen mit den **Straßenbauten** bewertet werden kann, wird die Abgrenzung aus dem rheinland-pfälzischen Parallelprojekt in modifizierter Form übernommen.

Im Schlussbericht des saarländischen Gemeinschaftsprojekts wird den Kommunen zur Arbeitserleichterung außerdem empfohlen, **die in ihren Tiefbauämtern vorhandenen Systematisierungen der Straßen** auch für die Bewertung zu wählen.[220] Damit können Erfassungen über die Quadratmeter befestigte (Straßen-) Flächen, die schon für Zwecke der Abwasserentsorgung vorliegen, verwendet werden. Als praxisnahe Orientierungspunkte für die Wiederherstellungskosten einzelner Straßenarten werden ergänzend **Quadratmeterpreise aus einer Auswertung des Tiefbauamts der Stadt Saarbrücken** veröffentlicht, die zwar keinen verpflichtenden Charakter haben, die aber vor allem von allen kleineren Kommunen sicherlich dankbar als Praxishinweis angenommen werden dürften:[221]

Art der Straße	Innerortsstraße						Außerortsstraße			
	hoher Verkehr		niedriger Verkehr		Wohnstraße		hoher Verkehr		niedriger Verkehr	
	Brutto-HK	ND	Brutto-HK	ND	Brutto-HK	ND	Brutto-HK	ND	Brutto-HK	ND
asphaltierte Straße	126	30	119	40	115	50	108	30	108	40

Art der Straße	Bruttokosten (€)	ND
Pflasterstraße	153	50
Betonstraße	108	40
Schotterstraße	98	30
selbständige Rad-/Gehwege	108	50
asphaltierte Feldwege	115	50

Abb. 41: Quadratmeterpreise für Wiederherstellungskosten

Die Saarbrücker Herstellungskosten gelten für eine Neuherstellung der Straße. Wenn es sich um eine Wiederherstellung handelt, sollte ein Zuschlag von 25 % (für den Abriss der alten Straße) einkalkuliert werden.

---

[220] Vgl. Saarländisches Gemeinschaftsprojekt (2006) Kap. 5 Anlage 4 S. 3.
[221] Vgl. Saarländisches Gemeinschaftsprojekt (2006) Kapitel 5 Anlage 5 S. 3 ff. In der beigefügten CD-ROM sind auch die gesamten Herstellungskostenbestandteile dargestellt, um eine sachgerechte Anwendung zu erleichtern.

Zusammenfassende Beurteilung

Durch die Festlegung auf Erfahrungswerte aus 1996 schreibt selbst Baden-Württemberg in praxi annähernd eine Zeitwertermittlung vor. Dies gilt erst recht für die nordrhein-westfälischen Kommunen und die Hessische Landesverwaltung sowie mit Einschränkungen jetzt auch die saarländischen Kommunen (Rückindizierung auf 1990). Alle wenden im Grunde dasselbe Verfahren an (modifiziert auf ihre Bedürfnisse). Regelmäßig wird die vorhandene Bausubstanz anhand von durchschnittlichen Wiederherstellungskosten (pro Straßenabschnitt gleicher Güte) bewertet und damit ein **Sachwertverfahren** angewendet. Auch aus unserer Sicht ist dieser Ansatz uneingeschränkt zu empfehlen. In Rheinland-Pfalz wird dieses Sachwertverfahren am differenziertesten festgelegt und um die explizite Rückindizierung auf das (fiktive) Herstellungsjahr ergänzt. Auch bei den hessischen Kommunen kann unterstellt werden, dass – auch ohne explizite Festlegung – meist analog vorzugehen ist, um die (fiktiven) historischen Herstellungskosten zu ermitteln.

Von den älteren Pilotprojekten überzeugen die Hessischen Landesrichtlinien – ähnlich wie die Zahlenbeispiele aus dem Kreis Gütersloh, der Gemeinde Hiddenhausen sowie der Stadt Salzgitter – durch die präzise und praxisnahe Problemdurchdringung. Insbesondere die dort gefundene Vereinfachung über den **Straßenbaukörper eines Abschnitts** als ein Vermögensgegenstand für Unterbau, Tragschicht, Decke, Rad- und Gehwege, Schutzplanken sowie (kleinere) Schilder stellen nach unserer Einschätzung eine überzeugende Vereinfachung dar.

Die in Rheinland-Pfalz vorgesehene **Schätzung der Restnutzungsdauer anhand der bei der Begehung ermittelten Bauschäden** ähnelt der Bewertungsmatrix aus dem Kreis Gütersloh und stellt nach unserer Einschätzung eine von mehreren grundsätzlich möglichen Vorgehensweisen dar.

Alternativ können die festgestellten Schäden – wie in Salzgitter – auch unterteilt werden in

- Schäden, die sich aufgrund der normalen Abnutzung bei sachgerechter Instandhaltung ergeben und
- außerordentliche Schäden, die in Folge unzureichender Unterhaltung entstanden sind.

Für die Beseitigung der letzteren können dann auch Rückstellungen für unterlassene Instandhaltungen gebildet werden, sofern zulässig nach dem jeweiligen Landeskonzept (was z. B. in der rheinland-pfälzischen Systematik nicht möglich ist). In diesem Fall muss die Schätzung der Restnutzungsdauer so erfolgen, als ob diese außerordentlichen Schäden nicht entstanden sind.

Ein Kritikpunkt an der rheinland-pfälzischen Methodik ist aus unserer Sicht das offensichtliche Festschreiben einer festen Straßenklassifizierung sowie der Netzpunktstruktur, was – wenn es tatsächlich vorgeschrieben wäre (was derzeit noch nicht ganz sicher ist[222]) – in den meisten kleineren Kommunen zusätzliche Arbeit bedeuten würde. Die Kommunen haben häufig schon für Abwasserzwecke die Straßenflächen quadratmetergenau erfasst, wobei meist jedoch andere Straßenklassifizierungen gewählt wurden. Dabei existiert in der Praxis häufig für einen Ortsteil eine Excel-Datei, in der für jeden Straßennamen die Quadratmeter befestigte Fläche angegeben sind. Meist ist auch schnell klar, welche Straßen Durchgangsstraßen sind bzw. einer höheren Belastung unterliegen sowie welche Straßen innerorts oder außerorts verlaufen. Als Arbeitserleichterung empfehlen wir diesen Kommunen, dass sie unmittelbar auf die genannten Excel-Dateien zurückgreifen und dann die durchschnittlichen Herstellungswerte für Wohnstraßen, innerörtliche und außerörtliche Durchgangsstraßen eingeben und per Multiplikation verknüpfen. Dann müssen nur noch die Straßen – meist von einem ortskundigen Mitarbeiter des Bauhofs – begangen bzw. befahren werden, um größere Bauschäden festzustellen sowie die Restnutzungsdauern der Straßenbauten zu schätzen (an dieser Stelle des Bewertungsprozesses kann natürlich auch die differenzierte Methodik wie in Rheinland-Pfalz angesetzt werden, die jedoch unseres Erachtens meist mehr Arbeit macht, ohne eine höhere Genauigkeit zu erreichen).

Je nach Landeskonzept muss dann noch auf das fiktive Herstellungsjahr der Straße zurück indiziert werden.

Abschließend soll noch kurz auf die Nutzungsdauern sowie die Folgebewertung von Straßen eingegangen werden, weil die Straßenbewertung für die deutsche Bilanzierungspraxis doch noch einige Unklarheiten und Überraschungen enthalten dürfte (die entsprechenden Grundsätze ordnungsmäßiger Bilanzierung bilden sich derzeit erst noch).

---

[222] Die Bewertungsrichtlinie soll offenbar noch gemäß § 116 Abs. 1 GemO vom fachlich zuständigen Ministerium für verbindlich erklärt werden. Vgl. Rheinland-Pfalz/Entwurf (2006), Rheinland-Pfalz (2006) sowie Rheinland-Pfalz (2006a).

Hierbei ist zum Beispiel zu entscheiden, was die Betrachtung aller baulichen Bestandteile des Straßenkörpers als ein einziger Vermögensgegenstand für Auswirkungen auf die Gesamtnutzungsdauer hat und wie die Erneuerung von Verschleißschichten bilanziell zu handhaben ist. Diese Frage wurde beispielsweise im saarländischen Gemeinschaftsprojekt intensiv zwischen Tiefbaufachleuten, Kämmerern und Wirtschaftsprüfern erörtert.

In den verschiedenen Landesprojekten werden **pauschale Gesamtnutzungsdauern** zwischen 30 und 50 Jahren angesetzt – obwohl klar ist, dass der Straßenunterbau zwar 50 Jahre hält, während insbesondere die Verschleißschichten nach 15 – 25 Jahren ersetzt werden müssen (wie auch die obige Abbildung aus dem saarländischen Gemeinschaftsprojekt zeigt[223]). Durch diese Pauschalierung der Gesamtnutzungsdauern wird als eine ähnliche Vereinfachung erreicht, wie bei der längst als Grundsatz ordnungsmäßiger Buchführung und Bilanzierung (GoB) anerkannten Pauschalierung der wirtschaftlichen Nutzungsdauer von Gebäuden, bei denen auch einzelne Gewerke deutlich kürzere Nutzungsdauern als das gesamte Gebäude haben.

Eine professionelle Buchführung und Bilanzierung verlangt nach unserer Einschätzung solche Vereinfachungen, um den Bilanzierungsaufwand nicht zu groß werden zu lassen. Was bedeuten diese Gedanken für die Folgebilanzierung in der Praxis? Es geht dabei vor allem um die in der Praxis künftig wichtige (auch haushaltsrelevante) Entscheidung, ob eine **planmäßige vollständige Erneuerung der Verschleißschicht** (innerhalb der Gesamtnutzungsdauer des Vermögensgegenstandes Straße) Instandhaltungs- oder Herstellungsaufwand darstellt.

Es handelt sich im Grunde um eine für die Doppik typische Grauzone (mit entsprechenden Ermessensentscheidungen), für die sich z. B. bei der Gebäudebilanzierung über Jahrzehnte (insbesondere durch die steuerliche Rechtsprechung) GoB herangebildet haben – ein Prozess, der bei der Straßenbilanzierung in Deutschland noch aussteht.

Für die planmäßige Erneuerung der Verschleißschicht ergeben sich mindestens zwei grundsätzlich **mögliche Alternativen der Bilanzierung**:

Entweder wird die Erneuerung der Verschleißschicht als **Instandhaltungsaufwand** betrachtet. Dies kann folgerichtig damit begründet werden, dass die Erneuerung der Verschleißschicht notwendig ist, damit die Straßenbau-

---

[223] In der beigefügten CD-ROM sind auch die Nutzungsdauern der einzelnen Straßenbestandteile dargestellt, wie sie vom Saarbrücker Tiefbauamt geschätzt wurden.

ten insgesamt ihre planmäßige Nutzungsdauer von 50 Jahren erreichen. Für diese Sicht spricht auch die nüchterne Erkenntnis, dass die Verschleißschicht keine wesentliche mengenmäßige Erweiterung der Straße darstellt; es wird lediglich etwas bereits Vorhandenes ersetzt. Im Vergleich zum komplexen Vermögensgegenstand Haus kann eine Analogie zum Decken des Daches gezogen werden, welches nach der ständigen Steuerrechtsprechung ebenfalls Aufwand der Periode darstellt, soweit keine wesentliche Veränderung oder Verbesserung (z. B. in der Dachkonstruktion oder in der Dämmung) vorliegt.

Als grundsätzliche Alternative könnte auch überlegt werden, ob die vollständige Erneuerung der Verschleißschicht nicht vielleicht doch eine wesentliche Verbesserung des Vermögensgegenstands Straße darstellt, so dass möglicherweise **Herstellungsaufwand** vorliegen könnte – ohne dass sich jedoch eine Verlängerung der Restnutzungsdauer ergeben würde (analog zu bestimmten Baumaßnahmen an einem Haus, die nach der ständigen Rechtsprechung Herstellungsaufwand darstellen, wie z. B. ein bewohnbares Satteldach anstatt des bisherigen Flachdachs, das im Regelfall aktiviert und auf die Restnutzungsdauer abgeschrieben wird). Diese Lösung hätte zumindest für kleinere Kommunen den Vorteil, dass sich geringere Schwankungen im Ergebnishaushalt entstehen könnten, wenn die Erneuerung der Verschleißschicht sofort in voller Höhe als Aufwand verbucht werden würde.

Das entscheidende Kriterium, ob Instandhaltungs- oder Herstellungsaufwand vorliegt, dürfte die Frage sein, ob durch die Erneuerung der Verschleißschicht eine **wesentliche Verbesserung des Vermögensgegenstands Straße** eintritt, wobei grundsätzlich auf den Einzelfall abzustellen ist. Diese grundsätzliche Orientierung am Einzelfall könnte auch bedeuten, dass eine vollständige Erneuerung der Verschleißschicht als Herstellungsaufwand eingestuft werden könnte, während eine teilweise Erneuerung der Verschleißschicht noch Instandhaltungsaufwand darstellen könnte. Wir weisen noch einmal daraufhin, dass sich hierzu noch keine herrschende Meinung gebildet hat.

6.3 Brücken, Tunnel und sonstige Bauten des Infrastrukturvermögens

Hierzu liegen bislang ausführliche Hinweise hauptsächlich aus den Kontierungsrichtlinien der **Hessischen Landesverwaltung,** aus der hessischen Pilotkommune **Landkreis Darmstadt-Dieburg** und der **rheinland-pfälzischen Bewertungsrichtlinie (Entwurf)** vor.

Auch wenn sich die vom Land Hessen bilanzierten Bauwerke in ihrer Größe und Art zwangsläufig stark von den kommunalen Bauwerken des Landkreises unterscheiden, ähneln sich die gewählten Bewertungsmethoden nach unserer Einschätzung doch stark: in beiden Fällen kommt (soweit historische Herstellungskosten fehlen) ein an den Wiederherstellungskosten orientiertes Sachwertverfahren zur Anwendung, das auch von uns empfohlen wird.

Infrastrukturbauwerke der Hessischen Landesverwaltung

Die Brückenbauwerke sowie die sonstigen Infrastrukturbauwerke wie Lärmschutzwände, Wildschutzzäune, Stützmauern usw. werden nach dem Grundsatz der Einzelbewertung getrennt von der jeweiligen Straße bilanziert und bewertet.[224] Die Erfassung erfolgt in der hessischen Straßeninformationsdatenbank für Bauwerke. Aus diesem Gesamtbestand müssen die auf die hessischen Landesstraßen entfallenden Brücken usw. selektiert werden.

Am Beispiel der dem Land Hessen gehörenden **Brücken** sei die Bewertungsmethode für Zwecke der Eröffnungsbilanz näher erläutert:[225]

- Die Landesstraßen-Brücken werden nach der Materialart gruppiert und es wird für jede Materialart eine Anlagenklasse eingerichtet. Wegen der verhältnismäßig geringen Anzahl der Brücken wird für jede Materialart und Landesstraße je ein Anlagengut angelegt.

- Die Brücken werden im Infrastrukturvermögen ausgewiesen.

- Für die bereits im Bestand des Landes Hessen vorhandenen Brückenbauwerke wird (wegen regelmäßig fehlender historischer Herstellungskosten) als Bewertungsmethode die vom IDW vorgeschlagene „objektweise Sachwertermittlung anhand von Erfahrungswerten" angewandt. Mögliche Alternativen wie die bekannten historischen Baukosten, angepasst an die aktuellen Verhältnisse, kommen nicht zur Anwendung.

- Die selektierten Brücken wurden nach Baustoffen und Spannweiten analysiert, aus diesen Daten wurden Gruppen gebildet, es wurde eine Matrix nach Baustoffen und Spannweiten aufgestellt und mit **durchschnittlichen Herstellungskosten je Quadratmeter** bepreist.

---

[224] Vgl. Hessisches Ministerium der Finanzen (2004) Anlage 9 S. 11 ff.
[225] Vgl. Hessisches Ministerium der Finanzen (2004) Anlage 9 S. 11 ff.; IDW (2001) S. 1409.

Bewertung der übrigen Immobilien

Ebenso wie bei der Straßenbewertung wird der so ermittelte Wert um einen **Zustandsabschlag** vermindert, der die zwischenzeitliche Abnutzung der Brücke abbildet. Hierfür wird für jede Brücke der jeweilige Zustand – analog zur Straßenbewertung – in einem Teilsystem der Straßeninformationsdatenbank benotet, erfasst und kontinuierlich fortgeschrieben.[226] Die Bauwerke erhalten eine Benotung zwischen 1,0 und 4,0. Bei einer Note von 3,0 und schlechter sind Erneuerungsmaßnahmen zwingend erforderlich. Bei diesem Zustand soll im Regelfall (Plausibilitätsprüfung) ein Abschlag von 50 % der Anschaffungs- oder Herstellungskosten vorgenommen werden. Sind in späteren Jahren Maßnahmen durchgeführt worden, ist diese dauerhafte Wertminderung zu beseitigen. Hat die Brücke dadurch ihren anfänglichen Zustand wieder erlangt, ist eine Zuschreibung bis maximal in Höhe der bilanzierten ursprünglichen Herstellungskosten vorzunehmen. Wird ein Brückenbauwerk grundhaft erneuert, liegen die Kriterien für nachträgliche Herstellungskosten vor. Der auf dieses Bauwerk entfallende anteilige Restbuchwert ist im Wege einer außerplanmäßigen Abschreibung auszubuchen. Die neu angefallenen Herstellungskosten sind als Zugang zu erfassen.[227]

Für die **Nutzungsdauern** der Brückenbauwerke werden – nach der Materialart unterschieden – folgende Ansätze gewählt:[228]

Holz:	30 Jahre
Mauerwerk:	100 Jahre
Beton:	100 Jahre
Stahlbeton:	70 Jahre
Spannbeton:	70 Jahre
Stahl:	80 Jahre
Stahlverbund:	70 Jahre

Auch für die **sonstigen Infrastrukturbauwerke** (Lärmschutzwände, Wildschutzzäune, Stützmauern u. Ä.) wird jeweils ein Anlagengut je Bauwerkstyp und Landesstraße gebildet (z. B. Lärmschutzwand Holz L1234).[229] Die Flächen und Längen der einzelnen Bauwerke werden aus der hessischen Datenbank „Pro Best" entnommen. Für alle unter ein Anlagengut fallenden Vermögensgegenstände werden die Flächen errechnet und die Quadratmeter

---

[226] Vgl. Hessisches Ministerium der Finanzen (2004) Anlage 9 S. 12.
[227] Vgl. Hessisches Ministerium der Finanzen (2004) Anlage 9 S. 12.
[228] Vgl. Hessisches Ministerium der Finanzen (2004) Anlage 9 S. 12.
[229] Vgl. Hessisches Ministerium der Finanzen (2004) Anlage 9 S. 13.

der Bewertung zu Wiederherstellungskosten zu Grunde gelegt, wobei analog zur Vorgehensweise der Straßen- und Brückenbewertung vorgegangen wird.

Bauwerke im Landkreis Darmstadt-Dieburg

Abgesehen davon, dass in der hessischen Pilotkommune bei Bauwerken nach 1980 offenbar z. T. historische Herstellungskosten vorlagen (die dann für die Eröffnungsbilanz verwendet wurden) erfolgt auch hier die Bewertung zu fortgeführten Wiederbeschaffungs-/Wiederherstellungszeitwerten (also dem Sachwertverfahren).[230] Bei der Inventur der vorhandenen Bauwerke wurden folgende Kategorien der **Bauwerksarten** gebildet:[231]

- Rohrdurchlässe, differenziert nach den Durchmessern des Rohrdurchlasses sowie der ggf. aufwändigen Wasserhaltung; hierfür werden Herstellungskosten zwischen 153 und 358 EUR pro m^2 (inkl. MwSt) genannt,

- Plattendurchlässe (i. d. R. unter kommunalen Straßen) mit Herstellungskosten zwischen 5.113 und 6.135 EUR pro m^2 Fahrbahnbelag (inkl. MwSt),

- Brücken i. e. S., hierfür werden keine durchschnittlichen Herstellungskosten aufgeführt – offenbar wurde eine Einzelkalkulation vorgenommen, sowie

- Stützmauern nach drei Typen, für die abgestuft – je nach Länge, Typ und Höhe – Herstellungskosten pro Mauer von TEUR 4 und TEUR 10 genannt werden.

Für einen Rohrdurchlass mit einem Baujahr von 1950, einer Rohrdurchlasslänge von 4,70 m (entspricht der Fahrbahnbreite der Kreisstraße 69) und durchschnittlichen Herstellungskosten von 153 EUR pro m^2 (inkl. MwSt) ergab sich zum Bewertungsstichtag 31.12.2000 ein fortgeführter Wiederherstellungszeitwert von 261 EUR:[232]

---

[230] Vgl. Körner/Meidel (2003) S. 101 f.
[231] Vgl. Körner/Meidel (2003) S. 104. Die dort genannten DM-Werte wurden in Euro umgerechnet.
[232] Vgl. Körner/Meidel (2003) S. 105.

Bewertung der übrigen Immobilien

Rechenschritte	Rohrdurchlass Nr. 1071 an Kreisstr. 69 (mit Durchmesser etwa 1 m)	
	Länge (m)	4,70
anhand aktueller Rechnungen geschätzt	Herstellungswert in EUR/m²	153
153 x 4,70	Wiederherstellungswert in EUR (31.12.2000)	719
719 : 80	AfA-Betrag pro Jahr	8,99
8,99 x 51	Alterswertminderung	458
719 – 458	**Wert des Rohrdurchlasses in Eröffnungsbilanz (Wiederherstellungszeitwert bzw. Sachwert in EUR)**	**261**

Wie bei jedem Sachwertverfahren (rekonstruktionsorientierte Bewertung) muss auch bei einem Rohrdurchlass die Alterswertminderung (unter Berücksichtigung der durchschnittlichen Gesamtnutzungsdauer, hier 80 Jahre, sowie des Alters, hier 51 Jahre) berechnet und vom Wiederherstellungsneuwert abgezogen werden.

Die Regelungen der rheinland-pfälzischen Bewertungsrichtlinie (Entwurf)[233]

Ingenieurtechnische Bauwerke sind auf der Grundlage der vorhandenen Aufzeichnungen in Bauwerksakten (z. B. Brückenbücher usw.) zu bewerten; alternativ kommen Erfahrungswerte aus der Herstellung vergleichbarer Bauwerke unter Beachtung eines Anpassungsbedarfs an die Besonderheiten der zu bewertenden ingenieurtechnischen Bauwerke in Frage. Falls keine anderweitigen Erfahrungswerte vorliegen, können die folgenden Pauschalsätze angesetzt werden:

- Brücken mit einer Fläche unter 1.000 m² mit 2.250,00 EUR pro m²; mit einer Fläche über 1.000 m² mit 1.700,00 EUR pro m²,

- Tunnel mit 15.000,00 EUR je lfdm,

- Trogbauwerke mit 1.000,00 EUR je m²,

- Lärmschutzbauwerke mit 400,00 EUR je m²,

- Verkehrszeichenbrücken mit 20.000,00 EUR je Stück,

- für Stützbauwerke werden

---

[233] Vgl. Rheinland-Pfalz/Entwurf (2006) § 4 Abs. 5 Ziffern 5 bis 7.

- bei Trockenmauern 250,00 EUR je m²,
- bei Winkelstützmauern je nach Höhe Werte zwischen 150,00 EUR je lfdm und 560,00 EUR je lfdm,
- bei Ortbeton je nach Höhe und Qualität zwischen 230,00 EUR und 560,00 EUR je lfdm

angegeben.

Außerdem wird in der Bewertungsrichtlinie klargestellt, dass für Felssicherungs- und Bachrenaturierungsmaßnahmen (sofern keine historischen Herstellungskosten vorliegen) die Bewertung auf der Grundlage von Erfahrungswerten aus der Herstellung vergleichbarer Maßnahmen unter Beachtung eines Anpassungsbedarfs an die Besonderheiten der Einzelmaßnahme erfolgen soll. Diese, in der rheinland-pfälzischen Bewertungsrichtlinie verwandte Formulierung deutet regelmäßig auf eine Anwendung eines Sachwertverfahrens hin, wobei die so ermittelten Werte auf den (fiktiven) Herstellungszeitpunkt zurück zu indizieren sind.

7 Praktikable Erfassung und Bewertung von Anlagen und Maschinen

> **Auf einen Blick:**
> Infolge des Dienstleistungs- bzw. Infrastrukturcharakters der öffentlichen Gebietskörperschaften handelt es sich um eine Restposition – im Wesentlichen Abwasseranlagen und Verkehrstechnik.
>
> Soweit keine Anschaffungs- und Herstellungskosten vorliegen, wird im Regelfall eine wiederherstellungsorientierte Bewertung (Sachwertverfahren) vorgenommen.

7.1 Bedeutung und Arten

Die auf Produktionsbetriebe zugeschnittene HGB-Bilanzposten der (technischen) Anlagen und Maschinen hat in öffentlichen Gebietskörperschaften zwangsläufig **nur eine untergeordnete Bedeutung**. Technische Anlagen und Maschinen werden auch durch den vom Steuerrecht geprägten Begriff der Betriebsvorrichtungen beschrieben, der systematisch zu den beweglichen Vermögensgegenständen zählt.

Öffentliche Gebietskörperschaften sind aber fast ausschließlich Dienstleistungsbetriebe, wenn man von der kapitalintensiven Bereitstellung von Infrastruktur absieht. Die Infrastruktur wie Straßenbauten, Brücken usw. wird regelmäßig als (immobile) Baulichkeiten behandelt – und damit nicht als (mobile) Betriebsvorrichtungen. Außerdem sind die Ver- und Entsorgungsbereiche im Regelfall schon seit Jahren bzw. Jahrzehnten in bilanzierende Einheiten ausgegliedert. Daher sind hinsichtlich der Anlagen und Maschinen im Wesentlichen nur folgende Restprobleme zu behandeln:

- Abwasserentsorgungsanlagen, soweit sie noch nicht für Gebührenrechnungen bewertet wurden,
- verkehrstechnische Anlagen, wie Schilder, Ampeln,
- technische Anlagen in Bädern, Parkhäusern und zoologischen Gärten, soweit sie noch nicht bewertet wurden.

Bevor auf die einzelnen Anlagenarten eingegangen wird, wird noch auf die grundsätzliche Abgrenzungsproblematik zwischen Gebäuden bzw. Grundstücken einerseits und den technischen Anlagen in Gebäuden andererseits hingewiesen.

Abgrenzung der Gebäude-/Grundstückseinbauten

Zu diesem Thema findet sich eine Vereinfachungsvorschrift für die erstmalige Bilanzierung in der Eröffnungsbilanz in § 56 Abs. 3 GemHVO NRW: „Eine eigenständige Bewertung von Maschinen und technischen Anlagen, die Teil eines Gebäudes sind, sowie von selbstständigen beweglichen Gebäudeteilen kann unterbleiben, wenn deren voraussichtliche Nutzungsdauer nicht erheblich von der des zugehörigen Gebäudes abweicht oder wenn diese keine wesentliche Bedeutung haben. Dies gilt nicht für Vermögensgegenstände, die nur vorübergehend in ein Gebäude eingebaut oder eingefügt sind (Scheinbestandteile)."

Auch wenn die anderen bereits vorliegenden Gesetze und Gesetzesentwürfe der Länder keine entsprechende Vorschrift enthalten, kann aus der Fachdiskussion nach unserer Einschätzung geschlossen werden, dass diesbezüglich keine zu strengen Grundsätze gelten sollten. Insoweit empfehlen wir, die nordrhein-westfälische Regelung als allgemein gültige Vereinfachung anzusehen und bei Vorliegen der Bedingungen auf eine gesonderte Bewertung zu verzichten.

7.2 Anlagen der Abwasserentsorgung

Vor dem Hintergrund der bereits in vielen Kommunen vorliegenden Bewertungen der Abwasserentsorgungsanlagen für Zwecke der Bildung von kommunalen Eigenbetrieben ist festzuhalten, dass dieses Thema ein Randthema bei der Einführung des neuen öffentlichen Rechnungswesens ist. Außerdem bestehen verschiedene Anforderungen je nach der örtlichen Gebührensatzung. Auch ist in § 56 Abs. 4 GemHVO NRW klarstellend geregelt: „Zum Zwecke der Gebührenkalkulation ermittelte Wertansätze für Vermögensgegenstände können übernommen werden."

Analoge Regelungen finden sich in den Regelungsentwürfen von Hessen und Rheinland-Pfalz zur Eröffnungsbilanz.[234]

Dementsprechend erläutern wir im Folgenden allgemein und länderübergreifend die Grundsätze der Erfassung und Bewertung des Kanalisationsnetzes; auch hier handelt es sich um ein sachwertorientiertes Bewertungsverfahren.[235]

Zur qualifizierten Bewertung ist eine mengenmäßige Aufnahme der Kanäle durch Filmaufnahmen der Kanäle zweckmäßig. Hierbei wird auch der Zustand differenziert ermittelt und eine mengenmäßige Aufnahme mit wesentlichen Merkmalen ins Kataster ermöglicht. In der Praxis werden sowohl Vollverfilmungen als auch stichprobenweise Verfilmungen (mit Bildung repräsentativer Schichten) durchgeführt. Auf Basis der Verfilmergebnisse müssen **Schadensklassifikationen** gebildet werden; so unterscheidet die Abwassertechnische Vereinigung e. V. (ATV) sechs Schadensklassen.

Zur Ermittlung der **Wiederherstellungswerte der Kanäle** werden dann – häufig unter Einschaltung von Ingenieurbüros – für jede Haltung[236] die Mengendaten unter Berücksichtigung aller Erd- und Oberflächenarbeiten sowie der Rohrlieferung und -verlegung ermittelt. Die Teilleistungen werden mit durchschnittlichen Wiederherstellungskosten bewertet. Durch Auswertung vorliegender Schlussrechnungen ergaben sich beispielsweise die Einheitspreise in einer am Rande eines Ballungsraums gelegenen Großgemeinde im Saarland (knapp 20.000 Einwohner), die in Abb. 42 enthalten sind.

Erd- und Oberflächenarbeiten	EUR/m³	EUR/m²
Oberflächenaufbruch		
Befestigte Fläche		15,00
Unbefestigte Fläche		5,00
Erdaushub	16,00	
Verbau		15,00
Sandbett und Rohrüberdeckung	13,00	
Wiederverfüllung	10,00	
Oberflächenwiederherstellung		
Befestigte Fläche		51,00
Unbefestigte Fläche		13,00

---

[234] Vgl. Neues Kommunales Rechnungs- und Steuerungssystem (2005) Anhang 12 Ziffer 7.9, Rheinland-Pfalz/Entwurf (2005) S. 5
[235] Zum Folgenden vgl. Bolsenkötter/Detemple/Marettek (2002) S. 83 ff.
[236] Kanalstück zwischen zwei Schächten.

Bewertung von Anlagen und Maschinen

Rohrkosten je verlegten laufenden Meter	EUR/lfm
DN 100 PVC	12
DN 150 PVC	1400
DN 200 Beton, Steinzeug oder PVC	22,00
DN 250 Beton	36,00
DN 250 Steinzeug	32,00
DN 300 Beton	56,00
DN 300 Steinzeug	80,00
DN 350 Beton	60,00
DN 400 Beton	70,00
DN 500 Beton	80,00
DN 600 Beton	120,00
DN 700 Beton	130,00
DN 800 Beton	150,00
DN 900 Beton	180,00
DN 1000 Beton	200,00
DN 1200 Beton	230,00
DN 1400 Beton	300,00
DN 1500 Beton	330,00
DN 1600 Beton	380,00

Schachtkosten je Stück	EUR/Stück
DN 100 bis DN 500	3.000,00
DN 600 bis DN 700	4.000,00
DN 800 bis DN 1000	5.000,00
Ab DN 1200	8.000,00

Abb. 42: Ermittlung von Zeitwerten von Kanälen nach Teilleistungen

Hinzu kommen noch Zuschläge für

- Nebenleistungen (z. B. Baustelleneinrichtung: 5 % der gesamten Baukosten) sowie
- Architekten- und Ingenieurleistungen (z. B. Planung und Bauleitung: 10 % der Baukosten zuzüglich Nebenleistungen).

Schließlich wird für jede Haltung die Restnutzungsdauer (anhand der durchgeführten Zustandsbewertung) bestimmt und der Ermittlung der Restbuchwerte zugrunde gelegt.

In der Versorgungswirtschaft sind sog. Jahressammelposten für die Netzzugänge jeweils eines Jahres gebräuchlich, obwohl der BFH ein in sich geschlossenes Leitungsnetz als ein Wirtschaftsgut ansieht[237]. Es kann für keine dieser Betrachtungsweisen grundsätzlich ausgeschlossen werden, sie auch auf Entsorgungsnetze anzuwenden.

Zusammenfassende Beurteilung

Sofern nicht schon für Zwecke der Gebührenrechnungen die Abwasserentsorgungsanlagen sachwertorientiert bewertet wurden, ist dies im Rahmen der Eröffnungsbilanz nachzuholen. Diese Arbeit sollte im Regelfall DV-gestützt in Abstimmung mit der Verfilmung der Kanäle und mit der Erstellung eines geographischen Katasters durchgeführt werden – meist werden hierfür Ingenieurbüros eingeschaltet.

7.3 Anlagen der Verkehrstechnik

Zur Abgrenzung der selbstständig zu bewertenden Anlagen der Verkehrstechnik kann auf die Landeskonzepte **Rheinland-Pfalz** und **Saarland** verwiesen werden. Demnach sind die folgenden beweglichen Vermögensgegenstände selbstständig zu bewerten:[238]

- Verkehrsampeln
- Signalanlagen
- Straßenbeleuchtung
- Parkleitsysteme

Für die weiterhin aufgezählten Litfasssäulen, Werbetafeln, Fahrradständer, Ruhebänke etc. sowie der Verkehrsschilder (Wahlrecht) erfolgt die Bilanzierung jedoch in der Regel unter dem Posten Betriebs- und Geschäftsausstattung.

Hinsichtlich der Bewertung sollen gemäß den Ausführungen des **nordrhein-westfälischen Modellprojekts** Verkehrslenkungsanlagen anhand von Ver-

---

[237] BFH-Urteil vom 19.8.1971, BStBl 1972 II S. 75; BFH-Urteil vom 6.2.1986, BFH/NV 1986 S. 374, BB 1986 S. 1194 und BFH-Urteil vom 16.12.1987, BStBl 1988 II S. 539; vom 11.1.91, BStBl 1992 II S. 5.
[238] Rheinland-Pfalz/Entwurf (2006): § 5 Nr. 4, Saarland/Entwurf (2006a): § 4 Abs. 4 und 5.

kehrswerten bewertet werden. Dabei kann auch eine Bewertung als Gruppenwert oder als Festwert erfolgen.[239]

Gruppenbewertung in der Hessischen Landesverwaltung

Auch die **Hessische Landesverwaltung** sieht für die **Anlagen der Straßenausstattung** (Lichtsignalanlagen, Straßenbeleuchtung und Beschilderung u. Ä.) eine **Gruppenbewertung** vor. Allerdings ist gemäß den Sonderregeln für die Eröffnungsbilanz in Hessen die Bildung von Festwerten nicht zulässig.[240] Bei der Gruppenbewertung der Hessischen Landesverwaltung wird je Anlagentyp und Landesstraße nur ein Anlagengut (z. B. Ampelanlagen L1234) erfasst. Hierfür sollen die Mengen der einzelnen Anlagentypen aus der hessischen Bestandsdatenbank entnommen werden. Die Bewertung des Altbestandes erfolgt für Zwecke der Eröffnungsbilanz des Landes Hessen in Form einer Gruppenbewertung zu durchschnittlichen Anschaffungs- bzw. Herstellungskosten je Anlagentyp. Die in den letzten fünf Jahren in der Datenbank „Pro Bau" gesammelten Ausgaben für diese Anlagen bilden die Grundlage für die Durchschnittspreisermittlung. Die Nutzungsdauer wird auf Grund von Erfahrungswerten einheitlich auf 20 Jahre festgelegt. In Anlagenbuchhaltung und Bilanz des Landes Hessen werden Lichtsignalanlagen, Straßenbeleuchtung und Beschilderung – nach Typen geordnet und mit der entsprechenden Nummer der Landesstraße versehen – unter dem Bilanzposten „Technische Anlagen" mit der Ergänzung „Infrastrukturvermögen" ausgewiesen.[241]

Da bislang keine konkrete Bewertung von Ampelanlagen einer hessischen Landesstraße veröffentlicht wurde, verdeutlichen wir im Folgenden das grundsätzliche Vorgehen an einer fiktiven Straße – wie es von uns empfohlen wird.

- Voraussetzung ist zunächst eine **sorgfältige Inventur der vorhandenen Ampelanlagen**. Dabei sollte auch die Komplexität bzw. technische Aufwändigkeit der vorhandenen Ampelanlagen sowie ihr jeweiliges Alter erhoben werden.

---

[239] Vgl. Modellprojekt (2003) S. 425.
[240] Vgl. Hessisches Ministerium der Finanzen (2004) Anlage 4 Ziffer 9 Abs. 6.
[241] Vgl. Hessisches Ministerium der Finanzen (2004) Anlage 9 S. 14 f.

- Wenn ein derartiges Inventar vorliegt, sollte als nächster Schritt die **durchschnittlichen Anschaffungskosten** ermittelt werden, wenn sie zum Zeitpunkt der Eröffnungsbilanz neu beschafft werden müssten.
- Im Beispiel wird unterstellt, dass das Kriterium der **Gleichartigkeit** hinreichend erfüllt ist.
- Wenn dieses Kriterium nicht erfüllt ist, müssten die Anschaffungskosten der vorhandenen 32 Ampelanlagen zumindest teilweise individuell geschätzt werden. (Sobald einmal verlässliche Daten über die Summe der Anschaffungskosten vorliegen, kann aber auch in diesem Fall eine zusammengefasste Abbildung in der Anlagenbuchhaltung nach Abb. 43 erfolgen).
- Wie bei jeder Anlagenbewertung ist die **durchschnittliche Restnutzungsdauer** von entscheidender Bedeutung. Im Beispiel wird angenommen, dass die vorhandenen Ampeln durchschnittlich 12 Jahre alt sind. Auch bei einer Ampelgruppe muss (Sachwertverfahren) eine Alterswertminderung (über die durchschnittliche Nutzungsdauer, hier 20 Jahre) berechnet und vom Wiederbeschaffungsneuwert abgezogen werden, wie Abb. 43 zusammenfassend darstellt:

Rechenschritte	Ampelanlagen an der L 1234	
	Anzahl	32
anhand aktueller Rechnungen geschätzt	durchschnittliche Anschaffungskosten in EUR/Anlage	25.000
32 x 25.000	Wiederbeschaffungswert in EUR	800.000
800.000 : 20	AfA-Betrag pro Jahr	40.000
40.000 x 12	Alterswertminderung	480.000
800.000 – 480.000	**Wert der Ampelanlagen L1234 in Eröffnungsbilanz (Wiederbeschaffungszeitwert bzw. Sachwert in EUR)**	**320.000**

Abb. 43: Bewertung der Ampelanlagen einer Landstraße

Verkehrszeichen in hessischen Kommunen

Während die **hessische Pilotstadt Dreieich** ihre Verkehrszeichen und Schilder einzeln und ortsteilbezogen auf Basis einer durchschnittlichen Kalkulation aufgenommen und bewertet hat, wurden die Verkehrszeichen und Schilder im **Landkreis Darmstadt-Dieburg** und im **Lahn-Dill-Kreis** nicht ein-

Bewertung von Anlagen und Maschinen

zeln erfasst, sondern in den fortgeführten Anschaffungs- und Herstellungskosten der Straßenkörper berücksichtigt.[242]

In Dreieich wurden pauschale Wiederbeschaffungskosten von 348 EUR pro Schild angesetzt. Die Berechnung ist in Abb. 44 dargestellt.[243]

Kostenkalkulation Verkehrszeichen	EUR
Verkehrszeichen	60,00
Rohrpfosten	30,00
Bauhelfer (Arbeitszeit 2 Stunden)	180,00
Nebenkosten/Gemeinkosten	30,00
Summe vor MwSt	300,00
16 % MwSt	48,00
Summe (Gesamtwert Verkehrszeichen)	**348,00**

Abb. 44: Kostenkalkulation für Verkehrszeichen

Beleuchtungsanlagen in der Stadt Dreieich

Auch die Beleuchtungsanlagen (Straßenlampen) wurden in der Stadt Dreieich ortsteilbezogen erfasst und auf Basis von durchschnittlichen Wiederbeschaffungskosten pro Lampe (einschließlich Montage) von 1.500 EUR (Stand 2001) bewertet.[244]

Lichtsignalanlagen in der Stadt Dreieich

Für die Lichtsignalanlagen (Ampeln) konnten in Dreieich die historischen Anschaffungskosten meist direkt ermittelt werden[245] (Vgl. Abb. 45).

---

[242] Vgl. Körner/Meidel (2003) S. 99.
[243] Vgl. Körner/Meidel (2003) S. 99.
[244] Vgl. Körner/Meidel (2003) S. 100.
[245] Vgl. Körner/Meidel (2003) S. 101. Die Abbildung wurde im Hinblick auf die kumulierte AfA (maximal in Höhe der AK) modifiziert.

Bewertung von Lichtanlagen in der Stadt Dreieich						
Erläuterung der Kürzel:						
AK: historische Anschaffungskosten (liegen vor)			AfA:	Abschreibung des laufenden Jahres		
BJ: Baujahr			kum. AfA:	kumulierte AfA bis Ende 2000		
ND: festgelegte Nutzungsdauer			RBW:	Restbuchwert zum 31.12.2001		

Beispiel: Lichtanlagen in einem Ortsteil						
Standort	BJ	AK (EUR)	ND	AfA (EUR)	kum. AfA (EUR)	RBW (EUR)
Hainer Chaussee/Weibelfeld	2000	37.324,31	15	2.488,29	2.488,29	34.836,02
Heckenweg/Zeisigweg	1974	7.669,38	15	511,29	7.669,38	0,00
Hainer Chaussee/Bahnhofstr.	1971	5.112,92	15	340,86	5.112,92	0,00
Koberstädter Str./Turnhalle	1980	6.391,15	15	426,08	6.391,15	0,00
Darmstädter Str./An d. Trift	1979	20.000,00	15	1.333,33	20.000,00	0,00
		76.497,76			41661,74	34.836,02

Abb. 45: Bewertung von Ampeln in der Stadt Dreieich

Zusammenfassende Beurteilung

Nach unserer Einschätzung können die dargestellten Hessischen Richtlinien auch eine sachgerechte Grundlage für kommunale und staatliche Verkehrsanlagen in anderen Bundesländern darstellen. Insbesondere die von der Landesverwaltung vorgenommene Zusammenfassung der Schilder, Lampen und Ampeln zu jeweils einem Anlagengut pro Straße (Gruppenbewertung) kann als sachgerechte Vereinfachung angesehen werden. Diese Bewertungsmethode setzt aber eine vollständige Erfassung in einer Bestandsdatenbank voraus – daran sei abschließend erinnert. Diese Bestandsdatenbank muss in den meisten Kommunen erst noch aufgebaut werden. Der Unterschied zur Stadt Dreieich (Einzelfortschreibung in der Anlagenbuchhaltung) dürfte im Vergleich zur Gruppenbewertung nach unserer Einschätzung insgesamt nur von geringer materieller Bedeutung sein. Die Hauptarbeit ist immer dann gemacht, wenn die Mengengerüste in einer Bestandsdatenbank erfasst wurden. Für Großstädte empfiehlt sich regelmäßig der Einsatz eines geographischen Informationssystems im Sinne einer Nebenbuchhaltung zur Anlagenbuchhaltung.

8 Praktikable Erfassung und Bewertung von Betriebs- und Geschäftsausstattung

Auf einen Blick:

Infolge ihres Dienstleistungscharakters besitzen öffentliche Verwaltungen meist nennenswerte Bestände an Betriebs- und Geschäftsausstattung in den Bereichen:

- Einrichtungen in Schulen und Kindergärten
- Büroeinrichtungen in der Verwaltung,
- Kunstwerke und andere Sammlungen,
- Fahrzeuge einschließlich Spezialfahrzeuge der Feuerwehr und Rettungsdienste,
- DV-Hard- und Software sowie
- Telekommunikationseinrichtungen.

Häufig handelt es sich um mengenmäßig umfangreiche Bestände, die aber wertmäßig eine untergeordnete Rolle verglichen mit Immobilien und Infrastruktur spielen. Deshalb ist hier in besonderem Maße die Anwendung von Vereinfachungsverfahren sachgerecht.[246]

8.1 Geringwertigkeit, Geringfügigkeit und Sachgesamtheiten

Die Betriebs- und Geschäftsausstattungen der Kommunen zeichnen sich oft dadurch aus, dass mengenmäßig umfangreiche Bestände zu verzeichnen sind, die aber - bezogen auf die Bilanzsumme - wertmäßig eine untergeordnete Rolle spielen. Deshalb ist hier in besonderem Maße die Anwendung von Vereinfachungsverfahren sachgerecht. Dabei werden bekannte Vereinfachungsregelungen des Steuerrechts – wie die des § 6 Abs. 2 EStG zu den **geringwertigen Wirtschaftsgütern** – in die Reformkonzepte der Bundesländer übernommen.[247] Abweichend vom Grundsatz der Einzelerfassung und -bewertung können die Kommunen das **Wahlrecht** zur Anwendung dieser Vereinfachungsregelung in Anspruch nehmen.

---

[246] Vgl. Körner (2005)
[247] Vgl. z. B. Nordrhein-Westfalen (2004) § 33 Abs. 4 und § 56 Abs. 1 GemHVO.

Danach kann für abnutzbare bewegliche Wirtschaftsgüter des Anlagevermögens, die selbstständig nutzbar sind und deren Anschaffungs- und Herstellungskosten ohne Umsatzsteuer 410 EUR (d.h. netto) nicht übersteigen, vereinfachend im Jahr ihres Zugangs eine Sofortabschreibung vorgenommen werden. Als zusätzliche Vereinfachung wird bei solchen Anlagegütern der Abgang im Jahr des Zugangs oder im darauf folgenden Jahr unterstellt, auch wenn sich die Nutzung tatsächlich über mehrere weitere Jahre erstreckt. Damit erübrigen sich die Überwachung und das Nachhalten zwischenzeitlicher Wertminderungen zum Bilanzstichtag (z.B. durch Schäden) und des tatsächlichen Abgangszeitpunktes (z.B. durch Verschrottung).

Für diese geringwertigen Wirtschaftsgüter ist ein besonderes (Inventar-)Verzeichnis zu führen, außer wenn die Angaben z. B. in Form eines besonderen Kontos aus der Buchführung ersichtlich sind. Der separate Nachweis ist entbehrlich für Wirtschaftsgüter mit einem Wert von weniger als 60 EUR (vgl. R 40 Abs. 2 EStR, sog. **geringfügige Wirtschaftsgüter**). Diese werden sofort als Aufwand erfasst.

Von dieser Vereinfachungsregelung werden viele Einrichtungsgegenstände (Stühle, Tische, Tisch- und Stehleuchten, einfache Schränke und Regale) erfasst. Speziell bei Schreibtisch-, Schrank- und Regalsystemen ist jedoch eine willkürliche Zerlegung in geringwertige Elemente unzulässig.

Eine selbstständige Nutzbarkeit ist nicht anzunehmen, wenn Wirtschaftsgüter technisch aufeinander abgestimmt sind und nur gemeinsam eingesetzt werden können. So sind üblicherweise Regalrahmen bzw. Wandhalterungen und Regalböden eines Regalsegments als Sachgesamtheit nicht getrennt nutzbar. Dagegen kann bei vielen Schreibtischsystemen der Schreibtisch selbst und der ergänzende Computer- oder Besprechungstisch bei Bedarf einzeln genutzt werden.

Die steuerlichen Regelungen zu den geringwertigen Wirtschaftsgütern sind für die Kommunen nicht bindend. Deshalb wurde in der Praxis durchaus bereits über abweichende Geringwertigkeitsgrenzen (vor allem für die Eröffnungsbilanz) diskutiert. So wurde für die Doppikeinführung bei verschiedenen Hochschulen schon eine Wertgrenze von 5.000 EUR eingeführt. Auch Körner[248] spricht sich – u. E. zutreffend – vor dem Hintergrund der Aufwand-Nutzen-Relation für eine solche Wertgrenze aus. Gemäß dem Grundsatz der Wesentlichkeit und Wirtschaftlichkeit für die Inventur ist die von

---

[248] Vgl. Körner (2005) S. 193 ff.

ihm propagierte Fokussierung auf besonders werthaltige Vermögensgruppen (z. B. DV-Hardware, Fahrzeuge) sicherlich sachgerecht.

Es ist absehbar, dass auch in den noch ausstehenden Konzepten von Bundesländern regelmäßig auf die Aufnahme und den Ansatz von geringwertigen Wirtschaftsgütern in der Eröffnungsbilanz verzichtet werden wird.[249] Zur Handhabung von geringwertigen Wirtschaftsgütern in einer Eröffnungsbilanz hat sich in der Praxis folgendes Vorgehen bewährt:

1. Brainstorming der künftigen Inventurverantwortlichen zu möglichen Erfassungsbereichen, in denen geringwertige Wirtschaftsgüter zu erwarten sind (z. B. Büroeinrichtung, Regale in Archiven und Bibliotheken).
2. Analyse der wertmäßigen Strukturen anhand konkreter Rechnungen über solche Vermögensgegenstände (z. B. Büroausstattungen aus den letzten drei Jahren).
3. Entscheidung über die Qualifizierung als geringwertige Wirtschaftsgüter oder Sachgesamtheiten nach einheitlichen Regeln und Dokumentation dieser Entscheidung in der Inventurrichtlinie.
4. Festlegung zur Ausübung des Wahlrechtes hinsichtlich der ggf. erhöhten Geringwertigkeitsgrenze für die Eröffnungsbilanz.
5. Festlegung zur Ausübung des Wahlrechtes hinsichtlich der künftigen Geringwertigkeitsgrenze und der bilanziellen Behandlung geringwertiger Wirtschaftsgüter (z. B. Abschreibung und Abgang im Zugangsjahr).
6. Überprüfung der korrekten Handhabung geringwertiger Wirtschaftsgüter im Rahmen der Inventurdurchführung.

Hessen hat in **§ 59 Abs. 1 Satz 2 GemHVO** geregelt, dass auf den Ansatz von immateriellen und beweglichen Vermögensgegenständen des Anlagevermögens, deren Anschaffungs- und Herstellungskosten den Betrag von **3.000 EUR** (ohne Umsatzsteuer) nicht überschritten haben, in der Eröffnungsbilanz verzichtet werden kann. Diese hohe Wertaufgriffsgrenze kann im Hinblick auf die Bilanzsumme nach unserer Einschätzung durchaus als vertretbare Vereinfachung angesehen werden. Körner hat hierzu eine empirische Analyse der Eröffnungsbilanzen von drei Kommunen unterschiedlicher Größe vorgelegt: eine Wertaufgriffsgrenze von 5000 EUR würde in den drei Beispielkommunen dazu führen, dass weniger als 1% der kumulierten Wertanteile der Aktiva nicht angesetzt werden würden.[250] Für die Folgebilanzen

---

[249] Analog den Festlegungen von Nordrhein-Westfalen (2004) in § 56 Abs. 1 GemHVO NRW und Niedersachsen (2005) § 60 Abs. 2 GemHKVO Nds.

[250] Vgl. ausführlich Körner (2005).

Bewertung von Betriebs- und Geschäftsausstattung

gilt jedoch auch in Hessen nach § 43 Abs. 2 Satz 4 GemHVO-Doppik Hessen eine Geringwertigkeitsgrenze entsprechend § 6 Abs. 2 EStG von 410 EUR netto.

Als Hauptargument gegen so hohe Wertaufgriffsgrenzen wird meist angeführt, dass die körperliche Bestandsaufnahme aller der Kommune gehörenden Mobilien durchaus einen Beitrag zur Bewusstseinsbildung leisten kann (Ziel: sorgfältiger Umgang mit öffentlichem Vermögen). Einen weiteren Aspekt greift das Landesprojekt in Brandenburg auf. In den Erprobungsergebnissen und Empfehlungen zu den geringwertigen Wirtschaftsgütern[251] wird ausgeführt: "Unabhängig von der Eignung von Vermögensgegenständen für das GWG-Wahlrecht kann die Anwendung der Vereinfachungsregelung aus Steuerungsgründen nicht sachgerecht sein, wenn die Gesamtheit der Vermögensgegenstände bei der Leistungsmessung und Bewirtschaftung von Produkten/Produktgruppen/Produktbereichen eine wesentliche Rolle spielt." Am Beispiel der Produktgruppe "Bibliotheken" wird dargestellt, dass eine Qualifizierung als geringwertige Wirtschaftsgüter für die betreffenden Bücher etc. nicht zulässig sein soll.[252]

Darüber hinaus beschreibt das Land Hessen in seinen Sonderregelungen zur Eröffnungsbilanz noch wesentlich weiter gehende Vereinfachungsregelungen für Mobilien, die mit Inkrafttreten der neuen GemHVO nicht mehr für Kommunen aber wohl noch für die hessischen Landesverwaltungen gelten:[253] So entfällt die Aktivierung von Vermögensgegenständen, die früher als fünf Jahre vor dem Eröffnungsbilanzstichtag angeschafft oder hergestellt wurden, wenn

- bei gekauften Mobilien die historischen Anschaffungskosten nicht mehr als 100.000 DM bzw. 51.130 EUR bzw.
- bei selbst erstellten Mobilien die historischen Materialkosten nicht mehr als 50.000 DM oder 25.565 EUR

betragen haben. Außerdem ist bei selbst erstellten Mobilien, die bis zu fünf Jahre vor dem Eröffnungsbilanzstichtag hergestellt wurden und deren histo-

---

[251] Vgl. www.doppik-kom.brandenburg.de, Dokumentationsvermerk vom 25.11.2005 zu den geringwertigen Wirtschaftsgütern, Kapitel II., S. 3

[252] Vgl. www.doppik-kom.brandenburg.de, Dokumentationsvermerk vom 25.11.2005 zu den Bibliotheken, Kapitel II.

[253] Vgl. Neues Kommunales Rechnungs- und Steuerungssystem (2005) Anhang 12 Ziffer 7; vgl. etwas abweichend für die Landesverwaltung Hessisches Ministerium der Finanzen (2004) Anlage 4 Ziffer 9 Abs. 1, 2 und 6.

rische Materialkosten höchstens 5.000 DM oder 2.557 EUR betrugen, eine Bewertung nicht vorgesehen.

Niedersachsen[254] hat in § 60 GemHKVO verschiedene Erleichterungen zur Inventur der Mobilien geregelt, die allerdings nicht das Ausmaß der hessischen Erleichterungen erreichen. Insbesondere existiert in Niedersachsen – wie auch in allen anderen Ländern – keine vergleichbare Wertaufgriffsgrenze von 3.000 EUR. In Niedersachsen kann bei der Inventur auf die Erfassung von geringwertigen Wirtschaftsgütern (Anschaffungs- und Herstellungskosten von weniger als 410 EUR ohne Umsatzsteuer) sowie von bereits abgeschriebenen Mobilien verzichtet werden. Außerdem kann die Inventur vor dem Eröffnungsbilanzstichtag durchgeführt werden, wenn durch eine Fortschreibung gesichert ist, dass der Bestand auch ohne weitere Inventur festgestellt werden kann.

Auch die Länder **Nordrhein-Westfalen**[255], **Rheinland-Pfalz**[256] und **Saarland**[257] weisen ähnliche Erleichterungen auf: in den drei Ländern müssen zumindest keine geringwertigen Wirtschaftsgüter inventarisiert werden. In Nordrhein-Westfalen bezieht sich die Erleichterung sogar auf Vermögensgegenstände mit einem Zeitwert von weniger als 410 EUR (ohne Umsatzsteuer), die nicht angesetzt werden müssen; damit wird im Ergebnis eine vergleichbare Erleichterung wie in Niedersachsen erreicht.

---

[254] Vgl. Niedersachsen (2005) § 60 Abs. 2 bis 4 GemHKVO.
[255] Vgl. Nordrhein-Westfalen (2004) § 56 Abs. 1 GemHVO.
[256] Vgl. Rheinland-Pfalz/Entwurf (2006) § 5 Abs. 4 Ziffer 14.
[257] Vgl. Saarland/Entwurf (2006a) § 7.

8.2 Einrichtungsgegenstände in öffentlichen Bildungsstätten, insbesondere Schulen und Kindergärten

Wenn die Schulgebäude bei den Kommunen regelmäßig die mit Abstand größte Einzelgruppe der Immobilien darstellen, gilt natürlich Entsprechendes auch für die Einrichtungen in Schulgebäuden. Es stellt sich ein erhebliches Mengenproblem bei den Einrichtungsgegenständen, die zweckmäßigerweise nach den jeweiligen Raumplänen gegliedert werden sollten. Ein Physikraum hat sicherlich eine ganz andere Ausstattung als beispielsweise ein Klassenraum der Unterstufe. Zur Bewältigung des Erfassungs- und Bewertungsproblems liegen Veröffentlichungen vor allem aus Hessen und Nordrhein-Westfalen vor.

Die Situation in Hessen

Der hessische **Landkreis Darmstadt-Dieburg** führte bereits 2000 in allen Schulen eine Anlageninventur durch. Das bewegliche Anlagevermögen wurde über eine **Buchinventur anhand der Rechnungen der vergangenen fünf Jahre** nachträglich erfasst, mit den Inventurlisten abgeglichen und um die seit der Anschaffung angefallenen Abschreibungen korrigiert, um die fortgeführten Anschaffungskosten für die Eröffnungsbilanz zu ermitteln.[259] Auch die oben genannte Vereinfachungsregelung der Hessischen Sonderegelungen zur Eröffnungsbilanz wird angewandt, nach der selbst erstellte bewegliche Vermögensgegenstände, die früher als fünf Jahre vor dem ersten Bilanzstichtag erstellt worden sind, nicht bewertet werden müssen, soweit deren historische Anschaffungskosten nicht über 50.000 DM oder 25.565 EUR liegen.

Die Situation in Nordrhein-Westfalen

Aus den Richtlinien der nordrhein-westfälischen Pilotstadt **Dortmund** kann abgelesen werden, dass zur **Zeitwertermittlung** in Schulen und Kindergärten eine **Fest- oder Gruppenbewertung** pro Objekt erfolgen soll, wobei „individuell" (offenbar auf Basis von Wiederbeschaffungskosten) vorgegangen wird. Auch Einrichtungsgegenstände in Senioreneinrichtungen und Übergangsheimen werden in Dortmund analog bewertet.[260]

---

[259] Vgl. Körner/Meidel (2003) S. 108.
[260] Vgl. Stadt Dortmund (o. J.) S. 43 f.

Es handelt sich bei dem Dortmunder Verfahren offenbar um ein recht einfach zu handhabendes Verfahren, wie es auch aus anderen Kommunen bekannt ist. Dabei werden die durchschnittlichen Wiederbeschaffungskosten auf Basis aktueller Lieferantenkataloge (z. B. pro Schülertisch) festgestellt und **die durchschnittlichen Wiederbeschaffungskosten eines typischen Mobiliars pro Raumtyp und Schulart** (z. B. Physikraum einer Gesamtschule) ermittelt (Vgl. Abb. 46).

Physikraum				
Einrichtungsgegenstand	Einzel-Neuwert netto	Einzel-Neuwert brutto	Anzahl	Gesamt Neuwert brutto
Pylonen-Doppelfl.-Schiebe-Tafel	1.400	1.624	1	1.624
Lichtbildwand	700	812	1	812
Projektionsfläche	600	696	1	696
Projektortisch	200	232	1	232
Tischplatte-Feinsteinz.-Verb.	230	267	1	267
Spritzschutzwand	320	371	1	371
Medienblock/Energiezelle	950	1.102	4	4.408
Elektro-Experimentiertafel	3.600	4.176	1	4.176
Bilderklemmleiste	40	46	6	278
Langwandtafel	230	267	1	267
Langwandtafel /Pinnwand	280	325	1	325
Fernseh-Deckenhalterung	300	348	1	348
Feuerlöscher	100	116	1	116
Erste-Hilfe-Schrank	100	116	1	116
Löschdecke	130	151	1	151
Fahrbarer Labortisch /Ansatzt.	400	464	1	464
Schülerübungstisch	130	151	16	2.413
Konsolenstuhl	50	58	32	1.856
Demonstrationsgeräte Physik (gemäß Einzelerfassung)				22.100
Summe				**41.020**

Abb. 46: Bewertung eines Physikraums

Die pro Raumtyp ermittelten durchschnittlichen Wiederbeschaffungskosten werden unter Berücksichtigung von durchschnittlichen Restnutzungsdauern gekürzt (Alterswertminderung), um den Sachzeitwert zu errechnen:

Summe der Wiederbeschaffungskosten für die Ausstattung des Physikraums:	41.020 EUR
abzüglich Alterswertminderung (durchschnittliche Restnutzungsdauer von 4 Jahren, durchschnittliche Gesamtnutzungsdauer von 8 Jahren, d. h. halbe Abschreibung)	- 20.510 EUR
anzusetzender Sachzeitwert Physikraum	**20.510 EUR**

Es versteht sich von selbst, dass ein aktueller Raumplan pro Schule unerlässliche Voraussetzung für die Bewertung ist. Eine Fortschreibung der durchschnittlichen Sachzeitwerte kann grundsätzlich sowohl über planmäßige Abschreibungen als auch als grundsätzlich unveränderte Festwerte erfolgen.

Für die Erfassung und Bewertung des Schulmobiliars nach Raum- oder Ausstattungstypen empfiehlt sich ein schrittweises Vorgehen nach folgendem Grundmuster:

1. Erstellung einer Liste der Schulräume anhand des aktuellen Raumplanes.

2. Erarbeitung der Systematik für die raumbezogene Bewertung (d. h. Festlegung der Räume mit einheitlicher Ausstattung).

3. Ermittlung der typischen Ausstattungselemente der einzelnen Raumtypen (wie oben beispielhaft dargestellt) einschließlich der Wiederbeschaffungswerte und durchschnittlichen Gesamtnutzungsdauer.

4. Zuordnung der Schulräume und ihrer typisierten Ausstattung zu den definierten Raumtypen.

5. Festlegung der durchschnittlichen Restnutzungsdauer für jeden einzelnen Schulraum.

6. Rechnerische Ermittlung der Alterszeitminderung und des Ansatzes für die Eröffnungsbilanz (wie oben beispielhaft dargestellt).

Fortschreibung der Raumausstattung

Bevor spezielle Vereinfachungsregelungen zur Ersterfassung und -bewertung für bewegliche Einrichtungsgegenstände eingesetzt werden, sollten die ergebnismäßigen Auswirkungen des jeweiligen Vereinfachungsverfahrens **in Folgejahren** von der Kommune berücksichtigt werden. Die sachgerechte Entscheidung für das jeweilige Vereinfachungsverfahren ist in hohem Maße davon abhängig

- in welchen Zyklen die künftigen Ersatzbeschaffungen vorgenommen werden und
- in welchem Umfang die künftigen Haushaltsjahre mit Aufwendungen belastet werden sollen.

Dabei ist an die grundsätzlichen Folgen der Bilanzierungsalternativen für Einrichtungsgegenstände zu erinnern:[261]

- Bei der Fortschreibung der oben berechneten Sachzeitwerte der Einrichtungsgegenstände (Beispiel Physikraum) als **Festwerte** werden gar keine Abschreibungen berechnet und der Festwertansatz im Regelfall unverändert beibehalten (Ausnahme: Erweiterungsinvestitionen im Schulbereich, wenn neue Schulräume bei Anbauten oder Umbauten dazu kommen). Andererseits stellen sämtliche Ersatzbeschaffungen in voller Höhe Aufwand der jeweiligen Periode dar (während Ersatzbeschaffungen bislang regelmäßig durch Kredite finanzierbare Investitionen im Vermögenshaushalt finanziert wurden).

- Bei der alternativ möglichen Fortschreibung der Sachzeitwerte als **typisierte Gruppenwerte** können Abschreibungen auf die voraussichtliche durchschnittliche Restnutzungsdauer der Einrichtung (z.B. des Physikraums) berechnet werden. Dieses Bewertungsmodell korrespondiert am ehesten mit einer Beschaffungspraxis, bei der erst deutlich nach Ende der Nutzungsdauer die komplette Einrichtung (z.B. des Physikraums) ersetzt wird. Ansonsten müssen Teil-Abgänge sowie Teil-Zugänge verbucht werden.

- Alternativ zur typisierten Zusammenfassung nach Klassenräumen können natürlich auch **Gruppenwerte für jeweils gleichartige Einrichtungsgegenstände** (z.B. Schülerstühle) gebildet werden. Auch hierfür werden in der Praxis unterschiedlich Versionen beobachtet: Wenn z.B. die in einem Jahr beschafften Schülerstühle als Gruppe betrachtet, mit den durchschnittlichen Anschaffungskosten in die Anlagenbuchhaltung aufgenommen und dann planmäßig abgeschrieben werden, kann dieses Verfah-

---

[261] Vgl. oben S. 68 f.

ren im Grunde schon als eine sachgerechte **Vereinfachung der Einzelbewertung** betrachtet werden (vgl. hierzu das Zahlenbeispiel in Abb. 47).

- Bei der (reinen) **Einzelbewertung** wird jeder einzelne Einrichtungsgegenstand einzeln abgeschrieben und solange in der Anlagenbuchhaltung mitgeführt, bis er nicht mehr vorhanden oder nicht mehr nutzbar (z.B. defekt) ist. Dann wird der alte Gegenstand als Abgang verbucht und - sobald eine Ersatzbeschaffung erfolgt ist - der neue Gegenstand als Zugang eingebucht (und anschließend planmäßig abgeschrieben).

Die Entscheidung für den **Festwert** erspart dem Anlagebuchhalter (und der Schule) die Einzelverfolgung aller Einrichtungsgegenstände sowie die Berechnung von Abschreibungen. Das Festwertverfahren korrespondiert am ehesten mit einer Beschaffungspraxis, bei der kontinuierlich kleinere Ersatzbeschaffungen erfolgen, deren Höhe in etwa der (nicht vorgenommenen) planmäßigen Abschreibungen entsprechen sollten. Dies gilt auch noch für den Fall, wenn über die Jahre hinweg die jeweils abgenutzten Tische und Stühle ersetzt zwar werden (wofür meist kleinere Beschaffungstranchen zunächst in ein Lager genommen werden) und die Gesamtausstattung dann in bestimmten Investitionszyklen und in größerem Rahmen (z. B. mehrere Klassenräume, komplette Schule, kompletter Kindergarten) erneuert wird.

Eine Festwertbildung sollte deshalb nur in solchen Fällen favorisiert werden, in denen tatsächlich die allgemeinen Regeln gegeben sind. Es ist anzunehmen, dass für das Kriterium des regelmäßigen Ersatzes (d. h. eines gleich bleibenden Reinvestitionsvolumens) statt einer Festwertbildung pro Klassenraum eher die Zusammenfassung auf Ebene der einzelnen Schule bzw. sogar der Gesamtheit aller Schulen eines Schultyps (z. B. Gymnasien, Grundschulen) angezeigt ist. Diese Betrachtung kann entsprechend bei Kindergärten angewendet werden.

Für die erforderliche körperliche Bestandsaufnahme nach drei bzw. fünf Jahren kann u. E. wieder das Verfahren zugrunde gelegt werden, mit dem die Eröffnungsbilanzansätze ermittelt wurden. Wird jedoch das Beschaffungswesen umgestellt oder aus gegebenem Anlass eine Reihe von umfangreichen Ersatzinvestitionen in das Vermögen getätigt, muss geprüft werden, ob der Festwertansatz unter diesen Bedingungen noch beibehalten werden kann oder ob er aufgegeben werden muss.

Im Gegensatz zum Festwertverfahren kann es bei Anwendung der **typisierten Gruppenbewertung** für die Schul- und Kindergarteneinrichtung bereits im ersten Jahr nach Aufstellung der Eröffnungsbilanz zu zahlreichen Frage- und Problemstellungen zur sachgerechten Bilanzierung kommen.

Nehmen wir als (vereinfachten) Beispielsfall an, dass in einem Klassenraum insgesamt 35 Schülertische und Schülerstühle, eine Tafel, ein Lehrerpult und ein Lehrerstuhl als Gruppe erfasst und bewertet wurden. Die für eine solche Gruppenkonstellation zu erwartenden Bilanzierungsfragen sind nachfolgend mit möglichen Lösungsvorschlägen aufgelistet:

1. Im Folgejahr werden 30 Schülertische und -stühle beschafft und in ein Lager genommen. Davon werden drei Tische und vier Stühle des obigen Klassenraumes aus dem Lagerbestand ausgetauscht. Es ist aus Gründen der Praktikabilität nicht sachgerecht, für den Lagerbestand eine eigene Anlagennummer zu vergeben, die beschafften Tische und Stühle als Zugang zu aktivieren und bei Ersatz von Mobiliar auf den jeweiligen typisierten Klassensatz umzubuchen. Durch die Bildung eines Klassensatzes wird das darin enthaltene Mobiliar sozusagen gebündelt. Gemäß dem Grundsatz der Wesentlichkeit und Wirtschaftlichkeit wird es deshalb nicht zu beanstanden sein, die gesamte Ersatzbeschaffung von 30 Schülertischen und -stühlen als „Instandhaltung" aller typisiert geführten Klassensätze zu interpretieren und in den Aufwand zu buchen.
2. Im Rahmen des mittelfristigen Investitionsplans wird ein planmäßiger Austausch des Klassenraums über zwei Jahre festgelegt. Im ersten Jahr erfolgt der Austausch der Tafel sowie von zehn Schülertischen/-stühlen. Für das Folgejahr ist der Ersatz des Lehrerpults/-stuhls und der übrigen Schülertische/-stühle geplant. Üblicherweise wird zum Zeitpunkt des Ersatzes die Klasseneinrichtung nur noch zum Erinnerungswert zu Buche stehen. Sollte noch ein Restbuchwert vorhanden sein, sollte im ersten Jahr ein Teilabgang in Höhe des ersetzten Mobiliars erfasst und das verbleibende Mobiliar zusammen mit den Anschaffungskosten des neuen Mobiliars auf eine neue Anlagennummer umgebucht werden (da ein neuer Klassensatz entsteht). Im Folgejahr erfolgt analog der Teilabgang des verbliebenen Altmobiliars sowie eine Zuaktivierung der Anschaffungskosten des neuen Mobiliars.
3. Anlässlich des Umzugs der Schule in ein neues Gebäude wird das komplette Mobiliar ausgetauscht, und der Zuschnitt der Klassenräume wird an die demografische Entwicklung angepasst.
Sämtliche Restbuchwerte und Erinnerungswerte der bisherigen Klassensätze werden zum Zeitpunkt des Umzugs in den Abgang gestellt. Für die neue Schule ist zu entscheiden, ob auch weiterhin mit Klassensätzen ge-

arbeitet werden soll. Dann wäre die Gesamtbeschaffung sachgerecht auf Klassensätze aufzuteilen.

Als Alternative ist stets aber auch die **grundsätzliche Einzelbewertung**, wobei häufig sachgerechte Vereinfachungen durchgeführt werden. Häufig werden beispielsweise die Mobilien zwar grundsätzlich einzeln angesetzt, die Beschaffungen eines Jahres aber in der Anlagenbuchhaltung gebündelt. Die Anzahl der durch die jeweilige Anlagennummer repräsentierten Vermögensgegenstände sollte jedoch in einem Informationsfeld der Anlagenbuchhaltung mitgeführt werden. Beim Abgang von Mobiliar wäre dann der Restbuchwert um den Wertanteil der Vermögensgegenstände zu mindern und die Anzahl entsprechend zu vermindern (Teil-Abgang). Dabei würde sich das Bild in Abb. 47 in der Anlagenbuchhaltung ergeben:

Anl. Nr.	Bezeichnung	Zahl	AHK einzeln	AHK gesamt
120050	Müllergymnasium 2006, Schülertische Unterstufe	60	120 EUR	7.200 EUR
120051	Müllergymnasium 2006, Schülerstühle Unterstufe	60	45 EUR	2.700 EUR
120052	Müllergymnasium 2006 Schiebetafel Standard	10	1.170 EUR	11.700 EUR
...				

Abb. 47: Einzelbewertung mit Bündelung zu gleichartigen und gleichalten Gruppen

In der Praxis ergibt sich also eine Vielzahl von grundsätzlich möglichen Vorgehensweisen in der Anlagenbuchhaltung.

8.3 Büroeinrichtungen

Die Büroeinrichtungen der Kommunalverwaltungen setzen sich im Wesentlichen aus Bürostühlen und -sesseln, Schreib- und Arbeitstischen, Rollcontainern, Schränken und Regalen zusammen. Häufig wird – ähnlich dem Verfahren bei öffentlichen Bildungsstätten – eine **Einteilung in Ausstattungstypen** vorgenommen. Bei vergleichsweise homogener Bestückung der Verwaltungsbüros kann dann die Bewertung auf Basis der durchschnittlichen Wiederbeschaffungskosten für jeden Ausstattungstyp vorgenommen werden.

Im Rahmen der Inventur wird schließlich anhand des Raumplans für jeden Büroraum die Zuordnung eines bzw. mehrerer (einander ergänzender) Ausstattungstypen vorgenommen.

Der Grundgedanke einer standardisierten Büroausstattung eignet sich insbesondere auch in solchen Fällen, in denen große Bereiche der Büroeinrichtung zum Stichtag der Eröffnungsbilanz bereits vollständig abgeschrieben sind. Statt eines Ansatzes der einzelnen Einrichtungsgegenstände mit ihren Erinnerungswerten ist es vor diesem Hintergrund als sachgerecht anzusehen, die abgeschriebene(n) Gesamtausstattung(en) eines Raumes jeweils summarisch zum Erinnerungswert in die Anlagenbuchhaltung zu übernehmen.

Als Umsetzungsbeispiel für eine typisierte Erfassung und Bewertung nach Standardarbeitsplätzen hat die nordrhein-westfälische Modellstadt Brühl im Rahmen des Landesprojekts folgende Systematik erarbeitet (Abb. 48).[262]

---

[262] Stadt Brühl (o. J.).

Bewertung von Betriebs- und Geschäftsausstattung

Anzahl erfasster Arbeitsplätze	durchschnittl. Ausstattung je Bereich				Durch-schnitt	Anschaffungs-kosten (AK)	Zeitwert = 1/2 Anschaffungs-kosten	Abschreibungs-werte je Gegenstand (Restnutzungs-dauer = 9 Jahre)	Abschreibungs-werte je Arbeitsplatz (Restnutzungs-dauer = 9 Jahre)	Zeitwert je Arbeitsplatz
	10	15	15	7						
Mobiliar	63	50/3	10/1	65/3						
Schreibtisch	1,2	1,07	1	1,14	1,10	820,00 €	410,00 €	45,56 €	50,23 €	452,03 €
Drehstuhl	1	1,13	1	1	1,03	470,00 €	235,00 €	26,11 €		
Besucherstuhl	1,8	2,07	1,4	1,57	1,71	165,00 €	82,50 €	9,17 €		
Besuchertisch	0,6	0,13	0,6	0,57	0,48	230,00 €	115,00 €	12,78 €		
Aktenschrank	1,6	0,87	1,2	1,29	1,24	200,00 €	100,00 €	11,11 €		
Sideboard	0,6	0,87	1	1,29	0,94	435,00 €	217,50 €	24,17 €		
Container	0,5	1,6	1,33	1	1,11	330,00 €	165,00 €	18,33 €		
Computertisch	0,1	0,27	0,2	0	0,14	160,00 €	80,00 €	8,89 €		
Aufsatzschrank	0,2	0,2	0,2	0	0,15	120,00 €	60,00 €	6,67 €		
Regal	0,6	0	0,33	0,57	0,38	400,00 €	200,00 €	22,22 €		
Karusselschrank	0	0,6	0	0	0,15	2.200,00 €	1.100,00 €	122,22 €	18,33 €	165,00 €
Tresor	0	0	0	0,14	0,04	1.050,00 €	525,00 €	58,33 €	2,04 €	18,38 €
Planschränke	0,3	0	0	0	0,08	1.230,00 €	615,00 €	68,33 €	5,13 €	46,13 €
Summe je Bürostandardarbeitsplatz =									75,73 €	681,53 €

Abb. 48: Erfassung und Bewertung nach Standardarbeitsplätzen

Eine alternative Vorgehensweise hat die **Stadt Salzgitter** gewählt.[263] Für ein Standardeinzelbüro wurde insgesamt der Wiederbeschaffungswert für eine typische Büroausstattung ermittelt und vereinfachend mit einer durchschnittlichen Restnutzungsdauer angesetzt. Der Verfahrensweg ist in Abb. 49 dargestellt.

	Wiederbeschaffungsneuwert (WBNW) (in EUR)	Wiederbeschaffungszeitwert (WBZW) (in EUR)	Erläuterungen
Mobiliar		45 %	
Schreibtisch	337,00	151,65	Ø Restnutzungsdauer:
Schreibtischstuhl	240,00	108,00	8 Jahre
2 Besucherstühle	110,00	49,50	
Besuchertisch	142,00	63,90	Ø Gesamtnutzungsdauer:
Standcontainer	300,00	135,00	18 Jahre
Sideboard	164,00	73,80	
Aktenschrank	335,00	150,75	WBNW x 45 % = WBZW
Aufsatzschrank	139,00	62,55	
Summe je Bürostandardarbeitsplatz =		**795,15**	

Abb. 49: Zeitwertermittlung für einen Bürostandardarbeitsplatz

Das dargestellte Verfahren arbeitet mit zwei grundsätzlichen Vereinfachungen: Zum einen wird eine tatsächliche Homogenität in den Standardbüros der Salzgitteraner Verwaltungsgebäude unterstellt und zum anderen werden die tatsächlichen Investitionszyklen nicht abgebildet (sondern auf eine einheitliche Altersstruktur mit einer durchschnittlichen Alterswertminderung von 55 % abgestellt). Aufgrund der Tatsache, dass die Büroausstattung in der Eröffnungsbilanz der Stadt Salzgitter keinen wesentlichen Wertumfang darstellt, sind diese Vereinfachungen u. E. sachgerecht.

Abbildung 49 verdeutlicht jedoch auch, dass die einzelnen Vermögensgegenstände des Verwaltungsmobiliars die GWG-Grenze von 410 EUR netto nicht übersteigen. Die Stadt Salzgitter hat schlussendlich vom Wahlrecht zur Anwendung der GWG-Regelung Gebrauch gemacht und das Verwaltungsmobiliar nicht nach dem dargestellten Zeitwertverfahren angesetzt.

---

[263] Vgl. Augath/Frye/Hubrig (2005) Folie 22.

8.4 Kunstwerke und andere Sammlungen

Hierunter fallen vor allem folgende öffentliche Vermögensgegenstände:
- Kunstgegenstände bei öffentlichen Galerien, Museen oder im Zusammenhang mit der Gestaltung öffentlicher Gebäude, Straßen, Wege oder Plätze,
- Sammlungen und Buchbestände von künstlerischer, historischer oder wissenschaftlicher Bedeutung sowie
- Bücher, Medien und sonstige Ausleihgüter in (sonstigen) Bibliotheken und anderen öffentlichen Einrichtungen.

Für die Bewertung ist von Bedeutung, ob es sich um wertvolle Kunstwerke und Sammlungen handelt oder um Ausleihgüter für den Gebrauch.

Kunstwerke und Sammlungen von Bedeutung

In der Dokumentation zur Pilotkommune **Wiesloch** wird ausgeführt, dass für Zwecke der Eröffnungsbilanz Bestand und Anschaffungskosten der Kunstgegenstände **aus alten Rechnungen herausgesucht** wurden.[264]

Auch nach den **Hessischen Sonderregelungen zur Eröffnungsbilanz** sind bewegliche Kunstgegenstände grundsätzlich mit den Anschaffungskosten zu bewerten. Ist dies nicht möglich, erfolgt die Bewertung zum geschätzten Zeitwert (u. a. mit schriftlich belegten Schätzwerten).[265] Sofern für einzelne Kunstgegenstände und Ausstellungsobjekte von Museen Versicherungswerte vorliegen, können diese Versicherungswerte als eine einfach zu handhabende Alternative zum gutachterlichen Schätzverfahren bezeichnet werden. Kunstgegenstände unterliegen im Regelfall analog zu Grundstücken keiner Abschreibung.[266]

---

[264] Vgl. Lüder/Behm/Cordes (1998) S. 48.
[265] Vgl. Hessisches Ministerium der Finanzen (2004) Anlage 4 Ziffer 9 Abs. 5 und Anlage 11 S. 1.
[266] Vgl. Körner/Meidel (2003) S. 106.

Zur Bewertung von Kunstwerken und Baudenkmälern enthält § 55 Abs. 3 GemHVO nach dem **NKF-Gesetz** die folgenden Vereinfachungsregeln:

- Für die Kulturpflege bedeutsame bewegliche Vermögensgegenstände sollen, wenn sie auf Dauer versichert sind, mit ihrem **Versicherungswert**, andernfalls mit dem einer dauerhaften Versicherung zu Grunde zu legenden Wert angesetzt werden.

- Sonstige Kunstgegenstände, Ausstellungsgegenstände und andere bewegliche Kulturobjekte können mit einem **Erinnerungswert** angesetzt werden.

Das Landeskonzept **Rheinland-Pfalz** beschreibt hingegen folgende Alternativen zur Ermittlung der Wertansätze bei beweglichen Kunstgegenständen und historischen Medien:[267]

- Erfahrungswerte aus dem An- bzw. Verkauf oder von Katalogpreisen vergleichbarer Vermögensgegenstände;

- Versicherungswerte (bzw. die bei dauernder Versicherung zugrunde zu legenden Werte);

- vorhandene Wertgutachten;

- Erinnerungswert, wenn keine der vorgenannten Alternativen greift.

Eine analoge Regelung enthält auch das **saarländische** Konzept.[268]

Offensichtlicher Konsens in den Landeskonzepten ist die Tatsache, dass die Kunstgegenstände im Regelfall nicht der Abnutzung unterliegen und somit nicht abzuschreiben sind (mit Ausnahme der sog. Gebrauchskunst).

Nach unserer Einschätzung ist die z.B. im rheinland-pfälzischen Konzept dargestellte Aufzählung der Handlungsalternativen zur Bewertung sachgerecht. Bei der Verwendung von Versicherungswerten ist allerdings zu berücksichtigen, dass meist nur der ausgestellte Teil der Kunstgegenstände durch den Versicherungswert abgedeckt ist und ggf. nur ausgewählte, besonders wertvolle Exponate berücksichtigt. Ergibt sich im Rahmen der Inventur ein Missverhältnis zwischen dem Versicherungswert und dem tatsächlichen Sammlungswert (z. B. wertvolle Kunstgegenstände sind im Archiv eingelagert), ist eine grundsätzliche Diskussion der Versicherungsstrategie der Gemeinde sinnvoll.

---

[267] Rheinland-Pfalz/Entwurf (2006): § 5 Abs. 4 Ziff. 9.

8.5 Bücher, Medien und sonstige Ausleihgüter für den Gebrauch

Bücher, Medien und sonstige Ausleihgüter in (sonstigen) Bibliotheken und anderen öffentlichen Einrichtungen können folgendermaßen erfasst und bewertet werden; wir greifen mit den folgenden Ausführungen insbesondere auf entsprechende Erfahrungen aus Hochschulbibliotheken zurück, die nach unserer Auffassung auch für kommunale Bibliotheken anwendbar erscheinen. Wie in verschiedenen Bilanzierungsrichtlinien zur Einführung der Doppik in Hochschulen geregelt ist, können **gebrauchs- bzw. ausleihorientierte Bibliotheksbestände** vereinfachend mit einem **Gesamtwert** angesetzt werden, da hier als Vermögensgegenstand weniger das einzelne Buch, sondern die Gesamtheit des Bibliothekbestandes angesehen werden kann. Weil außerdem die Aktualität dieser gebrauchsorientierten Bibliotheksbestände von wertentscheidender Bedeutung ist, kann zur Wertermittlung vereinfachend auf die **Ausgaben der letzten zehn Jahre laut Bibliotheksstatistik** bzw. die tatsächlichen Ausgaben lt. Haushaltsrechnung abgestellt werden.

Hinsichtlich der Fortschreibung dieses Gesamtwerts existieren in der Praxis der Hochschulen zwei methodische Varianten: entweder wird jedes Jahr der Gesamtwert der Ausgaben der letzten zehn Jahre erneut ermittelt oder der Gesamtwert wird als Festwert angesetzt. Die zuletzt genannte Lösung bedeutet nach den Festwertgrundsätzen im Regelfall eine Überprüfung alle drei Jahre.

Ergänzend wird auf das nachfolgende Beispiel in Kapitel 8.8 verwiesen. Darin werden anhand einer Bibliothek die möglichen Vereinfachungsregelungen dargestellt und diskutiert.

Neben den eigentlichen Medienbeständen ist stets auch das Mobiliar zu deren Aufbewahrung und Präsentation zu inventarisieren und zu bewerten. Die **Stadt Brühl** hat im Rahmen des nordrhein-westfälischen Projekts die Zeitwertermittlung in Abb. 50 für das Mobiliar einer Bücherei vorgestellt:[269]

---

[268] Vgl. Saarland (2006a) § 4.
[269] Stadt Brühl (o. J.).

Bücher, Medien und sonstige Ausleihgüter für den Gebrauch

Anzahl	Bezeichnung	Lieferant/ Hersteller	SUMME	
46	Doppelregale 90 cm	EKZ	269,40 DM	12.392,40 DM
11	Doppelregale 45 cm	EKZ	263,70 DM	2.900,70 DM
37	Wandregale 90 cm	EKZ	188,10 DM	6.959,70 DM
9	Wandregale 45 cm	EKZ	184,00 DM	1.656,00 DM
1061	Fachböden 90 cm	EKZ	56,40 DM	59.840,40 DM
148	Fachböden 45 cm	EKZ	51,60 DM	7.636,80 DM
6	halbe Wandregale		200,00 DM	1.200,00 DM
11	blaue Hocker		100,00 DM	1.100,00 DM
16	Stühle mit Lehne (schwarz)		180,00 DM	2.880,00 DM
6	Taschenbuchständer	EKZ	596,00 DM	3.576,00 DM
15	Stühle (blauer Bezug)		180,00 DM	2.700,00 DM
12	Tische (80 cm), Ebü + KJB		200,00 DM	2.400,00 DM
16	Bücherwagen	EKZ	656,60 DM	10.505,60 DM
3	Schreibtischstühle	Stoll GmbH	900,00 DM	2.700,00 DM
2	Tische (120 cm)		250,00 DM	500,00 DM
22	schräge Fachböden (30cm)	EKZ	79,30 DM	1.744,60 DM
10	schräge Fachböden (90 cm)	EKZ	88,90 DM	889,00 DM
4	Zeitschriftenschränke	EKZ	3.042,60 DM	12.170,40 DM
2	Unterstelltisch (Frö + GRB)			0,00 DM
1	Verbuchungstheke (Ebü)	EKZ	7.746,10 DM	7.746,10 DM
10	Stühle (rot)			0,00 DM
4	Fachböden (Plastik)	EKZ	169,74 DM	678,96 DM
10	Holzregale (90 cm)		500,00 DM	5.000,00 DM
15	Zingsheim-Stühle schwarz		300,00 DM	4.500,00 DM
2	Taschenschränke	EKZ	4.563,80 DM	9.127,60 DM
2	Broschürenschränke	EKZ	820,00 DM	1.640,00 DM
2	Medienschränke Ebü	EKZ	1.011,10 DM	2.022,20 DM
2	Medienschränke Metall KJB		800,00 DM	1.600,00 DM
2	Sitzgruppe		1.300,00 DM	2.600,00 DM
3	Metallkorbständer		800,00 DM	2.400,00 DM
2	Metallkorbwagen	EKZ	525,10 DM	1.050,20 DM
5	graue Hocker		150,00 DM	750,00 DM
6	Lochblechkrippe	EKZ	220,50 DM	1.323,00 DM
5	Kindersitzmöbel	EKZ	335,00 DM	1.675,00 DM
1	Kindertisch	EKZ	1.230,00 DM	1.230,00 DM
10	Kindersitzkissen	EKZ	152,80 DM	1.528,00 DM
1	Zeitungsschrank	EKZ	2.047,40 DM	2.047,40 DM
9	Präsentationsmöbel (metallgitter)	EKZ	233,60 DM	2.102,40 DM
3	Präsentationstische		250,00 DM	750,00 DM
Anschaffungswert:			183.522,46 DM	93.833,54 €
Anschaffungskosten Mediothek		EKZ	17.399,59 DM	
		EKZ	1.142,70 DM	
		VS	6.320,49 DM	24.862,78 DM	12.712,14 €
Gesamtsumme			**208.385,24 DM**	**106.545,68 €**
Zeitwert	wg. des guten Zustands und hohen Anteils an Neubeschaffungen wird der Zeitwert auf 65 % der Anschaffungskosten festgesetzt			69.254,69 €
Restnutzungsdauer			Jahre	12
jährlicher Abschreibungsbetrag				5.771,22 €

Abb. 50: Bewertung und Folgebewertung für eine Bücherei

8.6 Fahrzeuge

Die kommunalen Fahrzeuge werden zu Anschaffungskosten bzw. zu indizierten Anschaffungskosten oder auf Basis aktueller Preise bewertet. Bei der Berechnung der Anschaffungskosten sind auch die Anschaffungsnebenkosten (z. B. Überführung und Zulassung) bzw. die Anschaffungskostenminderungen (z. B. Skonto und Rabatte) zu berücksichtigen. Man kann folgende Fahrzeugtypen unterscheiden:

- Personen- und Lastkraftwagen sowie
- Nutz- und Spezialfahrzeuge (z. B. Feuerwehrfahrzeuge, Rettungswagen, Kehrmaschinen, Schneepflüge, Bagger, Traktoren).

Im Einzelfall kann die Abgrenzung zwischen Anschaffungskosten für das Fahrzeug, Fahrzeugzubehör, selbständig zu bewertenden Vermögensgegenständen (z. B. Anhänger, bestimmte Aufbauten) und geringwertigen Ausrüstungsgegenständen problematisch sein. Für diese Fälle geben die handels- und steuerrechtliche Literatur und Rechtsprechung Anhaltspunkte zur sachgerechten Zuordnung und Bilanzierung.

Besonderheiten bei Spezialfahrzeugen

Im Gegensatz zu den Personen- und Lastkraftwagen sowie Nutzfahrzeugen, die meistens in Standardausführung mit Zusatzausstattung und Zubehörteilen erworben werden (z. B. Pritschenwagen mit Vierradantrieb und Hardtop), ist bei den Spezialfahrzeugen bereits im Beschaffungsprozess eine weitgehende Ausdifferenzierung nach dem späteren Einsatzzweck notwendig. Zusätzlich werden beispielsweise Feuerwehrfahrzeuge mit einer äußerst umfangreichen Zusatzausstattung (Schläuche, Atemschutzgeräte, Sprungretter etc.) und Rettungswagen mit medizinischen Gerätschaften versehen.

Bei **selbstständiger Nutzbarkeit der Zusatz- und Spezialausstattung** (z. B. Rettungsscheren, mobile Stromversorgung, bestimmte medizinische Geräte) ist nach dem Grundsatz der Einzelbewertung die getrennte Inventarisierung und Bewertung vorzunehmen. Unselbstständige Ausstattungselemente (z. B. angeschweißte Spezialseilwinde) sind dagegen mit dem Fahrzeug zu aktivieren.

Feuerwehr- und Rettungsfahrzeuge werden üblicherweise einmalig bestückt und die Ausstattungselemente lediglich zur Wahrung der Einsatzfähigkeit in regelmäßigem Turnus gewartet und ggf. ausgetauscht. Der vergleichsweise hohe Wert der Zusatzausstattung wird dabei im Regelfall durch verschiedene kostenintensive Einzelkomponenten (z. B. Atemschutz- und Rettungsgeräte, medizinische Geräte) maßgeblich bestimmt, deren Nutzungsdauer sich an die Nutzungsdauer des Fahrzeuges annähert. Deshalb ist es nach unserer Einschätzung als zulässige Vereinfachungsregelung für Zwecke der Eröffnungsbilanz zu werten, wenn das **vollständig ausgestattete Fahrzeug als Sachgesamtheit** in die Anlagenbuchhaltung aufgenommen und abgeschrieben wird. Der Bilanzansatz für ein Feuerwehrfahrzeug könnte demnach wie in Abb. 51 dargestellt abgeleitet werden:

Löschgruppenfahrzeug LF 20/16 nach DIN EN 1846	EUR
Grundpreis für das Fahrzeug	50.000
Feuerwehrtechnische Beladung nach DIN 14530, Teil 11	10.000
Zusatzausstattung (Seilwinde und Pulverlöschanlage)	12.000
Gesamtsumme	72.000
Gesamtnutzungsdauer: x Jahre	20
Anschaffungsjahr: 1992	
Restnutzungsdauer: x Jahre	6
Aktivierung in der Eröffnungsbilanz zum 1.1.2006	21.600

Abb. 51: Bewertung eines Feuerwehrfahrzeugs

8.7 Übrige Betriebs- und Geschäftsausstattung

Hierzu gehören alle übrigen beweglichen Vermögensgegenstände der öffentlichen Verwaltung. Eine größere Bedeutung haben regelmäßig die Ausstattung mit DV-Hardware, die Telekommunikationseinrichtungen sowie die kommunalspezifischen Werkzeuge der Feuerwehr und der Baubetriebshöfe, die Spielsachen der Kindertagesstätten (sofern nicht als Einrichtungsgegenstand erfasst) sowie das Geschirr in Einrichtungen der Alten- und Jugendpflege. In allen Bereichen wird zwar landesspezifisch grundsätzlich auf die Unterscheidung zwischen historischen Werten bzw. Zeitwerten zu achten sein. In der Praxis wird diese Unterscheidung jedoch nicht zu wesentlich unterschiedlichen Werten in der Eröffnungsbilanz führen, weil bei diesen eher kurzlebigen Ausstattungsgegenständen die wiederbeschaffungsorientierte Zeitwertermittlung nur geringfügig von der Ermittlung historischer Anschaffungswerte differieren dürfte. Bei eher kürzeren Nutzungsdauern und im Hinblick auf die geringen Preisschwankungen des letzten Jahrzehnts – fallen beide Methoden im Ergebnis annähernd zusammen.

Sofern die Voraussetzungen erfüllt sind, kommt in allen genannten Bereichen eine Anwendung der Fest- oder Gruppenbewertung in Frage.[270] Dies kann beispielsweise in einer Großstadt zutreffen, die in bestimmten Abteilungen eine homogene Ausstattung beispielsweise von gleichwertigen und gleichartigen PC-Arbeitsplätzen besitzt. Auf die beiden bedeutendsten Teilbereiche Informationstechnologie (IT) und Telekommunikationseinrichtungen wird im Folgenden noch ausführlicher eingegangen.

DV-Hard- und Software

Im Bereich der Hardwareausstattung der Kommunen sind vor allem folgende **technische Komponenten** zu unterscheiden:

- PC-Endgeräte einschließlich Tastatur, Maus, Monitor
- PC-Peripheriegeräte (Drucker, Scanner etc.)
- Server mit internen oder externen Plattenlaufwerken
- Netzwerk-Technikschränke (z. B. 19"-Racks)
- aktive und passive Netzwerkkomponenten (Router, Switches, Hubs, Patchfelder etc.)
- Stromversorgung (Notstromgeneratoren, USB-Geräte)
- Klimatechnik (Klimasysteme für Technikschränke, mobile und fest installierte Klimageräte)
- spezielle Brandschutzeinrichtungen (z. B. CO_2-Flutung)
- Datenkommunikationseinrichtungen (z. B. Modems)
- Zugangssysteme für Serverräume und kommunale Rechenzentren
- Spezialgeräte zur Datenhaltung und Archivierung (z. B. für Dokumentenmanagement, grafische Informationssysteme)
- Trivialsoftware, die nach den steuerlichen Regeln wie ein bewegliches Wirtschaftsgut zu behandeln ist

---

[270] Zu den Grundsätzen des HGB vgl. oben S. 68 f.

- bestimmte Software, die mit einem materiellen Vermögensgegenstand einen einheitlichen Nutzungs- und Funktionszusammenhang bildet (z. B. PC mit OEM-Software)[271]

Demgegenüber zählt alle übrige Anwender- oder Systemsoftware zu den **Immateriellen Vermögensgegenständen** und ist als solche in der Bilanz auszuweisen.

Schon für Zwecke der Anwendungsbetreuung verfügen die kommunalen IT-Bereiche meistens über **detaillierte und vollständige Verzeichnisse zur Endgeräteausstattung und der technischen Infrastruktur**. Auf Grund der vergleichsweise kurzen Nutzungsdauern der DV-Hardwarekomponenten liegen auch die wertmäßigen Nachweise für eine Erstbewertung vor.

Erfahrungsgemäß besteht bei der technischen Netzwerk-Infrastruktur oft die Tendenz, die in den **Technikschränken** eingebauten modularen Bauteile zu Bewertungseinheiten zusammenzufassen. Dies sollte u. E. aber nur in dem Umfang erfolgen, wie die steuer- und handelsrechtlichen Grundsätze es zulassen bzw. die Voraussetzungen zur Zusammenfassung gegeben sind (z. B. die Voraussetzungen der Gleichartigkeit und Gleichwertigkeit für die Gruppenbewertung). Ansonsten sollte jedoch der Grundsatz der Einzelbewertung (§ 252 Abs. 1 Nr. 3 HGB) greifen – insbesondere wenn unterschiedliche Nutzungsdauern der IT-Komponenten vorliegen und/oder die einzelnen Komponenten eigenständig genutzt werden können.

Telekommunikationseinrichtungen

Unter den Telekommunikationseinrichtungen werden Telefonanlagen sowie Telefone/Nebenstellen und Telefaxgeräte zusammengefasst. Die Telefonanlage ist regelmäßig als **einheitlicher Vermögensgegenstand** anzusehen, während bei den Nebenstellenanlagen auf Basis ihrer technischen Spezifikationen die selbstständige Nutzbarkeit zu beurteilen ist. Nebenstellen in technischem Funktionszusammenhang mit der Hauptanlage sind mit dieser gemeinsam zu aktivieren.

Telefaxgeräte sind üblicherweise einzeln anzusetzen.

---

[271] Vgl. Ellrott/Schmidt-Wendt (2003) Rz. 376 und 379; Modellprojekt (2003) S. 221.

Bewertung von Betriebs- und Geschäftsausstattung

8.8 Anwendung von Vereinfachungsverfahren am Beispiel einer Bibliothek

Die in den vorangegangenen Kapiteln 3.4 (Festwert, Gruppenbewertung) und 8.1 (Geringwertige Wirtschaftsgüter) beschriebenen Vereinfachungsverfahren für die Inventur und Bewertung des beweglichen kommunalen Vermögens werfen bei ihrer praktischen Umsetzung häufig Fragen auf. Ihre Anwendung ist – obwohl klare Regeln für die Anwendbarkeit der einzelnen Verfahren definiert sind – im konkreten Anwendungsfall nicht problemfrei. Deshalb wird nachfolgend anhand des typischen Beispiels einer **Bibliothek** die Methodik von Vereinfachungsregelungen dargestellt.

8.8.1 Anwendung von Vereinfachungsverfahren in der Eröffnungsbilanz

Abschreibung der Anlagegüter über die Nutzungsdauer

Theoretisch könnte jedes einzelne Buch oder sonstige Bibliotheksgut gemäß dem Grundsatz der Einzelerfassung und -bewertung aktiviert und über seine Nutzungsdauer abgeschrieben werden. Aufgrund des damit verbundenen hohen Inventur- und Fortschreibungsaufwandes scheidet jedoch eine solche Lösung in der Praxis üblicherweise aus.

Eine praktikable Alternative stellt dagegen die Bündelung der als geringwertig zu qualifizierenden Bibliotheksgüter zu sog. Jahressummen dar. Hierbei werden die in den einzelnen Haushaltsjahren angeschafften Bücher, Medien etc. gebündelt dargestellt. Die Tabelle in Abb. 52 enthält beispielhaft eine Zusammenstellung solcher Jahressummen für Zwecke der Eröffnungsbilanz (hier zum 1. Januar 2006), wobei eine durchschnittliche Nutzungsdauer von fünf Jahren und ein Abschreibungsbeginn ab dem Folgejahr unterstellt sind.

Das dargestellte Verfahren ist nach unserer Einschätzung dann vorzuziehen, wenn die Investitionen in eine Bibliothek starken Schwankungen unterliegen oder sukzessive reduziert werden. Vorteilhaft ist bei dieser Methode auch die Tatsache, dass sinkende Ersatzinvestitionen aufgrund der jahresbezogenen Abschreibungen Schritt für Schritt zu einer Absenkung des Bilanzansatzes für die Bibliotheksgüter führen und so die fortschreitende Wertminderung im Bibliotheksbestand zeitnah dokumentieren.

Bezeichnung	Anschaffungskosten TEUR	Kumulierte Abschreibung *) RND(Jahre)	TEUR	Restbuchwert TEUR
Bibliotheksgüter 2001	100	1	- 80	20
Bibliotheksgüter 2002	85	2	- 51	34
Bibliotheksgüter 2003	60	3	- 24	36
Bibliotheksgüter 2004	80	4	- 16	64
Bibliotheksgüter 2005	75	5	0	75
	400		- 171	229

*) unterstellte durchschnittliche Nutzungsdauer von fünf Jahren; Abschreibung ab dem Folgejahr[272]

Abb. 52: Herleitung des Bibliotheksbestandes nach Jahressummen

Der Bibliotheksbestand würde demnach mit 229 TEUR in die Eröffnungsbilanz zum 1. Januar 2006 aufgenommen. Die aktivierten Bibliotheksgüter aus den Jahren 2001 bis 2005 würden in der Ergebnisrechnung des Jahres 2006 mit Abschreibungen in Höhe von 80 TEUR zu Buche schlagen und die Bibliotheksgüter 2001 wären dann auf den Erinnerungswert abgeschrieben.

Anwendung der Geringfügigkeits-/Geringwertigkeitsgrenze

Fast alle Bücher und Medienbestände einer öffentlichen Bibliothek fallen in die Kategorie der geringfügigen Wirtschaftsgüter, da die Nettoanschaffungskosten üblicherweise unter 60 EUR je Einzelobjekt betragen. Demnach wäre der gesamte Bibliotheksbestand – mit Ausnahme der Regale, Vitrinen etc. sowie einzelner höherwertiger Publikationen – in der Eröffnungsbilanz nicht als Sachanlagevermögen zu aktivieren. Aus dem Blickwinkel des Wesentlichkeitsgrundsatzes wäre eine solche Handhabung dem Grunde nach sachgerecht und nicht zu beanstanden.

Welche Auswirkungen ergeben sich jedoch für die ressourcenorientierte und produktbasierte Haushaltsführung? Einem Produkt „Bibliothek" fehlte es am Vermögensbestand und ein schleichender Wertverfall aufgrund sinkender Reinvestitionen in den Bibliotheksbestand würde nicht bilanziell abgebildet. Lediglich der Anschaffungsaufwand in der Ergebnisrechnung würde im Mehrjahresvergleich die sinkenden Neuanschaffungen dokumentieren.

---

[272] Die Nutzungsdauer orientiert sich an der Obergrenze für Bücher gemäß Tabelle zum KGSt-Bericht 1/1999 "Abschreibungssätze in der Kommunalverwaltung"

Bewertung von Betriebs- und Geschäftsausstattung

Das gilt analog für die Handhabung von Büchern und Medien als geringwertige Wirtschaftsgüter. Neuanschaffungen werden dabei zwar in der Anlagenbuchhaltung verarbeitet; ein Vermögensbestand baut sich allerdings wegen der im Verfahren vorgesehenen Sofortabschreibung und der Abgangsfiktion nicht auf.

In beiden Fällen würde in der Eröffnungsbilanz zum 1. Januar 2006 der Bibliotheksbestand allenfalls mit einem Erinnerungswert angesetzt werden.

Anwendung der Grundsätze für die Gruppenbewertung

Eine Anwendung der Gruppenbewertung ist nach h. M. neben den Vorräten insbesondere bei Massenbeständen des Sachanlagevermögens angezeigt, für die grundsätzlich auch eine Festbewertung in Betracht käme, wegen fehlender Voraussetzungen im Einzelnen (z. B. nur ein Jahrgang oder keine nachrangige Bedeutung) aber nicht zulässig ist.[273] Bezogen auf das Bibliotheksbeispiel könnte die Herleitung des Ansatzes für die Eröffnungsbilanz anhand durchschnittlicher Anschaffungskosten für bestimmte Gruppen von Bibliotheksgütern und einer durchschnittlichen Restnutzungsdauer erfolgen:

Gruppe	Anzahl	Durchschnittliche Anschaffungskosten (in EUR)	Summe der Anschaffungskosten (in TEUR)
Periodika	1.000	1,50	2
Paperback	14.200	7,50	106
Gebundene Bücher	11.600	22.50	261
Hochwertige Ausgaben	1.350	45,00	61
Übrige Medien	950	15,00	14
Gesamtsumme			**444**
abzüglich Alterswertminderung (durchschnittliche Restnutzungsdauer 2,5 Jahre)		50 %	- 222
Ansatz in der Eröffnungsbilanz			**222**

Abb. 53: Gruppenbewertung eines Bibliotheksbestandes

Voraussetzung für die Gruppenbewertung ist demnach das Vorliegen eines Bibliotheksinventars aus einem Bibliothekssystem oder einer durchgeführten Inventur. Für die Eröffnungsbilanz zum 1. Januar 2006 wird ein Bilanzwert von 222 TEUR ermittelt, der mit rund 89 TEUR jährlich ab dem Jahr 2006 abgeschrieben wird.

---

[273] Vgl. hierzu Adler/Düring/Schmalz (o. J.) § 240 HGB, Tz. 117

Nachteilig sind bei der in Abb. 53 dargestellten Methodik die Schätzungsungenauigkeiten bei den durchschnittlichen Anschaffungskosten für die Bibliotheksgüter und der durchschnittlichen Restnutzungsdauer.

Anwendung der Grundsätze des Festwertverfahrens

Zu diskutieren ist, ob im obigen Beispielsfall (Abb. 52) ein Festwert gebildet werden kann. Die Schwankungsbreite der jährlichen Neuanschaffungen (hier zwischen 60 und 100 TEUR) kann auf Sondereinflüssen beruhen, z. B. auf der bisherigen Pagatorik der kameralen Buchführung. Deshalb hat die Stadt Moers in einem ähnlich gelagerten Fall die Anwendbarkeit des Festwertverfahrens bejaht.[274] Der Festwertansatz würde im Beispielsfall bei einem Abschlag von 50 % auf die Summe der Anschaffungskosten 2001 – 2004 von 400 TEUR mit 200 TEUR erfolgen.

Der Festwertansatz in der Eröffnungsbilanz zum 1. Januar 2006 würde bis zum Zeitpunkt der regelmäßigen Überprüfung innerhalb von drei bzw. fünf Jahren unverändert bestehen bleiben, sofern keine wertrelevanten Indizien für eine Anpassung zum Bilanzstichtag sprechen.

8.8.2 Fortschreibung der Vereinfachungsverfahren auf Grundlage verminderter Neuanschaffungen

Wie wäre nun hinsichtlich der im vorangegangenen Kapitel vorgestellten Vereinfachungsverfahren mit der Erkenntnis umzugehen, dass der Haushaltsansatz für Neuanschaffungen der Bibliothek ab dem Jahr 2006 dauerhaft auf 60 TEUR jährlich begrenzt würde?

Abschreibung der Anlagegüter über die Nutzungsdauer

Die Jahressumme der Neuanschaffungen in Höhe von 60 TEUR wird ab dem Jahr 2006 jeweils zuaktiviert und planmäßig über fünf Jahre abgeschrieben. Die Kürzung der Neuanschaffungen für die Bibliothek wirkt sich sukzessive beim bilanziellen Restbuchwert und der Gesamtabschreibung aus. Dadurch sinkt der Buchwert der Bibliothek von 229 TEUR beispielsweise bis zum Bilanzstichtag 31. Dezember 2008 auf 190 TEUR ab und die Abschreibung vermindert sich von 80 TEUR in 2006 auf 67 TEUR in 2008 (vgl. Abb. 54).

---

[274] NKF-Umsetzungstagebuch, Sonderrichtlinie Nr. 080-06-001 aus 2003 zur Inventur des Medienbestandes der Bibliothek in der Stadt Moers. Der Schwankungsbereich der jahresbezogenen Anschaffungskosten liegt hierbei zwischen 87 TEUR und 177 TEUR.

Anschaffungskosten Bezeichnung	TEUR	Abschreibung*) RND(Jahre)	TEUR	Restbuchwert TEUR
Bibliotheksgüter 2004	80	1	- 64	16
Bibliotheksgüter 2005	75	2	- 45	30
Bibliotheksgüter 2006	60	3	- 24	36
Bibliotheksgüter 2007	60	4	- 12	48
Bibliotheksgüter 2008	60	5	0	60
	335		- 145	190
*) unterstellte durchschnittliche Nutzungsdauer von fünf Jahren; Abschreibung ab dem Folgejahr				

Abb. 54: Fortschreibung des Bibliotheksbestandes nach Jahressummen

Anwendung der Geringfügigkeits-/Geringwertigkeitsgrenze

Die jährlichen Neuanschaffungen unter 60 EUR werden in Gänze direkt in den Aufwand gebucht bzw. die Sofortabschreibung der geringwertigen Wirtschaftsgüter in voller Höhe vorgenommen. Dadurch sinkt der Aufwand für Neuanschaffungen auf den neuen Sockelbetrag von 60 TEUR. Bilanzielle Auswirkungen ergeben sich nicht; der schleichende Wertverlust in der Bibliothek (d. h. insbesondere die Überalterung der Bestände) manifestiert sich nicht im Sachanlagevermögen.

Anwendung der Grundsätze für die Gruppenbewertung

Der Gruppenwert in der Eröffnungsbilanz wird planmäßig über die Restnutzungsdauer von 2,5 Jahren abgeschrieben, sofern keine Anhaltspunkte für eine außerplanmäßige Abschreibung bestehen. Die Neubeschaffungen von 60 TEUR werden in 2006 und den Folgejahren aktiviert und planmäßig über die Nutzungsdauer von fünf Jahren abgeschrieben. Es empfiehlt sich, für die Folgebilanzierung auf die Methode der Jahressummenbildung überzugehen, damit die Anlagenbuchführung und -bilanzierung aufwandsarm erfolgt.

Die Kürzung der Neuanschaffungen für die Bibliothek wirkt sich sukzessive beim bilanziellen Restbuchwert und der Gesamtabschreibung aus. Dadurch sinkt der Buchwert der Bibliothek von 222 TEUR beispielsweise bis zum Bilanzstichtag 31. Dezember 2008 auf 144 TEUR ab und die Abschreibung vermindert sich von 89 TEUR in 2006 auf 68 TEUR in 2008.

Anwendung der Grundsätze des Festwertverfahrens

Durch die Absenkung der Neuanschaffungen wird die Grundlage für die Festwertbildung – d. h. der regelmäßige Ersatz der Vermögensgegenstände in der im Festwert dokumentierten Höhe – untergraben. Mit dem Beschluss über die Deckelung der künftigen Haushaltsausgaben stehen der Gemeinde folgende Alternativen zur Verfügung:[275]

- Aufgabe des Festwertansatzes durch Aufteilung des Festwerts auf die einzelnen Vermögensgegenstände und Abschreibung über deren Restnutzungsdauer (ggf. vereinfacht wie in Abb. 52, 54 nach Jahressummen).
- Außerplanmäßige Abschreibung des Festwerts auf den niedrigeren beizulegenden Wert.

Nicht immer wird die Beschlusslage derart eindeutig sein, wie im oben dargestellten Sachverhalt (hier: Deckelung auf einheitlich 60 TEUR). Vielmehr erfolgt auf Basis der jährlichen Haushaltsplanungen oftmals die schleichende Absenkung der Neuanschaffungsbudgets und damit eine nachhaltige Wertminderung des durch den Festwertansatz repräsentierten Bibliotheksvermögens. In diesen Fällen wird meist erst im Zusammenhang mit der regelmäßigen Bestandsaufnahme des Festwerts – nach drei bzw. fünf Jahren – die Notwendigkeit einer Festwertanpassung mittels außerplanmäßiger Abschreibung bzw. der Aufgabe des Festwerts erkannt.

Ausgehend von der Fortschreibung in Abb. 54 würde sich der Festwertansatz zum 31. Dezember 2008 auf 167,5 TEUR (50 % der Summe der Anschaffungskosten 2004 – 2008 von 335 TEUR) vermindern.

An diesem Beispiel zeigen sich deutlich die Grenzen des Festwerts bei verminderten Neuanschaffungsbeträgen. Die außerplanmäßige Abschreibung auf den Festwert würde im Jahr 2008 demnach 32,5 TEUR betragen. Eine Aufgabe des Festwerts durch die Gemeinde wäre jedoch auch im Hinblick auf die Stetigkeit der Haushaltsbelastungen vorzuziehen.

---

[275] Vgl. hierzu Adler/Düring/Schmalz (o. J.) § 240 HGB, Tz. 106 ff.

9 Praktikable Erfassung und Bewertung der öffentlichen Beteiligungen, Sondervermögen und anderen Finanzanlagen

Auf einen Blick:

Für die Bewertung von Beteiligungen und Sondervermögen messen die vorliegenden Gesetzesentwürfe der sog. Eigenkapital-Spiegelbildmethode eine besondere Bedeutung bei. Der Wertansatz erfolgt nach dieser Methode mit dem Betrag, der dem Anteil der Gebietskörperschaft am Eigenkapital der Beteiligungsgesellschaft bzw. des Sondervermögens entspricht. Die Eigenkapital-Spiegelbildmethode stellt jedoch nur eine Vereinfachungslösung dar, die tendenziell zu einer Unterbewertung der Beteiligung bzw. des Sondervermögens führt.

Soweit die gesetzlichen Vorschriften hierfür einen Raum lassen, sollte zunächst geprüft werden, ob vorsichtig geschätzte Zeitwerte in Form von Börsenkursen oder Preisen aus Transaktionen zwischen Dritten ermittelt werden können. Liegen derartige Marktwerte nicht vor, sollte für ertragszielbezogene Beteiligungen eine Bewertung nach dem Ertragswertverfahren, für sachzielbezogene Beteiligungen eine Bewertung nach dem Substanzwertverfahren durchgeführt werden.

Für Ausleihungen und Wertpapiere des Anlagevermögens ist im Wesentlichen auf die allgemeinen Bewertungsgrundsätze abzustellen.

9.1 Überblick

Zur Erfassung und Bewertung der öffentlichen Beteiligungen, Sondervermögen und anderen Finanzanlagen sind in Baden-Württemberg, Hessen und Nordrhein-Westfalen folgende Vorgehensweisen beabsichtigt:

Für das Land **Baden-Württemberg**[276] wird ein Ansatz von öffentlichen Beteiligungen in der Eröffnungsbilanz grundsätzlich zu den tatsächlichen Anschaffungskosten gefordert. Für Beteiligungen, die vor dem 31. Dezember

---

[276] Vgl. Baden-Württemberg/Entwurf (2005) § 44 Abs. 5 i. V. m. § 62 Abs. 8 GemHVO.

1974 angeschafft wurden, können dabei Erfahrungswerte angesetzt werden. Die Anschaffungskosten sind im Falle einer zwischenzeitlichen voraussichtlich dauerhaften Wertminderung um außerplanmäßige Abschreibungen zu vermindern. Würde die derartige Ermittlung des Beteiligungswertes einen unverhältnismäßigen Aufwand verursachen, so darf als Beteiligungswert das anteilige Eigenkapital angesetzt werden.

Beteiligungen, die dem realisierbaren Vermögen zugerechnet werden, sollen in der Eröffnungsbilanz mit dem Veräußerungswert angesetzt werden. Dabei kann für Beteiligungen, deren Anschaffung weniger als zehn Jahre zurückliegt, davon ausgegangen werden, dass die Anschaffungskosten dem Veräußerungswert entsprechen.

Damit behandelt Baden-Württemberg Beteiligungen grundsätzlich wie die übrigen Gegenstände des Anlagevermögens. Es erfolgt ein Ansatz zu Anschaffungskosten bzw. für Zugänge vor dem 31. Dezember 1974 zu Erfahrungswerten; ferner wird nach realisierbarem und nicht realisierbarem Vermögen differenziert. Eine Besonderheit ist nur mit dem Ansatz der Beteiligung zum anteiligen Eigenkapital in einigen bestimmten Fällen vorgesehen.

Besondere Regelungen zum Ansatz von Sondervermögen oder anderen Finanzanlagen sind nicht enthalten.

Das Land **Hessen**[277] schreibt für Beteiligungen den Ansatz mit dem anteiligen Eigenkapital vor. Im Übrigen gelten keine Sonderregelungen für den Ansatz des übrigen Finanzanlagevermögens.

Im Land **Niedersachsen** gelten für das Finanzanlagevermögen die allgemeinen Grundsätze (vgl. hierzu Kapitel 3.1) mit dem Regelfall des Ansatzes zu Anschaffungskosten. Sofern ein höherer Wertansatz gewählt wird, muss u. E. in Höhe der Differenz zwischen (fiktiven) Anschaffungskosten und dem Zeitwert bzw. Veräußerungswert (bei Anwendung der Vermögenstrennung) ein Sonderposten für den Bewertungsausgleich passiviert werden.[278]

In **Nordrhein-Westfalen**[279] sollen Beteiligungen an Unternehmen unter Berücksichtigung ihrer öffentlichen Zwecksetzung anhand des Ertragswert-

---

[277] Vgl. Hessen (2006) § 59 Abs. 4 GemHVO.
[278] Vgl. Niedersachsen (2005a) § 96 Abs. 4 NGO i. V. m. Niedersachsen (2005) § 45 Abs. 5 GemHKVO
[279] Vgl. Nordrhein-Westfalen (2004) § 55 Abs. 6 und 7 GemHVO.

oder Substanzwertverfahrens bewertet werden. Dabei darf die Wertevermittlung auf die wesentlichen wertbildenden Faktoren beschränkt werden. Ausnahmen gelten für Beteiligungen an börsengehandelten Unternehmen, für die auf den Börsenkurs (Tiefstkurs der vergangenen zwölf Wochen) abgestellt wird. Sondervermögen und Stiftungen können ebenso wie Beteiligungen an Unternehmen, die für die Vermittlung eines den tatsächlichen Verhältnissen entsprechenden Bildes der Lage der Gemeinde von untergeordneter Bedeutung sind und deshalb nicht in den Gesamtabschluss einbezogen werden müssen (§ 116 Abs. 3 GO NW), mit dem anteiligen Wert des Eigenkapitals (Eigenkapital-Spiegelbildmethode) angesetzt werden.

Wertpapiere und Beteiligungen an Unternehmen in Form von Aktien oder anderen Wertpapieren, die an der Börse zum amtlichen Handel oder zum geregelten Markt zugelassen oder in den Freiverkehr einbezogen sind, sind mit dem Tiefstkurs der vergangenen zwölf Wochen ausgehend vom Bilanzstichtag anzusetzen, andere Wertpapiere mit ihren historischen Anschaffungskosten.

Zur Bewertung der Finanzanlagen sieht das Land **Rheinland-Pfalz**[280] gemäß § 6 Bewertungsrichtlinie grundsätzlich den Ansatz zu Anschaffungskosten unter Berücksichtigung von zum Zeitpunkt der Eröffnungsbilanz bestehenden außerplanmäßigen Wertminderungen vor. Sind die Anschaffungskosten nicht oder nicht mit einem vertretbaren Zeitaufwand zu ermitteln, ist die Bewertung

- auf der Grundlage von Erfahrungswerten dem An- und Verkauf vergleichbarer Anteile oder Wertpapiere, oder
- mit dem Tiefstkurs der letzten zwölf Wochen vor dem Bilanzstichtag, oder
- mit dem anteiligen Eigenkapital zum Bilanzstichtag zulässig.

Im **Saarland**[281] sind Beteiligungen in der Eröffnungsbilanz gemäß § 53 Abs. 3 GemHVO – sofern kein Börsen- oder Marktwert vorliegt – grundsätzlich mit dem anteiligen Eigenkapital anzusetzen. Ausnahmsweise kann eine überschlägige Zeitwertermittlung vorgenommen werden, wenn der Wert der Beteiligung wesentlich vom in der Bilanz des Unternehmens ausgewiesenen

---

[280] Vgl. Rheinland-Pfalz/Entwurf (2006) § 6.
[281] Vgl. Saarland/Entwurf (2006) § 53 Abs. 3 GemHVO; Saarland/Entwurf (2006a) § 9.

anteiligen Eigenkapital abweicht. Für die überschlägige Zeitwertermittlung kommen für ertragbringende Beteiligungen das Ertragswertverfahren und für nicht-ertragbringende Beteiligungen das Substanzwertverfahren in Frage. Dabei darf die Wertermittlung auf die wesentlichen wertbildenden Faktoren unter Berücksichtigung vorhandener Planungsrechnungen beschränkt werden.

9.2 Beteiligungen und Sondervermögen

9.2.1 Bewertung von Beteiligungen und Sondervermögen nach der Eigenkapital-Spiegelbildmethode

Beteiligungen sind Anteile an Unternehmen, die dazu bestimmt sind, dem eigenen Geschäftsbetrieb durch Herstellung einer dauernden Verbindung zum Beteiligungsunternehmen zu dienen. Maßgeblich ist dabei die Beteiligungsabsicht. Als Beteiligungen gelten im Zweifel Anteile an einer Kapitalgesellschaft, die insgesamt 20 % des Nennkapitals der Gesellschaft überschreiten.[282]

Wie zuvor dargestellt, messen die Länder Hessen, Nordrhein-Westfalen und – mit Abstrichen – auch Baden-Württemberg der sog. Eigenkapital-Spiegelbildmethode eine besondere Bedeutung für die Beteiligungsbewertung bei. Allein Baden-Württemberg und Nordrhein-Westfalen verdeutlichen dabei, dass es sich bei der Eigenkapital-Spiegelbildmethode um eine Vereinfachungslösung handelt, die zwar nur geringen Ermittlungsaufwand erfordert, aber die Gefahr massiver Einbußen in der Aussagefähigkeit des Wertansatzes birgt und bei umfangreichem Finanzanlagevermögen die Aussagefähigkeit der gesamten Eröffnungsbilanz in Frage stellen kann.

Nach der Eigenkapital-Spiegelbildmethode wird die Beteiligung in der Eröffnungsbilanz mit dem Wert angesetzt, der dem Anteil der Gebietskörperschaft am Eigenkapital der Beteiligungsgesellschaft entspricht. Damit wird implizit der Wertansatz der Vermögensgegenstände und Schulden bei der nach dem handelsrechtlichen Vorsichtsprinzip bilanzierenden Beteiligungsgesellschaft, der sich dort im Eigenkapital als Saldogröße niederschlägt, für den Beteiligungsansatz übernommen.

---

[282] Vgl. zum Beteiligungsbegriff im Einzelnen Kupsch (o. J.) Tz. 14 ff., Hoyos/Gutike (1999) Tz. 8 ff. sowie Adler/Düring/Schmaltz (o. J.) § 271 HGB, Tz. 1 ff. und WP-Handbuch (2000) Bd. I, Tz. F 170 ff. jeweils m. w. N.

Dies sei an dem Zahlenbeispiel in Abb. 55 verdeutlicht, bei dem die Mutterkörperschaft (MK) zu 100 % an der Beteiligungsgesellschaft – dem Tochterunternehmen TU – beteiligt ist. Ausgewiesen werden bei der Mutterkörperschaft zunächst die reinen historischen Anschaffungskosten der Beteiligung von 500 TEUR.

	MK in TEUR	TU (historische AK) in TEUR	TU (Zeitwerte) in TEUR
Grundstück	0	300	800
Übrige Aktiva	1250	450	450
Beteiligung an T	500		
Summe Aktiva	**1750**	**750**	**1250**
gez. Kapital	600	150	150
Rücklagen	300	80	580
Jahresüberschuss	0	20	20
Summe Eigenkapital	**900**	**250**	**750**
Fremdkapital	850	500	500
Summe Passiva	**1750**	**750**	**1250**

Abb. 55: Beispiel für Eigenkapital-Spiegelbildmethode

Der Wertansatz in der Eröffnungsbilanz der Mutterkörperschaft ergibt sich nach der Eigenkapital-Spiegelmethode mit 250 TEUR. Damit verringert sich das ausgewiesene Kapital der Mutterkörperschaft um 250 TEUR auf 650 TEUR. Der Ansatz nach der Eigenkapitalspiegelbildmethode kommt insoweit einer Abwertung der Beteiligung um 250 TEUR gleich. Bei einer geringeren Beteiligungsquote von z. B. 60 % ergäbe sich ein Ansatz von 150 TEUR mit entsprechend verringertem Eigenkapital der Mutterkörperschaft.

Der Wertansatz für die Eröffnungsbilanz kann so zwar einfach durch Multiplikation des Eigenkapitals der Beteiligungsgesellschaft mit der Beteiligungsquote ermittelt werden. Der Wert stellt aber eher eine unter Zugrundelegung des bilanziellen Vorsichtsprinzips ermittelte Wertuntergrenze als einen realistischen Wertansatz der Beteiligung dar. In dem Maße, in dem bei der Beteiligungsgesellschaft bedingt durch das handelsrechtliche Vorsichtsprinzip stille Reserven in den Wertansätzen der Vermögensgegenstände und Schulden gebildet wurden, liegt der Wertansatz der Beteiligung unter einem realistischen Wert. Dies wird beispielsweise überaus deutlich, wenn die Beteiligungsgesellschaft über Grundbesitz verfügt, dessen Anschaffung bereits längere Zeit zurückliegt.

Hat etwa die obige Tochtergesellschaft ihr Grundstück in der Nachkriegszeit zu historischen Anschaffungskosten von 300 TEUR erworben und ist der Grundstückswert inzwischen auf einen Zeitwert zum Stichtag der Eröffnungsbilanz von 800 TEUR gestiegen, so bilanziert die Tochtergesellschaft das Grundstück gleichwohl weiterhin zu den 300 TEUR. Das handelsrechtliche Vorsichtsprinzip verbietet für Zwecke der Bilanzierung bei der Tochtergesellschaft eine Zuschreibung über die historischen Anschaffungskosten hinaus. Damit sind bei der Tochtergesellschaft stille Reserven von 500 TEUR gelegt, die die Mutterkörperschaft möglicherweise auch bei Erwerb der Beteiligung entgolten hat. Bereits die reine Substanz des Tochterunternehmens, ohne immaterielle und nicht bilanzierungsfähige Vermögenswerte beträgt 750 TEUR. Der Ansatz nach der Eigenkapital-Spiegelbildmethode lässt dagegen nur einen Ansatz zu 1/3 dieses Wertes zu.

Insgesamt können gegen die Eigenkapital-Spiegelbildmethode – und im Übrigen auch gegen die von Baden-Württemberg bevorzugte Vorgehensweise mit dem Ansatz historischer Anschaffungskosten der Beteiligung – dieselben Argumente angeführt werden wie gegen eine Bewertung von Grundvermögen zu historischen Anschaffungskosten. Auch hier kann wieder auf die größere Aussagekraft vorsichtig geschätzter Zeitwerte verwiesen werden.

Zudem ist bei der Bewertung von Beteiligungen – anders als bei der Bewertung einzelner Vermögensgegenstände des Sachanlagevermögens – zu berücksichtigen, dass die Beteiligung einen Anteil an einem arbeitenden Unternehmen verkörpert. Der Wert eines Unternehmens wird aber nicht durch die Werte der einzelnen Bestandteile des Vermögens und der Schulden bestimmt, sondern durch das Zusammenwirken aller Werte. Durch dieses Zusammenwirken soll gerade ein möglichst hoher Mehrwert gegenüber der Summe der Einzelwerte der eingesetzten Vermögensgegenstände und Schulden erzielt werden, der sich entweder in erwirtschafteten finanziellen Überschüssen oder in Beiträgen zum angestrebten Sachziel niederschlägt. Diese Grundüberlegung der Bewertung von Unternehmen und Beteiligungen ist sowohl in der betriebswirtschaftlichen Lehre als auch in der Praxis der Unternehmens- und Beteiligungsbewertung unbestritten.[283]

---

[283] Vgl. IDW S 1, Tz. 18 ff., vgl. hierzu ferner WP-Handbuch 2002, Bd. II, 12. Aufl., Düsseldorf 2002, Tz. A 77 ff.

Empfehlung

Insoweit bleibt für die Eigenkapital-Spiegelbildmethode festzuhalten, dass eine Anwendung für die Zwecke der kommunalen Eröffnungsbilanz möglichst nur in Betracht kommen sollte, wenn sich potenzielle Unrichtigkeiten in dem so ermittelten Ansatz nicht wesentlich auf die Darstellung der Vermögens-, Finanz- und Ertragslage auswirken. So sollte in jedem Falle zumindest eine überschlägige Zeitwertermittlung vorgenommen werden, die auch eine Analyse auf das Bestehen stiller Reserven einschließt, die nicht zwingend allein im Grundvermögen vorhanden sein müssen. Bei erheblichen nicht bilanzierten Erfolgspotentialen jeder Form führt der Ansatz nach der Eigenkapital-Spiegelbildmethode zu einer entsprechenden Unterbewertung.

Soweit der gesetzliche Rahmen hierfür einen Raum lässt, sollte in allen übrigen Fällen nach Auffassung der Verfasser zunächst geprüft werden, ob vorsichtig geschätzte Zeitwerte auf Basis von Börsenkursen oder Preisen aus Transaktionen zwischen Dritten ermittelt werden können. Liegen derartige Werte nicht vor, sollte die Ermittlung eines vorsichtig geschätzten Zeitwertes nach den nachfolgend dargestellten Grundsätzen erfolgen, die in betriebswirtschaftlicher Lehre und Praxis für die Bewertung von Unternehmen und Beteiligungen weitgehend akzeptiert sind.[284] Dabei wird unterschieden zwischen der Bewertung ertragsziel- und sachzielbezogener Beteiligungen.

9.2.2 Bewertung von Ertrag bringenden Beteiligungen am Beispiel von Energieversorgungsgesellschaften

Der Wert eines Unternehmens bestimmt sich unter der Voraussetzung ausschließlich finanzieller Ziele durch den Barwert der mit dem Eigentum an dem Unternehmen verbundenen Nettozuflüsse an die Unternehmenseigner.[285] Hiernach wird der Wert des Unternehmens allein aus seiner Eigenschaft abgeleitet, finanzielle Überschüsse für die Unternehmenseigner zu erwirtschaften. Dieser Wert ergibt sich grundsätzlich auf Grund der finanziellen Überschüsse, die bei Fortführung des Unternehmens und Veräußerung etwaigen nicht betriebsnotwendigen Vermögens erwirtschaftet werden (Zukunftserfolgswert). Aus dem Zukunftserfolgswert des Unternehmens kann dann der Wert einer Beteiligung an dem betreffenden Unternehmen als quotaler Wertanteil abgeleitet werden.

---

[284] Vgl. hierzu IDW S 1, Tz. 17 ff. Vgl. ferner Siepe/Dörschell/Schulte (2000) S. 946 – 960.
[285] Vgl. hierzu und zum Folgenden IDW S 1, Tz. 4 ff.

Bewertung der öffentlichen Beteiligungen, Sondervermögen und anderen Finanzanlagen

Die zur Ermittlung des Unternehmenswerts heranzuziehenden Nettozuflüsse der Unternehmenseigner ergeben sich vorrangig auf Grund des Anspruchs der Unternehmenseigner auf Ausschüttung vom Unternehmen erwirtschafteter finanzieller Überschüsse abzüglich von den Unternehmenseignern zu erbringender Einlagen.[286] Ferner sind weitere mit dem Eigentum am Unternehmen verbundene Zahlungsstromveränderungen, z. B. Ertragsteuern des Unternehmenseigners, zu berücksichtigen. Die Nettozuflüsse der Unternehmenseigner hängen somit in erster Linie von der Fähigkeit des Unternehmens ab, finanzielle Überschüsse zu erwirtschaften. Die Bewertung setzt daher die Prognose der entziehbaren künftigen finanziellen Überschüsse des Unternehmens voraus.

Hinsichtlich der Einbeziehung von Ertragsteuern in die Beteiligungsbewertung ist dabei grundsätzlich die Perspektive der die Beteiligung haltenden Körperschaft maßgeblich.[287] Für die Wertermittlung für bilanzielle Zwecke sind daher die aus der Beteiligung resultierenden Nettozuflüsse an die bilanzierende Körperschaft zu berücksichtigen. Dabei sind die von der Beteiligungsgesellschaft zu tragenden Unternehmenssteuern (Gewerbesteuer, Körperschaftsteuer) sowie die diese Nettozuflüsse betreffenden Ertragsteuern der bilanzierenden Körperschaft einzubeziehen. Bei der Beteiligungsbewertung werden daher die bereits um die vorgenannten Steuern geminderten unter der Vollausschüttungsannahme ermittelten Dividenden aus der Beteiligungsgesellschaft zugrunde gelegt. Die Gebietskörperschaft selbst ist keine unbeschränkt steuerpflichtige Körperschaft gem. § 1 KStG, so dass insoweit eine (nochmalige) Berücksichtigung der Besteuerung auf Ebene der Gebietskörperschaft ausscheidet. Prinzipiell wäre aber die definitive Kapitalertragsteuerbelastung auf Ebene der Gebietskörperschaft zu berücksichtigen.[288]

Die Nettozuflüsse der Unternehmenseigner können auf Grund einer Ertragsüberschussrechnung nach dem Ertragswertverfahren ermittelt werden.[289] Die

---

[286] Vgl. IDW S 1, Tz. 24 ff.
[287] Vgl. IDW RS HFA 10, Tz. 8. Vgl. auch Dörschell/Schulte (2002) S. 1669 – 1675.
[288] Vgl. hierzu jedoch die Ausführungen in Fußnote 292.
[289] Vgl. IDW S 1, Tz. 24 ff. und 107 ff. Alternativ kann die Bewertung nach dem Discounted-Cashflow-Verfahren vorgenommen werden. In diesem Fall erfolgt die Ermittlung finanzieller Überschüsse auf der Basis einer Einnahmenüberschussrechnung (Auszahlungen und Einzahlungen). Dies erfordert die Beachtung der Nebenbedingung der Ausschüttungsfähigkeit von Einnahmenüberschüssen etwa in Form eines ermittelten Bilanzgewinns. Ertragswert- und Discounted-Cashflow-Verfahren führen bei identischen Finanzierungsannahmen zum gleichen Ergebnis.

finanziellen Überschüsse werden dabei auf Basis von handelsrechtlichen Erfolgsgrößen (Aufwendungen und Erträge) geplant. Ergänzend ist eine Finanzbedarfsrechnung erforderlich, die die finanziellen Konsequenzen der geplanten Ausschüttungen aufzeigt.

Die Ertragswertermittlung wird nachfolgend anhand eines vereinfachten Zahlenbeispiels dargestellt. Auf diese Weise soll die Vorgehensweise der Wertermittlung illustriert werden. Die Ausgangsdaten sind für jeden einzelnen Bewertungsfall sorgfältig zu erheben und zu analysieren. Der Schwerpunkt liegt dabei auf der betriebswirtschaftlichen Plausibilitätsbeurteilung der Planungsrechnung der Beteiligungsgesellschaft. Insbesondere sind die wesentlichen Werttreiber, etwa die Preis- und Mengenprognosen für die Umsatzermittlung sowie die Planungen der maßgeblichen Aufwandsposten, im Einzelfall kritisch zu hinterfragen. Gleiches gilt für die Elemente des Kapitalisierungszinssatzes. Die eigentliche Bewertung verlangt in erster Linie fundierte und plausible Prognosen als Eingangsdaten, zudem aber auch ein einzelfalladäquates Bewertungsmodell mit konsistenten Finanzierungsannahmen auf Basis eines Tabellenkalkulationsprogramms.

Die Übersicht in Abb. 56 enthält die bereinigten Vergangenheitsergebnisse der Beteiligungsgesellschaft für die Geschäftsjahre 2001 bis 2003 sowie die Planungen der Folgeperioden.[290]

Die Analyse der Vergangenheitsergebnisse bildet den Ausgangspunkt der Prognose der zukünftigen Aufwendungen und Erträge und dient insbesondere der Plausibilitätsbeurteilung der Planungsrechnung. Dabei ist die Vergangenheitsrechnung um solche Erträge und Aufwendungen zu bereinigen, mit deren Anfall in Zukunft nicht gerechnet werden kann. Beispiele hierfür sind die Bereinigung von Gewinnen oder Verlusten aus Anlagenabgängen, die aufwandswirksame Erfassung von Rückstellungsbeträgen mit dem später tatsächlich angefallenen der jeweiligen Periode zuzuordnenden Betrag oder die Aufwendungen für die erstmalige Einführung von Softwareprogrammen.

---

[290] Zur Ermittlung des Wertansatzes zum 1. Januar 2005 könnte als letztes "Vergangenheitsjahr" auch eine Hochrechnung 2004 herangezogen werden. Eine solche Hochrechnung kann beispielsweise auf Basis der realisierten Daten bis zum 30. Juni 2004 nach sachgerechter Fortschreibung auf den 31. Dezember 2004 ermittelt werden. In diese Hochrechnung sind im Gegensatz zu den Planzahlen für das Jahr 2004 die tatsächlichen Ereignisse des Jahres 2004 eingegangen, so dass aktuellere Informationen berücksichtigt sind. Eine von der Planung 2004 erheblich abweichende Hochrechnung kann Anlass zur Überprüfung der Planungen der Folgejahre sein.

Bewertung der öffentlichen Beteiligungen, Sondervermögen und anderen Finanzanlagen

Gewinn- und Verlustrechnung Anl		IST			PLAN				Phase II
		2002	2003	2004	2005	2006	2007	2008	
Ct/kWh Tarifkunden		12,0	12,2	12,5	12,5	12,7	13,4	13,8	13,8
GWh Tarifkunden		250	255	260	265	271	276	282	285
Umsatzerlöse Tarifkunden	Mio. EUR	30,0	31,1	32,5	33,2	34,4	37,0	38,9	39,3
Ct/kWh Sondervertragskunden		6,0	6,1	6,4	6,7	6,9	7,3	7,5	7,5
GWh Sondervertragskunden		500	515	530	546	546	541	535	542
Umsatzerlöse Sondervertragskunden	Mio. EUR	30,0	31,4	33,9	36,6	37,7	39,5	40,2	40,7
Ct/kWh Strombezug		-2,9	-3,0	-3,2	-3,4	-3,5	-4,0	-4,4	-4,4
GWh Strombezugsmenge		750	770	791	812	817	817	817	827
Beschaffungsaufwand	Mio. EUR	-21,8	-23,1	-25,3	-27,6	-28,6	-32,7	-35,9	-36,4
Rohspanne (ct/kWh)		*5,1*	*5,1*	*5,2*	*5,2*	*5,3*	*5,4*	*5,3*	*5,3*
Rohmarge Strom	Mio. EUR	38,3	39,4	41,2	42,2	43,5	43,8	43,1	43,6
Rohmarge Gas	Mio. EUR	9,5	9,9	10,4	10,9	11,5	12,1	12,7	12,7
Baukostenzuschüsse	Mio. EUR	2,1	2,1	2,2	2,2	2,3	2,3	2,3	1,7
Summe Margen / Baukostenzuschüsse	Mio. EUR	49,8	51,4	53,8	55,3	57,3	58,2	58,0	58,0
Sonstige Umsatzerlöse / Erträge	Mio. EUR	0,5	0,5	0,5	0,5	0,5	0,5	0,5	0,5
Sonstiger Materialaufwand	Mio. EUR	-5,0	-5,7	-5,9	-6,1	-6,3	-6,3	-6,3	-6,3
Personalkosten	Mio. EUR	-12,5	-13,4	-14,0	-14,1	-14,7	-15,0	-14,9	-14,9
Sonstige betriebliche Aufwendungen	Mio. EUR	-5,5	-5,6	-5,6	-5,7	-5,7	-5,8	-5,8	-5,8
Ergebnis vor Zinsen, Steuern und Abschreibungen (EBITDA)	Mio. EUR	27,4	27,3	28,8	29,9	31,0	31,6	31,5	31,5
Abschreibungen	Mio. EUR	-12,0	-11,9	-12,0	-11,9	-12,3	-13,0	-12,6	-12,6
Ergebnis vor Zinsen und Steuern (EBIT)	Mio. EUR	15,4	15,4	16,8	18,1	18,8	18,6	18,9	18,8
Zinsergebnis	Mio. EUR	-1,0	-0,9	-0,9	-1,0	-1,1	-1,2	-0,9	-0,7
Ergebnis der gewöhnlichen Geschäftstätigkeit	Mio. EUR	14,4	14,5	15,9	17,1	17,7	17,5	18,0	18,1
Gewerbesteuer (Hebesatz 400 %)	Mio. EUR				-2,8	-2,9	-2,9	-3,0	-3,0
Körperschaftsteuer (inkl. Solidaritätszuschlag)	Mio. EUR				-3,8	-3,9	-3,8	-3,9	-4,0
Zu kapitalisierendes Ergebnis	Mio. EUR				10,5	10,9	10,7	11,0	11,1

Abb. 56: GuV mit bereinigten Vergangenheitswerten

Ziel der Bereinigung ist es, Zeitreihen für die einzelnen Aufwands- und Ertragsposten zu erhalten, die zur Plausibilisierung der Planungsrechnungen dienen können. Insoweit müssen den Vergangenheitsergebnissen vergleichbare Einflussfaktoren zugrunde liegen. In der Regel wird für die Vergangenheitsanalyse zumindest auf zwei bis drei Vergangenheitsjahre zurückgegriffen. Im Zahlenbeispiel ist die Bereinigung der Vergangenheitsergebnisse bereits erfolgt.

Aufbauend auf der Vergangenheitsanalyse werden dann die künftigen finanziellen Überschüsse prognostiziert. Dabei kann in der Regel für einen gewissen Zeitraum von zumeist drei bis fünf Jahren die voraussichtliche Entwicklung der finanziellen Überschüsse plausibler beurteilt und sicherer prognostiziert werden als für die nachfolgenden Jahre, für die dann lediglich globale Annahmen getroffen werden können. In der Praxis spielen daher in den meisten Fällen zwei Planungsphasen eine Rolle: Die Detailplanungsphase, in der die Einflussgrößen einzeln zur Prognose der finanziellen Überschüsse veranschlagt werden, und die fernere zweite Planungsphase, in der mit pauschalen Fortschreibungen der Detailplanungen der ersten Planungsphase gearbeitet wird. Wegen des starken Gewichts der finanziellen Überschüsse der zweiten Planungsphase kommt der kritischen Überprüfung der hierfür zugrunde gelegten Annahmen eine besondere Bedeutung zu.

Soweit möglich, werden Erfolgsanalysen der einzelnen Produkte und Produktbereiche sowie Analysen der Entwicklungstendenzen der Aufwendungen und Erträge im Einzelnen vorgenommen, um daraus Planungsrechnungen zu entwickeln.

Für die Bewertung von öffentlichen Energieversorgungsunternehmen bietet sich dabei eine Planung der Absatzmengen und Preise für den Strom-, Gas- und ggf. Wasserabsatz differenziert nach Tarif- und Sondervertragskundenbereich an. Die geplante Absatzentwicklung und die ihr zugrunde liegenden Prämissen sind dabei unter Zuhilfenahme von Plausibilitätsüberlegungen und Sensitivitätsanalysen kritisch zu hinterfragen.

Vor dem Hintergrund der geplanten Umsatzerlöse ist insbesondere zu untersuchen, ob die Annahme einer konstanten Kosten- und Erlösrelation getroffen werden kann oder ob eine Verminderung oder Vergrößerung der Kosten-Erlösrelation erwartet wird. Im Einzelnen sind Strom- und Gasbezugsmengen und -preise für den Detailplanungszeitraum zu planen. Hiernach ergibt sich die erwartete Strom- bzw. Gasmarge des jeweiligen Planjahres.

Im Beispiel ist die Planung für den Strombereich differenziert nach Kundengruppen dargestellt. Zu berücksichtigen sind dabei auch die Auswirkungen aus dem rechtlichen Rahmen der Energieversorgung (allgemeine Auswirkungen der Liberalisierung, Energiewirtschaftsgesetz, Erneuerbare-Energien-Gesetz, Kraft-Wärme-Kopplungs-Gesetz sowie Stromsteuer). Letztlich ist im Einzelfall zu untersuchen, inwieweit die prognostizierten Preise und Mengen den erwarteten Marktentwicklungen gerecht werden. Dies gilt insbesondere in Bezug auf eine ergänzende Einbeziehung der anstehenden Novellierung des Energiewirtschaftsgesetzes, die voraussichtlich Auswirkungen auf die Netznutzungsentgelte für die Durchleitung durch Fremdnetze haben wird.

Ferner ist ertragsseitig der Anfall von Baukostenzuschüssen und sonstiger Umsatzerlöse (z. B. Wartungspauschalen) beim Energieversorgungsunternehmen zu planen. Die Aufwandsplanung umfasst

- die Kosten des Strom- und Gasbezugs,
- die Prognose der sonstigen Materialaufwendungen (etwa für die Instandhaltung des Netzes),
- die Planung des Personalaufwands und
- die Planung der sonstigen betrieblichen Aufwendungen einschließlich Konzessionsabgaben.

Die Entwicklung im Zeitablauf ist hier grundsätzlich durch detaillierte Planungen der Posteninhalte zu hinterlegen. Hilfsweise können sachgerechte pauschale Fortschreibungen um einen bestimmten Veränderungsprozentsatz in Betracht kommen.

Der Ermittlung der Abschreibungen für die Detailplanungsphase bzw. der Reinvestitionsrate für die zweite Planungsphase erfolgt auf Basis der Investitionsplanung. Dabei ist der nachhaltig durchschnittliche jährliche Reinvestitionsbetrag zugrunde zu legen. Im Beispiel wurde der Reinvestitionsbetrag in Höhe der Abschreibungen des letzten Planjahres in Ansatz gebracht. Dies setzt eine homogene Altersstruktur der Anlagen bei sukzessivem Ersatz der Altanlagen voraus. Der Ansatz der Reinvestitionsrate erfordert daher eine eingehende Analyse der Altersstruktur der Anlagen.

Das Zinsergebnis wird auf Basis einer gesonderten Finanzbedarfsrechnung ermittelt, die in Abb. 57 beispielhaft dargestellt ist.[291]

Finanzbedarfsrechnung (alle Angaben in Mio. EUR)	PLAN				
	2005	2006	2007	2008	Phase II
Laufender Finanzbedarf					
1 Ersatzinvestitionen	4,5	6,6	6,7	6,6	10,0
2 Erweiterungsinvestitionen	6,0	4,0	3,0	4,0	0,0
3 Pensionszahlungen	3,0	3,2	3,5	3,7	2,5
4 Sonstige nicht aufwandswirksame Ausgaben	1,5	1,0	1,0	1,0	1,5
	15,0	**14,8**	**14,2**	**15,3**	**14,0**
Laufende Finanzdeckung					
1 Abschreibungen	11,9	12,3	13,0	12,6	10,0
2 Erhöhung der Pensionsrückstellungen	1,2	1,0	1,4	1,5	2,5
3 Sonstige nicht ausgabenwirksame Aufwendungen	1,0	0,5	2,6	3,5	1,5
	14,1	**13,8**	**17,0**	**17,6**	**14,0**
Unter- bzw. Überdeckung p. a.	- 0,9	- 1,0	2,8	2,3	0,0
Vortrag Kredite	- 12,5	- 13,4	- 14,5	- 11,7	- 9,3
Kredittilgung					
planmäßige (5 % des Vortrags)	0,6	0,7	0,7	0,6	0,0
außerplanmäßige	0,0	0,0	2,1	1,8	0,0
Kreditaufnahme	- 1,6	- 1,7	0,0	0,0	0,0
Kreditbedarf	- 13,4	- 14,5	- 11,7	- 9,3	- 9,3
Kreditzinsen (8 % auf den Bestand am Anfang des Jahres)	- 1,0	- 1,1	- 1,2	- 0,9	- 0,7

Abb. 57: Finanzplanung

---

[291] In Anlehnung an WP-Handbuch (2000) Tz. A 279.

Bewertung der öffentlichen Beteiligungen, Sondervermögen und anderen Finanzanlagen

Nach Abzug der Ertragsteuerbelastung[292] ergibt sich das zu kapitalisierende Ergebnis, das zur Ermittlung des Zukunftserfolgswerts mit dem Kapitalisierungszinssatz auf den Bewertungsstichtag abzuzinsen ist.

Der Kapitalisierungszinssatz repräsentiert konzeptionell die Verzinsung einer risiko- und steueradäquaten Alternativinvestition.[293] Ausgangspunkt ist in der Regel der Basiszinssatz, der aus der Verzinsung langfristiger öffentlicher Anleihen abgeleitet ist. Der Unsicherheit zukünftiger finanzieller Überschüsse wird durch einen Risikozuschlag zum Kapitalisierungszinssatz Rechnung getragen.[294] Dieser Risikozuschlag ist insbesondere abhängig von der Gefahr möglicher Schwankungen der Ertragsüberschüsse und kann nicht ohne Kenntnis und sorgfältige Analyse der individuellen Gegebenheiten des Einzelfalles bestimmt werden. Ergänzend ist die Steuerbelastung der Alternativinvestition ggf. zinsmindernd im Kapitalisierungszinssatz zu erfassen.[295] Im Zahlenbeispiel wird davon ausgegangen, dass der Kapitalisierungszinssatz für die erste Planungsphase 10 % beträgt. Für die zweite Phase, die in der Planung in der Regel durch ein gleichbleibendes Ergebnis repräsentiert wird, kann ein prognostiziertes – möglicherweise inflationsbedingtes – Ergebniswachstum durch einen Wachstumsabschlag vom Kapitalisierungszinssatz erfasst werden. Im Beispiel wurde hier ein Kapitalisierungszinssatz nach Wachstumsabschlag von 9,5 % in Ansatz gebracht.

Im Beispielfall ergibt sich der Ertragswert der Beteiligung (100-%iger Anteil) wie in Abb. 58 dargestellt.

---

[292] Grundsätzlich wäre an dieser Stelle auch die Belastung mit Kapitalertragsteuer – unter Berücksichtigung der hälftigen Erstattung nach § 44c Abs. 2 EStG – einzubeziehen. Eine Vernachlässigung der Kapitalertragsteuer erscheint jedoch grundsätzlich vertretbar, da bei einer unterstellten risikobehafteten Alternativanlage auch der Kapitalisierungszinssatz entsprechend zu kürzen wäre. Eine wesentliche Wertveränderung durch die Einbeziehung der Kapitalertragsteuer in das Bewertungskalkül kommt daher – zumindest bei im Zeitablauf relativ konstanten Ergebnissen – nicht in Betracht.

[293] Vgl. hierzu und zum Folgenden IDW S 1, Tz. 91 ff.

[294] Vgl. IDW RS HFA 10, Tz. 9 f.

[295] Als Alternativinvestition kann insbesondere ein ebenfalls risikobehaftetes Wertpapier unterstellt werden. In diesem Falle wäre der Kapitalisierungszinssatz vor Steuern grundsätzlich um die Kapitalertragsteuerbelastung der Alternativinvestition zu kürzen. Wie in Fußnote 292 ausgeführt, erscheint eine Vernachlässigung der Kapitalertragsteuer angesichts ihres kompensatorischen Effekts auf das zu kapitalisierende Ergebnis einerseits und den Kapitalisierungszinssatz andererseits – wie im Zahlenbeispiel – vertretbar.

Ermittlung des Marktwertes des Eigenkapitals		IST			PLAN				Phase II
		2002	2003	2004	2005	2006	2007	2008	
Zu kapitalisierendes Ergebnis	Mio. EUR				10,5	10,9	10,7	11,0	11,1
Diskontierungsfaktoren					0,9091	0,8264	0,7513	0,6830	7,1896
Barwerte zum 1. Januar 2005	Mio. EUR				9,5	9,0	8,0	7,5	79,7
Marktwert des Eigenkapitals zum 1. Januar 2005	Mio. EUR				113,8				

Abb. 58: Ertragswert einer Beteiligung

9.3 Bewertung von sachzielbezogenen Beteiligungen

Die öffentliche Hand verfügt zumeist in erheblichem Umfang über Beteiligungen, die primär der Erreichung von Sachzielen dienen. Zu denken ist hier beispielsweise an Beteiligungen an Unternehmen, deren Zweck in der Bereitstellung von Infrastruktur oder in der Stadtentwicklung besteht, sowie an Beteiligungen an Unternehmen des öffentlichen Personennahverkehrs. Anders als bei ertragszielorientierten Beteiligungen bestimmt sich der Wert sachzielbezogener Beteiligungen vorrangig durch den Zielbeitrag der Beteiligung zu dem verfolgten Sachziel. Für die Bewertung sachzielbezogener Beteiligungen erscheint die Anwendung rekonstruktions- bzw. substanzwertorientierter Bewertungsverfahren sachgerecht.[296]

Bei der Ermittlung des Rekonstruktionswertes sind für die wesentlichen Vermögensgegenstände Zeitwerte zu ermitteln und die Schulden in Abzug zu bringen. In den meisten Fällen wird die Ermittlung eines Nettoteilrekonstruktionszeitwerts sinnvoll sein, bei dem die nicht bilanzierten immateriellen Werte nicht in die Bewertung einbezogen werden.

Durch Absetzung zeitanteiliger linearer Abschreibungen nach Maßgabe der wirtschaftlichen Nutzungsdauern ergeben sich die Rekonstruktionszeitwerte. Abzusetzen sind ferner die zum Bewertungsstichtag vorhandenen Schulden.

Durch die Neubewertung der Vermögensgegenstände und Schulden nach substanzorientierten Grundsätzen werden in wesentlichem Umfang stille Reserven aufgedeckt, die bei ihrer Realisierung – anders als bei einem iden-

---

[296] In diesem Sinne auch IDW S 1, Tz. 153 f.

tischen Nachbau des Unternehmens – noch einer Belastung durch Unternehmenssteuern (Gewerbeertragsteuer, Körperschaftsteuer und Solidaritätszuschlag) unterliegen. Somit liegt eine latente Steuerlast des zu bewertenden Unternehmens vor, die wertmindernd zu berücksichtigen ist.

Die Wertermittlung wird durch die Tabelle in Abb. 59 skizziert.

	Wertansatz TEUR
Grundstücke	
Gebäude und bauliche Anlagen	
Sonstige Anlagevermögen	
Übrige Aktiva	
Aktiva gesamt	
Abzüglich Schulden	
Abzüglich latente Steuern	
Rekonstruktionswert zum Stichtag	

Abb. 59: Ermittlung des Rekonstruktionswertes

9.4 Bewertung der übrigen Finanzanlagen

Als übrige Finanzanlagen der Gebietskörperschaft sind Ausleihungen und Wertpapiere des Anlagevermögens zu nennen.

Ausleihungen sind unverbriefte langfristige Kapitalforderungen. Bei Kapitalhingabe muss die Absicht bestanden haben, dem Empfänger Kapital für eine bestimmte Zeit zur Verfügung zu stellen. Die Ausleihung muss langfristig (i. d. R. Laufzeit > 1 Jahr) sein. Für die Beurteilung der Fristigkeit kommt es grundsätzlich nur auf die Vereinbarungen bei der Kapitalhingabe an. Einer solchen Vereinbarung steht es gleich, wenn sich die Langfristigkeit aus den tatsächlichen Umständen ergibt.

Nach den allgemeinen Bewertungsgrundsätzen sind unverzinsliche oder niedrig verzinsliche Ausleihungen abzuzinsen. Der Barwert des Anspruchs wird dann als Anschaffungsbetrag angesehen, während die Aufzinsungsbeträge der Folgejahre nachträgliche Anschaffungskosten darstellen.[297] So ergibt sich zum 1. Januar 2005 der Wertansatz einer zum Jahresende 2009

---

[297] Vgl. Adler/Düring/Schmaltz (o. J.) § 253 HGB, Tz. 54.

fälligen Kreditforderung in Höhe von 200 TEUR bei einem fristadäquaten Marktzins von z. B. 4 % wie folgt:

$$200 \text{ TEUR} / 1{,}04^5 = 164 \text{ TEUR}.$$

Zum 31. Dezember 2005 ist der Anspruch unter Berücksichtigung des als Zinsertrag zu erfassenden Aufzinsungsbetrags von 7 TEUR anzusetzen mit:

$$200 \text{ TEUR} / 1{,}04^4 = 171 \text{ TEUR}.$$

Im Übrigen ist grundsätzlich zum Nennwert des Anspruchs zu bewerten. Niedrigere Wertansätze können bei Ausfallrisiken (schlechte Bonität des Schuldners) oder insbesondere im Falle von Wechselkursschwankungen bei Fremdwährungsforderungen geboten sein.

Zu den **Wertpapieren des Anlagevermögens** gehören solche Wertpapiere, die dauernd oder längere Zeit gehalten werden, jedoch ohne die Absicht, an dem anderen Unternehmen beteiligt zu sein. Erfasst werden folglich solche Wertpapiere, die nicht Beteiligungen oder Anteile an verbundenen Unternehmen darstellen. Hierzu zählen Dividendenpapiere (z. B. Beteiligungswertpapiere wie Aktien oder Anteile an offenen Immobilienfonds und Genussscheine) und Forderungswertpapiere (z. B. Obligationen, Pfandbriefe und öffentliche Anleihen).

Zeitanteilige Dividenden- und Zinsforderungen bis zum Eröffnungsbilanzstichtag sind als sonstige Vermögensgegenstände beim Umlaufvermögen zu erfassen.

Soweit etwa für Baden-Württemberg, Hessen oder Nordrhein-Westfalen auf historische Anschaffungskosten abzustellen ist, gelten auch für den Ansatz von Wertpapieren des Anlagevermögens die allgemeinen Bewertungsgrundsätze. Für Wertpapiere des Anlagevermögens, die an der Börse zum amtlichen Handel oder zum geregelten Markt zugelassen oder in den Freiverkehr einbezogen sind, fordert Nordrhein-Westfalen dagegen den Ansatz mit dem Tiefstkurs der vergangenen zwölf Wochen ausgehend vom Bilanzstichtag. Auf diese Weise wird Zufallsschwankungen zum Stichtag der Eröffnungsbilanz Rechnung getragen.

10 Praktikable Erfassung und Bewertung des Umlaufvermögens und der aktiven Rechnungsabgrenzungsposten

> **Auf einen Blick:**
> Auf der Aktivseite der kommunalen Bilanz sind neben dem Anlagevermögen das Umlaufvermögen (d. h. Vorratsvermögen, Forderungen, Wertpapiere und flüssige Mittel) und die aktiven Rechnungsabgrenzungsposten auszuweisen. Deren Erfassung und Bewertung ist in der Regel insgesamt weniger aufwändig als die des Anlagevermögens. Es ist aber eine Reihe von Besonderheiten zu beachten, die im Folgenden dargestellt werden.

10.1 Gliederung des Umlaufvermögens

Baden-Württemberg, Hessen und Nordrhein-Westfalen

Aufbauend auf der Übersichtsdarstellung in Kapitel 2.2 werden nachfolgend die Regelungen zur Gliederung des Umlaufvermögens in den Bundesländern Baden-Württemberg, Hessen und Nordrhein-Westfalen dargestellt (s. Abb. 60). Aufgrund der im baden-württembergischen Konzept nicht vorgesehenen Unterteilung in Anlage- und Umlaufvermögen wurden in der Übersicht nur die relevanten Posten des Sach- und Finanzvermögens (Version mit Vermögenstrennung) aufgeführt.[298]

---

[298] Vgl. oben Fn. 31.

Bewertung des Umlaufvermögens und der aktiven Rechnungsabgrenzungsposten

Baden-Württemberg	Hessen	Nordrhein-Westfalen
	2. Umlaufvermögen	2. Umlaufvermögen
1.2 Sachvermögen	a) Vorräte einschließlich Roh-, Hilfs- und Betriebsstoffe	2.1 Vorräte
1.2.8 Vorräte	b) Fertige und unfertige Erzeugnis, Leistungen und Waren	2.1.1 Roh-, Hilfs- und Betriebsstoffe, Waren
		2.1.2 Geleistete Anzahlungen
	c) Forderungen und sonstige Vermögensgegenstände	2.2 Forderungen und sonstige Vermögensgegenstände
2.2 Finanzvermögen	ca) Forderungen aus Zuweisungen, Zuschüssen, Transferleistungen, Investitionszuweisungen und -zuschüssen und Investitionsbeiträgen	2.2.1 Öffentlich-rechtliche Forderungen und Forderungen aus Transferleistungen
2.2.4 Öffentlich-rechtliche Forderungen und Forderungen aus Transferleistungen		
	cb) Forderungen aus Steuern und steuerähnlichen Abgaben	2.2.1.1 Gebühren
		2.2.1.2 Beiträge
		2.2.1.3 Steuern
		2.2.1.4 Forderungen aus Transferleistungen
		2.2.1.5 sonstige öffentlich-rechtliche Forderungen
2.2.5 Sonstige privatrechtliche Forderungen, sonstiges Finanzvermögen		2.2.2 Privatrechtliche Forderungen
	cc) Forderungen aus Lieferungen und Leistungen	2.2.2.1 gegenüber dem privaten Bereich
	cd) Forderungen gegen verbundene Unternehmen und gegen Unternehmen, mit denen ein Beteiligungsverhältnis besteht, und Sondervermögen	2.2.2.2 gegenüber dem öffentlichen Bereich
		2.2.2.3 gegen verbundene Unternehmen
		2.2.2.4 gegen Beteiligungen
		2.2.2.5 gegen Sondervermögen
	ce) sonstige Vermögensgegenstände	2.2.3 Sonstige Vermögensgegenstände
		2.3 Wertpapiere des Umlaufvermögens
2.2.6 Liquide Mittel	d) Liquide Mittel	2.4 Liquide Mittel
3. Aktive Rechnungsabgrenzung	3. Rechnungsabgrenzungsposten	3. Aktive Rechnungsabgrenzung

Abb. 60: Gliederungsvorschläge für die Aktivseite der Bilanz (Umlaufvermögen, aktive Rechnungsabgrenzungsposten)

Niedersachsen

Im niedersächsischen Gliederungskonzept wurde grundsätzlich das baden-württembergische Bilanzschema mit der Unterteilung in Sach- und Finanzvermögen übernommen. Aus dem Bereich des Finanzvermögens wurden jedoch die liquiden Mittel herausgelöst und als eigener Gliederungspunkt vor der aktiven Rechnungsabgrenzung eingefügt. Dadurch ergibt sich insgesamt folgende Grobgliederung für die Aktivseite der Bilanz:

1. Immaterielles Vermögen
2. Sachvermögen
3. Finanzvermögen
4. Liquide Mittel
5. Aktive Rechnungsabgrenzungsposten

Rheinland-Pfalz/Saarland

Die Regelungsentwürfe der beiden Bundesländer sehen eine dem nordrhein-westfälischen Landeskonzept ähnliche Gliederung des Umlaufvermögens vor. Beim Vorratsvermögen wurde aber der handelsrechtlichen Gliederung in

- Roh-, Hilfs- und Betriebsstoffe,
- unfertige Erzeugnisse, unfertige Leistungen,
- fertige Erzeugnisse, fertige Leistungen und Waren sowie
- geleistete Anzahlungen auf Vorräte

der Vorzug gegeben. Die vorgenommene Erweiterung um die fertigen Leistungen bezieht sich bestimmte, noch nicht abgerechnete Leistungen.[299]

---

[299] Adler/Düring/Schmaltz (o. J.) § 266 HGB Tz. 98a, 118 bezogen auf den Ausnahmefall, in dem Dienstleistungen für eine unbekannte Anzahl noch nicht feststehender Abnehmer erstellt werden

Bewertung des Umlaufvermögens und der aktiven Rechnungsabgrenzungsposten

10.2 Strenges Niederstwertprinzip

Für das Umlaufvermögen gilt handelsrechtlich das strenge Niederstwertprinzip, nach dem die Vermögensgegenstände auf den niedrigeren Börsen- oder Marktpreis bzw. zum Bilanzstichtag beizulegenden Wert abzuschreiben sind. Im Gegensatz zum gemilderten Niederstwertprinzip beim Anlagevermögen, das zu außerplanmäßigen Abschreibungen lediglich bei einer voraussichtlich dauernden Wertminderung verpflichtet, ist beim Umlaufvermögen ein Wahlrecht zur Berücksichtigung von zwischenzeitlichen Wertminderungen nicht vorgesehen. Fallen die Gründe für den Ansatz des niedrigeren beizulegenden Werts im Nachhinein weg, ist handelsrechtlich eine Zuschreibung auf denjenigen Wert vorzunehmen, der sich ohne Berücksichtigung von außerplanmäßigen Abschreibungen ergeben hätte (sog. Wertaufholungsgebot).[300]

Diese handelsrechtlichen Festlegungen wurden in **Hessen** und **Rheinland-Pfalz** nahezu wortwörtlich übernommen.[301] Auch in **Baden-Württemberg** sind Abschreibungen auf den niedrigeren Wert, der dem Vermögensgegenstand beizulegen ist, grundsätzlich durchzuführen. Auch hier besteht eine Zuschreibungspflicht, wenn der Grund für die Abschreibung später entfallen ist.[302]

Für **Nordrhein-Westfalen** und das **Saarland** wurde zwar das strenge Niederstwertprinzip beim Umlaufvermögen übernommen. Eine Wertaufholung ist jedoch nur für das Anlagevermögen vorgeschrieben.[303]

In **Niedersachsen**, wo das NKR-Konzept aus **Baden-Württemberg** weiterentwickelt wurde, kommt das gemilderte Niederstwertprinzip beim Sachvermögen und immateriellen Vermögen zur Anwendung, während das strenge Niederstwertprinzip bei den übrigen Vermögensgegenständen (des Finanzvermögens) gelten soll.[304] Daher kommt es im niedersächsischen Konzept zu wesentlichen Abweichungen gegenüber der Handhabung außerplanmäßiger Abschreibungen in anderen Bundesländern.

---

[300] Vgl. § 253 Abs. 2 Satz 3, Abs. 3 HGB sowie § 280 Abs. 1 Satz 1 HGB.
[301] Vgl. Hessen (2006) § 43 Abs. 3, 4 GemHVO Doppik, Rheinland-Pfalz (2006) § 35 Abs. 4, 5 GemHVO .
[302] Allerdings ausgenommen bei Grundstücken des Verwaltungsvermögens; vgl. Baden-Württemberg/Entwurf (2005) § 46 Abs. 4, 5 GemHVO.
[303] Vgl. Nordrhein-Westfalen (2004) § 35 Abs. 7, 8 GemHVO, Saarland/Entwurf (2006) § 37 Abs. 4, 5 GemHVO.
[304] Vgl. Niedersachsen (2005) § 47 Abs. 4, 5 GemHKVO.

- Zum einen unterliegen die Vorräte innerhalb des Sachvermögens dem gemilderten Niederstwertprinzip, sodass eine außerplanmäßige Abschreibung nur bei voraussichtlich dauerhafter Wertminderung zwingend vorgeschrieben ist.
- Zum anderen gilt bei Finanzanlagevermögen (innerhalb des Finanzvermögens) das strenge Niederstwertprinzip, das zum Ansatz des niedrigeren, zum Bilanzstichtag beizulegenden Werts verpflichtet.

Insbesondere beim Finanzanlagevermögen sind deshalb unerwünschte Bilanzauswirkungen bei nur zwischenzeitlichen Wertschwankungen vorprogrammiert.

10.3 Vorratsvermögen

Überblick

Nach dem handelsrechtlichen Gliederungsschema (§ 266 Abs. 2 B. I. HGB) wird das Vorratsvermögen in die Posten

- Roh-, Hilfs- und Betriebsstoffe,
- unfertige Erzeugnisse, unfertige Leistungen,
- fertige Erzeugnisse und Waren sowie
- geleistete Anzahlungen (auf Vorratsvermögen)

unterteilt.

Roh-, Hilfs- und Betriebsstoffe werden dabei als Verbrauchsgüter im Prozess der betrieblichen Leistungserstellung definiert, die in Erzeugnisse eingehen oder für Dienstleistungen benötigt werden. Es handelt sich um:[305]

- Stoffe, die als Hauptbestandteil unmittelbar in ein Erzeugnis eingehen (**Rohstoffe**), insbesondere Stoffe der Urerzeugung (Kohle, Holz, Wolle etc.) sowie von Dritten bezogene Vorprodukte und Reserve- bzw. Ersatzteile. Hierunter fallen bei Kommunen die Heizölbestände in den Gebäuden, aber auch die Bestände an Sanden, Beton und anderen Baumaterialien der Bau- und Betriebshöfe.

---

[305] Adler/Düring/Schmaltz (o. J.) § 266 HGB Tz. 102 ff.

Bewertung des Umlaufvermögens und der aktiven Rechnungsabgrenzungsposten

- Stoffe, die als untergeordneter Bestandteil unmittelbar in ein Erzeugnis eingehen (**Hilfsstoffe**), wie z. B. Nägel, Schrauben, Lacke oder Verpackungsmaterial, wie sie auch in kommunalen Betriebshöfen vorhanden sind.
- Stoffe, die keine Bestandteile eines Erzeugnisses darstellen, aber bei dessen Herstellung verbraucht werden (**Betriebsstoffe**). Dazu gehören u. a. Bestände an noch nicht ausgegebenem Büromaterial oder Lebensmittelvorräte für Kantinen. Im kommunalen Bereich gehören hierzu insbesondere Streusalzvorräte.

Dagegen sind **unfertige Erzeugnisse** bereits durch Be- oder Verarbeitung in den betrieblichen Produktionsprozess eingegangen, ohne dass diese bereits das Stadium der Verkaufsfähigkeit erreicht haben. Zu den **fertigen Erzeugnissen** gehören Vorratsgüter, wenn sie versandfertig aber noch nicht geliefert sind. Hierzu kann das eingeschlagene Holz, das noch im kommunalen Wald lagert, gezählt werden.[306]

Von Dritten bezogene Fertigerzeugnisse, die ohne wesentliche Be- oder Verarbeitung direkt zur Weiterveräußerung vorgesehen sind, werden als **Waren** bezeichnet. Ein kommunales Beispiel sind Publikationen in den Bereichen Heimatpflege und Tourismus, für die eine Veräußerung geplant ist.

Noch nicht abgeschlossene Dienstleistungen sind als **unfertige Leistungen** zu bilanzieren. Diese Position kommt auch im kommunalen Bereich vergleichsweise häufig vor, wenn z.B. der Baubetriebshof vom Abwassereigenbetrieb einen Auftrag bekommen hat, der noch nicht fertig gestellt ist. Nach den HGB-Grundsätzen sind die zum Abschlussstichtag quantifizierbaren unfertigen Leistungen zu Anschaffungs- und Herstellungskosten zu bewerten (z. B. die in Anspruch genommenen Handwerkerstunden des Baubetriebshofs), soweit hierfür ein Vergütungsanspruch besteht. Der Grundsatz der verlustfreien Bewertung bedeutet, dass die Anschaffungs- und Herstellungskosten mit den voraussichtlich zu erwartenden Netto-Erlösen (d. h. abzüglich noch anfallender Kosten) verglichen werden müssen. Wenn im Beispiel dem Abwasserbetrieb ein Festpreis genannt worden war, kann die unfertige Leistung (in Arbeit befindlicher Auftrag) höchstens zu diesem Festpreis (ggf. abzüglich noch anfallender Kosten) bewertet werden.

---

[306] Das i. d. R. zu den direkt zuordenbaren Holzerntekosten ohne Gemeinkosten bewertet werden kann, maximal jedoch zu den Veräußerungspreisen abzüglich evtl. noch anfallender Kosten gemäß den Grundsätzen der verlustfreien Bewertung.

Fertige, aber noch nicht abgerechnete Leistungen sind hingegen grundsätzlich nicht unter den Vorräten, sondern als Forderungen auszuweisen. Unter den **geleisteten Anzahlungen** sind ausschließlich solche auf Vorräte zu zeigen.[307]

Für das Vorratsvermögen gilt der handelsrechtliche Grundsatz der Einzelbewertung (§ 252 Abs. 1 Nr. 3 HGB). Gleichzeitig ist für die Vorratsinventur der Grundsatz der Wesentlichkeit und Wirtschaftlichkeit zu berücksichtigen, da der Aufwand für die Inventurdurchführung in einem angemessenen Verhältnis zu den bilanziellen Wertansätzen für das Vorratsvermögen stehen muss. Vor diesem Hintergrund ist zunächst die Anwendung der zulässigen Inventurvereinfachungsverfahren (d. h. Festwertverfahren und Gruppenbewertung nach § 240 Abs. 3 und 4 HGB sowie Stichprobenverfahren nach § 241 Abs. 1 HGB) und Festlegungen zu zeitlich vom Bilanzstichtag abweichenden Inventurzeitpunkten (d. h. Buchinventur und vor-/nachverlegte Inventur nach § 241 Abs. 2 und 3 HGB) zu prüfen. Darüber hinaus ist abzuwägen, ob bei geringfügigen oder schwer erfassbaren Beständen einer Nichterfassung durch die Inventur der Vorrang vor dem Grundsatz der Vollständigkeit der Ansätze sowie der Ordnungsmäßigkeit der Buchführung gegeben werden kann.[308]

Außerdem stehen zur Vereinfachung der Vorratsbewertung die **Verbrauchsfolgeverfahren** i. S. d. § 256 HGB zur Verfügung. Diese ermöglichen für den Wertansatz gleichartiger Vermögensgegenstände die Annahme, dass beim Verbrauch im betrieblichen Prozess eine bestimmte Reihenfolge unterstellt werden kann. Handelsrechtlich sind die sog. Zeitfolgeverfahren (Fifo = first in – first out; Lifo = last in – first out) anerkannt.

Vorräte in einzelnen Landeskonzepten

Im NKR-Konzept des Landes **Baden-Württemberg** wird auf die untergeordnete Bedeutung des Vorratsvermögens für die kommunale Kernverwaltung verwiesen. Als Regelfall werden Bestände an Hilfs- und Betriebsstoffen (z. B. Heizöl) genannt, die den handelsrechtlichen Verbrauchsfolge- bzw. Bewertungsvereinfachungsverfahren unterworfen werden können.[309]

---

[307] Adler/Düring/Schmaltz (o. J.) § 266 Tz. 107 ff.; vgl. ergänzend Fn. 299.
[308] Adler/Düring/Schmaltz (o. J.) § 240 Tz. 25 und zu § 252 Tz. 128.
[309] Speyerer Verfahren, S. 63 f.

In **Hessen** ist die Anwendung des Festwertverfahrens auf Roh-, Hilfs- und Betriebsstoffe und der Gruppenbewertung auf das Vorratsvermögen in § 35 Abs. 2 und 3 GemHVO-Doppik vorgesehen. Als Verbrauchsfolgeverfahren sind gemäß § 43 GemHVO-Doppik die Zeitfolgeverfahren Fifo und Lifo zulässig. Fraglich ist, welche anderen GoB-konformen Verbrauchsfolgeverfahren im Sinne der Formulierung „in einer sonstigen bestimmten Folge" anwendbar sind. Im handelsrechtlichen Kontext ist die Zulässigkeit der Preisfolgeverfahren (Hifo = highest in – first out; Lofo = lowest in – first out) und Konzernfolgeverfahren (Kifo = Konzern in – first out; Kilo = Konzern in – last out) strittig.[310] Für die Eröffnungsbilanz sollen nur größere Lagerbestände erfasst und bewertet werden. Lagerbestände bis zu einem Lagergesamtwert von 2.557 EUR bzw. von 5.113 EUR können als bereits verbraucht angesehen werden. Insofern orientiert sich die Vorratsbewertung am Grundsatz der Wesentlichkeit. Als verbraucht gelten alle Vorräte, die aus einem Lager abgegeben wurden.[311]

Analoge Festlegungen wurden für die Konzepte in **Niedersachsen**, **Rheinland-Pfalz** und **Saarland** getroffen.[312]

Vergleichbare Regelungen finden sich auch im Landeskonzept **Nordrhein-Westfalen**.[313] Der Einsatz von Verbrauchsfolgeverfahren wird als nicht zulässig angesehen.[314] Zum Vorratsvermögen wird ausgeführt, dass die Roh-, Hilfs- und Betriebsstoffe sowie Waren in der Kommunalverwaltung von untergeordneter Bedeutung sind und dass der Vermögensnachweis nur mithilfe einer Lagerbuchführung erfolgen kann.[315]

Exkurs zur Grundstücksentwicklung/-erschließung

Eine wichtige Aufgabe für die Gemeinden ist die Wahrnehmung von städtebaulichen Entwicklungsmaßnahmen sowie die Baulandbereitstellung und die Erschließungsmaßnahmen für neue Wohn-, Industrie- und Gewerbeflächen

---

[310] Adler/Düring/Schmaltz (o.J.) zu § 256 Tz. 6 und 67 ff.
[311] Neues kommunales Rechnungs- und Steuerungssystem (2005) S. 338 und Anhang 12, Sonderregelungen zur Erstellung einer Eröffnungsbilanz für Gemeinden und Gemeindeverbände in Hessen, Nr. 12.
[312] Vgl. Niedersachsen (2005) §§ 37 Abs. 3, 46 GemHKVO, Rheinland-Pfalz (2006) § 32 Abs. 6 ff. GemHVO, Saarland/Entwurf (2006) §§ 35 Abs. 2 und 3, 41 GemHVO.
[313] Vgl. Nordrhein-Westfalen (2004) §§ 29 Abs. 4, 34 Abs. 1 und 3 GemHVO.
[314] Vgl. Modellprojekt (2003) S. 430.
[315] Vgl. Modellprojekt (2003) S. 188 und 230 f.

gemäß dem BauGB. Hierbei bedienen sich die öffentlichen Gebietskörperschaften häufig externer Erschließungs- und Entwicklungsträger, denen das Eigentum an den zu entwickelnden bzw. zu erschließenden Grundstücken übertragen wird.

Im Einzelfall werden jedoch auch Erschließungs- oder Entwicklungsprojekte von Gemeinden in eigener Regie bzw. ohne Eigentumsübergang am Grundstück vorgenommen. Dabei stellt sich die Frage nach einer zutreffenden bilanziellen Handhabung solcher „Grundstücke in Entwicklung/Erschließung".

Aus Sicht der Autoren empfiehlt sich in Anlehnung an die handelsrechtliche Praxis[316] ein Ausweis der Erschließungs- und Entwicklungsgrundstücke als unfertige Erzeugnisse (Bauten auf eigenem Grund, z. B. Straßen, Spielplätze) bzw. unfertige Leistungen (zur Veräußerung vorgesehene Grundstücke). Bei einer solchen Handhabung ist dann auch die Vereinnahmung von geleisteten Anzahlungen z. B. auf Baugrundstücke unter den Verbindlichkeiten sinnvoll.

In der kommunalen Praxis wird sich der Projektzeitraum einer Grundstücksentwicklung bzw. -erschließung vom Planungsbeginn über den Grundstückserwerb und die eigentliche Entwicklung/Erschließung bis zur Vermarktung oft über mehrere Jahre erstrecken. Dadurch entstehen hohe Anforderungen an die bilanzielle Darstellung und buchhalterische Umsetzung der Projekte.

Vor diesem Hintergrund hat es sich bewährt, ein sorgfältiges mehrjähriges Projektcontrolling einzurichten. Eine Möglichkeit ist, diese Grundstücke – auch wenn sie bilanziell dem Umlaufvermögen zuzurechnen sind – integriert innerhalb der Anlagenbuchhaltung mitzuführen und ggf. mit der kommunalen Kostenrechnung (z. B. bei Abrechnung von eigenen Leistungen auf Basis einer Zeiterfassung) zu koppeln. Mit diesem Verfahren wird gewährleistet, dass über den gesamten Projektzeitraum hinweg die anfallenden Kosten gesammelt und – z. B. beim Parzellieren für die spätere Vermarktung – aufgeteilt werden können. Auch außerplanmäßige Abschreibungen sind dann problemlos verbuchbar, wenn beispielsweise aufgrund der Beschlusslage die Grundstücke zu einem unter dem ursprünglichen Buchwert liegenden Quadratmeterpreis angeboten werden sollen.

Sofern die zu bilanzierenden Entwicklungs- und Erschließungsgrundstücke betragsmäßig wesentlich sind, sollten die Bilanzgliederung und der Anlagen-

---

[316] Vgl. hierzu Adler/Düring/Schmaltz (o. J.) § 266 HGB, Tz. 109.

spiegel um den Posten „Grundstücke in Entwicklung/Erschließung" bzw. einen entsprechenden Davon-Vermerk erweitert und die relevanten Projekte im Anhang erläutert werden.

Gemäß dem Landeskonzept **Nordrhein-Westfalen** sollen Grundstücke, die dem Umlaufvermögen zuzuordnen sind, unter den sonstigen Vermögensgegenständen ausgewiesen werden. Die vorstehenden Ausführungen sind hier analog anwendbar.

Zusammenfassende Beurteilung

Wesentliche Vorratsbestände sind – neben den ggf. zu bilanzierenden Grundstücken in Entwicklung/Erschließung – lediglich in kommunalen Leistungsbereichen zu erwarten, die sich mit Bauleistungen (z. B. Hochbau, Tiefbau, Bau- und Betriebshof), der Objektverwaltung (Gebäude- bzw. Grünflächenmanagement), Ver- und Entsorgung oder materialintensiven Arbeiten (z. B. EDV-Betreuung, Feuer- und Rettungsdienst, Straßenreinigung) befassen.[317]

Der nordrhein-westfälische Weg, eine Lagerbestandsführung für die bilanzmäßige Berücksichtigung vorauszusetzen, erscheint jedoch nicht sachgerecht, da bislang die Verbindung zwischen der mengenmäßigen und der wertmäßigen Bestandsführung – beim Vorratsvermögen ebenso wie beim Anlagevermögen – nicht im Vordergrund stand.

Aus diesem Grund ist eher umgekehrt zu fordern, dass für die vorhandenen Vorratsbestände sukzessive eine den Grundsätzen ordnungsmäßiger Inventur förderliche Bestandsführung aufgebaut werden sollte. Für die Festlegung, ob die Erfassung und Bewertung von Vorräten erforderlich ist, sollte deshalb analog Handelsrecht und hessischem Konzept der Grundsatz der Wesentlichkeit und (Inventur-)Wirtschaftlichkeit maßgebend sein.

10.4 Forderungen und sonstige Vermögensgegenstände

Forderungen in einzelnen Landeskonzepten

In allen bislang vorgelegten Gesetzen bzw. Gesetzentwürfen der Länder ist die tiefe Untergliederung der Forderungen auffällig. Zusätzlich zur bereits

---

[317] Gleicher Auffassung: Modellprojekt (2003) S. 230, Neues Kommunales Rechnungs- und Steuerungssystem (2005) S. 93 und 338.

im Handelsrecht vorgesehenen Unterscheidung von Forderungen nach dem Beteiligungsgrad des Schuldners wird für die kommunalen Bilanzen eine Differenzierung nach privatrechtlichen, öffentlich-rechtlichen bzw. Transferforderungen abgebildet. Außerdem ist zu berücksichtigen, dass eine weitere Aufteilung nach Laufzeiten im Rahmen der Forderungsübersichten/-spiegel abgefragt wird.[318] Diese Gliederungstiefe findet sich analog bei den Verbindlichkeiten.

Das kamerale Finanzwesen hat bislang üblicherweise solche Detaillierungsgrade bei den Debitoren- und Kreditorenkonten nicht abbilden müssen. Eine Reihe von doppischen DV-Anwendungen sieht zudem vor, dass sog. Finanzadressen eingerichtet werden, die den Bürger, Lieferanten, Dienstleister etc. in einem einzigen und eindeutigen Personenkonto abbilden, das sowohl Forderungen als auch Verbindlichkeiten aus unterschiedlichen privatrechtlichen oder öffentlich-rechtlichen Vereinbarungen zusammenfasst. Eine Aufteilung ist bei solchen Systemen – wenn überhaupt darstellbar – häufig nur als Auswertung auf die verschiedenen Buchungsarten (z. B. Steuern oder Gebühren) möglich.

Die geforderte Gliederungstiefe der Forderungen (und Verbindlichkeiten) stellt die Kommunen vor große Herausforderungen bei der organisatorischen und technischen Umsetzung des neuen Finanzwesens. Die Einrichtung der Personenkonten bzw. Auswertung der Finanzadressen ist deshalb frühzeitig zu gestalten.

Im ungünstigsten Fall müssen Teile der für die Gliederung der Forderungen notwendigen Informationen aus vorgelagerten Fachsystemen (z. B. Steuerveranlagung) ausgewertet werden. Dies setzt jedoch die Abstimmbarkeit der Datenstände im Fachsystem mit denen des Finanzwesens voraus, was wegen der unterschiedlichen Zielsetzung der Systeme, zeitlicher Buchungsunterschiede oder abweichender Handhabung von Periodenzuordnungen problematisch sein kann.

Wertberichtigungen auf Forderungen

Beim Bilanzansatz von Forderungen ist deren **Werthaltigkeit** und damit das Risiko eines möglichen Forderungsausfalls zu berücksichtigen. In der Kameralistik konnten die Forderungen folgenden Status einnehmen:

---

[318] So beispielsweise im Forderungsspiegel als Musteranlage im NKF-Konzept.

Bewertung des Umlaufvermögens und der aktiven Rechnungsabgrenzungsposten

- Annahmeanordnungen bzw. Kasseneinnahmereste in der kameralen Jahresrechnung;

- Aufnahme ins Mahn-, Beitreibungs- oder Vollstreckungsverfahren der (Gemeinde-)Kasse;

- **Niederschlagung** der Forderung als vorübergehender Verzicht auf die Beitreibung ohne Verzicht auf eigentlichen Anspruch (mit Abgangsbuchung und Aufnahme in die Niederschlagungsliste);

- **Erlass** der Forderung als endgültiger Verzicht.

Im neuen kommunalen Finanzwesen soll dagegen die handelsrechtliche Unterscheidung in **zweifelhafte Forderungen**, deren Wertansatz gemäß dem prognostizierten Ausfallrisiko erfolgt, und **uneinbringliche Forderungen**, die vollständig auszubuchen sind, gelten.[319] Sowohl die Forderungsausbuchung als auch die Wertberichtigung auf zweifelhafte Forderungen sind mittels Aufwandsbuchung zu berücksichtigen.

Bei den zweifelhaften Forderungen wird üblicherweise der Forderungsbetrag in voller Höhe im entsprechenden Sachkonto ausgewiesen. Die eingebuchte Wertberichtigung wird als Minusbetrag (d. h. Sachkonto mit Habensaldo) im Forderungsbereich dagegengestellt. In der Bilanz erscheint demnach nur der verminderte (Netto-)Betrag:

Sachkonto Forderungen	10.000 EUR
Sachkonto Wertberichtigungen	- 500 EUR
Bilanzansatz der Forderungen	9.500 EUR

In der Buchhaltungspraxis sind die nachstehenden Formen der Wertberichtigung anzutreffen:[320]

- Einzelwertberichtigungen

  Im Sinne des Grundsatzes der Einzelbewertung werden Forderungen einzeln hinsichtlich ihrer Werthaltigkeit beurteilt. Aufwändiges Verfahren zur Risikoprüfung des Forderungsbestands.

---

[319] Vgl. Modellprojekt (2003) S. 238; Neues Kommunales Rechnungs- und Steuerungssystem (2005) S. 433 ff.

[320] Vgl. hierzu auch Adler/Düring/Schmaltz (o.J.) § 253 HGB, Tz. 533 und 556; Ellrott/Ring (2006) § 253 Rz. 569 ff..

- Pauschale Abschläge auf Forderungsgruppen

  Einzelforderungen werden nach einheitlichen Kriterien zu Gruppen zusammengefasst und anhand von Erfahrungswerten mit pauschalen Abschlägen belegt. Typische Kriterien für die Gruppenbildung können sein:
    - Altersstruktur der Forderungen;
    - Schuldnerkreis (z. B. Vereine, Beteiligungen);
    - Forderungsart (z. B. Steuern, Abgaben, Entgelte);
    - Status der Mahnung/Beitreibung/Vollstreckung.

- Pauschalwertberichtigung

  Über Einzelwertberichtigungen und pauschale Abschläge hinausgehende Wertabschläge zur Berücksichtigung des verbleibenden allgemeinen Ausfallrisikos. Solche „Pauschalwertberichtigungen" werden anhand von Erfahrungswerten mit einem prozentualen Abschlag auf die nicht anderweitig wertberichtigten Forderungen berücksichtigt.

Als Anhaltspunkte für die Bemessung der pauschalen Wertabschläge können die Erfahrungswerte der Vergangenheit aus der (Gemeinde-)Kasse über

- die Beitreibungsquote,

- den Erfolg von Vollstreckungsmaßnahmen oder

- den Anteil an Forderungsniederschlagung und -erlass

herangezogen werden. Das nachfolgende Beispiel hat exemplarischen Charakter; es soll das Vorgehen bei der Wertberichtigung von Forderungen verdeutlichen.

Eine Gemeinde hat für ihre Eröffnungsbilanz 250.000 EUR an Forderungen (auf Basis kameraler Kasseneinnahmereste) zu berücksichtigen. Die Gemeindekasse hat aus Mahnungen, Beitreibungen und Vollstreckungsmaßnahmen die folgenden Erkenntnisse:

- Bürger X, gegen den man eine Forderung über 500 EUR zu Buche stehen hat, hat sich unlängst mit unbekanntem Aufenthaltsort ins Ausland abgesetzt. Eine Niederschlagung ist angedacht.

Bewertung des Umlaufvermögens und der aktiven Rechnungsabgrenzungsposten

- Gegen das Unternehmen Y wurde das Insolvenzverfahren kürzlich mangels Masse eingestellt. Die Forderung der Gemeinde beträgt 2.000 EUR. Bei Unternehmen Z, das sich ebenfalls im Insolvenzverfahren befindet, beträgt die Insolvenzquote auf 5.000 EUR Forderung der Gemeinde voraussichtlich 50 %.

Die Forderungen gegen Bürger X und Unternehmen Y sind im Hinblick auf die Eröffnungsbilanz als uneinbringlich anzusehen und deshalb – im Sinne von zwei Ausbuchung über insgesamt 2.500 EUR – **nicht anzusetzen**.

Es verbleiben **Forderungen von 247.500 EUR**.

Da bei Unternehmen Z offenbar das Insolvenzverfahren noch nicht abgeschlossen ist und folglich die endgültige Insolvenzquote an die Gläubiger nicht feststeht, wird eine **Einzelwertberichtigung von 2.500 EUR** (50 % der Forderung) gebildet.

Die **Altersstruktur der Forderungen** wurde aus dem DV-System wie folgt ermittelt:

Altersstruktur	Betrag
bis zu 1 Jahr	110.000 EUR
bis 2 Jahre	50.000 EUR
bis 3 Jahre	35.000 EUR
bis 4 Jahre	15.000 EUR
bis 5 Jahre	10.000 EUR
mehr als 5 Jahre	30.000 EUR

Die ausgebuchten Forderungen von insgesamt 2.500 EUR waren jeweils älter als fünf Jahre, die einzeln wertberichtigte Forderung (5.000 EUR vor Wertberichtigung) etwa zwei Jahre alt. Diese Forderungen unterliegen keinen weiteren Abschlägen und die Altersstrukturtabelle ist wie folgt zu bereinigen:

Altersstruktur	Betrag
bis 2 Jahre	45.000 EUR
mehr als 5 Jahre	27.500 EUR

Aufgrund der allgemeinen Lebenserfahrung ist davon auszugehen, dass die Einbringlichkeit von Forderungen mit zunehmender Zeitdauer abnimmt. Die Gemeindekasse schätzt das Ausfallrisiko gemäß der Altersstruktur der Forderungen folgendermaßen ein:

Altersstruktur	Abschlag in % / EUR
bis zu 1 Jahr	kein Abschlag
bis 2 Jahre	20 % / 9.000 EUR
bis 3 Jahre	40 % / 14.000 EUR
bis 4 Jahre	60 % / 9.000 EUR
bis 5 Jahre	80 % / 8.000 EUR
mehr als 4 Jahre	100 % / 27.500 EUR

Die **pauschalen Abschläge auf die älteren Forderungen** summieren sich demnach auf 67.500 EUR.

Abschließend ist das **allgemeine Ausfallrisiko der aktuellen Forderungen bis zu einem Jahr** zu bewerten: Über den oben stehenden Wertberichtigungsbedarf hinaus ist die Gemeinde davon ausgegangen, dass sämtliche Forderungen bis zu einem Jahr grundsätzlich werthaltig sind. Nach den Erfahrungen der Gemeindekasse beträgt der Anteil an solchen „neuen" Forderungen, der im Jahresverlauf wegen Insolvenzen und ähnlichen Anlässen ausfällt, etwa 5 %. Dem Abschlag von 5 % zur Berücksichtigung des allgemeinen Ausfallrisikos unterliegen also nur Forderungen bis zu einem Jahr von 110.000 EUR. Als pauschale Wertberichtigung können demnach 5.500 EUR angesetzt werden.

In der Eröffnungsbilanz der Gemeinde wird – nach den dargestellten Wertberichtigungen – folgender Wert bei den Forderungen ausgewiesen:

Forderungen ursprünglich	250.000 EUR
- Forderungsabschreibung	- 2.500 EUR
d. h. Brutto-Bilanzansatz	**247.500 EUR**
Einzelwertberichtigung	- 2.500 EUR
pauschaler Abschlag (ältere Ford.)	- 67.500 EUR
pauschaler Abschlag (jüngere Ford.)	- 5.500 EUR
d. h. Wertberichtigungen	**- 75.500 EUR**
d. h. Netto-Bilanzansatz	**172.000 EUR**

Bewertung des Umlaufvermögens und der aktiven Rechnungsabgrenzungsposten

Einholung von Saldenbestätigungen

Die kassenmäßige Buchung in der Kameralistik beinhaltet erfahrungsgemäß nicht alle Sachverhalte, aus denen Forderungen resultieren können. Eine rein auf Kasseneinnahmereste bezogene Betrachtung, die nur Forderungen aus Steuern, Abgaben, Gebühren, Leistungen etc. berücksichtigt, würde zu kurz greifen. Sofern in der Vergangenheit – insbesondere gegenüber Vereinen, Institutionen, anderen Gebietskörperschaften oder Beteiligungen – Zahlungen auf Grundlage von Beschlüssen, Verträgen u. Ä. mit Rückzahlungsanspruch erfolgten, bildet das die Kameralistik nicht vollständig ab. Diese Aussage ist selbst unter Berücksichtigung des Vorschuss-/Verwahrbuchs zutreffend.

Zur Wahrung des Grundsatzes der Vollständigkeit der Bilanzansätze sollte daher zumindest für die Eröffnungsbilanz eine Einholung ausgewählter Saldenbestätigungen erfolgen. Eine Saldenaktion macht jedoch im Verhältnis zu Privatpersonen und Kleingewerbetreibenden sowie zu anderen Gebietskörperschaften (noch) keinen Sinn. Sie sollte sich deshalb auf den Beteiligungsbereich und stichprobenartig auf die wichtigsten Unternehmen und Institutionen beschränken.

Eine vollständige Abfrage von Kontensalden gegenüber den Beteiligungen ist unter anderem deshalb ratsam, weil die untereinander bestehenden (übereinstimmenden) Forderungen und Verbindlichkeiten im Rahmen der sog. Schuldenkonsolidierung beim Konzernabschluss der Kommune von Belang sind.

Meist wird die Einholung von Saldenbestätigungen über eine offene Anfrage und ohne Mitteilung der bereits bekannten Forderungen der Kommune anzuraten sein. Hierzu kann die auf der CD beigefügte Saldenmeldung verwendet werden.

10.5 Wertpapiere des Umlaufvermögens

In Abgrenzung zum Finanzanlagevermögen werden in diesem Posten diejenigen Wertpapiere (vor allem Depotbestände an Aktien, Investmentanteilen und festverzinslichen Wertpapieren) und Beteiligungen (insbesondere Anteile an verbundenen Unternehmen) bilanziert, die nicht zur dauerhaften Nutzung vorgesehen sind. Solche Wertpapierbestände werden bei Kommunen relativ selten sein und im Wesentlichen aus der Anlage freier oder zweckgebundener Mittel (z. B. aus der Dotierung von Rücklagen) sowie

Verkaufstransaktionen im Beteiligungsbereich (z. B. Veräußerung von Gesellschaftsanteilen an einer Versorgungs-AG) resultieren.

Der Nachweis über die Wertpapiere wird im Regelfall anhand von Depotauszügen oder auf Grundlage von Transaktionspreisen aus den Verkaufsverhandlungen geführt.

10.6 Flüssige Mittel

Im Handelsrecht werden unter der Postenbezeichnung „Kassenbestand, Bundesbankguthaben, Guthaben bei Kreditinstituten und Schecks" die folgenden flüssigen Mittel zusammengefasst:[321]

- Kassenbestände in Haupt- und Nebenkassen an Bargeld und Sorten (ausländische Banknoten und Münzen) einschließlich Briefmarkenbeständen und Francotypwerten in Frankiermaschinen.
- Guthaben auf Kontokorrent-, Festgeld- und Termingeldkonten bei Kreditinstituten und der Deutschen Bundesbank.
- Schecks (z. B. Verrechnungsschecks oder Tankschecks).

Die **Landeskonzepte** sind diesen Festlegungen uneingeschränkt gefolgt. Teilweise wird der Begriff der „liquiden Mittel" verwendet.

Zu beachten ist, dass der Begriff des Kassenbestands über den kameralen Blickwinkel auf die (Gemeinde-)Kasse hinausgeht. Er beinhaltet neben den **Zahlstellen** vor allem die **Handvorschüsse**, die bislang im Vorschussbuch und damit außerhalb des kameralen Haushalts geführt wurden.[322]

Einen Sonderfall stellen die sog. **unterwegs befindlichen Gelder** dar, die in folgenden Beispielsfällen auftreten können:

- Schecks wurden zum Bilanzstichtag an die Bank übergeben, aber noch nicht auf dem Bankkonto gutgeschrieben. Demnach würden die Scheckbeträge weder im Scheckbestand noch auf dem Bankkonto erscheinen.
- Bei der Überweisung zwischen zwei Bankkonten einer Gemeinde wurde die Kontobelastung auf dem einen Bankkonto zum Bilanzstichtag bereits

---

[321] Vgl. Adler/Düring/Schmaltz (o. J.) § 266 HGB, Tz. 146 ff.
[322] Vgl. beispielhaft §§ 3, 4 GemKVO Niedersachsen (kameral) sowie VV-GemKVO Niedersachsen zu § 28 GemKVO Niedersachsen (kameral).

Bewertung des Umlaufvermögens und der aktiven Rechnungsabgrenzungsposten

gebucht, aber die Kontogutschrift auf dem anderen Bankkonto ist noch nicht erfolgt. Der Überweisungsbetrag wäre folglich „unterwegs verloren gegangen".

Die Gutschrift wird zwar vom Kreditinstitut nachgeholt, aber der Bestand an flüssigen Mitteln wird offensichtlich stichtagsbezogen nicht zutreffend dargestellt. Deshalb werden diese unterwegs befindlichen Gelder den flüssigen Mitteln zugeschlagen. Die Verbuchung erfolgt über ein separates Sachkonto.

Im Einzelfall kann es schwierig sein, die flüssigen Mittel der Gemeinde von den **Treuhandgeldern** (z. B. Mündelgelder, die im kameralen Verwahrbuch geführt wurden) zu trennen. Solche Bestände an flüssigen Mitteln (z. B. auf Sparkonten) sind nicht bei der Gemeinde zu aktivieren.[323]

Mindestens im Zusammenhang mit der erstmaligen Erfassung der Vermögensgegenstände ist zu empfehlen, von sämtlichen Banken, zu denen eine Geschäftsbeziehung unterhalten wird, eine **Bankbestätigung** einzuholen. Im Sinne des Grundsatzes der Vollständigkeit der Bilanzansätze kann auf diesem Weg ein Gesamtüberblick über die Kontobeziehungen (einschließlich von Sonderaspekten wie Avalkrediten, Bürgschaften) gewonnen werden. Als Nachweise über die Kassenbestände zum Bilanzstichtag sind **Kassenprotokolle** bzw. Auszüge aus Kassenbüchern erforderlich.

10.7 Aktive Rechnungsabgrenzungsposten

Unter den aktiven Rechnungsabgrenzungsposten sind Auszahlungsvorgänge vor dem Bilanzstichtag zu verstehen, die Aufwand für eine bestimmte Zeit nach dem Stichtag darstellen.[324]

Als aktiver Rechnungsabgrenzungsposten ist nach § 250 Abs. 3 HGB auch das **Disagio** anzusetzen, wenn der Ausgabebetrag eines erhaltenen Darlehens unter dem Rückzahlungsbetrag liegt. Die Auszahlungsdifferenz ist dann über die Laufzeit der zugrunde liegenden Darlehensvereinbarung aufwandswirksam aufzulösen.

Die **Landeskonzepte** haben die Regelungen zur Rechnungsabgrenzung des § 250 HGB fast wortwörtlich übernommen.

---

[323] So auch Modellprojekt (2003) S. 225.
[324] Vgl. Adler/Düring/Schmaltz (o. J.) § 250 HGB, Tz. 22 ff.

Ebenso wie beim Vorratsvermögen ist auch bei den Rechnungsabgrenzungsposten der Grundsatz der Wesentlichkeit und Wirtschaftlichkeit zu beachten. Bei **Geringfügigkeit** der erforderlichen Ansätze (z. B. Kfz-Versicherungen eines kleinen kommunalen Fuhrparks) kann deshalb von einer Abgrenzung abgesehen werden.[325]

Unter Berücksichtigung der Wesentlichkeit finden sich unter den aktiven Rechnungsabgrenzungsposten üblicherweise die Beamtenbezüge, die bereits im Dezember für den Januar des Folgejahres gezahlt werden, Disagien sowie größere Miet- und Pachtvorauszahlungen.

---

[325] So auch Adler/Düring/Schmaltz (o. J.) § 250 HGB, Tz. 44.

11 Erfassung und Bewertung von Zuwendungen

> **Auf einen Blick:**
> Ein wesentlicher Teil des kommunalen Anlagevermögens wird durch Zuwendungen finanziert. Daher erscheint es konsequent, wenn diese Finanzierungsquelle in den kommunalen Bilanzen abgebildet wird.
> Während für Folgeabschlüsse eine Passivierung von investiven Zuwendungen als sog. Sonderposten unstrittig sein dürfte, gilt dies nicht in allen Landeskonzepten für vor dem Eröffnungsbilanzstichtag erhaltene Investitionszuschüsse.

11.1 Systematisierung des Zuwendungsbereiches

Eine Systematisierung der Zuwendungen kann grundsätzlich anhand der Zuwendungsgeber bzw. Zuwendungsnehmer (öffentliche Hand, private Dritte) oder nach der Zuwendungsart erfolgen. Für die nachfolgenden Ausführungen folgen wir – ähnlich wie das nordrhein-westfälische Modellprojekt[326] – der relevanten Stellungnahme des IDW[327] und differenzieren nach Zuwendungsarten.

Der Begriff der **Zuwendung** wird als Oberbegriff verstanden, der neben den finanziellen Zuwendungen auch die Sachzuwendungen umfasst. Finanzielle Zuwendungen werden hier begrifflich einheitlich als Zuschüsse bezeichnet[328]. Die Zuschüsse können wiederum nach **Investitionszuschüssen** und **Aufwandszuschüssen** unterschieden werden. Auf mögliche Sonderaspekte bei Zuwendungen (wie bedingte Rückzahlungs- oder Gegenleistungsverpflichtungen) wird hier nicht eingegangen.

Insgesamt ergibt sich das grundlegende Schema zur Handhabung von Zuwendungen in den kommunalen Bilanzen in Abb. 61.

---

[326] Vgl. Modellprojekt (2003) S. 76, 2432.
[327] Vgl. IDW (1984) S. 612.
[328] Die steuerrechtliche Unterscheidung der finanziellen Zuwendungen in Zulagen und Zuschüsse soll in Übereinstimmung mit der IDW-Praxis hier nicht übernommen werden.

Bewertung von Zuwendungen

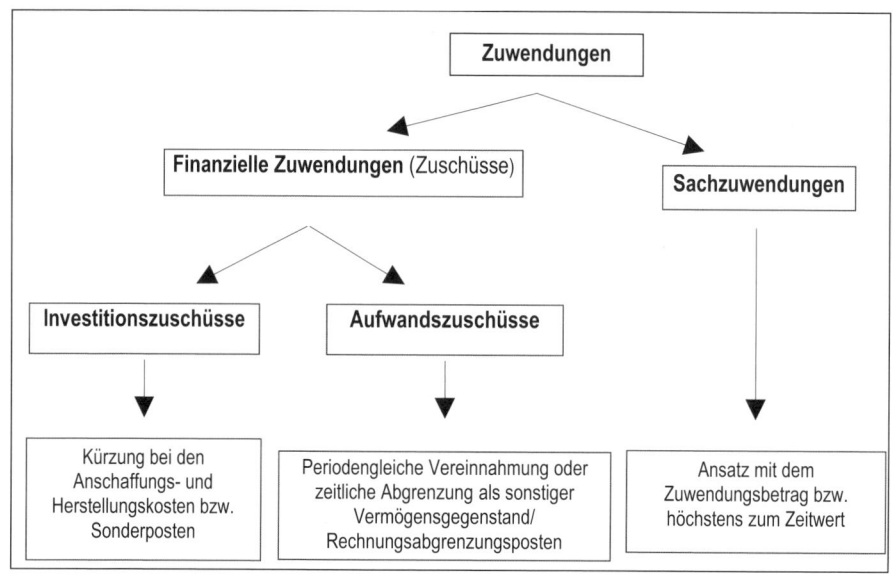

Abb. 61: Schema zur Handhabung von Zuwendungen

Die sofortige erfolgswirksame Vereinnahmung von nicht rückzahlbaren Zuwendungen zu dem Zeitpunkt, in dem sie gewährt werden, ist im Regelfall nicht sachgerecht[329], weil dies zu einer verzerrten Darstellung der Vermögens- und Ertragslage führen würde. Als Ausnahme von dieser Regel sind Aufwandszuschüsse zu erwähnen, die für Aufwendungen der laufenden Periode gewährt werden. Hier ist eine Direktvereinnahmung oder offene Absetzung von den betreffenden Aufwandsposten zulässig, weil nur eine Periode betroffen ist und sich durch die Direktvereinnahmung keine verzerrte Darstellung der Vermögens- und Ertragslage ergibt.

In anderen Fällen – wenn die bezuschussten Aufwendungen mehrere Perioden betreffen – sind verschiedene Verfahren zur zeitlichen Abgrenzung der Zuwendungen anwendbar, die im Folgenden dargestellt werden:

Fall 1 – Investitionszuschüsse

Investitionszuschüsse können grundsätzlich entweder auf der Aktivseite der Bilanz durch Kürzung der Anschaffungs- und Herstellungskosten (Netto-

---

[329] Vgl. IDW (1984) Ziffer 2. a) und d).

ausweis) oder auf der Passivseite der Bilanz durch Bildung eines Sonderpostens (Bruttoausweis) abgebildet werden.

- **Nettoausweis** bedeutet Kürzung der Anschaffungs- und Herstellungskosten der bezuschussten Vermögensgegenstände um den Betrag des Investitionszuschusses (sog. aktivische Kürzung). Dadurch wird in Folgeperioden die planmäßige Abschreibung der Vermögensgegenstände von einer verminderten Bemessungsgrundlage vorgenommen.

- **Bruttoausweis** bedeutet die Bildung eines Sonderpostens für Investitionszuschüsse zum Anlagevermögen, in den die erhaltenen Investitionszuschüsse eingestellt werden. Der Investitionszuschuss im Sonderposten wird parallel zur Nutzungsdauer des bezuschussten Vermögensgegenstandes anteilig aufgelöst. Die Auflösung des Sonderpostens kann in der Ergebnisrechnung als gesonderter (Ertrags-)Posten, durch offene Absetzung von den Abschreibungen oder unter den sonstigen betrieblichen Erträgen ausgewiesen werden.

Ohne die aktivische Kürzung oder Bildung eines Sonderpostens, der in den Folgejahren ratierlich über die Nutzungsdauer des bezuschussten Anlageguts ertragswirksam aufgelöst wird, würde zwangsläufig das Jahresergebnis der Folgeperioden schlechter abgebildet als ohne diese bilanziellen Maßnahmen. Empfangene Investitionszuschüsse in den Folgejahren würden im Falle einer ergebniswirksamen Vereinnahmung einerseits den Haushaltsausgleich vereinfachen. Andererseits wären aber in der Folgezeit die Abschreibungen auf die bezuschussten Vermögensgegenstände in voller Höhe haushaltswirksam, was gegen den Grundsatz der intergenerativen Gerechtigkeit der Haushaltsführung verstoßen würde. Beide dargestellten Verfahren dienen folglich der wünschenswerten Verstetigung der Ergebnisauswirkungen von Investitionen und deren Gegenfinanzierung durch erhaltene Investitionszuschüsse. Damit wird auch die Vermittlung eines den tatsächlichen Verhältnissen der entsprechenden Bildes der Vermögens-, Finanz- und Ertragslage gefördert.

Das Beispiel in Abb. 62 zeigt den Unterschied zwischen dem Netto- und dem Bruttoausweis. Es wurde unterstellt, dass für einen Vermögensgegenstand im Anschaffungsjahr 10.000 EUR bezahlt und 5.000 EUR an Investitionszuschüssen vereinnahmt wurden. Der Vermögensgegenstand wird über fünf Jahre abgeschrieben und im Falle des Bruttoausweises der Sonderposten korrespondierend über fünf Jahre aufgelöst.

Bewertung von Zuwendungen

Nettomethode				
Jahr		TEUR		Aufwand TEUR
01	Anschaffung	5		
	Abschreibung	- 1		- 1
		4		
02	Abschreibung	- 1		- 1
		3		
03	Abschreibung	- 1		- 1
		2		
04	Abschreibung	- 1		- 1
		1		
05	Abschreibung	- 1		- 1
		0		- 5

Bruttomethode							
Jahr		TEUR		TEUR	Aufwand TEUR	Ertrag TEUR	Differenz TEUR
01	Anschaffung	10	Sonderposten	- 5			
	Abschreibung	- 2	Auflösung	1	- 2	1	- 1
		8		- 4			
02	Abschreibung	- 2	Auflösung	1	- 2	1	- 1
		6		- 3			
03	Abschreibung	- 2	Auflösung	1	- 2	1	- 1
		4		- 2			
04	Abschreibung	- 2	Auflösung	1	- 2	1	- 1
		2		- 1			
05	Abschreibung	- 2	Auflösung	1	- 2	1	- 1
		0		0	- 10	5	- 5

Abb. 62: Vergleich von Nettomethode und Bruttomethode

Der Ansatz von Investitionszuschüssen nach der Netto- oder Bruttomethode führt demnach zu derselben jährlichen Ergebnisbelastung sowie Gesamtbelastung.

Fall 2 – Aufwandszuschüsse

Aufwandszuschüsse können sich nur auf die laufende Periode oder aber auf mehrere Perioden beziehen.

- Sofern die Aufwandszuschüsse nur das laufende Jahr betreffen, ist eine vollständige periodengleiche Vereinnahmung zulässig.

Beispiel: Das Land bezuschusst im laufenden Jahr teilweise die Aufwendungen für eine Maßnahme einer gemeinnützigen Stiftung.

- Vereinnahmte Aufwandszuschüsse, die der (teilweisen) Deckung von zukünftigen Aufwendungen über mehrere Perioden dienen, sind nach dem Gesamtbild des jeweiligen Einzelfalls als sonstige Verbindlichkeiten oder passive Rechnungsabgrenzungsposten auszuweisen. Die jährliche ertragswirksame Vereinnahmung richtet sich nach der Höhe des zu deckenden Aufwandes im entsprechenden Jahr.

Beispiel: Ein Landkreis beteiligt sich an den Instandhaltungsaufwendungen für die überregional bekannte Kultureinrichtung einer Stadt und überweist im laufenden Jahr den Zuschussbetrag für drei Folgejahre.

Fall 3 – Sachzuwendungen

Bei den **Sachzuwendungen** ist nach unentgeltlichen und (teil-)entgeltlichen Zuwendungen zu unterscheiden. Bei entgeltlicher Zuschussgewährung ist der Ansatz mit dem Zuschussbetrag angezeigt. Besteht die Zuwendung jedoch nicht in Geld, so darf höchstens der Zeitwert des zugewendeten Vermögensgegenstands angesetzt werden, der an die Stelle der Anschaffungskosten tritt[330].

Im Übrigen folgt die Bilanzierung der Sachzuwendungen der beschriebenen Handhabung der finanziellen Zuwendungen, je nachdem, ob die Zuwendung Investitions- oder Aufwandscharakter hat.

11.2 Ersterfassung der Zuwendungen

Im Rahmen der Aufstellung der kommunalen Eröffnungsbilanz sind auch die erhaltenen Zuwendungen zu erfassen und zu bewerten, sofern die nachfolgend dargestellten länderspezifischen Regelungen einen solchen Ansatz vorsehen. Für eine Passivierung auch in der Eröffnungsbilanz spricht auch die bisherige Praxis bei Ausgliederungen aus dem Haushalt (z. B. bei Abwasserbetrieben), wo regelmäßig Sonderposten für Investitionszuschüsse zum Anlagevermögen in die Eröffnungsbilanz eingestellt wurden (einheitliche

---

[330] Vgl. Adler/Düring/Schmaltz (o. J.) § 255 HGB, Tz. 84 und 87 sowie IDW (1996) Ziffer 22.

Handhabung im Konzern Stadt für Konzernabschluss). Gegen eine Passivierung spricht u. E. vor allem das Argument der Vereinfachung.[331]

Es hat sich in der praktischen Durchführung der Ersterfassung als sinnvoll erwiesen, die Inventur der Zuwendungen an die Inventur der bezuschussten Vermögensgegenstände zu koppeln, da die kommunalen Inventurverantwortlichen der einzelnen Organisationseinheiten (z. B. Hoch- und Tiefbauämter) sowohl zur Anschaffung bzw. Herstellung der Vermögensgegenstände als auch zu deren Bezuschussung Auskunft geben und Nachweis führen können.

Auf Grund der vorgenannten Unterschiede bei der Verbuchung der einzelnen Zuschussarten ist eine zutreffende Einteilung in Investitions- und Aufwandszuschüsse erforderlich. Eventuell handelt es sich bei der Zuwendung gar um Mischformen, bei der eine Bezuschussung sowohl von laufenden Aufwendungen als auch von Investitionskosten erfolgt ist[332].

Für die Eröffnungsbilanz sind die Zuwendungen mit folgenden Werten zu berücksichtigen:

- Teilbetrag der **Aufwandszuschüsse**, der noch zur Deckung von Aufwendungen in folgenden Perioden vorgesehen ist (Ansatz unter den sonstigen Vermögensgegenständen bzw. passiven Rechnungsabgrenzungsposten).

- Für die in der Vergangenheit erhaltenen **Investitionszuschüsse** wird fingiert, dass der Zuschussbetrag (quasi als „Anschaffungskosten" des Zuschusses) gemäß der Nutzungsdauer des bezuschussten Vermögensgegenstandes (teil-)abgeschrieben wurde und mit dem „Restbuchwert" anzusetzen ist.

- Ist also der bezuschusste Vermögensgegenstand zum Stichtag der Eröffnungsbilanz zur Hälfte abgeschrieben, wird auch nur der hälftige Teilbetrag des ursprünglich erhaltenen Zuschusses bilanziert (vgl. hierzu auch das folgende zusammengefasste Beispiel zur Zuwendungsbilanzierung).

Herleitung der Bilanzansätze

Der Nachweis über die Zuwendungsbeträge kann auf unterschiedliche Weise geführt werden. Die Höhe der Zuwendungsbeträge für die Eröffnungsbilanz ist dabei im Wesentlichen aus folgenden Informationsquellen ableitbar:

---

[331] Vgl. ergänzend IDW (2001) S. 1410, wo außerdem das Argument betont wird, dass das aktivierte Vermögen ungekürzt der Gebietskörperschaft zusteht.
[332] Vgl. IDW (1984) Ziffer 1.

- Erhaltene **Zuwendungsbescheide** v. a. über Investitionszuschüsse (z. B. Landeszuwendung zur Sanierung einer Kultur- oder Sporteinrichtung).

- Erstellte **Beitragsbescheide** über satzungsgemäß zu leistende Beiträge (z. B. erhobene Erschließungs- und Straßenausbaubeiträge).

- Auswertungen der maßgeblichen **Haushaltspositionen** (Gruppierungsnummern 35xxx und 36xxx).

- **Erfahrungswerte** über die übliche Zuschussquote für bestimmte Vermögensgegenstände (v. a. wenn für die Vergangenheit keine aussagefähigen Unterlagen verfügbar sind).

Die genannten Informationsquellen können einzeln oder miteinander kombiniert genutzt werden. Erfahrungsgemäß sind Übersichten über die genannten Haushaltspositionen auch rückwirkend über mehrere Jahrzehnte mit vertretbarem Arbeitsaufwand verfügbar. Deshalb ist häufig das (stichprobenweise) Heranziehen von Zuwendungs- und Beitragsbescheiden sowie die Nutzung von Erfahrungswerten lediglich zur Plausibilisierung und Vollständigkeitskontrolle der haushaltsbasiert ermittelten Daten notwendig.

Für die Schätzung der Zuschussanteile stehen im Wesentlichen drei Methoden zur Verfügung:

- Auswertung der relevanten Zuschuss-Haushaltsstellen für einen repräsentativen Zeitraum (meistens fünf bis zehn Jahre) und Ableitung eines Zuschussanteils als Durchschnittswert über den Betrachtungszeitraum.

Beispiel:
Ansatz eines Zuschussanteils von durchschnittlich 20 % auf die jährlichen Investitionen gemäß folgender Berechnung:

Jahr	Investitionen TEUR	Zuschüsse TEUR	Zuschussanteil in %
2000	1.250	300	24,0
2001	1.500	275	18,3
2002	1.750	350	20,0
2003	1.300	325	25,0
2004	1.700	250	14,7
	7.500	**1.500**	**20,0**

Bewertung von Zuwendungen

- Bemessung des Zuschussanteils auf Grundlage von satzungsmäßigen Regelungen.
  Beispiel:
  Vereinfachender Ansatz von 90 % der fortgeführten Herstellungskosten für Straßenausbauten gemäß der kommunalen Straßenausbaubeitragssatzung.

- Ableitung der anteilig erhaltenen Zuschüsse auf Grundlage von Erfahrungswerten. Der Zuschussanteil wird üblicherweise durch eine stichprobenweise Auswertung von Zuschussbescheiden abgesichert, da die Methode an sich den Ordnungsmäßigkeitsanforderungen für eine Eröffnungsbilanz nur bedingt entspricht.[333]
  Beispiel:
  Investitionen in Straßenkreisel wurden in der Regel mit 50 % der Herstellungskosten bezuschusst. Nach diesem Erfahrungswert wird für die fortgeführten Investitionskosten von 250.000 EUR ein (fortgeführter) Zuwendungsanteil von 125.000 EUR für die Eröffnungsbilanz angenommen.

Eine auf diesen Erkenntnissen basierende Erfassungsmethodik haben wir im nachfolgenden Abschnitt skizziert.

Methodik zur Ersterfassung

Als Grundvoraussetzung für die Zuwendungserfassung ist selbstverständlich zu prüfen, ob das jeweilige Landeskonzept eine Berücksichtigung von Zuwendungen in der Eröffnungsbilanz vorsieht bzw. ob in der Kommune die Inanspruchnahme eines möglicherweise eingeräumten Wahlrechtes ausgeübt werden soll. Die Erfassungsaktivitäten sollten erst nach Klärung dieser Prämissen eingeleitet werden.

Zu Beginn der Arbeiten ist es dann sinnvoll, sich einen Gesamtüberblick zur Zuwendungsthematik in der Kommune zu verschaffen, indem auf Grundlage der Erfahrungen der Inventurverantwortlichen diejenigen Haushaltsbereiche lokalisiert werden, über die man üblicherweise Zuwendungen vereinnahmt.

---

[333] Die Stichprobenprüfung sollte Bescheide zu den wesentlichen Investitionsmaßnahmen der letzten fünf bis zehn Jahre umfassen. Einzelne Großinvestitionen sind aus Gründen der ordnungsmäßigkeit ggf. ergänzend zur Schätzmethode mit exakten Zuwendungswerten einzubeziehen. Die Schätzmethode anhand von Erfahrungswerten wird aufgrund ihrer Unschärfen nur in solchen Fällen einsetzbar sein, in denen der geschätzte Zuschussbetrag für die Eröffnungsbilanz von untergeordneter Bedeutung ist.

Im Anschluss sollten die in der Haushaltswesensoftware online verfügbaren Informationen ausgewertet werden, um einen Eindruck von der Größenordnung und Struktur der Zuwendungen zu erhalten.

Bereits in diesem Stadium der Zuwendungserfassung ist eine grundsätzliche Analyse des jeweiligen Zuwendungscharakters sinnvoll, damit die weiteren Aufnahmeaktivitäten strukturiert und effizient durchgeführt werden können. Durch die Analyse soll insbesondere sichergestellt werden, dass

- eine zutreffende Unterteilung nach den Zuwendungsarten (Aufwands- oder Investitionszuschüsse) vorgenommen wird,
- bei den Aufwandszuschüssen nur diejenigen Teilbeträge aufgenommen werden, die Perioden nach dem Eröffnungsbilanzstichtag betreffen,
- die Investitionszuschüsse nur soweit zurückverfolgt werden, wie es die Nutzungsdauer der bezuschussten Vermögensgegenstände vorgibt (z. B. bei Straßenausbaubeiträgen höchstens über den Nutzungszeitraum der betroffenen Straßen), und dadurch
- der Rahmen für die anschließend erforderlichen Datenerhebungen auf Basis von Archivdaten, Haushaltslisten etc. abgesteckt wird.

Außerdem sind für den Zuwendungsbereich mögliche Vereinfachungsregelungen festzulegen. Grundsätzlich gilt für die Zuwendungen – ebenso wie für die bezuschussten Vermögensgegenstände – der Grundsatz der Einzelbewertung. Es ist jedoch als zulässige Vereinfachung zu werten, wenn die Zuwendungen für die Eröffnungsbilanz jahresbezogen nach einheitlichen Nutzungsdauern (z. B. für Verwaltungsgebäude) zusammengefasst werden.

Eine weitere Vereinfachung ist üblicherweise hinsichtlich des Auflösungsbeginns für den Zuwendungsbetrag im Sonderposten notwendig:

- Zum einen sind bei den weit in die Vergangenheit reichenden Zuwendungsfällen häufig die exakten Inbetriebnahme- oder Abnahmezeitpunkte für die bezuschussten Objekte – und damit der Beginn des Abschreibungs-/Auflösungszeitraumes – aus der Datenlage nicht oder nicht mit vertretbarem Aufwand ableitbar.
- Zum anderen existieren Sonderfälle bei
  - den Zuwendungszeitpunkten (z. B. nachträgliche Gewährung) oder
  - der Objektbezuschussung (z. B. Zuwendung insgesamt für eine komplexe Investitionsmaßnahme in etlichen Teilschritten),

Bewertung von Zuwendungen

die eine Zuordnung der Zuwendungsbeträge erschweren.

Vereinfachend ist deshalb für die Eröffnungsbilanz eine grundsätzliche Ausrichtung des Auflösungsbeginns der Zuwendungen im Jahr des Zuflusses oder alternativ ab dem Folgejahr des Zuflusses denkbar. Außergewöhnlich hohe Zuwendungen sollten jedoch unbeachtlich solcher Vereinfachungen nach Möglichkeit exakt aufbereitet werden, um eine zutreffende Abbildung der Vermögens- und Ertragslage in der Eröffnungsbilanz und den Folgebilanzen zu gewährleisten.

Anhand der Analyseergebnisse und Vereinfachungsregelungen ist eine tabellarische Darstellung des Zuwendungsbereiches für die Eröffnungsbilanz aufzubauen. Eine solche Zuwendungstabelle zur Ersterfassung kann die Tabellenstruktur aus Abb. 63 haben:[334]

Monat	HH-St.	Bezeichnung	Art	Geber	Betrag in TEUR	Nutz. dauer	Rest- dauer	Sonder- posten in TEUR	Ab- grenzung in TEUR
01/2000	...	Verwaltungs- gebäude	Invest.	Land	500	50	45,0	450	0
01/2000	...	Betriebs- und Gesch.ausst.	Invest.	Land	50	10	5,0	25	0
01/2000	...	Erschließungs- beiträge	Invest.	privat	100	25	20,0	80	0
01/2000	...	Instandhaltung Kreisstraßen	Invest.	Kreis	250	10	5,0	0	125
07/2000	...	Baukosten Kulturzentrum etc.	Invest.	Land	1.500	50	45,5	1.365	0

Abb. 63: Zuwendungstabelle für Ersterfassung

Ergänzend zur Zuwendungsanalyse und zum Aufbau der Zuwendungstabelle ist es ratsam, anhand von Stichprobenprüfungen die Zuwendungsakten (auch im Archiv) einzubeziehen. Daraus ergeben sich Rückschlüsse über die Vollständigkeit der Zuwendungserfassung (z. B. wenn Haushaltsstellen übersehen wurden oder bestimmte Zuwendungen auf Basis früherer Satzungen anders zu beurteilen sind).

Danach muss die Zuwendungstabelle um die nicht online verfügbaren Daten ergänzt werden. Ist auf Grundlage von Archivdaten des Haushaltswesensystems bzw. archivierter Haushaltslisten, Karteikarten etc. eine Ermittlung der Zuwendungsdaten nicht möglich, muss anhand der verfügbaren Informatio-

---

[334] Die Beispieldaten beziehen sich auf den 1. Januar 2006 als Eröffnungsbilanzstichtag.

nen und Erfahrungswerte ggf. eine sachgemäße Schätzung solcher Zuwendungsanteile vorgenommen werden.

11.3 Fortschreibung der Zuwendungsdaten

Eine Fortschreibung der Zuwendungen und Ermittlung der jährlichen Auflösungsbeträge anhand der oben skizzierten Zuwendungstabelle ist vielerorts nicht praktikabel. Stattdessen sollte – sofern es die Rechnungswesensoftware ermöglicht – die Erfassung und Fortschreibung der Zuwendungen auch in der Anlagenbuchhaltung (z. B. als spezielle Anlagenklasse) durchgeführt werden. Dabei werden die Auflösungsbeträge im Regelfall wie die Abschreibungen errechnet und die Restwerte der Zuwendungen fortgeschrieben.

Die Verwaltung der Zuwendungen in der Anlagenbuchhaltung hat sich nach unseren Erkenntnissen in der Praxis bewährt, weil Fehlerquellen bei der Berechnung der Auflösungsbeträge dadurch weitgehend vermieden werden und eine zutreffende Darstellung des Zuwendungsbereiches in der Vermögens- und Ergebnisrechnung ohne zusätzliche manuelle Buchungen möglich ist[335].

11.4 Beispiel zur Zuwendungsbilanzierung

Im Folgenden wird anhand eines Beispielfalls zusammenfassend dargestellt, wie die im Rahmen der Eröffnungsbilanz erfassten Werte in Folgebilanzen fortgeschrieben werden können:

Eine Kommune plant die Errichtung neuen einer Sporthalle auf einem Schulgelände mit einem Investitionsvolumen von 2,5 Mio. EUR. Die Halle wird im Rahmen eines Werkvertrages von einem Bauunternehmer errichtet und zum 2. Januar 2005 von der Kommune abgenommen. Das Land beteiligt sich an der Investitionsmaßnahme mit einer Zuwendung in Höhe von 1,0 Mio. EUR, die am 2. Januar 2005 auf einem Konto der Kommune gutgeschrieben wird. Die wirtschaftliche Nutzungsdauer der Halle wird mit 50 Jahren angesetzt.

Diese Kommune stellt zum 1. Januar 2007 ihr Haushalts- und Rechnungswesen auf die Doppik um. Zuwendungen werden gemäß Landeskonzept in

---

[335] Durch die Verknüpfung der Anlagenbuchhaltung mit den Sachkonten der Vermögens- und Ergebnisrechnung kann im Regelfall der Sonderposten in die kommunale Bilanz und der Auflösungsbetrag in die kommunale Ergebnisrechnung datenmäßig übergeleitet werden.

einem Sonderposten für Investitionszuschüsse zum Anlagevermögen passiviert. In der Eröffnungsbilanz ergibt sich das Bild in Abb. 64.

Anlagevermögen	TEUR	Sonderposten	TEUR
Anschaffungskosten der Sporthalle	2.500	Investitionszuschuss zur Sporthalle	1.000
Abschreibung in Höhe von 1/50 für 2005	- 50	Abschreibung in Höhe von 1/50 für 2005	- 20
Abschreibung in Höhe von 1/50 für 2006	- 50	Abschreibung in Höhe von 1/50 für 2006	- 20
Eröffnungsbilanzansatz zum 1. Januar 2007	2.400	Eröffnungsbilanzansatz zum 1. Januar 2007	960

Abb. 64: Eröffnungsbilanz zum 1.1.2007

Sowohl die Halle als auch der Sonderposten haben eine Restnutzungsdauer (ausgehend vom Stichtag der Eröffnungsbilanz) von 48 Jahren, d. h. die jährliche Abschreibung ist mit 1/48 zu bemessen. Im städtischen Jahresabschluss zum 31. Dezember 2007 ergibt sich das Bild aus Abb. 65.

Anlagevermögen	TEUR	Sonderposten	TEUR
Eröffnungsbilanzansatz zum 1. Januar 2007	2.400	Eröffnungsbilanzansatz zum 1. Januar 2007	960
Abschreibung in Höhe von 1/48 für 2007	- 50	Abschreibung in Höhe von 1/48 für 2007	- 20
Schlussbilanzansatz zum 31. Dezember 2007	2.350	Schlussbilanzansatz zum 31. Dezember 2007	940

Abb. 65: Schlussbilanz zum 31.12.2007

Zum 31. Dezember 2034 wird der Schulstandort wegen nachhaltig sinkender Schülerzahlen aufgegeben. Die Sporthalle wird an einen privaten Investor zu 500.000 EUR veräußert. Die Stadt bilanziert dies im Jahr 2034 wie in Abb. 66 dargestellt:

Anlagevermögen	TEUR	Sonderposten	TEUR
Schlussbilanzansatz zum 31. Dezember 2007	2.350	Schlussbilanzansatz zum 31. Dezember 2007	940
Abschreibungen bis 2034 (27 Jahre zu 50 TEUR p.a.)	- 1.350	Abschreibungen bis 2034 (27 Jahre zu 20 TEUR p.a.)	- 540
Schlussbilanzansatz zum 31. Dezember 2034	**1.000**	Schlussbilanzansatz zum 31. Dezember 2034	**400**
anteiliger Sonderposten	- 400		
Verkaufserlös	- 500		
Verlust aus der Veräußerung von Anlagevermögen	**100**		

Abb. 66: Schlussbilanz zum 31.12.2034

11.5 Festlegungen in den Landeskonzepten

Die konzeptionellen Ansätze der einzelnen Bundesländer unterscheiden sich neben dem Differenzierungsgrad des Sonderpostenbereiches insbesondere in der Handhabung von Anzahlungen auf Sonderposten und nicht abnutzbaren bezuschussten Vermögensgegenständen.

Situation in Hessen

Empfangene investive Zuwendungen sind als Sonderposten zu bilanzieren und nach Maßgabe des Zuwendungsverhältnisses aufzulösen. Dies gilt auch für die Eröffnungsbilanz.[336]

Bemerkenswert ist der Hinweis, dass für den Ansatz des Sonderpostens der Wertansatz des bezuschussten Vermögensgegenstandes als Höchstgrenze anzusetzen ist. Die Problematik der Sonderpostenbemessung insbesondere im Falle von Rückindizierungen des Anlagevermögens wird im nachfolgenden Kapitel aufgegriffen.

Die Unterteilung der Sonderposten in der Bilanz erfolgt nach Zuwendungsgebern und Zuwendungsarten:[337]

---

[336] Vgl. Hessen (2006): § 38 Abs. 4 GemHVO Doppik, Vgl. Neues Kommunales Rechnungs- und Steuerungssystem (2005) Anhang 12 Nr. 16

[337] Vgl. Hessen (2006) § 49 Abs. 4 Nr. 2 GemHVO Doppik.

- Sonderposten für erhaltene Investitionszuweisungen und Beiträge
    - Zuweisungen vom Bund und vom Land
    - Zuweisungen von Gemeinden und Gemeindeverbänden
    - Sonstige Zuweisungen
    - Beiträge
- Sonstige Sonderposten

Situation in Niedersachsen

Im niedersächsischen Landeskonzept wird bei den investiven Zuwendungen dahingehend differenziert, ob der betreffende Vermögensgegenstand abnutzbar ist oder nicht. Ein Ausweis unter Sonderposten ist nur dann angezeigt, wenn der bezuschusste Vermögensgegenstand einer Abnutzung unterliegt. Als Sonderposten sind ausweislich des Gliederungsschemas für die Bilanz zu zeigen:[338]

- Investitionszuweisungen und -zuschüsse

- Beiträge und ähnliche Entgelte

- Gebührenausgleich

- Bewertungsausgleich[339]

- Erhaltene Anzahlungen auf Sonderposten

- Sonstige Sonderposten

Dagegen sollen empfangene Zuwendungen für nicht abnutzbare Vermögensgegenstände (z. B. zum Erwerb von Grundstücken oder Kunstgegenständen) beim Reinvermögen passiviert werden. Dieser Eigenkapitalposten kann nach dem Willen des Landesgesetzgebers als außerordentlicher Ertrag ausgebucht werden, „wenn sonst ein Abbau von Fehlbeträgen trotz Ausschöpfung aller Ertrags- und Sparmöglichkeiten nicht möglich ist." Der Regelungszweck ist offensichtlich haushalterischer Natur, ermöglicht er doch den (außerordentlichen) Haushaltsausgleich bei aufgelaufenen Fehlbeträgen.

---

[338] Vgl. Niedersachsen (2005) §§ 42 Abs. 5, 54 Abs. 4 Nr. 1.4 GemHKVO.
[339] Vgl. oben S. 127.

Situation in Nordrhein-Westfalen

Im nordrhein-westfälischen Bilanzschema[340] nehmen die Sonderposten nur wenig Raum in Anspruch:

- Sonderposten für Zuwendungen
- Sonderposten für Beiträge
- Sonderposten für den Gebührenausgleich
- Sonstige Sonderposten

Bei Zuwendungen, die für nicht abnutzbare Vermögensgegenstände gewährt wurden, soll der Sonderpostenansatz unverändert bleiben, solange sich der Vermögensgegenstand im Eigentum der Gemeinde befindet.[341]

Zuwendungen ohne besondere Zweckbindung (vgl. hierzu Kapitel 11.6.1 zu den investiven Schlüsselzuweisungen) sollen im Sinne einer „Anschubfinanzierung" von der ertragswirksamen Auflösung ausgeschlossen sein. Sie sind nach dem Willen des Landesgesetzgebers bis zur zweckentsprechenden investiven Verwendung als Sonderrücklage zu zeigen und mit Vornahme der Investition in die Allgemeine Rücklage umzugliedern sein. Den Abschreibungen auf das Vermögen steht dann kein Teilausgleich durch Auflösung eines Sonderpostens gegenüber.

In der Eröffnungsbilanz entfällt dann folgerichtig der Ausweis der in den Vorjahren erhaltenen pauschalen Investitionszuwendungen, die in der Allgemeinen Rücklage aufgehen. Für pauschalierte Zuwendungen mit fachlicher Verwendungsvorgabe soll aber ein Sonderpostenansatz gebildet werden.[342]

Situation in Rheinland-Pfalz

Das Land Rheinland-Pfalz hat sehr differenzierte Regelungen zum Bereich der Sonderposten getroffen. Dies zeigt sich u. a. in der Bilanzgliederung:[343]

- Sonderposten für Belastungen aus dem kommunalen Finanzausgleich

---

[340] Nordrhein-Westfalen (2004) § 41 Abs. 4 Nr. 2 sowie § 43 Abs. 4 ff. GemHVO
[341] Vgl. NKF-Erlass zu § 43 Abs. 4 GemHVO.
[342] So auch dargestellt in Modellprojekt (2003) S. 255 in Anlehnung an § 17 Abs. 1 (ohne Zweckbindung), Abs. 3 (Altenhilfe und -pflege) sowie Abs. 4 (Eingliederungshilfe) des nordrhein-westfälischen Gemeindefinanzierungsgesetzes 2004/2005.
[343] Vgl. Rheinland-Pfalz (2006): § 47 Abs. 6 Nr. 2 sowie § 38 Abs. 3 ff. GemHVO.

- Sonderposten zum Anlagevermögen
  - Zuwendungen
  - Beiträge und ähnliche Entgelte
  - Anzahlungen auf Sonderposten zum Anlagevermögen
- Sonderposten für den Gebührenausgleich
- Sonderposten mit Rücklageanteil
- Sonstige Sonderposten

Investive Zuwendungen sind als Sonderposten zu passivieren und ertragswirksam und analog der Abschreibung des bezuschussten Vermögensgegenstandes aufzulösen. Der noch nicht für Investitionen verwendete Anteil von solchen Zuwendungen wird unter den Anzahlungen auf Sonderposten bilanziert und spätestens im Jahr der zweckentsprechenden Verwendung auf den betreffenden Bilanzposten umgegliedert. Beiträge und ähnliche Entgelte können abweichend über die Dauer des eingeräumten Nutzungsrechts aufgelöst werden.

Zuwendungen, deren erfolgswirksame Auflösung durch den Zuwendungsgeber ausgeschlossen ist, sind als zweckgebundene Rücklagen außerhalb der Sonderposten im Eigenkapital anzusetzen. Dies entspricht der vorgenannten Regelung für investive Schlüsselzuweisungen in Nordrhein-Westfalen.

In der Entwurfsfassung der Bewertungsrichtlinie[344] werden ergänzend einige praxisorientierte Festlegungen für die Eröffnungsbilanz getroffen:

- Für die Auflösung von Sonderposten ist immer die Abschreibung über die Nutzungsdauer des bezuschussten Vermögensgegenstandes maßgeblich, nicht jedoch die Zweckbindungsfrist aus dem Bescheid.
- Als Vereinfachungsregelungen für die Ersterfassung und -bewertung der Sonderposten sind Schätzwerte, pauschale Auflösungssätze sowie Gruppenbildungen zulässig.
- Zuwendungen für nicht abnutzbares Vermögen (z. B. Grundstücke und Kunstwerke) werden einem Sonderposten zugeführt, der keiner Auflösung unterliegt.

---

[344] Vgl. Rheinland-Pfalz/Entwurf (2006): § 12.

Situation im Saarland

Im saarländischen Landeskonzept wird analog Nordrhein-Westfalen unterschieden in:[345]

- Sonderposten aus Zuwendungen
- Sonderposten aus Beiträgen und ähnlichen Entgelten
- Sonderposten für den Gebührenausgleich
- Sonstige Sonderposten

Die Festlegungen zur Passivierung von Sonderposten und zu Vereinfachungsregelungen sind eng an das rheinland-pfälzische Landeskonzept angelehnt.[346]

11.6 Besondere Aspekte bei Zuwendungen

11.6.1 Investive Schlüsselzuweisungen

Die Gesetze zum kommunalen Finanzausgleich sehen in einzelnen Bundesländern vor, dass sog. investive Schlüsselzuweisungen an Gemeinden und Landkreise gewährt werden.[347] Diese sind grundsätzlich und ohne konkrete Zweckbestimmung für Investitionen oder Investitionsförderungsmaßnahmen zu verausgaben. Teilweise werden Ausnahmeregelungen auf dem Gesetzes- oder Erlasswege[348] zugelassen, die bei angespannter Haushaltssituation meist die ergebnisverbessernde Vereinnahmung von Zuweisungen für Zwecke des Haushaltsausgleichs ermöglicht.

Die Ist-Einnahmen der bislang erhaltenen Zuweisungen können problemlos den kameralen Vermögenshaushalten entnommen werden. Bei der Passivie-

---

[345] Vgl. Saarland/Entwurf (2006) § 48 Abs. 5 Nr. 2 GemHVO.

[346] Vgl. Saarland/Entwurf (2006a) § 10.

[347] Vgl. beispielsweise Zuweisungen zu den Ausgaben für Investitionen nach § 29 FAG (Finanzausgleichsgesetz Hessen), Finanzhilfen für Investitionen und Investitionsfördermaßnahmen nach NFVG (Niedersächsisches Finanzverteilungsgesetz) i. V. m. §§ 2 ff. NFAG (Niedersächsisches Gesetz über den Finanzausgleich), Pauschale Zuweisungen zur Förderung investiver Maßnahmen von Gemeinden, Kreisen und Landschaftsverbänden nach § 17 GFG 2004/2005 (Gemeindefinanzierungsgesetz Nordrhein-Westfalen).

[348] So vorgesehen für Investitionsschlüsselzuweisungen nach § 10 LFAG (Landesfinanzausgleichsgesetz Rheinland-Pfalz) durch Ausnahmegenehmigung der Aufsichtsbehörde.

rung als Sonderposten ist aber nur derjenige Anteil der Schlüsselzuweisungen zu berücksichtigen, der für Investitionen eingesetzt wurde (und nicht zur Investitionsförderung bzw. zum Haushaltsausgleich), sofern das Landeskonzept nicht die Einstellung in das Eigenkapital vorschreibt (wie in Nordrhein-Westfalen und Rheinland-Pfalz).

Im Falle eines Sonderpostenansatzes stellt sich das Problem, dass durch die fehlende Bindung an konkrete Investitionsmaßnahmen kein Auflösungszeitraum für den Sonderposten direkt abgeleitet werden kann. Hilfsweise können der Sonderpostenauflösung die beiden folgenden Verfahren zu Grunde gelegt werden, wie sie Rheinland-Pfalz als ausdrückliche Ausnahmeregel für bestimmte nicht exakt zuordenbare Zuwendungen definiert hat[349]:

- sachgerechter, gemeindebezogen ermittelter Prozentsatz oder
- pauschaler Prozentsatz von 5 %.

Bei der ersten Variante ist zu berücksichtigen, dass die Investitionsstruktur der Gemeinden heterogen ist und hinsichtlich der Einbeziehung von kurz-, mittel- oder langfristigen Investitionen bilanzpolitische Spielräume bietet. Schon bei der Entscheidung über die Basisgrößen, aus der die Auflösungsdauer des Sonderpostens abgeleitet werden soll, bestehen zahlreiche Wahlmöglichkeiten:

- Orientierung an den konkreten Investitionen der Gemeinde in den letzten (fünf, zehn, zwanzig ...) Jahren;
- Relation der Restbuchwerte des Vermögens bzw. der Anschaffungs- und Herstellungskosten des Vermögens in der Eröffnungsbilanz;
- Zugrundelegung durchschnittlicher Gesamtnutzungsdauern der einzelnen Vermögensgruppen bzw. der jeweiligen mittleren Restnutzungsdauern;
- Berücksichtigung bzw. Nichtberücksichtigung des Anteils, der bereits mit anderen Zuwendungen gefördert worden ist (z. B. durch Beitragserhebung bei den Straßen).

Im Sinne der Vergleichbarkeit der kommunalen Bilanzen sowie die Einheitlichkeit der Auflösungsbeträge aus Sonderposten für den Haushaltsausgleich wäre es wünschenswert, wenn die Bundesländer einen einheitlichen prozentualen Auflösungssatz für die passivierten investiven Schlüsselzuweisungen vorgeben würden.

---

[349] Vgl. Rheinland-Pfalz/Entwurf (2006) § 12 Abs. 4.

Das Verfahren zur Herleitung des „sachgerechten, gemeindebezogen ermittelten Prozentsatzes" könnte wie folgt aussehen:

Zuordnung zur Vermögensart	Summe der Restbuchwerte in der EöB in Mio. EUR	durchschnittliche Restnutzungsdauer in der EöB in Jahren	hierzu erhaltene anderweitige Zuwendungen in Mio. EUR	verbleibene Restbuchwerte ohne Zuwendung in Mio. EUR	Relation der verbleibenden Restbuchwerte in %	nach Restbuchwerten gewichtete Restnutzungsdauer in Jahren
Grundstücke	125,3	-	12,7	-	-	-
Gebäude	156,6	38,4	42,2	114,4	62,4	24,0
Infrastruktur	68,2	21,2	21,1	47,1	25,7	5,4
Mobilien	22,4	6,4	0,5	21,9	11,9	0,8
Summe	372,5	-	76,5	183,4	100,0	30,2

Abb. 67: Schema zur Auflösungsdauer des Sonderpostens für investive Schlüsselzuweisungen

11.6.2 Höchstbetrag für den Sonderposten

Im Rahmen der Systematisierung der Zuwendungen in Kapitel 11.1 wurde ausgeführt, dass die Nettomethode (aktivische Kürzung der Zuwendungen) und die Bruttomethode (Ausweis passivischer Sonderposten) zu derselben Ergebnisbelastung (durch die Nettoabschreibungen bzw. durch Bruttoabschreibungen abzüglich Auflösung der Sonderposten) führen sollen. Aus diesem Grund ist zu jedem Bilanzstichtag eine Überprüfung der Sonderposten dahingehend erforderlich, ob das Gleichgewicht zwischen Restbuchwerten des aktivierten Anlagevermögens und der dafür gebildeten Sonderposten noch besteht.

Jede Wertminderung des Anlagevermögens – insbesondere die Durchführung **außerplanmäßiger Abschreibungen** – ist auch bei den Sonderposten korrespondierend (durch außerplanmäßige Auflösung) abzubilden. Der sachliche und wertmäßige Zusammenhang zwischen Vermögen und Sonderposten ist bereits bei der Aufstellung der Eröffnungsbilanz zu berücksichtigen. Hierbei empfiehlt sich nach Zusammenstellung der Sonderpostenansätze auf Grundlage der Inventur eine inhaltliche Verprobung der Gesamthöhe der Sonderposten. Folgende Fragestellungen können zwecks Absicherung zutreffender Wertansätze von Sonderposten hilfreich sein:

- Sind die Sonderposten für Straßenausbau- und Straßenerschließungsbeiträge höher als die Summe der entsprechenden Investitionen in den Vorjahren, multipliziert mit einem durchschnittlichen beitragsfähigen Anteil?

    Beispiel:
    Das Straßenvermögen steht in der Eröffnungsbilanz mit Restbuchwerten von 40 Mio. EUR bei Anschaffungs- und Herstellungskosten von 90 Mio. EUR zu Buche.

In den vergangenen Jahren wurden etwa 15 % der Straßensubstanz ausgebaut bzw. neu erschlossen. Der beitragsfähige Teil der Ausbau- und Erschließungsmaßnahmen liegt regelmäßig bei rund 80 % der Investitionen. Der Sonderposten für Beiträge ist mit 5,5 Mio. EUR ermittelt worden.
Gemäß Verprobung ergibt sich ein (fiktiver) Sollansatz von 40 Mio. EUR x 0,15 x 0,80 = 4,8 Mio. EUR. Der Sonderpostenansatz könnte demnach tendenziell zu hoch sein und bedarf einer weiteren Überprüfung.

- Waren beim Ansatz des Anlagevermögens in der Eröffnungsbilanz wertbeeinflussende Sonderfaktoren (z. B. unterlassene Instandhaltungen) in nennenswertem Umfang zu beobachten? Sind diese angemessen bei den Sonderposten berücksichtigt worden?

Beispiel:
Das Straßenvermögen wurde auf Basis einer Zustandsklassifikation in der Eröffnungsbilanz mit pauschalen prozentualen Wertabschlägen versehen. Auf den Gesamtwertansatz bezogen wurden dadurch etwa 30 % von den ursprünglich ermittelten Restbuchwerten abgezogen. Für die Sonderposten wurden dagegen ausschließlich die Zuwendungsbescheide ausgewertet.

Die (außerplanmäßige) Abschreibung des Anlagevermögens vor Ansatz der Werte in der Eröffnungsbilanz muss analog auch beim Sonderposten durch (außerplanmäßige) Auflösung in Höhe von 30 % nachvollzogen werden.

- Entsprechen die bilanzierten Sonderposten für Investitionszuschüsse und Beiträge für eine bestimmte Anlagengruppe (z. B. für die Straßen) in ihrer Gesamtsumme dem tatsächlichen Finanzierungsanteil des Vermögens?

Diese Problemstellung ist vor allem in denjenigen Landeskonzepten von Bedeutung, in denen eine Rückindizierung von Sachzeitwerten vorgenommen wird.

Beispiel:
Für das Straßenvermögen wurden anhand von Straßentypen unter Einbeziehung der Altersstruktur und des Straßenzustandes Zeitwertansätze abgeleitet. Die Zeitwerte für die Straßen von ursprünglich 40 Mio. EUR

wurden auf 25 Mio. EUR zurückindiziert. Die Sonderposten für Beiträge (Straßenerschließung, Straßenausbau) stehen mit 3 Mio. EUR zu Buche.

Für konkrete Straßenbaumaßnahmen erhaltene Investitionszuschüsse (im Rahmen des Programms „Soziale Stadt" u. Ä.) werden als Sonderposten in Höhe von 11 Mio. EUR geführt. Bei der Passivierung von investiven Schlüsselzuweisungen wurden rund 4 Mio. EUR analog dem Schema in Abb. 67 dem Straßenvermögen zugerechnet. Für den Sonderposten aus der Rückindizierung wurden 15 Mio. EUR passiviert.

Der Gesamtbetrag der Sonderposten, die das Straßenvermögen betreffen, steht im Beispielsfall mit 33 Mio. EUR offenbar nicht in angemessener Relation zum Restbuchwert des Anlagevermögens von 40 Mio. EUR. Die Gründe für diesen Sachverhalt sind zu analysieren und die Sonderposten zum Straßenvermögen durch Abschläge in eine sachgerechte Relation zu bringen.

11.6.3 Zeitlich verzögerte Beitragsabrechnung

Zwischen dem Zeitpunkt der Fertigstellung eines Vermögensgegenstandes – und dem Beginn seiner planmäßigen Abschreibung – und der Abrechnung der beitragsfähigen Kosten mittels Beitragsbescheid bzw. Vereinnahmung der Beiträge kann sich in der Verwaltungspraxis ein Zeitraum von mehreren Jahren ergeben. Wie soll die Gemeinde nun mit dieser Tatsache bei der Aufstellung ihrer Eröffnungsbilanz und der Folgebilanzierung umgehen?

Zunächst ist zu klären, ob für den Sonderposten aus Beiträgen der Zeitpunkt der Forderungsentstehung (d. h. die kamerale Sollstellung) oder der tatsächlichen Vereinnahmung (d. h. die kamerale Ist-Buchung) zu Grunde gelegt werden soll. Die Orientierung an den vereinnahmten Beiträgen hat den Vorteil, dass bei Forderungsausfällen keine nachträgliche Korrektur des Sonderpostens erfolgen muss. Im Gegenzug ergibt sich jedoch als Nachteil, dass der Sonderposten sich über mehrere Jahre hinweg aufbauen kann. Geht man von der Forderungsentstehung aus, kehren sich diese Vor- und Nachteile um.

Eine weitere Entscheidung ist dahingehend zu fällen, ob die Beiträge jeweils der konkreten Investitionsmaßnahme zugeordnet werden sollen oder ob – aus Gründen der Vereinfachung – mit Jahressummen und durchschnittlicher Auflösungsdauer für den Sonderposten gearbeitet werden soll.

Bewertung von Zuwendungen

Als Hauptvarianten bei verzögerter Beitragsabrechnung werden nachstehend die Bildung von Jahressummen für vereinnahmte Entgelte und die konkrete Beitragszuordnung gemäß Sollstellung auf Einzelmaßnahmen an Beispielen dargestellt.

Beispiel 1 – Jahressummen / vereinnahmte Entgelte

Eine Gemeinde führte im Jahr 2005 eine Straßenerschließungsmaßnahme in Höhe von 100 TEUR und im Jahr 2006 eine Straßenausbaumaßnahme über 80 TEUR durch. Vereinfachend wird angenommen, dass jeweils 80 % der Investitionskosten beitragsfähig sind.

Die Beitragsbescheide im Gesamtbetrag von 80 TEUR (Erschließung) und 60 TEUR (Ausbau) werden vollständig im Jahr 2007 den Beitragspflichtigen zugestellt. Von diesem Gesamtbetrag geht ein: 60 TEUR in 2008, 45 TEUR in 2009 und 30 TEUR in 2010. Wegen finanzieller Engpässe erlässt die Gemeinde einem ortsansässigen Arbeitgeber in 2010 seinen anteiligen Ausbaubeitrag in Höhe von 5 TEUR.

Die Gemeinde passiviert folgende Sonderposten für Beiträge und löst diese über eine durchschnittliche Nutzungsdauer der Straßen von 30 Jahren auf:

Sonderposten 2008	60 TEUR
jährliche Auflösung ab 2008	2 TEUR
Sonderposten 2009	45 TEUR
jährliche Auflösung ab 2009	1,5 TEUR
Sonderposten 2010	30 TEUR
jährliche Auflösung ab 2010	1 TEUR

Der Erlass der Forderung gegen den ortsansässigen Arbeitgeber führt zur Aufwandsbuchung, berührt aber nicht den Sonderpostenbereich.

Beispiel 2 – konkrete Zuordnung der Sollstellungen

Die Ausgangslage ist analog Beispiel 1. Allerdings werden die Sonderposten bereits in 2007 passiviert und korrespondierend zur Restnutzungsdauer der konkreten Maßnahme aufgelöst:

Sonderposten 2007 Erschließung	100 TEUR
jährliche Auflösung ab 2007	3,57 TEUR
(über die Restnutzungsdauer von 28 Jahren)	
Sonderposten 2007 Ausbau	80 TEUR
jährliche Auflösung ab 2007	2,96 TEUR
(über die Restnutzungsdauer von 27 Jahren)	

Der Erlass der Forderung gegen den ortsansässigen Arbeitgeber führt dann im Jahr 2010 zur Ausbuchung des anteiligen Sonderpostens:

Anteil Sonderposten Ausbau 2007	5 TEUR
Auflösungsbetrag für 2007	0,19 TEUR
Auflösungsbetrag für 2008	0,19 TEUR
Auflösungsbetrag für 2009	0,19 TEUR
(über die Restnutzungsdauer von 27 Jahren)	
Restwert des Sonderpostens in 2010	4,44 TEUR

Dem Aufwand aus der Forderungsausbuchung von 5 TEUR steht somit ein Ertrag von 4,44 TEUR aus der (außerplanmäßigen) Auflösung des Sonderpostens gegenüber.

Die beiden Beispielsfälle stellen Vereinfachungslösungen dar, die im Regelfall unter dem Grundsatz der Wesentlichkeit für die Sonderpostenbilanzierung sachgerecht und zulässig sind. Davon unabhängig sollte die Gemeinde jedoch auf jeden Fall darauf hinwirken, die Zeitpunkte der Fertigstellung der Vermögensgegenstände und der Abrechnung durch Beitragsbescheid weitgehend zur Übereinstimmung zu bringen.

11.6.4 Verbleibende offene Fragen

Folgende Aspekte des Zuwendungsbereiches sind nach unserer Einschätzung noch nicht abschließend diskutiert und für die Eröffnungsbilanz kritisch zu würdigen:

- Behandlung der Zuwendungsanteile bei Erschließungs- und Straßenausbaubeiträgen, die auf Liegenschaften der Stadt entfallen.

- Behandlung zinslos gestundeter Erschließungsbeiträge für land- und forstwirtschaftlich oder als Kleingärten genutzte Grundstücke (§ 135 Abs. 4 BauGB).

Diese Sachverhalte dürften auf Basis der ausstehenden kommunalrechtlichen Konkretisierungen der Landeskonzepte und der Diskussionen in der Praxis zu einem späteren Zeitpunkt zu analysieren und aufzubereiten sein.

12 Technische und organisatorische Aspekte zur Fortschreibung der Eröffnungsbilanz

Auf einen Blick:

Die Erfassung und Bewertung des kommunalen Anlagevermögens ist kein isolierter Prozess, sondern sie hat eine Reihe von technischen und organisatorischen Rahmenbedingungen und Wechselwirkungen innerhalb der Verwaltung. Nachfolgend sollen zwei Kernthemen behandelt werden, die im Zusammenhang mit der Vermögenserfassung erfahrungsgemäß eine wichtige Rolle spielen:

- Einsatz von Software-Anwendungen zur Verwaltung des Anlagevermögens und Kriterien zur Auswahl einer solchen Software
- Organisatorische Regelungen zur Anlagenbuchhaltung

12.1 Einsatz von DV-gestützten Verfahren zur Anlagenverwaltung

Als Ergebnis der **Erfassung und Bewertung** des Anlagevermögens wird bei den Kommunen ein umfangreicher Datenbestand aufgebaut, zu dessen Verwaltung regelmäßig der Einsatz einer DV-Anlagenbuchhaltung erforderlich ist. Für die Eröffnungsbilanz werden zunächst hauptsächlich die Anlagenstammdaten abgebildet (Anschaffungs- und Herstellungskosten bzw. Zeitwerte als fingierte Anschaffungskosten, Nutzungsdauern, Abschreibungsmethoden). In der Folgezeit entwickeln die Anlagendaten auf Grund planmäßiger und außerplanmäßiger Abschreibungen sowie laufender Zu- und Abgänge eine relativ starke Dynamik. Deshalb ist sicherzustellen, dass die ordnungsmäßige und vollständige **Fortschreibung** in der Anlagenbuchhaltung erfolgt.

Nur eine ordnungsmäßige Bestandsbuchführung über das Anlagevermögen gewährleistet die Einzelerfassung und Fortschreibung der Bestände nach Art, Menge und Wert.

Eine solche Bestandsbuchführung ist grundsätzlich auch in handschriftlich geführten Karteien oder selbst erstellten Tabellenkalkulationsdateien möglich. Aus unserer Sicht empfiehlt sich jedoch auch in Kleinkommunen der

Einsatz einer standardisierten und qualitätsgesicherten Buchhaltungs-Anwendung, da am Markt kostengünstige Softwareprodukte für eine isolierte Anlagenbuchhaltung (z. B. Lexware anlagenverwaltung, sageKHK-Produktreihe „PC-Kaufmann") verfügbar sind[350].

Vor dem Hintergrund des in Kapitel 1.2.1 vorgestellten Integrationsmodells für ein öffentliches Rechnungswesen wird jedoch in der überwiegenden Anzahl der Kommunen eine integrierte Softwarelösung für das gesamte Haushalts- und Rechnungswesen erforderlich sein. Eine Reihe von Softwarehäusern bietet inzwischen eine Produktpalette an, welche die Anforderungen für einen integrierten Betrieb der verschiedenen Softwaremodule erfüllt (z. B. Infoma, K-IRP/Dogro, mps, SAP). Die Anlagenbuchhaltung ist in diesen Softwareprodukten hinsichtlich der Datenführung integraler Bestandteil der Gesamtlösung und technisch mit den übrigen Softwaremodulen verbunden.

Das grundsätzliche Zusammenwirken der einzelnen DV-Verfahren ist in Abb. 68 schematisch dargestellt.

Zusammenwirken der DV-Verfahren

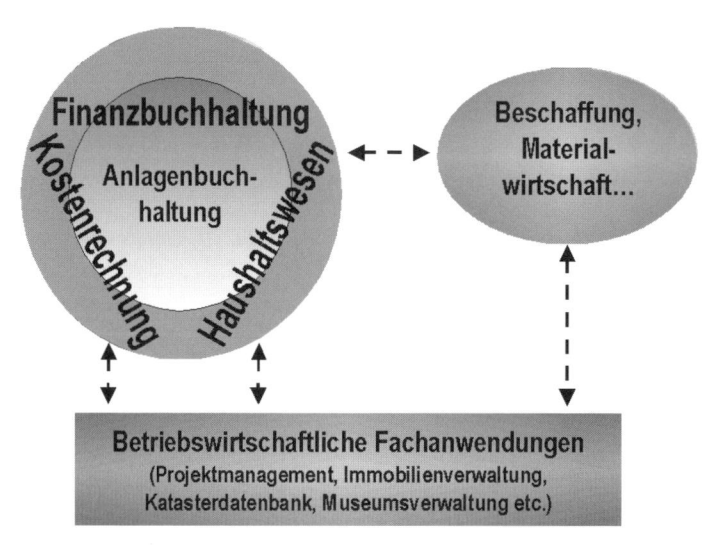

Abb. 68: Zusammenwirken der DV-Verfahren

---

[350] Eine Demoversion von Lexware anlagenverwaltung finden Sie auf der CD-ROM unter den Arbeitshilfen.

Die aufzubauende Anlagenbuchhaltung sollte insbesondere mit der Finanzbuchhaltung (z. B. Buchung auf die Abschreibungssachkonten) und der Kostenrechnung (z. B. Übergabe von Abschreibungsdaten für Zwecke der internen Leistungsverrechnung) verknüpft sein, was bei den isolierten Anlagenbuchhaltungs-Anwendungen nicht gegeben ist.

Ein besonderes Augenmerk sollte im Rahmen der Erfassung und Bewertung des Anlagevermögens auf solchen **Fachanwendungen** liegen, in denen Informationen über Investitionsgüter mitverwaltet werden. Beispiele aus der Praxis für solche Fachanwendungen sind:

- Projekt- und Maßnahmenmanagement im Hoch- und Tiefbaubereich (Auftragsabrechnung für den Bau- und Betriebshof, Verwaltung von eigenen HOAI-Leistungen etc.).

- Anwendungen zur Immobilienverwaltung (für Facility und Real Estate Management der kommunalen Liegenschaften).

- Systeme zur Anwender- und Anwendungsbetreuung im Bereich IuK (Verwaltung der Hardwarekomponenten einschließlich Ausstattungsmerkmalen und Softwarekonfigurationen).

- Datenbank-, Straßen- und sonstige Kataster auf Datenbankbasis (gegebenenfalls mit Anbindung an ein geographisches Informationssystem).

- Anwendung zur Inventarisierung von Archiven, musealen Gegenständen und Sammlungen.

- Technische Anwendungen zur Instandhaltung des kommunalen Fuhrparks und Bestückung von Feuerwehr- und Rettungsfahrzeugen.

Die genannten Fachanwendungen dienen häufig der Abbildung von Informationen zu Vermögensgegenständen, die im Detaillierungsgrad weit über die Erfordernisse einer Anlagenbuchhaltung hinausgehen. Der anstehende TÜV-Termin für das Feuerwehrfahrzeug, die Ausstattung eines PC mit einer bestimmten Netzwerkkarte oder das exakte Aufmass eines Schulgebäudes ist im Hinblick auf die Herleitung des Restbuchwertes dieser Vermögensgegenstände mittels Anlagenbuchhaltung sicherlich nicht von Belang.

Im Rahmen der Inventurvorbereitungen und des Aufbaus der Anlagenbuchhaltung ist deshalb zu diskutieren, wo die technischen bzw. administrativen und wo die wertmäßigen Informationen zu den Vermögensgegenständen abgebildet und fortgeschrieben werden. Grundsätzlich sind folgende Varianten denkbar:

- **Vollständige Trennung** der Informationen im Fachverfahren und in der Anlagenbuchhaltung, d. h. üblicherweise redundante Erfassung und Fortschreibung der benötigten Anlagendaten in beiden Systemen.
- **Einmalige Übernahme** der Vermögensgegenstände aus dem Fachverfahren (als Inventar für die Eröffnungsbilanz) und Ergänzung der wertmäßigen Anlageninformationen nur in der Anlagenbuchhaltung. Allerdings ist ein späterer Abgleich von Fachverfahren und Anlagenbuchhaltung nicht oder nur noch eingeschränkt möglich.
- Verbindung des Fachverfahrens mit der Anlagenbuchhaltung über eine **Schnittstelle**, die eine permanente Überleitung und Aktualisierung zwischen beiden Systemen sicherstellt. Die Datensätze müssen dabei über einen geeigneten Schlüssel miteinander gekoppelt und es muss laufend eine Pflege der jeweils korrespondierenden Stammdaten in Fachverfahren und Anlagenbuchhaltung vorgenommen werden. Weichen Schlüsselinformationen voneinander ab, führt dies zu Störungen beim Datenabgleich bzw. bei der Datenübergabe an der Schnittstelle zwischen den Systemen. Am ehesten funktioniert eine solche Datenkopplung, wenn das Fachverfahren als **integriertes Modul** durch den Softwarehersteller der Anlagenbuchhaltung angeboten wird.
- Betrieb des Fachverfahrens als (Quasi-)**Nebenbuchhaltung** zur Anlagenbuchhaltung, in der neben den technisch-administrativen Daten auch die wertmäßigen Informationen (Anschaffungskosten, Nutzungsdauern) mitverwaltet werden. In diesem Fall kann die Bewertung zum Bilanzstichtag im Fachverfahren selbst erfolgen. In der Anlagenbuchhaltung genügt dann eventuell eine kumulierte Ersterfassung und Fortschreibung der Daten auf Grundlage von Auswertungen aus dem Fachverfahren (z. B. Gesamtwert eines Museums mit jährlicher Fortschreibung der kumulierten Zugänge und Abgänge).

Zur Anwendbarkeit der vier geschilderten Varianten kann kein allgemeines Urteil abgegeben werden, weil auf die jeweiligen technischen und ablauforganisatorischen Möglichkeiten abgestellt werden muss. Insofern ist eine Beurteilung für den jeweiligen Einzelfall erforderlich.

12.2 Auswahl einer geeigneten Software

Bei vielen Entscheidern und Softwareanwendern trifft man auf die weit verbreitete Fehleinschätzung, dass man nur ein bekanntes und leistungsfähiges Softwareprodukt erwerben müsse und das Haushalts- und Rechnungswesen dann automatisch bestens funktioniere. Dabei wird die Tatsache verkannt, dass die aufbau- und ablauforganisatorischen sowie personellen Rahmenbedingungen in der Kommune für das künftige Rechnungswesen bestimmend sind und die Software lediglich eine – wenn auch wichtige – Hilfsfunktion hat. Aus diesem Grund ist es äußerst hilfreich, die kommunalspezifischen Anforderungen an die Software in Form eines **Pflichtenheftes** oder einer Leistungsbeschreibung zu formulieren, die auch als Grundlage für den Auswahl- und Vergabeprozess sowie die spätere Vertragsgestaltung mit dem Softwareanbieter geeignet sind.

Im Rahmen der Pflichtenhefterstellung muss darauf geachtet werden, dass eine leistungsfähige Datenschnittstelle für die Übernahme von Vorerfassungs- und Bewertungsinformationen aus separat geführten Datenbeständen (z. B. Access[351]) besteht. Diese Anforderung ist unverzichtbar, da es anderenfalls zu vermeidbaren Doppelerfassungen mit immensem Datenvolumen kommen würde.

Aussagen zum Auswahl- und Vergabeverfahren sollen an dieser Stelle nicht getroffen werden. Wie eingangs gemutmaßt, wird die Auswahl einer eigenständigen „stand alone"-Anlagenbuchhaltung den Ausnahmefall darstellen. Für den Erwerb einer solchen kostengünstigen Softwarelösung wäre voraussichtlich auch die Erstellung eines Pflichtenheftes verzichtbar. Sofern die Anlagenbuchhaltung als Teil einer integrierten Rechnungswesensoftware zu erwerben ist, kann die Beschreibung der Softwarefunktionalität im Pflichtenheft bzw. in der Leistungsbeschreibung zumindest teilweise aus den verfügbaren Pflichtenheften anderer Kommunen abgeleitet werden. Beispielhaft ist in Abb. 69 ein Auszug aus der Leistungsbeschreibung der Stadt Salzgitter zu den Funktionalitäten der Anlagenbuchhaltung wiedergegeben.[352]

---

[351] Vgl. hierzu auch Kapitel 4.1.2.
[352] Stadt Salzgitter (2003). Die vollständige Leistungsbeschreibung finden Sie auf der CD-ROM unter den Arbeitshilfen.

Fortschreibung der Eröffnungsbilanz

lfd. Nr.	6.3.2 Anlagenbuchhaltung	vom Anbieter auszufüllen	Lieferumfang im Standard	Modifikation	Zusatz erf.
63201	Integrierte Anlagenbuchhaltung mit den Elementen: - Inventarnummer, Inventarbezeichnung - Standort/Abteilung - Leasingnummer/Vertragsnummer - Anschaffungsdatum - Aktivierungsdatum - Nutzungsdauer - Anschaffungs- oder Herstellungskosten mehrere Wiederbeschaffungszeitwerte - Restwert - Kostenstellen, Kostenarten - Art der Abschreibung - Kalkulatorischer Zinssatz (mehrere Zinssätze alternativ)				
63202	Zuordnung der Finanzierungsformen (Kreditverträge) und Versicherungsverträge zum veräußerbaren bzw. nicht veräußerbaren Vermögen				
63203	Mehrere frei definierbare Felder zur Hinterlegung von sonstigen Merkmalen (z. B. Standort, Nutzungsart)				
63204	Planungsfunktion einschließlich Simulationsfunktion mit Schnittstelle zur KLR, FiBu und Finanzrechnung				
63205	AfA muss aktuell verbuchbar sein. Die Ergebnisse müssen sich sofort im System wiederfinden. Kein Jahreslauf der Veranlagung, der erst nach Abschluss aller Veränderungen die Buchungen durchführt.				

Abb. 69: Leistungsbeschreibung zur Anlagenbuchhaltung

Auf dem Pflichtenheft bzw. der Leistungsbeschreibung aufbauend sollte ein zusätzliches **Bewertungsschema** erarbeitet werden, das den einzelnen Auswahlkriterien Punktwerte und Gewichtungen zuordnet. Daraus ergeben sich Bewertungs-Gesamtsummen für die jeweiligen Softwareprodukte, die einer Objektivierung der Auswahlentscheidung dienen.

12.3 Organisation der Anlagenbuchhaltung

12.3.1 Grundsätze zur Buchhaltung

Betrachtet man den Standardfall kameralen Haushaltswesens in Kommunen, so findet man eine grundsätzliche Zweiteilung zwischen einer stark dezentralisierten Haushaltssachbearbeitung auf Ebene der einzelnen Ämter, Sachgebiete und Einrichtungen sowie einer zentralen Kassenführung vor. Daneben existiert bei bestimmten Querschnittsfunktionen wie z. B. der Beschaffung eine Schwerpunktbildung in einzelnen Organisationseinheiten (Hauptamt, IuK, Schulen etc.). Im Rahmen der Neugestaltung des kommunalen Rechnungswesens sind regelmäßig auch die Auswirkungen auf die Organisation insbesondere der Anlagenbuchhaltung zu diskutieren.

Im Regelfall dürfte es zweckmäßig sein, im Zuge der Doppikeinführung das Buchungsgeschäft (insbesondere die Anlagenbuchhaltung) wieder zentral zu organisieren. Dies widerspricht nicht dem Prinzip der dezentralen Ressourcenverantwortung, entlastet ggf. die dezentralen Organisationseinheiten von Buchhaltungsaufgaben und verringert den erforderlichen Schulungsaufwand im Rahmen der Umstellung[353].

Anlagenbuchhaltung

Die Sachlage zur Anlagenbuchhaltung weist nur wenige kommunalspezifische Besonderheiten auf. Deshalb ist es durchaus legitim, sich bei der Einrichtung und Organisation der Buchhaltung an Erfahrungen aus der Anlagenverwaltung von kostenrechnenden Einrichtungen, kommunalen Betrieben und Gesellschaften bzw. der Privatwirtschaft zu orientieren. Es ist zu berücksichtigen, dass die Veranlassung und inhaltliche Abwicklung der anlagenrelevanten Geschäftsvorfälle in einer Vielzahl von Organisationseinheiten der Kommunalverwaltung erfolgt. Die Entwicklung der künftigen aufbau- und ablauforganisatorischen Regelungen zur Anlagenbuchhaltung ist deshalb mit viel Verhandlung und Kommunikation in einem von Politik und Machtverhältnissen geprägten Umfeld verbunden.

Bei der Umsetzung der organisatorischen Vorgaben zur Anlagenbuchhaltung sind insbesondere folgende Aspekte zu berücksichtigen:

- In der Doppik wird zum Teil nach anderen Regeln in Investitionen und Instandhaltungen differenziert, als dies bisher in der Kameralistik der Fall war. Bei den Anlagenbuchhaltern ist ein fundiertes Verständnis für diese Zusammenhänge zu entwickeln. **Es muss – ggf. über eine zentrale Qualitätssicherung – gewährleistet werden, dass im Anlagevermögen keine Instandhaltungen und im Instandhaltungsaufwand keine zu aktivierenden Vermögensgegenstände verbucht werden**.

- Die Stammdatenerfassung ist insofern sensibel, als bestimmte Grundfestlegungen (z. B. Abschreibungsmethode, Nutzungsdauer, Aufteilung

---

[353] Gleiche Ansicht: Häfner (2002), S. 182.

bei Umbuchungen aus den Anlagen im Bau) Wirkungen für mehrere Geschäftsjahre entfalten. Da das Anlagevermögen eine wesentliche Wertgröße für die kommunalen Bilanzen und die Abschreibungen eine wesentliche Aufwandsposition darstellt, gefährden Fehlerquellen in der Anlagenbuchhaltung möglicherweise die Ordnungsmäßigkeit der kommunalen Buchführung insgesamt.

- Durch die Einführung der Doppik werden veränderte Rechnungswesenprozesse bei den Kommunen eingerichtet und altbewährte Arbeitsabläufe umgestellt. Dadurch wird – zumindest in der Anfangsphase der Umstellungsaktivitäten – das Fehlerpotenzial erhöht. **Deshalb kann es ratsam sein, den Kreis der Personen, die in die neuen Prozesse eingewiesen werden und deren Aufgabenerfüllung gesteuert und überwacht wird, möglichst klein zu halten.** Sowohl flächendeckende Schulungen als auch die Nachsteuerung in einer Vielzahl umgestellter Bereiche sind üblicherweise weder wirtschaftlich noch mit den Kapazitäten der Projektteams zur Doppikumstellung leistbar.

12.3.2 Empfehlungen zur Buchhaltungsorganisation

Als Lösungsvorschlag zur Buchhaltungsorganisation können die beiden nachfolgend dargestellten Organisationskonzepte angeboten werden, die sich in der Buchhaltungspraxis bewährt haben:

- **Vollzentralisierung der Anlagenbuchhaltung**

  Die eingehenden Rechnungen und sonstigen Belege werden dezentral vollständig zur Buchung vorbereitet (mit Prüfung der sachlichen und rechnerischen Richtigkeit sowie Vorkontierung). Die Erfassung aller Stamm- und Bewegungsdaten zu Vermögensgegenständen erfolgt in einer zentralen Anlagenbuchhaltung, die meist in der Kämmerei oder im zentralen Steuerungsbereich angesiedelt ist. Die Vollzentralisierung bietet vor allem die Vorteile einer möglichen Standardisierung der Abläufe und Sicherung einer durchgehenden Datenqualität. Auch hält sich der Schulungs- und Steuerungsaufwand in Grenzen. Nachteile sind die notwendige Organisation der umfangreichen Belegflüsse zwischen den dezentralen Einheiten und der zentralen Anlagenbuchhaltung sowie die Problematik einer eventuellen Stellenverschiebung von den dezentralen Dezernaten bzw. Fachbereichen in die zentrale Anlagenbuchhaltung.

```
┌─────────────────────────────────────────────────────────┐
│         Vollzentralisierung der Anlagenbuchhaltung      │
│  ┌──────────────────────┐      ┌──────────────────────┐ │
│  │      Zentrale        │      │      Dezentrale      │ │
│  │  Anlagenbuchhaltung  │      │ Organisationseinheiten│ │
│  │                      │      │                      │ │
│  │       Beleg          │◄──── │ (1) Prüfung der      │ │
│  │                      │      │     sachlichen und   │ │
│  │                      │      │     rechnerischen    │ │
│  │                      │      │     Richtigkeit;     │ │
│  │ (2) Stammdatenanlage │      │     Freigabe und     │ │
│  │     und Erfassung    │      │     Kontierung       │ │
│  │     des Beleges      │      │                      │ │
│  │   (d.h. Bewegungs-   │      │                      │ │
│  │       daten)         │      │                      │ │
│  └──────────┬───────────┘      │                      │ │
│             ▼                  │                      │ │
│  ┌──────────────────────┐      │                      │ │
│  │       Kasse          │      │                      │ │
│  │ (3) Zahlungsabwicklung│      │                      │ │
│  └──────────────────────┘      └──────────────────────┘ │
└─────────────────────────────────────────────────────────┘
```

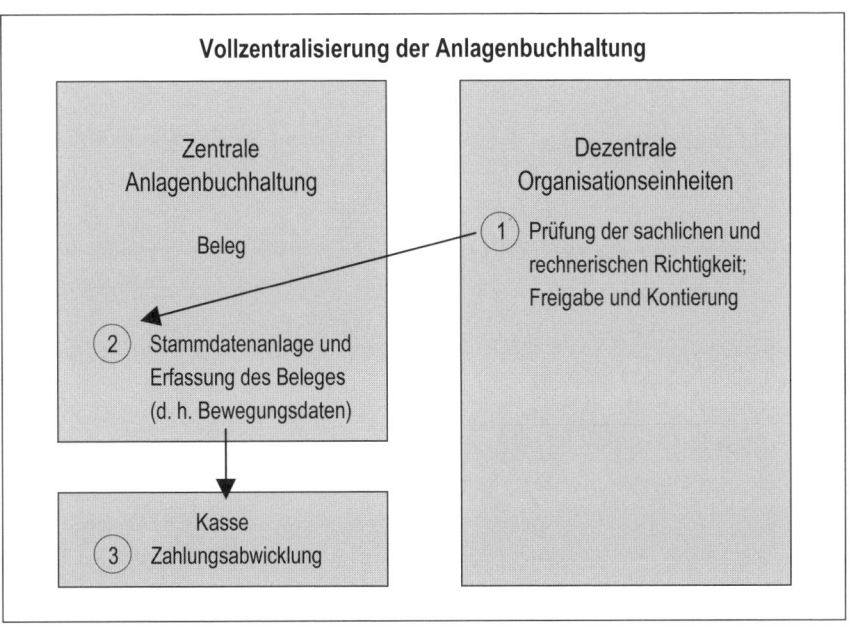

Abb. 70: Belegfluss bei Vollzentralisierung

- **Teilzentralisierung der Anlagenbuchhaltung**

  Die eingehenden Rechnungen und sonstigen Belege werden vollständig dezentral verarbeitet. Eine zentrale Anlagenbuchhaltung erfasst lediglich die Anlagenstammsätze, die zur Verbuchung der anlagenrelevanten Geschäftsvorfälle benötigt werden. Oft ist eine Aggregation von Buchhaltungsdiensten auf Ebene der Dezernate bzw. Fachbereiche zu beobachten, sodass man von einer „dezentralen Zentralisierung" sprechen kann. Zur Vollzentralisierung ist positiv anzumerken, dass die Belege dezentral verarbeitet werden und die etablierten Buchhaltungsstrukturen weitgehend erhalten bleiben. Dafür sind jedoch Abschläge bei der Datenqualität und -einheitlichkeit sowie der Prozesseffizienz zu erwarten.

Fortschreibung der Eröffnungsbilanz

Teilzentralisierung der Anlagenbuchhaltung

- Zentrale Anlagenbuchhaltung
- Dezentrale Organisationseinheiten
  - (1) Prüfung der sachlich und rechnerischen Richtigkeit; Freigabe und Kontierung
- Anforderung
- Beleg
- (2) Stammdatenanlage
- Bereitstellung
- (3) Erfassung des Beleges (d. h. Bewegungsdaten)
- Kasse
- (4) Zahlungsabwicklung

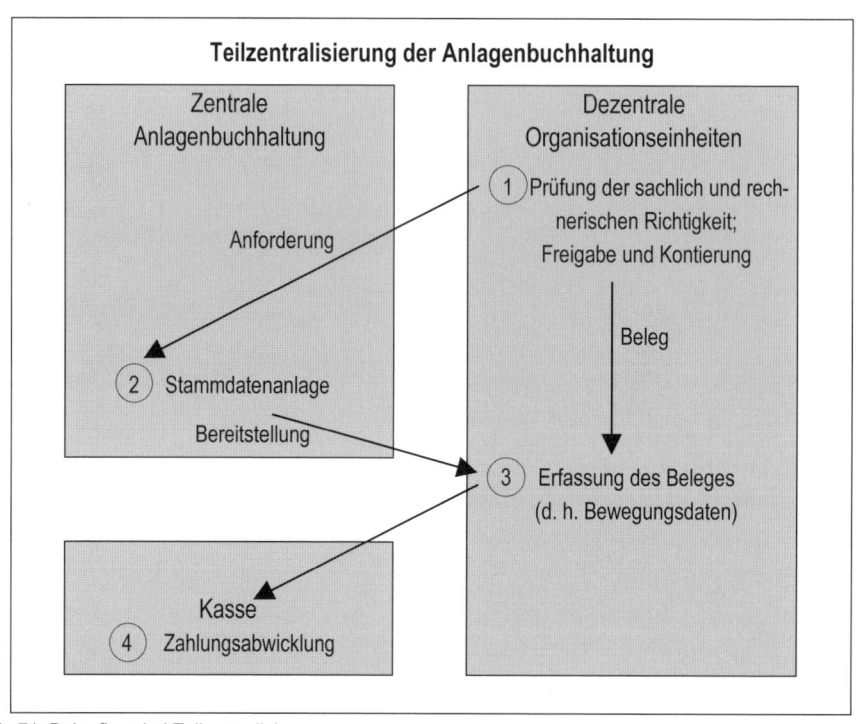

Abb. 71: Belegfluss bei Teilzentralisierung

Die Entscheidung für eine teilweise oder vollständige Zentralisierung der Anlagenbuchhaltung ist vor allem von zwei Rahmenbedingungen abhängig: der Größe der Verwaltung und den erforderlichen Verhandlungen zwischen den Dezernaten bzw. Fachbereichen.

Für mittlere und kleine Kommunen wird meistens die Vollzentralisierung als geeignetere Variante gelten, weil die Belegflüsse und Kommunikationswege weniger komplex sind und die zentrale Anlagenbuchhaltung relativ einfach in das gesamte Buchungsgeschäft integriert werden kann.

Eine Teilzentralisierung stellt sich bei den mittleren und kleinen Kommunen unter Maßgabe der begrenzten Kapazitäten in den Stellenplänen im Regelfall als problematisch heraus. Wenn lediglich Bruchteile von Verwaltungsstellen für die dezentrale Anlagenbuchhaltung in den relevanten Dezernaten bzw. Fachbereichen zur Verfügung stehen, wird häufig kein echter Mehrwert durch eine Teilzentralisierung zu erzielen sein. Stattdessen wäre eine Beibehaltung der bisherigen Haushaltssachbearbeiterstrukturen – auch unter Effizienzgesichtspunkten – anzuraten.

Große Kommunen haben in ihren Verwaltungen dagegen oft die Möglichkeit zur Bildung von teilzentralisierten Anlagenbuchhaltungen (z. B. im Rahmen von Dezernats- bzw. Fachbereichsdiensten). Über ablauforganisatorische Vor- und Nachteile hinaus beinhaltet die Grundsatzdiskussion über Voll- oder Teilzentralisierungen immer auch die Auseinandersetzung über Zuständigkeiten, Verlagerung von Stellen und aufbauorganisatorische Zuordnung. Demnach wird die Organisation der Anlagenbuchhaltung wesentlich von der Verhandlung der Zielstrukturen zwischen den Dezernenten bzw. Fachbereichsleitern einer Kommune geprägt.

Eine exklusive Betrachtung der Anlagenbuchhaltung ist vor diesem Hintergrund und bei den genannten Einflussgrößen üblicherweise nicht sinnvoll. Es ist zu empfehlen, dass die Gestaltung der aufbau- und ablauforganisatorischen Rahmenbedingungen für die Anlagenbuchhaltung in eine größeren inhaltlichen Zusammenhang gestellt werden. Die einzelne Kommune wird zu entscheiden haben, wo MitarbeiterInnen von Buchhaltung, Controlling, Kostenrechnung etc. angesiedelt werden und wie diese effizient zusammenarbeiten können.

13 Arbeitshilfen auf der CD-ROM

Auf einen Blick:
Wie oben bereits erwähnt, finden Sie den gesamten Buchinhalt auch auf der CD-ROM. Daneben finden Sie diverse Arbeitshilfen, die Ihnen die Problemdurchdringung erleichtern. Sie finden folgende Unterrubriken:

13.1 Arbeitshilfen zu Rechtsgrundlagen (zu Kapitel 1 bis 2)

Hier finden Sie folgende Arbeitshilfen:

- Beschluss der Innenministerkonferenz vom 21. November 2003 in Jena.

- Reform des Gemeindehaushaltsrechts: Von einem zahlungsorientierten zu einem ressourcenorientierten Haushalts- und Rechnungswesen, Anlage 1 zum IMK-Beschluss vom 21. November 2003.

- Gemeindehaushaltsverordnung für ein doppisches Haushalts- und Rechnungswesen (erarbeitet vom Arbeitskreis III Kommunale Angelegenheiten der IMK), Anlage 2 zum IMK-Beschluss vom 21. November 2003.

- Synopse zur Gemeindehaushaltsverordnung für ein doppisches Haushalts- und Rechnungswesen (erarbeitet vom Arbeitskreis III Kommunale Angelegenheiten der IMK), Anlage 3 zum IMK-Beschluss vom 21. November 2003.

- Gemeindehaushaltsverordnung für die erweiterte Kameralistik (erarbeitet vom Arbeitskreis III Kommunale Angelegenheiten der IMK), Anlage 4 zum IMK-Beschluss vom 21. November 2003.

- Empfehlung für einen gemeinsamen Produktrahmen, der vom Rechnungsstil unabhängig ist (erarbeitet vom Arbeitskreis III Kommunale Angelegenheiten der IMK), Anlage 6 zum IMK-Beschluss vom 21. November 2003

- Empfehlungen für Kontenrahmen für das doppische Rechnungswesen (erarbeitet vom Arbeitskreis III Kommunale Angelegenheiten der IMK), Anlage 7 zum IMK-Beschluss vom 21. November 2003

- Handelsgesetzbuch
- Verordnung über Grundsätze für die Ermittlung der Verkehrswerte von Grundstücken (**Wertermittlungsverordnung** – WertV).

13.2 Arbeitshilfen zur Bewertung (zu Kapitel 3 bis 11)

13.2.1 Gebäudebewertung nach dem Ertragswertverfahren gemäß WertV

Hierbei handelt es sich um ein Excel-Tool zur Bewertung eines kommunalen Mietshauses mit Checkliste, Erfassungsformular und Bewertungsvorlage zur schnellen Problemdurchdringung. Mit diesem Excel-Tool lässt sich die Rechensystematik des Ertragswertverfahrens der WertV besser verstehen. Außerdem können für einzelne Gebäude Modellkalkulationen nach dem Ertragswertverfahren durchgerechnet werden.

13.2.2 Gebäudebewertung nach dem Sachwertverfahren: Bewertung einer kommunalen Schule auf Basis der WertV (Nordrhein-Westfalen)

Hierbei handelt es sich um ein Excel-Tool zur Bewertung einer kommunalen Schule mit Checkliste, Erfassungsformular und Bewertungsvorlage zur schnellen Problemdurchdringung. Mit diesem Excel-Tool lässt sich die Rechensystematik des Sachwertverfahrens der WertV auf Basis der Normalherstellungskosten 2000 besser verstehen. Außerdem können für einzelne Gebäude Modellkalkulationen nach dem Sachwertverfahren durchgerechnet werden.

13.2.3 Gebäudebewertung nach dem Sachwertverfahren mit Rückindizierung (Hessen/Baden-Württemberg)

Hierbei handelt es sich um ein Excel-Tool zur Bewertung einer kommunalen Schule mit Checkliste, Erfassungsformular und Bewertungsvorlage zur schnellen Problemdurchdringung. Mit diesem Excel-Tool lässt sich die Rechensystematik zur Rückindizierung des Sachwerts besser verstehen. Damit können die fiktiven Anschaffungs- und Herstellungskosten geschätzt werden, wie es in Hessen und Baden-Württemberg ggf. erforderlich ist. Außerdem können für einzelne Gebäude Modellkalkulationen durchgerechnet werden.

13.2.4 Sachwertorientierte Gebäudebewertung zu Friedensneubauwerten (Hessen/ Baden-Württemberg)

Hierbei handelt es sich um ein Excel-Tool zur Bewertung einer kommunalen Schule mit Checkliste, Erfassungsformular und Bewertungsvorlage zur schnellen Problemdurchdringung. Mit diesem Excel-Tool lässt sich die Rechensystematik zur Hochindizierung der Versicherungswerte 1914 besser verstehen. Damit können die fiktiven Anschaffungs- und Herstellungskosten geschätzt werden, wie es in Hessen und Baden-Württemberg ggf. erforderlich ist. Außerdem können für einzelne Gebäude Modellkalkulationen durchgerechnet werden.

13.2.5 Bewertung von Grün- und Freiflächen

Hierbei handelt es sich um ein Excel-Tool zur Bewertung von Grün- und Freiflächen mit Checkliste, Erfassungsformular und Bewertungsvorlage zur schnellen Problemdurchdringung. Mit diesem Excel-Tool lässt sich die Rechensystematik des vorgeschlagenen vereinfachten Sachwertverfahrens besser verstehen. Außerdem können Modellkalkulationen durchgerechnet werden.

13.2.6 Bewertung von öffentlichen Forstflächen

Hierbei handelt es sich um ein Excel-Tool zur Bewertung von öffentlichen Forstflächen mit Checkliste, Erfassungsformular und Bewertungsvorlage zur schnellen Problemdurchdringung. Mit diesem Excel-Tool lässt sich die Rechensystematik des vorgeschlagenen vereinfachten Bewertungsverfahrens besser verstehen. Außerdem können Modellkalkulationen durchgerechnet werden.

13.2.7 Bewertung von Straßen

Hierbei handelt es sich um ein Excel-Tool zur Bewertung von Straßen mit Checkliste, Erfassungsformular und Bewertungsvorlage zur schnellen Problemdurchdringung. Mit diesem Excel-Tool lässt sich die Rechensystematik des vorgeschlagenen vereinfachten Sachwertverfahrens besser verstehen. Außerdem können Modellkalkulationen durchgerechnet werden.

Ergänzend ist auf Basis des Pilotprojekts Salzgitter eine Arbeitshilfe zum Problemkomplex Erfassung des Straßenvermögens enthalten. Hierbei wird am Beispiel einer konkreten Straße insbesondere die Nutzung des geographischen Informationssystems bzw. der in Salzgitter eingerichteten Straßendatenbank für Zwecke der Bewertung dargestellt.

13.2.8 Bewertung von Brücken u. Ä.

Hierbei handelt es sich um ein Excel-Tool zur Bewertung von Brücken mit Checkliste, Erfassungsformular und Bewertungsvorlage zur schnellen Problemdurchdringung. Mit diesem Excel-Tool lässt sich die Rechensystematik des vorgeschlagenen vereinfachten Sachwertverfahrens besser verstehen. Außerdem können Modellkalkulationen durchgerechnet werden.

13.2.9 Bewertung von Betriebs- und Geschäftsausstattung

Hierbei handelt es sich um ein Excel-Tool zur Bewertung von Betriebs- und Geschäftsausstattung mit Checkliste, Erfassungsformular und Bewertungsvorlage zur schnellen Problemdurchdringung. Mit diesem Excel-Tool lässt sich die Rechensystematik des vorgeschlagenen vereinfachten Sachwertverfahrens besser verstehen. Außerdem können Modellkalkulationen durchgerechnet werden.

13.2.10 Testversion und ergänzende Hinweise zum Einsatz eines datenbankbasierten Erfassungs- und Bewertungsprogramms

Zur sachgerechten Bewältigung des bei der Erfassung und Bewertung größere Immobilienbestände regelmäßig auftretenden Mengenproblems hat PricewaterhouseCoopers in ihrer immobilienwirtschaftlichen Fachabteilung das Erfassungs- und Bewertungssystem BESYS® entwickelt, das im Rahmen konkreter Beratungsprojekte unentgeltlich zur Verfügung gestellt wird. Auf der CD-ROM finden Sie eine Testversion von BESYS®, mit der ein Objekt kalkuliert werden kann, ergänzende Hinweise zur Bearbeitung von BESYS® sowie Auszüge aus dem für die Stadt Salzgitter erstellten Handbuch zur Immobilienbewertung.

Installation: Gehen Sie im Windows Explorer auf Ihr CD-ROM-Laufwerk und dort in das Unterverzeichnis **BESYS**. Kopieren Sie die Dateien nddat.dll und BeSys-Demoversion.mdb in ein Verzeichnis auf Ihrer Festplatte. Sie starten das Programm per Doppelklick auf BeSys-Demoversion.mdb.

Achtung: Für das Programm benötigen Sie Microsoft Access 2000 oder höher.

13.3 Checklisten und Mustertexte

Pflichtenheft für Finanzsoftware

Hier finden Sie die ausführliche **Leistungsbeschreibung für eine doppische Finanzwesensoftware** (Pflichtenheft), wie sie als Grundlage einer europaweiten Ausschreibung von WIBERA/PwC für die **Stadt Salzgitter** im Rahmen des Projektes zur Umstellung von Kameralistik auf Doppik erstellt wurde. Die Leistungsbeschreibung wurde mit freundlicher Genehmigung durch die Stadt Salzgitter zur Verfügung gestellt.

Saldenmitteilung für Kommunen

Zur Wahrung des Grundsatzes der Vollständigkeit der Bilanzansätze sollte zumindest für die Eröffnungsbilanz eine Einholung ausgewählter Saldenbestätigungen erfolgen. Eine Saldenaktion macht jedoch im Verhältnis zu Privatpersonen und Kleingewerbetreibenden sowie zu anderen Gebietskörperschaften (noch) keinen Sinn. Sie sollte sich deshalb auf die eigenen Beteiligungen und stichprobenartig auf die wichtigsten Unternehmen und Institutionen beschränken. Die vorliegende Saldenmitteilung wurde bereits in der Stadt Salzgitter mit sehr gutem Erfolg eingesetzt.

14 Anlage: So nutzen die CD-ROM

Auf einen Blick:

Die beigefügte CD-ROM bietet Ihnen neben dem Buchinhalt weitere Unterstützung bei der Erfassung und Bewertung der öffentlichen Vermögensgegenstände. Sie enthält folgende ‚Rubriken:

- **Grundlagen** mit den Kapiteln 1, 2, 3 und 12,
- **Praktikable Erfassung und Bewertung...** der einzelnen Vermögensarten gemäß den Kapiteln 4 – 11,
- **Arbeitshilfen** mit Musterformulare, Checklisten und Berechnungshilfen
- **Rechtsgrundlagen** mit dem Handelsgesetzbuch (HGB), der Wertermittlungsverordnung (WertVO) sowie den bereits verabschiedeten Kommunalgesetzen zum neuen doppischen Haushalts- und Rechnungswesen

Außerdem kommen Sie über eine eigene Schaltfläche direkt zum „Stichwortverzeichnis".

14.1 Systemvoraussetzungen

Windows® 2000 SP 4/ XP / 2003, CD-ROM-/DVD-Laufwerk, 256 MB RAM, ab Pentium III-Prozessor oder Kompatible mit 500 MHz, empfohlen Pentium IV oder Kompatible mit 2 GHz, VGA-Grafikkarte mit mindestens 1024 x 768 Auflösung, 150 MB freier Festplattenspeicher

Damit Sie die Excel-Anwendungen unter den Arbeitshilfen einsetzen können, benötigen Sie Microsoft Excel 97 oder höher.

14.2 Installationshinweise

Legen Sie den Datenträger in das Laufwerk ein. Das Setup-Programm startet dann automatisch. Falls es nicht automatisch startet (z. B. wenn Sie das Programm ein zweites Mal installieren wollen) verfahren Sie wie folgt:

- Wählen Sie im Startmenü den Menüpunkt „Ausführen".

Anlage: So nutzen Sie die CD_ROM

- Tragen Sie in das Textfeld „Öffnen" d:\setup ein („d" sei dabei der Laufwerksbuchstabe. Sollte bei Ihnen der Laufwerksbuchstabe anders lauten, ändern Sie den Eintrag entsprechend um).
- Bestätigen Sie mit „OK".
- Das Installationsprogramm wird nun gestartet. Gehen Sie entsprechend den Anweisungen am Bildschirm vor.

Bevor das Buch mit allen Daten installiert werden kann, muss das Lesesystem installiert werden. Dieses Modul ist eine Eigenentwicklung unseres Hauses und trägt deshalb den Namen **Haufe iDesk**. Ohne Haufe iDesk können nen Sie die CD zu „Kommunales Vermögen richtig bewerten" nicht einsetzen.

Technische Hotline: 0180/51 21 117

14.3 Informationen suchen, finden und ausdrucken

Da der Aufbau der CD der des Buches entspricht, dürften Sie mit der Suche von bestimmten Textstellen keine Probleme haben. Es stehen Ihnen dennoch zwei Suchmöglichkeiten zur Verfügung.

Ausführliche Informationen zu der Benutzeroberfläche, den Suchfunktionen und der Dokumentbearbeitung finden Sie im Menüpunkt „Service", Punkt „Hilfe aufrufen".

14.3.1 Das Stichwortverzeichnis

Die empfehlenswerte Suche geht über das **Stichwortverzeichnis**. Dazu klicken Sie auf die gleichnamige Schaltfläche, die Sie rechts oben auf der Startseite finden. Dort finden Sie nun die Stichwörter, mit denen Sie direkt zu einem passenden Kapitel kommen. Die Stichwörter entsprechen dabei der Auswahl im Kapitel „Stichwortverzeichnis" hinten im Buch.

14.3.2 Volltextsuche

Der Einsatz der Volltextsuche ist dann sinnvoll, wenn Sie im Stichwortverzeichnis Ihren Begriff nicht gefunden haben. Sie erreichen die differenzierte Volltextsuche über die Schaltfläche „Erweiterte Suche" auf dem Startbildschirm. Nach Eingabe einer Suchanfrage, bestehend aus einem oder mehreren Wörtern, klicken Sie auf die Schaltfläche „Suchen".

Informationen suchen, finden und ausdrucken

Als Ergebnis erhalten Sie eine Trefferliste und eine Vorschau zum jeweils ausgewählten Treffer.

Eine einfache Volltextsuche können Sie auch über das Eingabefeld zur „Suche" direkt auf dem Startbildschirm vornehmen (S. Abb. 72).

Abb. 72: Suchanfrage

14.3.3 Drucken der Dokumente

Haben Sie das gewünschte Dokument gefunden und geöffnet, möchten Sie sicher häufig auch schwarz auf weiß darüber verfügen. Nutzen Sie hierzu den „Ausgabemanager, mit dem Sie den Text ausdrucken oder in Ihre Textverarbeitung übernehmen können.

Abb. 73: Die Schaltflächen des Ausgabemanagers

- Über die „Drucker-Schaltfläche" starten Sie den Ausdruck.
- Über die „Word-Schaltfläche" übernehmen Sie den Text in Ihre Textverarbeitung.
- Über die „Speichern-Schaltfläche" können Sie den Text in verschiedenen Dateiformaten abspeichern.

Literaturverzeichnis

Adler/Düring/Schmaltz (o. J.): Adler/Düring/Schmalz, Rechnungslegung und Prüfung der Unternehmen. Kommentar zum HGB, AktG, GmbHG, PublG nach den Vorschriften des Bilanzrichtlinien-Gesetzes. 6. Aufl., Stuttgart 1995 – 2001.

Arbeitsgruppe Inventurvereinfachung (2004): Zusammenfassung der Ergebnisprotokolle der Arbeitsgruppe: Inventurvereinfachung, Arbeitssitzungen am 20.4.2004 und 7.5.2004 beim Niedersächsischen Ministerium für Inneres und Sport.

Augath/Frye/Hubrig (2005): Vortrag „Von der städtischen Eröffnungsbilanz zum Konsolidierungsbericht – der Salzgitteraner Weg" anlässlich des 3. Salzgitteraner Doppiktages am 27.10.2005, www.salzgitter.de/doppik.

Baden-Württemberg/Entwurf (2005): Gemeindehaushaltsverordnung, Referentenentwurf Innenministerium Baden-Württemberg, Stand 5. August 2005,, www.im.baden-wuerttemberg.de.

BMVBW (2000): Bundesministerium für Verkehr, Bau- und Wohnungswesen (Hrsg.), Ermittlungen von zeitgemäßen Normalherstellungskosten für die Belange der Verkehrswertermittlung, Bonn 2000; ergänzt durch den Erlass des BMVBW vom 1.12.2001; in: Kleiber/Simon/Weyers (2002) S. 2599 – 2672.

Berger/Ring (2003): Axel Berger, Maximilian Ring, Erläuterungen zu § 253 HGB, in: Beck'scher Bilanzkommentar. Handels- und Steuerrecht – §§ 238 – 339 HGB. 5. Aufl., München 2003.

Bolsenkötter et al. (2000): Heinz Bolsenkötter unter Mitwirkung von Holger Boehnert, Peter Detemple, Christoph Heck, Christian Marettek, Michael Pittelkow, Artin Schmidt, Integriertes öffentliches Rechnungswesen – Konzeption einer Neugestaltung der Rechnungslegung und des Rechnungswesens öffentlicher Gebietskörperschaften, Frankfurt am Main 2000.

Bolsenkötter/Detemple/Marettek (2002): Heinz Bolsenkötter, Peter Detemple, Christian Marettek, Die Eröffnungsbilanz der Gebietskörperschaft, Frankfurt 2002.

Bolsenkötter/Detemple/Marettek (2002a): Heinz Bolsenkötter, Peter Detemple, Christian Marettek, Bewertung des Vermögens in der kommunalen Eröffnungsbilanz, In: der Gemeindehaushalt 2002, S. 154 – 164.

Brixner/ Harms/ Noe (2003): Helge C. Brixner, Jens Harms, Heinz W. Noe, Verwaltungs-Kontenrahmen, München 2003.

Dahlheim/Günther/Schill (2001): Nadja Dahlheim, Thomas Günther, Oliver Schill, Verrechnungspreise in der Kosten- und Erlösrechnung, Fallstudie im Schulverwaltungsamt in Dresden, in: kostenrechnungspraxis 2001, S. 243 – 253.

Detemple/Marettek (2000): Peter Detemple, Christian Marettek, Konzernabschlüsse für Gebietskörperschaften, Konzeptionelle Grundlagen. In Zeitschrift für öffentliche und gemeinwirtschaftliche Unternehmen (ZögU) 3 (2000), S. 277 – 288.

Detemple/Marettek (2000a): Peter Detemple, Christian Marettek, Bewertung öffentlicher Unternehmen, Bericht über die am 13. April 2000 in Solingen durchgeführte Fachtagung (Tagungsband).

Detemple/Heck/Marettek (2002): Peter Detemple, Christoph Heck, Christian Marettek, Kommunales Immobilienmanagement, Herausforderungen und Chancen, in: Verwaltung und Management 2002, S. 279 – 285.

Detemple/Marettek (2004): Peter Detemple, Christian Marettek, Status Quo des Immobilienmanagements in den 83 deutschen Großstädten, Erste Ergebnisse des PwC-Forschungsprojekts, in: Verwaltung und Management 2004, S. 29 – 38.

Diemer (1996): Rolf Diemer, Neukonzeption des kommunalen Rechnungswesens, Wiesbaden 1996.

Dörschell/Schulte (2002): Andreas Dörschell, Jörn Schulte, Bewertungen von Beteiligungen für bilanzielle Zwecke, in: DB, 2002, S. 1669 – 1675.

Ellrott/Ring (2006): Helmut Ellrott, Stephan Ring, Erläuterungen zu § 253 HGB, In: Beck'scher Bilanzkommentar. Handels- und Steuerrecht – §§ 238 – 339 HGB. 6. Aufl., München 2006.

FHH (2004): Vorläufige Inventurrichtlinie der Freien und Hansestadt Hamburg vom 20.10.2004, fhh.hamburg.de/stadt/Aktuell/behoerden/finanzbehoerde/haushalt/doppik/Fachthemen/Inventur/Inventurrichtlinie,property=source.pdf.

Forstnds (2003): Waldbewertungsrichtlinien des Landes Niedersachsen (WBR 86) in der Fassung von Juli 2003, download: www.forstnds.de/angebot/wbrforstnds/ wbrpdf/pdflist.htm.

Freytag (2003): Dieter Freytag, Stadtkämmerer Brühl, Vermögensbewertung Immobilien, Vortrag zum NKF-Abschlusskongress Düsseldorf-Rheinterrassen am 5. November 2003

Frischmuth (2004): Birgit Frischmuth, Zur beschlossenen Reform des Gemeindehaushaltsrechts, in: Zeitschrift für Kommunalfinanzen 2004, S. 57 – 62.

Gemeinde Hiddenhausen (2003): Gemeinde Hiddenhausen, Vorgehensweise bei der Straßenbewertung, Hiddenhausen 2003, in: www.neues-kommunales-finanzmanagement.de (Umsetzungstagebuch)

Grunwald (2005): Ekkehard Grunwald, Vortrag „Analyse des kommunalen Jahresabschlusses" anlässlich des 3. Salzgitteraner Doppiktages am 27.10.2005, www.salzgitter.de/doppik.

Häfner (2002): Philipp Häfner, Doppelte Buchführung für Kommunen nach dem NKF, Freiburg 2002.

Hessen (2005): Hessische Gemeindeordnung in der Fassung der Bekanntmachung vom 7. März 2005).

Hessen (2006): Verordnung über die Aufstellung und Ausführung des Haushaltsplans der Gemeinde mit doppelter Buchführung (Gemeindehaushaltsverordnung – GemHVO Doppik), vom 2. April 2006.

Hessen/Entwurf (2003): Sonderregelungen zur Erstellung einer Eröffnungsbilanz für Gemeinden und Gemeindeverbände in Hessen, Entwurf vom 17. Dezember 2003.

Hessisches Ministerium der Finanzen (1999): Hessisches Ministerium der Finanzen (Hrsg.), Methodenkonzept – Budgetierung und betriebswirtschaftliche Steuerungselemente für die Landesverwaltung Hessen, Wiesbaden, 1999.

Hessisches Ministerium der Finanzen (2004): Hessisches Ministerium der Finanzen (Hrsg.), Kontierungshandbuch Verwaltungskontenrahmen, 5. Aufl., Wiesbaden, Stand 01/2004 (Entwurf).

Hoyos/Gutike (1999): Erläuterungen zu, § 271 HGB, in: Beck'scher Bilanz-Kommentar, 4. Aufl., München 1999,

IDW (1984): Institut der Wirtschaftsprüfer in Deutschland e.V. (Hrsg.), Stellungnahme HFA 1/1984: Bilanzierungsfragen bei Zuwendungen, dargestellt am Beispiel finanzieller Zuwendungen der öffentlichen Hand.

IDW (1996) Institut der Wirtschaftsprüfer in Deutschland e.V. (Hrsg.), Stellungnahme HFA 2/1996,: Zur Bilanzierung privater Zuschüsse, WPg 1996 S. 709 – 713.

IDW (2000): Institut der Wirtschaftsprüfer in Deutschland e.V. (Hrsg.), IDW Standard: Grundsätze zur Durchführung von Unternehmensbewertungen (IDW S 1). In: WPg 2000, S. 825 – 842.

IDW (2001): Institut der Wirtschaftsprüfer in Deutschland e.V., Entwurf IDW Stellungnahme zur Rechnungslegung: Rechnungslegung der öffentlichen Verwaltung nach den Grundsätzen der doppelten Buchführung (IDW ERS ÖFA 1). In: WPg 2001, S. 1405 – 1416.

IMK (2003): IMK-Beschluss vom 21. November 2003, Beschlussniederschrift über die 173. Sitzung der Ständigen Konferenz der Innenminister und -senatoren der Länder am 21. November 2003 in Jena sowie Presseerklärung zur Sitzung vom 20. und 21. November 2003. Download z. B. unter: www.im.baden-wuerttemberg.de (Starke Kommunen, Neues Rechnungswesen).

IMK (2003a): Reform des Gemeindehaushaltsrechts: Von einem zahlungsorientierten zu einem ressourcenorientierten Haushalts- und Rechnungswesen, Anlage 1 zum IMK-Beschluss vom 21. November 2003 (erarbeitet vom Arbeitskreis III Kommunale Angelegenheiten der IMK). Download z. B. unter: www.im.baden-wuerttemberg.de (Starke Kommunen, Neues Rechnungswesen).

IMK (2003b): Anlage 2 zum IMK-Beschluss vom 21. November 2003, Gemeindehaushaltsverordnung für ein doppisches Haushalts- und Rechnungswesen (erarbeitet vom Arbeitskreis III Kommunale Angelegenheiten der IMK). Download z. B. unter: www.im.baden-wuerttemberg.de (Starke Kommunen, Neues Rechnungswesen).

IMK (2003c): Anlage 3 zum IMK-Beschluss vom 21. November 2003, Synopse zur Gemeindehaushaltsverordnung für ein doppisches Haushalts- und Rechnungswesen (erarbeitet vom Arbeitskreis III Kommunale Angelegenheiten der IMK). Download z. B. unter: www.im.baden-wuerttemberg.de (Starke Kommunen, Neues Rechnungswesen)

IMK (2003d): Anlage 4 zum IMK-Beschluss vom 21. November 2003, Gemeindehaushaltsverordnung für die erweiterte Kameralistik (erarbeitet vom Arbeitskreis III Kommunale Angelegenheiten der IMK). Download z. B. unter: www.im.baden-wuerttemberg.de (Starke Kommunen, Neues Rechnungswesen).

Kämpfer (2000): Georg Kämpfer, Die Rechnungslegung privater Konzerne als Bezugsrahmen für öffentliche Verwaltungen, in: Reform des öffentlichen Rechnungswesens. Festschrift zum 65. Geburtstag von Prof. Dr. Klaus Lüder, Wiesbaden 2000, S. 323 – 345.

KGSt (1997): Kommunale Gemeinschaftsstelle für Verwaltungsvereinfachung (KGSt), Auf dem Weg in das Ressourcenverbrauchskonzept; Die kommunale Bilanz – Erste Überlegungen und Empfehlungen. Bericht 7/1997, Köln 1997.

KGSt (1999): Kommunale Gemeinschaftsstelle für Verwaltungsvereinfachung (KGSt), Abschreibungssätze in der Kommunalverwaltung. Bericht 1/1999, Köln 1999.

Klee (2002): Bernd Klee, Erfassung und Bewertung des Vermögens, Rückstellungen, Reform des Gemeindehaushaltsrechts, Informationsveranstaltungen am 18.11. und 27.11.2002, Vortrag des Referatsleiters im Landkreisamt Rhein-Neckar-Kreis in Heidelberg.

Kleiber/Simon/Weyers (2002): Wolfgang Kleiber, Jürgen Simon, Gustav Weyers, Verkehrswertermittlung von Grundstücken, 4. Aufl. Köln 2002.

Kupsch (o. J.): Das Finanzanlagevermögen, in: v. Wysocki/Schulze-Osterloh (Hrsg.), Handbuch des Jahresabschlusses in Einzeldarstellungen (HdJ), Köln 1984 ff., Abt. II/3,

Körner (2000): Horst Körner, Neues Kommunales Rechnungs- und Steuerungssystem – Grundlagen der Entwicklung eines doppischen Rechnungs- und Haushaltswesens, Nürnberg 2000.

Körner/Meidel (2003): Horst Körner, Holger Meidel, Neues Kommunales Rechnungs- und Steuerungssystem, Grundlagen und Praxis kommunaler Vermögensbewertung, Nürnberg 2003.

Körner (2005): Horst Körner, Erleichterungen für die Inventur – Hohe Wertaufgriffsgrenzen für bewegliches Sachvermögen, in: Der Gemeindehaushalt 9/2005.

Kreissparkasse Köln (2002): Doppischer Kommunalhaushalt in der Erprobung, Gemeinschaftsprojekt der Kreissparkasse Köln sowie der Kommunen Bergisch Gladbach, Brühl, Engelskirchen, Wesseling, Erftkreis und Rheinisch-Bergischer Kreis, Leitfaden zur Bewertung des kommunalen Vermögens für die Eröffnungsbilanzierung im Rahmen der Einführung eines doppischen Kommunalhaushaltes, Köln, Bearbeitungsstand Oktober 2002.

Kreis Gütersloh (2002): Kreis Gütersloh, Finanzen und Controlling, Vorgehensweise Straßenbewertung beim Kreis Gütersloh, Gütersloh 2002, in: www.neues-kommunalesfinanzmanagement.de (Umsetzungstagebuch).

Lüder et al. (1991): Klaus Lüder, Christiane Hinzmann, Brigitte Kampmann, Ralph Otte, Vergleichende Analyse öffentlicher Rechnungssysteme – Konzeptionelle Grundlagen für das staatliche Rechnungswesen mit besonderer Berücksichtigung der Bundesrepublik Deutschland, Speyer 1991.

Lüder (1999): Klaus Lüder, Konzeptionelle Grundlagen des Neuen Kommunalen Rechnungswesen (Speyerer Verfahren), 2. Aufl., Stuttgart 1999.

Lüder/Behm/Cordes (1998): Klaus Lüder, Christiane Behm, Ulrich Cordes, Praxiseinführung des Neuen Kommunalen Rechnungswesens (Speyerer Verfahren) – Dokumentation des Modellprojekts „Wiesloch" –, Stuttgart 1998.

Lüder/Jones (2003): Klaus Lüder, Rowan Jones, Reforming Governmental Accounting and Budgeting in Europe (Hrsg. PwC Deutsche Revision), Frankfurt 2003.

Lüder/Wagner/Spindler (2003): Klaus Lüder, Margot Wagner, Robert Spindler, Dokumentation Eröffnungsbilanz, Projektdokumentation Uelzen, Stand 5.2.2003, www.uelzen.de.

Lüder/Adam/Behm (2004): Klaus Lüder, Berit Adam, Christiane Behm, Haushaltswesen, Dokumentation des Modellprojekts Uelzen, Stand: 20.4.2004, www.uelzen.de.

Lüder/Adam/Behm (2005): Klaus Lüder, Berit Adam, Christiane Behm, Dokumentation Buchführung, Dokumentation des Modellprojekts Uelzen, Rechnungswesen, Stand 8.7.2005, www.uelzen.de.

Marettek (2003): Christian Marettek, Konzept eines integrierten Rechnungswesens, in: Finanzwirtschaft 2003, S. 32 – 36.

Mittag (2003): Martin Mittag, Arbeits- und Kontrollhandbuch zur Bauplanung, Bauausführung und Kostenplanung nach §15 HOAI und DIN 276, Loseblattsammlung, Stand Dezember 2003.

Modellprojekt (2003): Modellprojekt „Doppischer Kommunalhaushalt in NRW" (Hrsg.): Neues Kommunales Finanzmanagement, Betriebswirtschaftliche Grundlagen für das doppische Haushaltsrecht, 2. Aufl. Freiburg u. a. 2003.

Neufang (2004): B. Neufang, Anschaffungs- und Herstellungskosten von Gebäuden – Ein Vergleich der Rechtsprechung des BFH und der Verwaltungsauffassung, Betriebsberater 2004, S. 78.

Neues Kommunales Rechnungs- und Steuerungssystem (2005): Abschlussdokumentation der Projektkommunen der Transferebene Hessen in Zusammenarbeit mit dem Hessischen Ministerium des Innern und für Sport, doppik hessen, Freiburg u. a. 2005.

Niedersachsen (2005): Verordnung über die Aufstellung und Ausführung des Haushaltsplans sowie die Abwicklung der Kassengeschäfte der Gemeinden auf der Grundlage der kommunalen Doppik (Gemeindehaushalts- und -kassenverordnung – GemHKVO) vom 22. Dezember 2005.

Niedersachsen (2005a): Niedersächsische Gemeindeordnung (NGO) in der Fassung vom 15.11.2005, Nds. GVBl. S. 352.

Nordrhein-Westfalen (2004): Verordnung über das Haushaltswesen der Gemeinden im Land Nordrhein-Westfalen (Gemeindehaushaltsverordnung NRW – GemHVO NRW) in der Fassung des Gesetzes über ein Neues Kommunales Finanzmanagement für Gemeinden im Land Nordrhein-Westfalen, Düsseldorf 2004.

PwC (2003): Vergleich der Immobilienbewertung ausgewählter Grundstücke in den Bundesländern Baden-Württemberg, Hessen und Nordrhein-Westfalen, Studie im Auftrag des Instituts der Wirtschaftsprüfer für die Innenministerkonferenz, Download: www.pwc.com/Extweb/pwcpublications.nsf/docid/A125157AB23039C380256D66005449D7

Rahe (2003): Christian Rahe, Zur Einführung des NKR-Konzepts unter besonderer Berücksichtigung der Vermögensbewertung, dargestellt am Beispiel der Stadt Salzgitter (Niedersachsen), der gemeindehaushalt 2003, S. 217 – 221.

Rheinland-Pfalz (2006): Gemeindehaushaltsverordnung (GemHVO) vom 18. Mai 2006, www.rlp-doppik.de.

Rheinland-Pfalz (2006a): Gemeindeordnung in der Fassung vom 2. März 2006, www.rlp-doppik.de

Rheinland-Pfalz (2006b): Landesgesetz zur Einführung der kommunalen Doppik vom 2. März 2006, GVBl. 2006.

Rheinland-Pfalz/Entwurf (2006): Empfehlungen zur Erstellung einer Richtlinie zur Bewertung von Vermögen, Sonderposten, Rückstellungen, Verbindlichkeiten und Rechnungsabgrenzungsposten in der Eröffnungsbilanz der Gemeinde, Entwurf Stand 20. Januar 2006, www.rlp-doppik.de.

Rheinland-Pfalz/Entwurf (2005): Empfehlungen zur Ersterfassung und Erstbewertung von Vermögen, Sonderposten, Rückstellungen, Verbindlichkeiten und Rechnungsabgrenzungsposten in der Eröffnungsbilanz der Gemeinde, Abschlussbericht vom 29.06.2005, Kapitel 6, www.rlp-doppik.de.

Rheinland-Pfalz/Entwurf (2005a): Erläuterungen zur Bewertungsrichtlinie, Unterabschnitt 3.1 „Grundsätze", 2. Absatz S. 5, www.rlp-doppik.de.

Ruhr (2003): Reinhold Ruhr, Erstellung einer Eröffnungsbilanz für Kommunen: Erfahrungen bei der Stadt Micherstadt, in: Controlling in der öffentlichen Verwaltung 2003, S. 2/399 – 2/426.

Saarland/Entwurf (2006): Saarländische Gemeindehaushaltsverordnung (GemHVO), Entwurf vom 31. Januar 2006, www.saarland-nkr.de.

Saarland/Entwurf (2006a): Sonderrichtlinien zur Bewertung in der Eröffnungsbilanz, Entwurf vom 31. Januar 2006, www.saarland-nkr.de.

Saarländisches Gemeinschaftsprojekt (2006): Saarländisches Gemeinschaftsprojekt Neues kommunales Rechnungswesen, Schlussbericht vom 31.Januar 2006, www.saarland-nkr.de.

Siepe/Dörschell/Schulte (2000): Günter Siepe, Andreas Dörschell, Jörn Schulte, Der neue IDW Standard: Grundsätze zur Durchführung von Unternehmensbewertungen (IDW S. 1), in: WPg 2000, S. 946 – 960.

Sommer/Piehler (2003): Goetz Sommer, Jürgen Piehler (Hrsg.), Grundstücks- und Gebäudewertermittlung für die Praxis (WertE), Orga-Handbuch, Freiburg, Loseblatt Stand März 2003.

Stadt Brühl et al (2000): Stadt Brühl, Stadt Dortmund, Landeshauptstadt Düsseldorf, Stadt Moers, Stadt Münster, Innenministerium Nordrhein-Westfalen, Mummert+Partner Unternehmensberatung AG, Das doppische Haushaltswesen im Neuen Kommunalen Finanzmanagement, Ziele – Zusammenfassung des Konzepts – Praxiserprobung, Düsseldorf 2000.

Stadt Brühl (o. J.): Stadt Brühl, „Standardarbeitsplatz Vereinfachungsvorschlag" und „Bewertung des Mobiliars der Bücherei", in: www.neues-kommunales-finanzmanagement.de (Umsetzungstagebuch).

Stadt Salzgitter/PwC (2003): Stadt Salzgitter/PricewaterhouseCoopers Corporate Finance Beratung GmbH: Handbuch zur Erfassung und Bewertung der Immobilien der Stadt Salzgitter, download unter www.salzgitter.de (Modellprojekt Doppik).

Stadt Dortmund (o. J.): Stadtkämmerei der Stadt Dortmund, Leitfaden zur Zeitwertermittlung des Sachanlagevermögens der Stadt Dortmund für die Eröffnungsbilanzierung im Rahmen des Modellprojekts zur Einführung des doppischen Kommunalhaushalts in Nordrhein-Westfalen, download: www.neues-kommunales-finanzmanagement.de/umsetzungstagebuch/abschnitt_32.html.

Trappmann (1996): Helmut Trappmann, Bewertungsvereinfachungsverfahren für Grundstücke zulässig?, in: Der Betrieb 1996, S. 391 – 392.

Vogelpoth (2001): Norbert Vogelpoth, Integriertes öffentliches Rechnungswesen. In: Verwaltung und Management 2001, S. 24 – 31.

Vogelpoth/Dörschell (2001): Norbert Vogelpoth/Andreas Dörschell, Internationale Rechnungslegungsstandards für öffentliche Verwaltungen – Das IPSAS-Projekt des IFAC Public Sector Committee –, in: WPg 2001, S. 752 – 762.

Vollmer-Zimmermann (2001): Magdalene Vollmer-Zimmermann, Die geplante Bewertung des Vermögens in der kommunalen Eröffnungsbilanz in NRW, in: der gemeindehaushalt 2001, S. 265 – 270.

Zwehl von (1996): Wolfgang von Zwehl, Kameralistik ade! Zur Eröffnungsbilanz eines Eigenbetriebes. In: Jörg Baetge u. a. (Hrsg.), Rechnungslegung, Prüfung und Beratung, Festschrift für R. Ludewig, Düsseldorf 1996, S. 1148 – 1182.

Windmöller (2002): Rolf Windmöller, Ansatz und Bewertung von Vermögen und Verbindlichkeiten in der Eröffnungsbilanz der neu gestalteten öffentlichen Rechnungslegung. In: Finanzpolitik und Finanzkontrolle – Partner für Veränderung. Gedächtnisschrift für Udo Müller, Baden-Baden 2002, S. 167 ff.

WP-Handbuch (2000): Bd. I, 12. Aufl., Düsseldorf 2000.

www.neues-kommunales-finanzmanagement.de/umsetzungstagebuch/abschnitt_32.html

Stichwortverzeichnis

Abwasserentsorgung
    Bewertung der Anlagen 188
Aktivseite
    Gliederungsvorschläge 32
Anlagen
    Bewertung 187
Anlagenbuchhaltung
    Organisation 294
Anlagenerfassung
    Softwareauswahl 293
Anschaffungskosten
    Definition 48
Aufwandszuschuss
    Ausweis in Bilanz 268
Aufwuchs
    Bewertungskategorien 139
    in Baumschulen 148
Ausleihung
    Bewertung 242
Außenanlagen
    Bewertungskategorien 139
Ausstattungsstandard
    Beurteilung 113

Baden-Württemberg
    Bewertung von Grünflächen 137
    Bilanzierung von Vorräten 251
    Bodenbewertung 99
    Forstflächenbewertung 150
    Gebäudebewertung 121
    Gliederung des Umlaufvermögens 245
    Straßenbewertung 164
    Wertansatz für Eröffnungsbilanz 51
Baugrundstück
    Bilanzierung 252
Baukostenkatalog
    Auswahl 111
Baumängel
    Berücksichtigung 89
Beteiligung
    Bewertung 230

Betriebsstoffe
    Begriff 250
Bewertung
    des Bodens im Saarland 104
    des Bodens in Rheinland-Pfalz 104
Bewertungsrücklage
    für realisierbares Vermögen 54
Bewertungsvereinfachung
    Festwertkonzept 68
Bibliothek
    Bewertung 212
Bilanzgliederung
    Aktivseite 32
Bilanzierungshilfe
    Umstellungsaufwand in Niedersachsen 36
Bodenbewertung
    im Saarland 104
    in Baden-Württemberg 99
    in Hessen 100
    in Niedersachsen 102
    in Nordrhein-Westfalen 103
    in Rheinland-Pfalz 104
Bodenwert
    Ermittlung 95
Brücke
    Bewertung 180
Buchinventur
    Begriff 67
Büroeinrichtung
    Bewertung 208

Computer
    Bewertung 218

Eigenkapital-Spiegelbildmethode
    Bewertung von Beteiligungen 230
Eröffnungsbilanz
    Wahl des Wertansatzes 51
Erschließungsgrundstück
    Bilanzierung 252

Ertragswertverfahren
    Anwendungsbereiche 105
    Arbeitsschritte 106
    Inhalt 72
Erweiterte Kameralistik
    Abschreibungsberechnung 22
    Vergleich mit Doppik 24

Fahrzeug
    Bewertung 216
fertige Erzeugnisse
    Begriff 250
Festwert
    zur Bewertungsvereinfachung 68
Festwertverfahren
    Zulässigkeit in den Bundesländern 69
Feuerwehrfahrzeug
    Bewertung 216
Forderung
    Formen der Wertberichtigung 256
Forstflächenbewertung
    im Saarland 155
    in Rheinland-Pfalz 154
    in Baden-Württemberg 150
    in Hessen 150
    in Niedersachsen 150
Forstwirtschaftliche Fläche
    Bewertung 147
Freiflächen
    Bewertung 135
Freiflächenbewertung
    in Niedersachsen 139
Friedhof
    Bewertung 135

Gebäude
    Erfassung und Bewertung 71
Gebäudebewertung
    Grundlagen 71
    im Saarland 130
    in Nordrhein-Westfalen 127
    in Rheinland-Pfalz 128
    Niedersachsen 126

Geringwertiges Wirtschaftsgut
    Definition 197
Gesamtnutzungsdauer
    Schätzung 86
Grillplatz
    Bewertung 135
Grund und Boden
    Wertermittlung 95
Grundstück in Erschließung
    Bilanzierung 252
Grünflächen
    Bewertung 135
Grünflächenbewertung
    in Niedersachsen 139
    in Nordrhein-Westfalen 141
    in Rheinland-Pfalz 143
Gruppenbewertung
    Definition 69
    Fallbeispiel 207
    Zulässigkeit in den Bundesländern 69

Hardware
    Bewertung 218
Herstellungskosten
    Definition 49
Hessen
    Bewertung von Brücken 181
    Bewertung von Grünflächen 137
    Bilanzierung von Vorräten 252
    Bodenbewertung 100
    Forstflächenbewertung 150
    Gebäudebewertung 122
    Gliederung des Umlaufvermögens 245
    Straßenausstattungsbewertung 192
    Straßenbewertung 164
    Wertansatz für Eröffnungsbilanz 55

Immobilien
    Erfassung und Bewertung 71
    übrige 161
Immobilienbewertung
    Grundlagen 71
Infrastrukturvermögen
    Bewertung 180

Stichwortverzeichnis

Instandhaltungsstau
  Darstellung in Bilanz 93
Inventur
  Begriff 67
Investitionszuschuss
  Ausweis in Bilanz 266

Kindergarten
  Bewertung der Einrichtung 202
Kindergartengruppenraum
  Gruppenbewertung 207
Kinderspielplatz
  Bewertung 135
Korrekturfaktor
  regionaler 116
Kunstwerk
  Bewertung 212

Landwirtschaftliche Fläche
  Bewertung 147

Mängel
  Berücksichtigung 89
Maschinen
  Bewertung 187
Museumsstück
  Bewertung 212

Niedersachsen
  Aktivierungsmöglichkeit des
    Umstellungsaufwands 36
  Bewertung von Grün- und Freiflächen
    139
  Bewertungsrücklage 54
  Bodenbewertung 102
  Forstflächenbewertung 150
  Gebäudebewertung 126
  Gliederung des Umlaufvermögens *247*
  Straßenbewertung 167
  Waldbewertungsrichtlinien 149
Niederstwertprinzip
  strenges 248

Nordrhein-Westfalen
  Bodenbewertung 103
  Forstflächenbewertung 151
  Gebäudebewertung 127
  Gliederung des Umlaufvermögens 245
  Grünflächenbewertung 141
  Straßenbewertung 170
  Wertansatz für Eröffnungsbilanz 58
Normalherstellungskosten
  Definition 111
Nutzungsdauer
  Schätzung 86
  von Straßen 179

Öffentliche Gebäude
  Erfassung und Bewertung 71
Öffentliches Vermögen
  Begriff 16
Ortsspezifischer Korrekturfaktor
  Höhe 116

Permanente Inventur
  Begriff 67
Platz (befestigt)
  Bewertung 163

Realisierbares Vermögen
  Definition 53
Rekonstruktionszeitwert
  Begriff 61
Restnutzungsdauer
  Schätzung 86
Rettungsfahrzeug
  Bewertung 216
Rheinland-Pfalz
  Bewertung von Brücken 184
  Bodenbewertung 104
  Forstbewertung 154
  Gebäudebewertung 128
  Grün- und Freiflächenbewertung 143
  Immaterielles Anlagevermögen 36
  Straßenbewertung 172
Rohstoffe
  Begriff 249

Stichwortverzeichnis

Saarland
   Bodenbewertung 104
   Forstbewertung 155
   Gebäudebewertung 130
   Straßenbewertung 175
Sachgesamtheit
   Bewertung 198
Sachwertverfahren
   Anwendungsbereiche 110
   Arbeitsschritte 111
   Inhalt 72
Sachzuwendung
   Erfassung und Bewertung 269
Sammlung
   Bewertung 212
Schule
   Bewertung der Einrichtung 202
Schulraum
   Gruppenbewertung 207
Software
   Bewertung 219
Softwareauswahl
   zur Anlagenerfassung 293
Spezialfahrzeug
   Bewertung 216
Spezialimmobilie
   Bewertung 161
Sportplatz
   Bewertung 135
Stichtagsinventur
   Begriff 67
Straße
   Bewertung 163
   Nutzungsdauer 179
Straßenausstattung
   Bewertung in Hessen 192
Straßenbewertung 163
   im Saarland 175
   in Baden-Württemberg 164
   in Hessen 164
   in Niedersachsen 167
   in Nordrhein-Westfalen 170
   in Rheinland-Pfalz 172

Tunnel
   Bewertung 180

Umlaufvermögen
   Gliederung 245
   strenges Niederstwertprinzip 248
Umstellungsaufwand
   Aktivierungsmöglichkeit in
   Niedersachsen 36
unfertige Erzeugnisse
   Begriff 250

Vergleichswertverfahren
   Anwendungsbereiche 95
   Inhalt 72
Verkehrstechnik
   Bewertung der Anlagen 187
Verkehrszeichen
   Bewertung in Hessen 192
Vermögen im Gemeingebrauch
   Definition 53
Vermögensgegenstand
   Ertrag bringend 64
   sachzielbezogen 65
Verwaltungsvermögen
   Definition 53

Waldwertermittlungsrichtlinien
   Bewertungsbasis 148
Wertberichtigung
   auf Forderungen (Formen) 256
Wertpapier
   Bewertung 243
Wirtschaftliches Eigentum
   Begriff 16
Wirtschaftsgut
   geringwertiges 197

Zeitwert
   vorsichtig geschätzt 60
Zeitwertermittlung
   Gegenargumente 59
Zuwendung
   Erfassung und Bewertung 265
   Fortschreibung 275

So entlasten Sie Ihren Haushalt...

Belasten sinkende Einnahmen Ihren Haushalt? Angesichts knapper Kassen auf allen Verwaltungsebenen ist keine finanzielle Hilfe „von oben" zu erwarten.
Deshalb: Helfen Sie sich selbst. Prüfen Sie Ihre Leistungen und senken Sie durch eine höhere Effizienz die Ausgaben. Wie Sie Einsparpotenziale aufspüren und Ihren Haushalt nachhaltig entlasten können, zeigt Ihnen das Praxishandbuch „Rechnungswesen und Controlling in der öffentlichen Verwaltung":

- Informieren Sie sich über die **Grundlagen** von Kosten- und Leistungsrechnung und Controlling in der öffentlichen Verwaltung.

- Profitieren Sie von **Erfahrungsberichten** und bewährten Modellen aus der Praxis.

- Mit den Excel-Arbeitshilfen, Musterformularen und Checklisten auf CD-ROM können Sie sofort in die **praktische Umsetzung** einsteigen.

- Dank dem ausführlichen Lexikon bleiben keine Fachbegriffe mehr unklar.

- Lernen Sie frühzeitig die Entwicklungen und Trends kennen, die in der Zukunft für Sie wichtig sein werden.

Prof. Dr. Meurer, Prof. Stephan (Hrsg.)
Rechnungswesen und Controlling in der öffentlichen Verwaltung
2 Ordner mit CD-ROM

€ 98,–
ISBN 3-448-04004-5
Bestell-Nr. A01240

Ergänzungen 6-mal jährlich je € 27,80
(CD-ROM-Updates sind im Preis inbegriffen)

Jetzt bestellen und vier Wochen unverbindlich testen!

Telefon: 0180/50 50 440*
Fax: 0180/50 50 441*
E-Mail: bestellung@haufe.de
Internet: www.haufe.de/bestellung
Post: Haufe Service Center GmbH, Postfach, 79091 Freiburg

*12 Cent pro Minute (ein Service von dtms). Rudolf Haufe Verlag GmbH & Co. KG, Hindenburgstr. 64, 79102 Freiburg, Registergericht Freiburg HRA 1519

Doppik
Kameralistik

Mit den Besonderheiten der einzelnen Bundesländer.

**Haufe Doppik Office® für Kommunen.
Die Doppik kann kommen.**

❮❮ Das neue **Haufe Doppik Office®** unterstützt Sie zuverlässig bei der Umstellung auf das doppische Haushaltswesen, bei der Schulung Ihrer Mitarbeiter und bei der täglichen Praxis der Doppelten Buchführung. **Haufe Doppik Office®** wurde in Zusammenarbeit mit Experten aus Beratung und kommunaler Praxis entwickelt. So profitieren Sie direkt von den Erfahrungen der verschiedenen Modellprojekte zur Doppik. Das spart Zeit und Geld.

**Haufe Doppik Office® für Kommunen:
Der erste elektronische Praxisratgeber zur Doppik.**

In Zusammenarbeit mit:
▶ *doppik*▶.com
eine Marke der arf GmbH
PRICEWATERHOUSECOOPERS

128,– Euro
Bestell-Nr. A01250
Updates nach Bedarf à 52,– Euro

Jetzt 4 Wochen kostenlos testen! ☎ **0180-50 50 440** 12 Cent pro Min.

➔ Stets aktuell informiert unter www.haufe.de

Haufe
Um Ideen voraus.